# Des Notables

## du Ré$eau libéral

# ALAIN RICHARD, M.Sc.

# Des Notables

## du Ré$eau libéral

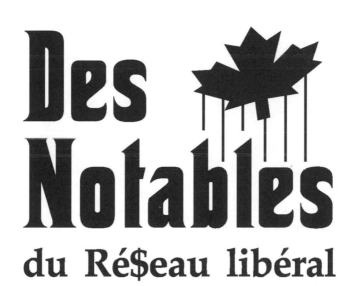

**Témoignage sur le copinage politique, la manipulation judiciaire et les erreurs policières dans le cadre du scandale des commandites, des activités publicitaires et de la Commission Gomery.**

Les Éditions du Fief

Les Éditions du Fief ne bénéficient d'aucun soutien financier de la SODEC et d'aucun avantage financier du Programme de crédits d'impôts du gouvernement du Québec.

Les Éditions du Fief ne sont pas inscrites au Programme de subvention globale du Conseil des Arts du Canada et ne sont pas inscrites à l'aide financière du gouvernement du Canada par l'entremise du Programme d'aide au développement de l'industrie de l'édition (PADIÉ) pour ses activités d'édition.

Les Éditions du Fief et cet ouvrage ne sont financés par aucun parti politique, syndicat ou groupe de pression.


**Les Éditions du Fief**
1155, Boul. Rome #24537, Brossard (Québec) J4W 3K9
Téléphone : (514) 910-6830
Courriel : notables@gestiondufief.com


**ISBN 2-9809241-2-1**
Dépôt légal : premier trimestre de 2006
Bibliothèque nationale du Québec
Bibliothèque et Archives Canada

Collaboration spéciale : Jean Claude Bernheim
        Criminologue, professeur à temps partiel à l'Université d'Ottawa
        Chargé de cours à l'Université de Montréal
        Président de l'Office des droits des détenu-e-s
Conseil littéraire : François Martin
Coordination éditoriale partielle : François Martin
Révision linguistique partielle : Geneviève Breuleux
Correction : Gestion du Fief et collaborateurs
Conception graphique : Léonardo Acebedo
Numérisation : Léonardo Acebedo
Mise en pages préliminaire : François Martin
Mise en pages finale : Gestion du Fief
Promotion et commercialisation : Gestion du Fief

# Des Notables et des Honorables...

1. L'honorable Alfonso Gagliano
2. L'honorable Francis Fox
3. Le notable Jacques Corriveau
4. Le notable John Parisella
5. Le notable Jean Brault
6. Le notable Michel Massicotte
7. Le notable Paul Coffin
8. Le très honorable Jean Chrétien
9. Le notable Claude Boulay
10. Le très honorable Paul Martin
11. Le notable Yves Gougoux

12. Le notable Jean Pelletier
13. Le notable Jean Carle
14. Le notable Jean Lafleur
15. La notable Nathalie Fagnan
16. L'honorable André Ouellet
17. L'honorable Jean Lapierre
18. Le notable Jacques Bouchard
19. L'honorable Jacques Olivier
20. Le notable Charles Guité
21. Le notable Gilles-André Gosselin

# TABLE DES MATIÈRES

## Chapitre 5                                                  105
## Avec Jean Brault à titre de vice-président de Groupaction

## Chapitre 6                                                  123
## Ma collaboration avec la GRC et le Parlement fédéral

*Lien politique entre les campagnes électorales et les marchés de publicité*
*– La plupart des agences de publicité se sont intégrées verticalement, ce*
*qui leur permettait de majorer à l'interne les prix déjà majorés – Les*
*commandites et leurs liens avec la publicité – Réaliser un profit*
*supplémentaire en sachant à l'avance les résultats du processus d'appel*
*d'offres – Prix spéciaux (majorés) pour le gouvernement – Contributions*
*politiques – Rencontres avec le ministre Gagliano – L'affaire de la Mustang*
*rouge, la Porsche grise et le Grand-Prix de Trois-Rivières – Marchés relatifs*
*à Visibilité Canada – Suspension des travaux – Encore des mises en*
*demeure de Gougoux – Bon Réseau libéral quand tu nous gouvernes...*

## Chapitre 7        143
## Ma collaboration avec la Commission Gomery

*793 millions de dollars – « Je ne me souviens plus » – Une multitude de*
*violations de règles, de directives, de politiques et de lois – Ma participa-*
*tion au travaux de la Commission Gomery – Je rencontre les enquêteurs –*
*Le début d'une fructueuse collaboration – Des anciens de la GRC – Les*
*relations entre BCP et le personnel politique – Les coupables se feront*
*coincer pour le moins pire des crimes – Une toute nouvelle piste – Pourquoi*
*BCP est-elle la seule agence représentée? – Me Guy Cournoyer – La*
*Commission voulait que j'écrive tout ce que je savais – La Commission*
*voulait-elle connaître toute la vérité? – Ma demande pour devenir*
*intervenant à la Commission Gomery – Cournoyer en savait suffisamment–*
*Plus forte que la police – Le juge Gomery venait de reconnaître*
*publiquement ma collaboration – Fraude vs réseau d'influence – Des*
*accrocs au processus de soumission – La Commission Gomery et la*
*démocratie – Sanctions à imposer.*

## Chapitre 8        159
## De l'hôpital... au tribunal!

*En 1995, j'étais fatigué, épuisé, déprimé, au bout de mon rouleau –*
*« Nous sommes plus riches de nos liens que de nos biens » – 9 ans plus*
*tard, on a subitement utilisé ma dépression pour me discréditer – On a*
*miné ma crédibilité – La campagne la plus insidieuse qui soit  – Comment*
*miner la crédibilité d'une personne – Mon discours dérangeait – Extraits*
*du procès d'Alain Richard, tenu les 26 et 27 mai 2005.*

*À mon père et à ma mère*
*Merci de croire en moi et de m'avoir enseigné*
*à ne jamais baisser les bras devant l'adversité et l'injustice.*

*À Mégane (15 juin 2004 - ...)*
*Bienvenue parmi nous.*

*Au Frère Réal Brodeur[1] (1944 – 2001)*
*Celui qui m'aura enseigné les fameuses phrases « Lâche pas » et*
*« Nous sommes plus riches de nos liens que de nos biens ».*

[1] www.RealBrodeur.com

# Quelques définitions...

## Notables

*Personnages suffisamment fortunés pour pouvoir faire fi des us et coutumes, mais, encore insuffisamment riches pour avouer agir en marge des lois et règlements.*

## Réseau libéral

*Le «Réseau libéral» est un organisme informel qui s'implique dans toutes les sphères de l'économie, de la politique et du système judiciaire canadien.*

*Organisé en cellules (comptables, avocats, publicitaires, ministres, etc.) dont le seul et unique but est le maintien au pouvoir des partis libéraux, tant à Ottawa qu'à Québec.*

*Ainsi, la nomination des juges, l'octroi de contrats publics, l'octroi de subventions et l'administration de la justice sont sous son emprise.*

*La résultante est que le Réseau libéral réussit à fort bien huiler sa machine électorale en mettant à contribution les impôts des contribuables.*

# REMERCIEMENTS

Sans le support quotidien de ma famille, je n'aurais jamais pu mettre autant d'énergie et d'efforts à la rédaction de ce livre. Je tiens à les en remercier du fond du cœur.

Merci aux milliers d'internautes qui ont consulté le site des *six cordes du pouvoir publicitaire* : www.6cordes.ca ainsi que les sites satellites www.PARJURE.com et www.HonorableRat.com. Je n'oublie pas les milliers de personnes qui m'ont envoyé des messages d'encouragement ou m'ont fait parvenir des informations qui m'ont souvent été très utiles dans la poursuite de mon travail et de mon enquête.

Il est toutefois étonnant de constater le nombre de collaborateurs qui ont requis l'anonymat par crainte de représailles. Quoi qu'il en soit, je tiens à remercier tous ceux et celles qui ont travaillé dans l'ombre afin que cet ouvrage soit le plus précis possible : des enquêteurs-détectives, des journalistes, des recherchistes, des publicitaires, des ex-employés de Groupaction, Publicis-BCP et autres.

Je tiens à souligner le rôle de ceux qui auront fait une énorme différence dans la rédaction de ce témoignage : Roxane G., Suzanne B., William L., Luc F., Lucie R., Patrick B., Caroline M., Lise G., Luc F., Nathalie A., Bernard A., Pier Antoine M., Dan D., Steeve M., Élyse P., Marie-France L., sans oublier la personne travaillant sous le pseudonyme *Denis Loiselle* ainsi qu'une ex-adjointe administrative d'Yves Gougoux lors de son passage dans l'agence de publicité Ronald-Reynolds au début de sa carrière (travaillant sous le pseudonyme Maggie). J'espère n'avoir oublié personne et si c'est le cas, je leur demande d'accepter ici même mes plus sincères remerciements!

D'autre part, je m'en voudrais de passer sous silence, l'excellente collaboration de Jean-Louis Gagnon et de Jean-Pierre Witty[1], enquêteurs sous contrat avec la firme de juricomptabilité Kroll Lindquist Avey mandatés par la Commission Gomery ainsi que Me Guy Cournoyer[2] et Me Bernard Roy[3]. Un merci bien particulier à Me Steven Chaplin[4], à Me Gregory Tardi[5] ainsi qu'à Me Rob Walsh[6], du bureau du légiste du Parlement d'Ottawa pour leur impartialité et leur franchise. Je tiens aussi à remercier le Caporal Richard Huot[7], de la section des délits commerciaux de la Gendarmerie royale du Canada pour sa persévérance. Je remercie également le sergent-détective Luc Laporte de la Sûreté du Québec pour sa collaboration dans l'enquête (172-040325-003[8]), toujours en cours d'ailleurs, sur les menaces de mort proférées à mon endroit, le 25 mars 2004.

Je ne peux passer sous silence les précieux conseils éditoriaux de François Martin. Enfin, j'ai une pensée bien spéciale pour le criminologue Jean Claude Bernheim qui, dans le cadre de sa collaboration à cet ouvrage, m'aura permis de mettre les faits en perspective et de voir encore plus loin dans cette affaire aux proportions plus grandes que nature, ce qui m'aura permis de livrer le présent témoignage.

---

1 www.DesNotables.com/Gomery/target0.html
2 www.DesNotables.com/Gomery/target19.html
3 www.DesNotables.com/Ministre/target2.html
4 www.DesNotables.com/Ottawa/target4.html
5 www.DesNotables.com/Ottawa/target3.html
6 www.DesNotables.com/Ottawa/target2.html
7 www.DesNotables.com/Groupaction/target1.html
8 www.DesNotables.com/SQ/target0.html

# PRÉFACE

Tout au long de la lecture de cet ouvrage, je vous invite à garder en mémoire que vous et votre famille n'êtes nullement à l'abri du type d'agression qui m'afflige et qui a extrêmement bouleversé le quotidien de mes proches.

Depuis avril 2004, nous vivons un véritable calvaire. Nous nous sentons sans cesse menacés dans notre intégrité par tous ces gestes d'intimidation. Nous vivons quotidiennement plus anxieux ne sachant pas d'où pourrait venir la prochaine agression. Tout naturellement, nous avons resserré les rangs en misant sur nos convictions profondes et en faisant la sourde oreille aux manchettes à sensation.

Ces notables au-dessus de tout soupçon ont été outragés parce que ma famille m'a supporté en m'offrant son soutien moral. Et ce, sans la moindre hésitation. Conséquemment, dans une manœuvre d'intimidation qui relève d'une arrogance absolue et qui pourrait entacher la crédibilité de notre système judiciaire, ces notables ont poussé l'audace jusqu'à impliquer mon père dans une injonction et un outrage au tribunal, sachant fort bien qu'il n'avait absolument rien à voir avec cette histoire.

Sciemment, leurs avocats ne se sont pas acquittés professionnellement de leurs obligations en ne procédant pas aux vérifications d'usage et facilement accessibles. Ce qui leur aurait permis de constater que mon père n'a jamais été co-propriétaire ou actionnaire de ma compagnie et des sites Internet gérés par cette dernière. Et pourtant, des documents de la Cour rédigés par de notables avocats de McCarthy Tétrault ont essayé de prouver le contraire.

Devant la Justice, cette procédure d'intimidation s'est évidemment avérée sans fondement mais a engendré un questionnement. Est-ce qu'il y aurait un lien entre l'argent et la Justice ? Est-ce que la Justice aurait une couleur politique ? Je n'en sais rien mais qu'on me permette d'entretenir de sérieux doutes suite aux nombreuses anomalies dont vous prendrez connaissance en lisant ce témoignage.

Dans le cadre de l'audition pour l'outrage au tribunal, dont vous trouverez copie à la fin de la page suivante, Yves Gougoux et John Parisella ont finalement décidé de ne déposer aucune preuve concernant mon père en rapport avec cette procédure, ce qui démontre éloquemment, une fois de plus, qu'il est possible de dénoncer un citoyen en utilisant de faux motifs et de déclencher le rouleau compresseur de la Justice sans que celle-ci ne vérifie préalablement les faits invoqués par les deux parties.

Aujourd'hui, je dois livrer une bataille acharnée pour retrouver ma dignité qui a été violée lorsque des notables ont déclenché une enquête policière sous de fausses prémisses tout en prétendant craindre pour leur sécurité physique. Pris dans le piège de cette manœuvre judiciaire qui s'est également avérée totalement non fondée, j'ai même été emprisonné durant tout un week-end dans l'aile à protection maximale à l'établissement de détention de Rivières-des-Prairies. Tout ça pour des opinions qui déplaisaient à des bonzes bien branchés.

Ce que ces notables m'ont fait est d'une bassesse indescriptible que l'on ne saurait pardonner. Pour eux, il fallait me faire taire à tout prix et, à défaut, il fallait me discréditer absolument. Ce qui est pire, c'est que ce n'est pas le système judiciaire qui a fait démarrer mon dossier, mais bien mes ennemis. Et de pouvoir utiliser la police, les procureurs de la Couronne et les tribunaux pour détruire la réputation d'une personne n'est pas à la portée du commun des mortels.

Je le démontre clairement dans ce livre qui est un cas vécu, celui d'un citoyen qui a subi les foudres de ces notables parce que révéler comment un certain monde de la publicité fonctionne n'est finalement pas sans risque. C'est le moins que l'on puisse dire puisque ces notables ont lancé, et de façon extrêmement insidieuse, des rumeurs portant sur ma santé mentale pour compléter une campagne fort bien orchestrée, visant à discréditer un témoin gênant, peu importe qu'il se relève, même péniblement, de ses ennuis judiciaires.

Je suis une personne intègre, articulée et passionnée. Convaincu qu'il y avait scandale, je n'ai fait que mon devoir de citoyen lorsque j'ai répondu aux questions des enquêteurs de la Gendarmerie royale du Canada et d'un comité du Parlement d'Ottawa.

Mes révélations jettent un éclairage révélateur tant sur certains personnages que j'ai côtoyés, que sur les dessous d'activités menées au sein de l'industrie de la publicité dans ses rapports avec le gouvernement fédéral.

Et lorsque je fais le bilan de mes nombreuses démarches pour établir un dialogue, par téléphone, télécopieur, courrier, huissier, auprès du chef de la police de Montréal et de certains de ses acolytes, du Ministre de la Justice et du Ministre de la sécurité publique du Québec, des Procureurs de la Couronne, du Syndic du Barreau du Québec et des différentes commissions qui ont pour mission de protéger nos droits, je ne peux que constater un échec lamentable et fort inquiétant que je ne réussis pas à m'expliquer dans le contexte d'une société démocratique où nous prétendons être gouvernés par des dirigeants intègres et protégés par des institutions justes et équitables.

Vous serez ici le témoin d'un cas de manipulation judiciaire et d'erreurs policières extrêmement graves et tout ça dans un contexte de copinage politique. Même si aux yeux de la justice, je suis blanc comme neige, j'ai quand même subi une violation de ma vie privée et j'entends bien faire respecter mes droits. Donc, il n'est nullement question de capituler avant que la justice n'ait dénoncé tous les acteurs et tous les participants à cette saga. Peu en importe l'échéancier.

Je serai éternellement reconnaissant à tous ceux et celles, et vous êtes nombreux, qui m'ont manifesté leur compassion.

*Alain  Richard*

---

**COUR SUPÉRIEURE**

CANADA
PROVINCE DE QUÉBEC
DISTRICT DE MONTRÉAL

N° 500-17-025506-059

YVES GOUGOUX
et
JOHN PARISELLA
   Requérants

c.

ALAIN RICHARD
et
ROBERT RICHARD
   Intimés

ADMISSIONS

Dans le cadre de l'audition de l'outrage au tribunal, les parties ont convenu des admissions suivantes:

1.    Les requérants, Yves Gougoux et John Parisella, ne déposent aucune preuve concernant Robert Richard eu égard à la présente procédure en outrage;

Montréal, le 13 juillet 2005                       Montréal, le 13 juillet 2005

CLAUDE F. ARCHAMBAULT ET                  McCARTHY TÉTRAULT S.E.N.C.R.L., s.r.l.
ASSOCIES                                   Procureurs des requérants
Procureurs des intimés

# REPÈRES CHRONOLOGIQUES

## 1989-1997 : LE DÉBUT DE LA CARRIÈRE D'ALAIN RICHARD

| | |
|---|---|
| 1989 | Maîtrise en administration, option marketing |
| 1989-1991 | Administrateur publicitaire : Les Partenaires en Communication |
| 1991-1994 | Directeur du développement des affaires : Allard/SMW |
| 1994-1996 | Superviseur et directeur du service à la clientèle : BCP |
| 1995-1997 | Président du Publicité Club de Montréal |
| 1996-1997 | Vice-président affaires corporatives : Groupaction/JWT |

## 1997-2001 : LA GUERRE FROIDE

| | |
|---|---|
| 1997 | Lettres incendiaires de Yves Gougoux, BCP |
| 26 mai 1998 | Alain Richard fonde rebelles.com |
| 1998-1999 | Mises en demeure de Jean Brault, Groupaction/JWT |

## 2002-2003 : LES PREMIERS BALBUTIEMENTS DU SCANDALE

| | |
|---|---|
| Mars 2002 | Premier contact avec Daniel Leblanc, Globe & Mail |
| 4 octobre 2002 | Déposition d'Alain Richard à la GRC |
| 7 octobre 2002 | Invité de Jean Lapierre aux nouvelles de TQS |

## 2004 : CAMPAGNE DE DÉNIGREMENT CONTRE ALAIN RICHARD

| | |
|---|---|
| 12 février | Article du Globe & Mail basé sur une entrevue avec Alain Richard |
| 20 mars | Article à la une du Toronto Star basé sur une entrevue avec Alain Richard |
| 25 mars | Invitation à témoigner au Comité des Comptes publics du Parlement d'Ottawa |
| 26 mars | Article sur le témoignage à venir dans le Toronto Star |
| | Menaces de mort |
| 7 avril | Témoignage au Comité des Comptes publics |
| 8 avril | Articles sur le témoignage dans le Globe & Mail, Ottawa Citizen et National Post |
| | Mise en demeure de Jacques Bouchard |
| | Yves Gougoux et Jacques Bouchard déposent une plainte à la police |
| | avec John Parisella comme témoin |
| 15 avril | Session de travail avec les avocats du Parlement |
| | Preuves tangibles au sujet des rumeurs sur la santé mentale |
| 16 avril | Mise en demeure de Yves Gougoux |
| 14 mai | Deuxième mise en demeure de Yves Gougoux |
| 30 juin | Première arrestation |
| 19 novembre | Deuxième arrestation |

## 2005 : CAMPAGNE D'INTIMIDATION CONTRE ALAIN RICHARD ET SES PROCHES

| | |
|---|---|
| 6 avril | La Commission d'accès à l'information du Québec ordonne à BCP de livrer une partie du dossier médical |
| 29 avril | Injonction de Yves Gougoux et John Parisella |
| 5 mai | Accusations d'outrage au tribunal |
| 19 mai | Témoignages de Luc Mérineau et Yves Gougoux à la Commission Gomery |
| 20 mai | Témoignage de Yves Gougoux à la Commission Gomery |
| 26 -27 mai | Procès et acquittement complet |
| 31 mai | Témoignage de John Parisella à la Commission Gomery |
| 13 juillet | Comparution pour outrage au tribunal |
| 22 septembre | Assignation pour témoigner au procès Brault-Guité |
| 17 octobre | L'outrage au tribunal est rejetté |
| 1er novembre | Dépôt du premier rapport de la Commission Gomery |
| 28 novembre | Poursuite contre Yves Gougoux et sa conjointe Agnès Jarnuskiewicz-Gougoux |
| 6 décembre | Poursuite contre Jacques Bouchard |
| ... | |

# INTRODUCTION

À ma sortie des locaux de la GRC, le 4 octobre 2002, j'avais le vertige devant ce que je venais de découvrir : des tonnes de feuilles de temps falsifiées[1] et facturées frauduleusement au gouvernement. L'affaire était devenue trop grosse, je n'avais pas l'intention de la garder pour moi seul!

J'avais déjà été approché par téléphone et par courriel par l'animateur Jean Lapierre qui m'avait invité à son bulletin d'information de fin de soirée à TQS[2]. J'ai décidé d'accepter son invitation, et par le fait même, je refusais l'exclusivité à Paul Arcand qui, via son recherchiste Luc Fortin, me talonnait pour de l'information. Lors des premiers balbutiements du scandale des commandites, plusieurs journalistes essayaient d'avoir une *quote* de ma part, c'est-à-dire une révélation. Au début, j'acceptais seulement de valider leurs recherches ou de les enligner sur des pistes vérifiées, mais toujours, « *off the record* ».

Durant le *briefing* pré-entrevue avec Jean Lapierre, rien ne laissait présager que ce gars-là ferait quelques mois plus tard un retour en politique active et avec les libéraux par surcroît! Nous étions donc assis autour d'une table ronde, située à proximité de sa tribune de lecteur de nouvelles, lorsqu'il me confia qu'il était temps que *l'affaire* sorte au grand jour. Il se mit à démolir Alfonso Gagliano, sans gêne ou retenue, tout en me confiant qu'il rencontrait régulièrement au restaurant les « abuseurs » (c'est-à-dire les gens reliés au scandale des commandites et des activités publicitaires). Il me déclara être « écoeuré de voir un gars comme Jean Lafleur se promener avec nos impôts et gaspiller ça à gauche et à droite ». Lapierre me raconta avoir « vu Lafleur *garocher* des piastres au sol simplement pour le plaisir de regarder les serveuses les ramasser, tout juste pour voir leurs seins. J'espère qu'il va se faire poigner et qu'il va faire de la prison », déclara-t-il. Quelques mois plus tard, le *Journal de Montréal* titrait pourtant que Jean Lapierre était régulièrement invité chez Jean Lafleur… Avec des amis comme ça, le « pauvre » Lafleur n'avait vraiment pas besoin d'ennemis! J'ai constaté que Lapierre détestait franchement Chrétien, Gagliano, Lafleur, Morrow, Frulla et plusieurs autres. Lui qui déclara en ondes que les libéraux avaient un poisson pourri qui traînait au réfrigérateur et qu'il dégageait une odeur… « Mais alors, lui ai-je demandé, pourquoi vous ai-je déjà aperçu au tournoi de golf de Gagliano, tenu à Verchères quelques années auparavant? » J'ai alors vu l'expression de Jean Lapierre changer. Il m'a semblé franchement pris au dépourvu. Mais puisque Lapierre semblait détester les libéraux et que des collaborateurs de TQS allaient jusqu'à le qualifier de « taupe » du Bloc québécois… Nous voilà donc en ondes et Lapierre tenait à faire sortir le chat du sac. Pour ma part, j'étais dégoûté par ce que j'avais vu plus tôt dans la journée dans les locaux de la GRC, rue Dorchester à Westmount, et donc tout à fait disposé à dénoncer à mon tour des *abuseurs* ou à tout le moins des abus. Durant l'entrevue, Jean Lapierre me posa subitement une question, la question « à cent piastres » : « Monsieur Richard avez-vous déjà rencontré Alfonso Gagliano chez Groupaction? » Il faut savoir que l'honorable ministre Gagliano avait déjà nié, main sur le cœur, à la Chambre des communes, s'être déjà rendu chez Groupaction, et qu'il avait même déclaré publiquement n'avoir jamais eu l'occasion d'en rencontrer son président, Jean Brault. J'ai tout simplement dit la vérité et déclaré l'avoir vu à trois reprises dans les bureaux de Groupaction et lui avoir même serré la main à au moins une occasion! De plus, j'ai ajouté que le ministre Gagliano venait le soir et entrait toujours par une porte située à l'arrière de l'édifice qui donnait accès à un stationnement.

Lors d'une entrevue diffusée ultérieurement à l'émission *La part des choses* sur la chaîne RDI, Gagliano a finalement reconnu être déjà allé chez Groupaction. Il mentionna d'ailleurs mon nom et bafouilla une explication sur ses arrivées nocturnes chez Groupaction par la porte arrière, en mentionnant que le parking y était situé. Mais alors, n'avait-il pas un chauffeur pour le déposer directement à l'entrée principale de l'immeuble qui donnait directement sur la rue Sherbrooke, à Montréal?

L'enquête de la GRC, le Comité des comptes publics au Parlement, la Commission Gomery et le procès du publicitaire Paul Coffin, sans oublier les procès à venir, notamment celui du duo Brault-Guité, auront eu comme effet de lever le voile sur des abus considérables qui se sont produits au niveau de l'attribution et de la gestion de contrats gouvernementaux à des entrepreneurs sans scrupules, oeuvrant dans le domaine de la publicité.

On se souviendra aussi que le Juge Gomery dans son premier rapport rejette les explications de John Parisella qui avait témoigné devant la Commission à l'effet *« que son agence n'avait pas été engagée pour s'occuper du contrat de la Loi de clarification et ne pouvait pas contribuer au travail à l'époque à cause d'un manque de ressources ».* Il dit que *« BCP a suggéré que le travail soit exécuté par une petite agence appelée Éminence grise Inc., détenue et exploitée par un ancien employé de BCP, Luc Mérineau. La preuve montre que M. Mérineau a travaillé sur le projet, et les factures relatives à ses services et aux services de ceux qui ont travaillé pour et avec lui ont été adressées à Communication Coffin par Éminence grise Inc., bien que M. Mérineau ait exécuté la majeure partie du travail en utilisant le studio de BCP, avec l'aide des employés de BCP. Ceci contredit le témoignage de Monsieur Parisella selon qui aucun employé de BCP n'était disponible pour participer au projet[3]* ». Contrairement aux propos de John Parisella[4] et de Luc Mérineau[5] devant la Commission Gomery, il y avait donc un lien entre BCP et Paul Coffin de Communication Coffin. Dans son rapport, le Juge Gomery a aussi constaté, à propos de la procédure de l'octroi du contrat de 65,7 millions de dollars à BCP pour la Commission canadienne du tourisme, que « *Il reste que la procédure ayant conduit à l'adjudication d'un contrat à BCP était déficiente[6]* ».

Derrière le scandale des commandites, il s'en cache donc un autre encore plus grave, celui des activités publicitaires et des relations incestueuses entre les publicitaires et les politiciens, situation qui, selon Jacques Bouchard, dure pourtant depuis des générations. Au Québec, la proximité entre le gouvernement et le monde de la publicité remonte en effet à l'époque où Jacques Bouchard[7], connu comme étant le père de la publicité québécoise, dirigeait BCP et participait au lancement de la fameuse *Trudeaumanie*.

Tout au long de cet ouvrage, je ferai d'ailleurs référence à des anecdotes que m'a raconté le père de la publicité lui-même au cours d'interminables conversations qui se sont échelonnées au cours des dernières années. Or, il se trouve que j'ai vécu de l'intérieur ce qui se passe réellement dans certains milieux de la publicité et que j'ai été à même de constater de nombreuses anomalies et même des irrégularités dans l'octroi de contrats de publicité par les gouvernements. J'ai, entre autres, été à l'emploi de deux agences de publicité qui se sont récemment retrouvées au cœur de l'actualité : j'ai travaillé à titre de superviseur et directeur du Service à la clientèle chez BCP[8] (maintenant Publicis Canada et BCP) pour ensuite occuper le poste de vice-président des affaires corporatives chez Groupaction[9]. J'ai, en outre, présidé le Publicité Club de Montréal et il m'est facile de décrire de l'intérieur la mécanique d'une industrie maintenant en pleine crise d'éthique et d'image publique.

Par la suite, ayant mis en place ma propre entreprise de publicité, rebelles.com, qui fut pendant plusieurs années, l'un des principaux leaders en marketing numérique au Québec, je puis affirmer n'avoir jamais obtenu un contrat gouvernemental sur la base du copinage : c'est d'ailleurs dans ce contexte précis que j'ai entrepris de dénoncer l'absence totale de transparence dans le processus d'attribution des contrats gouvernementaux aux agences de publicité.

En dénonçant les abus dans l'attribution des contrats gouvernementaux, je me suis trouvé à heurter de front des intérêts extrêmement puissants, notamment ceux de membres du *Réseau libéral*, un réseau bien orchestré de copinage, constitué d'amis du pouvoir qui se nomment entre eux à des postes clés, qui s'attribuent des contrats et contrôlent de grands pans de notre société. Les conséquences de mes dénonciations auront été extrêmement graves pour ma carrière, ma famille, ma réputation, bref, pour l'ensemble de ma vie. On a tenté de me démolir, on a répandu de fausses informations à mon sujet en me présentant comme un malade mental, un malade dangereux par surcroît, on m'a même accusé d'un crime que je n'avais pas commis. J'ai été victime d'intimidation et j'ai même été emprisonné suite à des accusations qui se sont avérées non fondées. Ces agressions et ces gestes d'intimidation, pourtant inconcevables dans un État de droit, et qui se sont perpétués au cours des dernières années, n'ont fait qu'accroître ma détermination à aller au fond des choses. L'orage, la tornade de mensonges qui a tourbillonné sur moi dans le cadre d'une campagne de dénigrement et d'intimidation bien orchestrée, n'aura jamais réussi toutefois à briser mon moral ou celui de ma famille et ce, malgré la quantité industrielle de mises en demeure et de gestes d'intimidation destinés à miner mon moral et ma crédibilité.

Cet ouvrage est le témoignage d'une confrontation vécue avec des gens sans scrupules, des notables qui sont, à première vue, au-dessus de tout soupçon. Je possède des preuves de tout ce qui est écrit ou énoncé dans cet ouvrage. C'est dans ce contexte que le lecteur trouvera des références menant à des liens vers le site **www.DesNotables.com.** Ce site, qui permet d'accéder à toutes les références visuelles et sonores, donne accès à plus de 8 000 pages de documentation, sans oublier tous les rapports de police et archives personnelles de l'auteur. Le lecteur pourra aussi constater l'ampleur des procédures juridiques intentées contre l'auteur de ce livre par les dirigeants de Publicis-BCP. Enfin, et pour le bénéfice des lecteurs, ce site sera constamment mis à jour pour offrir les derniers détails. J'encourage fortement le lecteur à le consulter et à en tirer ses propres conclusions.

--------------------------------

[1] www.DesNotables.com/Groupaction/target28.html
[2] www.DesNotables.com/Ministre/target15.html
[3] www.DesNotables.com/PremierRapport/Coffin.pdf
[4] www.DesNotables.com/Gomery310505Parisella
[5] www.DesNotables.com/Gomery190505Gougoux
[6] www.DesNotables.com/PremierRapport/Tourisme.pdf
[7] www.DesNotables.com/Bouchard/
[8] www.DesNotables.com/AlainRichard/target4.html
[9] www.DesNotables.com/AlainRichard/target5.html

# CHAPITRE 1

# LA PETITE HISTOIRE DE LA PUBLICITÉ AU QUÉBEC

*« On est six millions, faut s'parler » – Les 36 cordes sensibles des Québécois – La relation publicitaire-politicien – La toile politicienne – L'argent des contribuables – La Trudeaumanie – Les années Mulroney – Avec Chrétien – Une attirance mutuelle – L'agence la plus généreuse envers les libéraux – La période référendaire – La plus grande campagne de visibilité fédérale jamais vue au Québec – On contourne toutes les règles d'attribution des contrats – Un trio d'une efficacité redoutable – De juteux contrats donnés à des proches des libéraux – 210 millions de dollars en contrats d'achat média – Des orchidées à Jean Chrétien – Des intouchables avec une attirance mutuelle – La cause pour l'unité – La Matrice du pouvoir publicitaire – La facturation de quelques agences de publicité – Une allégeance politique incontournable – Le placement média – La publicité, le nerf de la guerre – La règle de la propriété du « 100 % canadien » – Le « père » Jacques Bouchard – Sa stratégie de l'encerclement – « Je te ferai un chèque en conséquence pour les milliers d'heures que tu m'as données » – Le père de la publicité n'existe plus – La relation entre Jacques Bouchard et André Ouellet.*

## *« On est six millions, faut s'parler »*

Née durant la deuxième moitié du 20e siècle, dans un contexte d'effervescence politique lié à la révolution tranquille, la publicité s'est avérée être pour les Québécois un excellent outil afin de se distinguer et de s'affirmer sur la scène pancanadienne. Il faut savoir que jusqu'au début des années '60, les agences de publicité établies à Montréal étaient des succursales des grandes agences de publicité américaines, telles Young & Rubicam, J. Walter Thompson et compagnie.

La naissance du Publicité Club de Montréal en 1958, un organisme fondé par Jacques Bouchard et qui regroupait les publicitaires francophones, marquera les bases de la fondation de l'industrie publicitaire québécoise.

En 1963, l'agence BCP est créée par Jacques Bouchard, Paul Champagne et Pierre Pelletier. Pour sa part, Claude Cossette fonde, en 1964, un studio de graphisme à Québec qui porte son nom. Dès 1965, la publicité typiquement québécoise fait ses preuves lorsque la brasserie Labatt devient le plus grand vendeur de bière, suite à la campagne *« Lui, y connaît ça »* mettant en vedette Olivier Guimond.

Avec l'avènement du Parti Québécois et le premier référendum sur la souveraineté, naîtra la publicité québécoise à saveur plus nationaliste. Qu'il suffise de mentionner la célèbre campagne *« On est six millions, faut s'parler »* pour la Brasserie Labatt et *« On est propre propre propre »* pour Hydro-Québec. On se souviendra aussi des campagnes fétiches de cette époque comme *« Pop-sac-à-vie-sau-sec-fi-copain »* de Desjardins et *« Dominion nous fait bien manger »* avec Juliette Huot.

### Les 36 cordes sensibles des Québécois

C'est en 1978 que Jacques Bouchard publie un ouvrage de référence pour les publicitaires : *Les 36 cordes sensibles des Québécois*, un livre que j'aurai par la suite le plaisir d'implanter sur le Web en version numérique. Enfin, et plus récemment, nous avons « survécu » aux campagnes de type « porte-parole », avec Claude Meunier pour Pepsi, et Benoît Brière en *Monsieur B.*, pour Bell.

### La relation publicitaire-politicien

Ce survol rapide ne fait que démontrer comment la publicité s'est incrustée dans le tissu social du Québec. Voilà qui explique que les politiciens ne peuvent espérer gagner leurs élections sans consulter un publicitaire ou une agence bien au fait de ce qui fait vibrer l'électorat.

Après Gabriel Lalande de Young & Rubicam en 1962, qui redorait l'image de Daniel Johnson contre son rival Jean Lesage, ce fut au tour de Jacques Bouchard de s'associer à Pierre-Elliot Trudeau, pour ce qui deviendra la plus durable des relations politico-publicitaires des dernières décennies. Les successeurs de Bouchard, Yves Gougoux et John Parisella de BCP, feront la même chose avec Jean Chrétien quelques années plus tard, jusqu'à ce qu'ils frappent un mur avec l'arrivée de Paul Martin au pouvoir.

### La toile politicienne

Pour réussir aujourd'hui en politique, il vaut mieux faire plaisir à un petit groupe d'individus, formé de supporters libéraux, et répartir les coûts sur l'ensemble de la population, car cette dernière n'arrivera jamais à se mobiliser contre le gouvernement. Idéalement, il faut toujours enrober ce manège dans une cause quelconque, en l'occurrence, l'unité nationale.

### L'argent des contribuables

Ainsi, pour se donner bonne conscience, des publicitaires se lieront d'amitié avec des politiciens et contribueront à leurs élections et réélections en s'accrochant littéralement, mais sans réelle conviction, à une cause souvent inventée. Sont-ils véritablement convaincus des bienfaits de la cause? Dans le cas de Groupaction, je peux répondre sans hésitation que non, puisque cette agence a viré du bleu péquiste au rouge libéral quand Alfonso Gagliano « le cheval gagnant » s'est retrouvé à la tête du ministère des Travaux publics et des Services gouvernementaux.

### La Trudeaumanie

Lors d'une visite dans la vieille capitale, Jacques Bouchard m'avait expliqué comment, alors qu'il dirigeait l'agence BCP, il a réussi à convaincre son ami Pierre-Elliot Trudeau de « tourner » dans une publicité du Parti libéral. Trudeau considérait que les commerciaux étaient réservés aux « *cans* » de pois, pas aux grands de ce monde! Bouchard a réussi à le convaincre et ils tournèrent ensemble un premier message sur un pont reliant la rive nord à la rive sud de Québec. Ce fut le début de la *Trudeaumanie*.

### Les années Mulroney

Les lignes qui suivent sont extraites d'un reportage diffusé à l'émission *Le Point*, de la Société Radio-Canada, en date du 29 mai 2002[1], et constituent une bonne rétrospective des développements et des allégeances politiques dans le milieu publicitaire québécois.

*Durant les années Mulroney, beaucoup d'affaires de publicité se brassaient au Ritz-Carlton, autour d'une table du Café de Paris. Roger Nantel, un intime de Brian Mulroney, a reçu à l'époque plus que sa part en contrats gouvernementaux. Nantel avait créé au milieu des années 1980 sa propre agence qui s'occupait de toute la publicité du gouvernement conservateur. On se souviendra aussi des importants contrats reçus par Publicité Martin, une agence reconnue à l'époque bien plus pour ses contacts politiques que pour sa créativité. Une fois le gouvernement libéral en place, la facturation de Publicité Martin a fondu comme neige au soleil.*

Sous Mulroney, des agences de Montréal, comme Publicité Martin ou Publitel (plus tard PNMD et aujourd'hui BBDO), proches des conservateurs, raflaient le gros des contrats au détriment des firmes proches des libéraux. En 1991, par exemple, pour souligner le 125e anniversaire de la confédération, le gouvernement Mulroney donnait la moitié d'un important contrat de publicité de 21 millions de dollars à la firme Publitel, bafouant les règles alors en vigueur. Qui est le haut fonctionnaire montré du doigt à l'époque? Chuck Guité, le même qui s'est fait écorcher par la vérificatrice générale concernant les contrats donnés à Groupaction et qui est aussi le fonctionnaire au centre de la présente controverse. Et que disait le *Ottawa Citizen* de Chuck Guité en 1991, au sujet de la violation des règles d'attribution de contrats de publicité? « Nous changeons les règles pour nous adapter à la situation. Ce n'est pas la première fois que cela est fait et ce ne sera pas la dernière fois non plus ». Il ne pouvait pas mieux (pré)dire! *Lui y connaît ça!* Toutes sortes de rumeurs courent sur le travail « particulier » qu'effectuait Chuck Guité, tant pour le compte des conservateurs, que celui des libéraux, par la suite. Mais, il faut comprendre qu'un haut fonctionnaire, aussi puissant soit-il, ne peut pas pendant des années contourner les règles, favoriser les amis du régime, sans que le ministre et le chef de cabinet ne soient au courant, autant à l'époque de Mulroney qu'aujourd'hui.

### Avec Chrétien

Les liens entre les ministres et les agences de publicité sont à ce point intimement tissés qu'ils constituent un mélange explosif. Groupaction, Everest et BCP, pour ne nommer que ces trois firmes de Montréal, ne faisaient pas que de la publicité. Elles font souvent des relations publiques, du conseil stratégique. Il y a un va-et-vient constant entre les cabinets de ministres et ces boîtes de communication. On s'échange le personnel : une des collaboratrices importantes de Martin Cauchon, alors ministre responsable du Québec, provenait du Groupe Everest. L'ex-ministre Denis Coderre, un ami du patron d'Everest, a aussi travaillé chez Groupe Polygone, cette entreprise qui a reçu depuis 1996, 40 millions de dollars de commandites pour des salons de plein air et autres publications.

### Une attirance mutuelle

Le monde de la publicité et celui de la politique s'attirent mutuellement. Pendant les campagnes électorales, beaucoup d'employés de ces agences se transforment en bénévoles au service du parti. Pour la campagne électorale de 1997, Richard Boudreault, vice-président création de Groupaction s'est retrouvé dans le bunker libéral aux côtés des Parisella et Gougoux de BCP. Ainsi, le président du conseil d'administration des agences de publicité Publicis-BCP, Yves Gougoux, devenait le gourou de Jean Chrétien pendant les campagnes électorales. Claude Boulay, le propriétaire de la fameuse maison de campagne sur le bord du lac Memphrémagog et patron du Groupe Everest, a « fait » notamment la course au leadership de Paul Martin en 1990, la campagne électorale de Jean Charest en 1998 et celle du maire de Longueuil, Jacques Olivier, en 2001.

### L'agence la plus généreuse envers les libéraux

Ironiquement en 1997, seul Jean Brault, de Groupaction, ne naviguait pas dans ce monde. Jean rêvait de s'y joindre mais lors de mon séjour dans son entreprise, j'ai constaté qu'il n'avait pas encore les bons contacts. Il en était à sa phase d'initiation. Comme dans un groupe de motards, il devait faire ses preuves… Et ça n'a pas tardé!

Une fois que les premiers gros contrats de commandites furent obtenus, Groupaction est devenue rapidement l'agence la plus généreuse envers les libéraux. Elle a contribué à la caisse libérale pour quelques 193 893 dollars, entre 1996 et 2001. Pendant la même période, Groupaction a reçu 62 millions de dollars de contrats de commandites.

### La période référendaire

Pour justifier le dérapage lié au programme des commandites, fin renard, Jean Chrétien s'est toujours justifié en expliquant qu'il y avait urgence d'agir pour que le gouvernement fédéral soit plus visible au Québec et que cet état d'urgence expliquait en partie les « erreurs administratives » qui avaient été commises. S'il n'y avait eu que quelques erreurs administratives parsemées aux quatre vents, on accepterait l'explication du Premier ministre. Mais la réponse du Premier ministre est beaucoup trop simpliste.

### La plus grande campagne de visibilité fédérale jamais vue au Québec

Il est indéniable qu'à Ottawa, le soir du référendum, on a eu très peur. Avec Lucien Bouchard à Québec, on craignait que les souverainistes ne tentent rapidement leur chance à nouveau avec un troisième référendum. Jean Chrétien l'a admis lui-même lors de son témoignage devant la Commission Gomery. Donc, et par conquéquent, le gouvernement fédéral lança au cours de l'année 1996 et de façon encore plus marquée à partir de 1997, la plus grande campagne de visibilité jamais vue au Québec.

### On contourne toutes les règles d'attribution des contrats

On assiste alors à une guerre de drapeaux. Et là où l'explication de Jean Chrétien ne colle plus, c'est que pour faire cette guerre, il fallait à tout prix et de façon systématique contourner toutes les règles d'attribution des contrats. Pour verser annuellement au programme de commandites (presque exclusivement au Québec) les 50 millions de dollars, il fallait contourner une première règle : l'égalité entre les provinces. C'est pour cette raison que le programme des commandites sera rapidement contrôlé par une poignée de personnes et d'agences de publicité québécoises.

# LA COMMISSION GOMERY

# Sans processus de sélection, BCP a obtenu un contrat de 65 millions $

**La Vérificatrice générale du Canada, Shella Fraser, persiste et signe. En vertu des règles en vigueur en 1994, l'agence de publicité BCP n'aurait pas dû obtenir un contrat de Tourisme Canada dont la valeur a atteint 65 millions $, a-t-elle réaffirmé hier devant la commission Gomery.**

Shella Fraser : « Ce n'est pas parce qu'on est deuxième lors d'un concours qu'on a le droit d'être premier lors du prochain. »

**LAURENT SOUMIS**

« Pour être directe, ce n'est pas parce qu'on est deuxième lors d'un concours qu'on a le droit d'être premier lors du prochain », a déclaré Mme Fraser.

En juillet 1994, Tourisme Canada fait paraître un appel d'offre pour le choix d'une agence de publicité pour « la principale cliente du ministère : « les résidants des États-Unis », a expliqué Mme Fraser.

Le Comité de sélection recommande le choix de l'agence torontoise Vickers & Benson. À la fin de septembre, le ministre responsable John Manley entérine cette décision. Et le 6 octobre, BCP est informée par lettre du refus de sa candidature.

**Revirement**

Dix-neuf jours plus tard, revirement majeur. Le premier ministre Jean Chrétien annonce le lancement d'une autre campagne de publicité pour le marché canadien et la création de la Commission canadienne du tourisme.

Il n'y a pas de processus de sélection d'agence. Trente-six jours plus tard, le contrat est accordé à BCP. De 1994 à 2003, la valeur totale du contrat atteindra 65 millions $, incluant le placement médias.

« C'est évident que Tourisme Canada a divisé le programme en deux, a constaté Mme Fraser. Il n'y a pas eu de processus concurrentiel. Le contrat a été accordé en mode de fournisseur unique.

« Un changement aussi important aurait dû être la base d'un nouveau processus concurrentiel », a renchéri Mme Fraser.

**Précédent concours**

Selon elle, BCP ne peut prétendre qu'elle avait droit à ce contrat parce qu'elle avait terminé deuxième sur un précédent concours.

En contre-interrogatoire, le procureur de BCP, Me Michel Massicotte, a fait valoir le contraire. Il y avait urgence, a-t-il suggéré. Il aurait été coûteux d'organiser un nouvel appel d'offres.

« Un concours n'est pas valide pour l'éternité, a répondu la Vérificatrice. Je doute que c'était urgent. Pour des contrats de 65 millions $, les coûts des appels d'offres ne peuvent être significatifs.

« Nos constatations ne sont pas des critiques des fournisseurs, a-t-elle insisté. On ne questionne pas les compétences de BCP. Mais ce n'était pas selon les règles de passation des contrats. »

## L'agence BCP poursuit le *Journal* en diffamation

L'agence de publicité BCP et ses administrateurs Yves Gougoux et John Parisella poursuivent en diffamation *Le Journal de Montréal* et son journaliste Laurent Soumis relativement à un article publié le 12 mai et portant sur le témoignage devant la commission Gomery de Richard Boudreault, ancien vice-président de Groupaction.

Dans leur poursuite déposée hier en Cour supérieure, les demandeurs réclament 1,05 million $ solidairement à Corporation Sun Media, propriétaire du *Journal de Montréal*, à son journaliste et à la société Canoë, également propriété de Quebecor.

Outre sa publication dans le *Journal*, l'article litigieux, intitulé « La pub électorale payée avec l'argent des commandites », était également accessible via le site Internet Canoë. De l'avis des poursuivants, il comportait des informations erronées et diffamatoires.

Les sommes demandées se détaillent ainsi : 750 000 $ pour messieurs Parisella, Gougoux et l'entreprise elle-même, propriété de ce dernier), et 300 000 $, à titre de dommages exemplaires, somme également divisible en trois.

Les demandeurs exigent aussi la publication de rétractation et d'excuses.

# Le cabinet de Jean Chrétien est intervenu

**De nouveaux documents déposés hier devant la commission Gomery soutiennent que BCP a obtenu l'un des plus importants contrats de publicité fédérale après une intervention du cabinet du premier ministre Jean Chrétien.**

**LAURENT SOUMIS**

Récemment, l'ancien directeur du programme, Charles Guité, avait affirmé devant la commission Gomery qu'il y avait eu des pressions du cabinet en faveur de cette agence, dont les professionnels ont signé plusieurs campagnes électorales des libéraux fédéraux.

« C'est faux », avait rétorqué dans les journaux Yves Gougoux, le président de BCP, qui viendra d'ailleurs donner sa version de l'affaire, cette semaine, devant la commission Gomery.

Hier, des rapports d'entrevues, menées en 2003 par les enquêteurs de la Vérificatrice, sont venus ajouter aux affirmations de Guité.

Un haut fonctionnaire de la Commission canadienne du tourisme, Tom Penn, y affirme avoir eu une connaissance indirecte de pressions exercées « à un très haut niveau ».

La vice-présidente de la Commission, Karin Zabel, est encore plus claire. « Le président de BCP a appelé quelqu'un du cabinet du premier ministre qui a appelé notre président de l'époque », Judd Buchanan.

« Il a demandé s'il y avait du travail qui pouvait être donné à BCP et nous avons décidé de leur donner le marketing et la responsabilité de la publicité au Canada et en Europe », ajoute Mme Zabel.

Selon le procureur de BCP, Me Michel Massicotte, le sous-ministre de l'Industrie, Harry Swain, avait fait cette « recommandation » quelques semaines plus tôt.

Ce n'est pas parce qu'un sous-ministre le fait que c'est conforme aux règles du gouvernement, a répliqué Mme Shella Fraser.

**À suivre**
Ce matin, la commission entend un panel de hauts fonctionnaires sur les mesures en place depuis l'éclatement du scandale.

**À venir**
Plus tard cette semaine, la commission recevra John Hayter, de Vickers & Benson, John Parisella et Yves Gougoux, de BCP.

*Voir crédit journalistique et photographique à la page 316*

*Illustration 1: Article du Journal de Montréal, le 17 mai 2005[15]*

À partir de 1997, le chef de cabinet d'Alfonso Gagliano, feu Pierre Tremblay, donnera ses ordres directement au fonctionnaire Chuck Guité, alors directeur du Service de commandites et de publicité au ministère des Travaux publics. Chuck Guité, comme l'a démontré la vérificatrice générale, avec sa seule signature, pouvait faire débloquer des sommes considérables. Une autre raison pour contourner les règles : il fallait aller vite. Donc, il fallait offrir beaucoup d'argent aux promoteurs de tous les événements culturels, sportifs ou autres pour être certains d'inonder le Québec avec la mention « Canada ».

Et finalement, une dernière raison : de généreuses, très généreuses commissions, essentiellement aux agences de publicité, à titre de retour d'ascenseur pour services rendus durant les élections et pour leurs contributions à la caisse du parti.

### Un trio d'une efficacité redoutable

En 1999, les fonctionnaires des Travaux publics, frustrés d'être exclus des décisions et de voir Chuck Guité en mener large avec le cabinet du ministre, commencent à se plaindre. À un tel point que le sous-ministre d'Alfonso Gagliano force une enquête interne, enquête qui mènera à la découverte d'importantes irrégularités.

Chuck Guité a pris sa retraite et c'est feu Pierre Tremblay, le chef de cabinet d'Alfonso Gagliano, qui prendra sa succession comme haut fonctionnaire et qui autorisera les commandites. On assiste aussi à l'entrée en scène de Jean-Marc Bard, un vieux routier de la fonction publique québécoise sous Robert Bourassa, et qui devient le nouveau chef de cabinet d'Alfonso Gagliano. Toutes les décisions importantes concernant le programme des commandites passeront par Gagliano, Bard et Tremblay, un trio d'une efficacité redoutable, selon le témoignage de plusieurs, pour mener une guerre de terrain au Québec.

Autrement dit, après le rapport de vérification interne, le manège des commandites a continué à tourner, voire à prendre de la vélocité, comme si de rien n'était, avec de nouveaux joueurs dans les postes clés. Plus tard, le successeur de Gagliano, Don Boudria voulait, prétendait-il, faire le ménage! Avant sa rétrogradation, il avait pourtant affirmé que l'urgence d'agir après le référendum ne pouvait justifier tous ces abus. Il aura fallu un week-end à la campagne chez le patron d'Everest et surtout des explications bien tordues au sujet d'un chèque pour, qu'à son tour, Don Boudria soit forcé de laisser sa place.

Quant au Premier ministre Chrétien qui s'est insurgé contre les « attaques injustes » de l'opposition et de la presse, voici ce qu'il disait le 5 octobre 1993: *« [..] il faut que les gens aient confiance dans la classe politique. Et pour ça, il faut rétablir l'intégrité et l'honnêteté dans la vie publique. On se fait élire, nous, pas pour SE servir; on se fait élire pour VOUS servir »*. Le 21 mars 2002, le gouvernement a mandaté Sheila Fraser pour enquêter. La vérificatrice générale s'est alors engagée à faire une enquête sur le programme des commandites et des activités publicitaires. Une bombe à retardement qui a depuis donné à réfléchir à bien des militants libéraux ainsi qu'à des employés d'agences de publicité. Jean Brault qui se dirige aujourd'hui tout droit vers la faillite ou la prison, doit se dire que s'il est vrai que les profits ont été mirobolants, le prix à payer maintenant est très élevé... pour lui, comme pour bien des gens dans l'entourage des libéraux.

### De juteux contrats donnés à des proches des libéraux

Au printemps 2001, lorsqu'il s'est fait photographier devant son superbe immeuble de la rue Sherbrooke, les choses ne pouvaient aller mieux pour Jean Brault. Groupaction, son entreprise, se retrouvait alors parmi les cinq plus grosses boîtes de publicité au Québec. Pour ma part, et bien que j'aie quitté son entreprise quatre ans plus tôt, en décembre 1997, je demeurais persuadé qu'un jour une véritable « bombe » exploserait. À la même période, Jean Brault était loin de se douter que sa chute serait aussi brutale, que la GRC ferait éventuellement enquête sur trois contrats qu'il avait reçus du gouvernement fédéral et qu'il se retrouverait au centre de l'affaire la plus embarrassante de toute l'histoire politique récente du Canada.

Pour comprendre cette histoire compliquée, il faut savoir que le gouvernement fédéral octroie, chaque année, pour plusieurs millions de dollars de contrats de publicité et de commandites, ce qui en fait le plus gros annonceur au pays. Forcément, les millions, ça attire les amis. Dans ce domaine, les libéraux n'ont rien inventé. « Ça sent mauvais au royaume de Jean Chrétien. Il y a cette impression très nette que ce gouvernement, depuis le référendum du Québec, a connu de sérieux écarts à la morale, à l'éthique, que l'on a traité très bien ses petits amis. Parce que l'on voulait sauver le Canada, on s'est cru tout permis et on a bafoué les règles les plus élémentaires de la politique », concluait Daniel Lessard de Radio-Canada, dans son reportage du 29 mai 2002. Aujourd'hui, c'est le Canada tout entier qui constate jusqu'à quel point le réseau d'influence est partie intégrante du modus operandi entre politiciens et publicitaires, et ce alors que les payeurs d'impôt sont forcés d'en payer la note.

### 210 millions de dollars en contrats d'achat média

Pendant que la controverse des premiers jours du scandale des commandites faisait rage à Ottawa, l'agence Cossette se vit attribuer le contrat d'achat média pour le gouvernement fédéral (AOR) au montant de 210 millions de dollars, et ce pour les trois prochaines années. Il est important de noter que ce contrat était détenu jusqu'alors par Média IDA Vision, une filiale du groupe

Everest, maintenant sous le contrôle de l'américaine Draft. Cette agence touchait une commission de 11,75 % sur les achats d'espaces publicitaires ainsi que pour le temps média, et de 3,25 % pour le travail de coordination.

Pierre Delagrave de Cossette déclarait à la revue *Commerce* d'octobre 2004, que ce nouveau mandat obtenu par Cossette « couvre uniquement le placement publicitaire, et que la plage de commission varie entre 3 à 5 % du budget. » Avec ce gain, Cossette, la plus grande agence de publicité au Canada venait de faire un pied de nez à son rival d'antan, Yves Gougoux et BCP, pourtant plus près que Cossette des libéraux. À moins que l'embauche à une certaine époque par Cossette d'un lobbyiste, un certain Jean Lapierre, n'y ait été pour quelque chose…

### Des orchidées à Jean Chrétien

On apprendra par la Commission Gomery que celui qui obtenait les plus gros contrats de publicité du gouvernement fédéral (avec Vickers & Benson), Yves Gougoux de BCP, faisait parvenir des orchidées au Premier ministre Jean Chrétien… négligeant manifestement Paul Martin. Si la tendance se maintient, l'agence de publicité BCP aura de la difficulté à survivre à l'année 2006.

### Des intouchables avec une attirance mutuelle

Le monde de la publicité et celui de la politique s'attirent. Tel que mentionné plus tôt, pendant les campagnes électorales, beaucoup d'employés d'agences, et plus particulièrement les cadres, se transforment en « bénévoles » au service du parti au pouvoir. Il faudra donc les récompenser par la suite. C'est sans doute dans ce contexte que l'ancien PDG de Postes Canada, Georges Clermont, a affirmé qu'au lendemain de la prise de pouvoir des libéraux à Ottawa en 1993, le parti a tout fait pour étendre son emprise sur la société d'État avec la collaboration de personnes clés, comme André Ouellet. M. Clermont a affirmé à la Commission Gomery que le retour à la rentabilité de Postes Canada, dont M. Ouellet s'est attribué le succès, était plutôt issu du virage entrepris par un prédécesseur de M. Ouellet, soit Donald Lander. Selon M. Clermont, le Parti libéral voulait que ce soit la firme de publicité BCP qui soit engagée plutôt que l'agence qui était là auparavant. *« Lorsque André Ouellet est devenu président du conseil d'administration de Postes Canada »*, ajoute M. Clermont, *« M. Ouellet précisait à tout bout de champ que le PM (Premier ministre) voulait ceci, le PM veut cela. Par la suite, il y a eu des rencontres au bureau du ministre Alfonso Gagliano qui voulait que la Société des Postes soit plus visible au Québec et que le logo de la société d'État soit modifié pour qu'il y ait plus de rouge, la couleur du drapeau et du Parti libéral.*

*Il a également été question du choix d'agences de communications comme Lafleur Communications pour les lancements de timbres, une opération totalement inutile, selon lui. Postes Canada le faisait très bien, selon son témoignage[2]».* En bref, BCP était à Jean Chrétien ce que Earnscliff est à Paul Martin : une machine à images et à faire élire, et pour ça, ces entreprises demeuraient des intouchables.

### Le Rouge et le Bleu

Depuis toujours, la détention du pouvoir au Canada se résume par deux couleurs : le bleu des conservateurs et le rouge des libéraux. La période Trudeau, du 20 avril 1968 au 3 juin 1979, aura permis à l'agence de publicité BCP d'obtenir la majorité des mandats publicitaires du gouvernement. Cette manne de contrats n'aura eu qu'un petit hiatus de quelques années avec le gouvernement conservateur de Joe Clark pour revenir avec un autre gouvernement libéral de Pierre-Elliot Trudeau qui quittera le 29 juin 1984 pour laisser la place, pendant quelques mois, à John Turner. Le 17 septembre 1984, le Parti conservateur de Brian Mulroney prenait le pouvoir et l'agence de publicité BCP devait perdre peu à peu ses contrats avec le gouvernement au profit d'agences comme Publicité Martin ou Publitel (PNMD et BBDO). À ce sujet, il faut échanger avec Gougoux ou Bouchard pour comprendre la haine réciproque entre les agences rouges et bleues, et vice-versa. Le duo attaque aussi constamment l'agence de publicité Cossette en l'associant, à tort ou à raison, au gouvernement du Parti Québécois et au mouvement souverainiste.

### La cause pour l'unité

Souvent, pour se défendre, les politiciens utilisent le Conseil de l'unité Canadienne (www.cucweb.ca) pour justifier une action ou une décision. Le Conseil est un organisme « non partisan, sans but lucratif », qui rassemble des milliers de bénévoles convaincus qu'une meilleure connaissance de la nature et du fonctionnement des institutions canadiennes contribue à renforcer le sentiment d'appartenance au pays et à encourager la participation des citoyens aux grands débats sur l'avenir de la fédération. D'allégeances politiques diverses, ils mettent de côté leurs divergences pour promouvoir ensemble les avantages d'un fédéralisme qui valorise, malgré ses tensions inhérentes, les régionalismes économiques, politiques, sociaux et culturels, propres au Canada.

Cet organisme de propagande fédéral regroupe un bon nombre de « fumeux de cigares » qui se regroupent et contrôlent la destinée du pays sans oublier de se faire octroyer des contrats au passage. Parmi les membres actifs et les anciens membres du conseil d'administration et du comité des gouverneurs de l'organisme, on retrouve notamment : Me Bernard Amyot (Heenan Blaikie), Luc Beauregard (Cabinet de relations publiques National Inc.), Jean-Bernard Bélisle (Groupe Everest Communication Marketing), Me Marc-André Blanchard (McCarthy Tétrault), Jacques Corriveau (Pluri-Design), Me Richard Drouin (McCarthy Tétrault), Me L. Yves Fortier (Ogilvy Renault), Marie-Hélène Fox (Optimum, Relations publiques), John Parisella (Groupe BCP Ltée), Charles-Albert Poissant (Quebecor inc.), Me Georges P. Racine (McCarthy Tétrault), Francis Fox (Fasken Martineau DuMoulin, maintenant Sénateur).

On remarquera que des agences de communication telles Everest, BCP, Optimum Relations Publiques (filiale de Cossette) et National, ont obtenu des contrats du gouvernement fédéral. En octobre 2005, on a appris que la vérificatrice générale du Canada, Sheila Fraser, enquête sur Option Canada et les sommes consenties au Conseil de l'unité canadienne depuis dix ans et plus précisément sur les possibles violations de la loi électorale lors du grand rassemblement du NON à la veille du dernier référendum.

Selon le premier rapport du Juge Gomery[3], « *Option Canada a été constituée le 7 septembre 1995. Nous croyons comprendre que cette association a reçu, immédiatement avant le référendum au Québec, 4,8 millions de dollars de Patrimoine canadien. Entre le 15 septembre et le 5 octobre 1995, soit immédiatement avant le référendum, BCP a facturé Option Canada pour un total de 2,6 millions de dollars (taxes incluses) pour du placement média et des services reliés à la publicité* ». Le grand rassemblement a eu lieu le 27 octobre tandis que le référendum s'est tenu le 30 octobre. Serait-ce ici un geste habile du gouvernement Chrétien pour octroyer le contrat à un organisateur de sa dernière campagne électorale, BCP, sans passer par un processus d'appel d'offres ? Le prochain rapport de la vérificatrice générale sur la question nous le dira... peut-être !

### *La Matrice du pouvoir publicitaire*
La Matrice du pouvoir publicitaire constitue un résumé visuel simple des abus du système de copinage établi entre le gouvernement et ses agences de publicité. Avant l'arrivée de Jean Chrétien au pouvoir le 4 novembre 1993, on constatera que les comptes publicitaires gouvernementaux étaient octroyés à des agences comme Publicité Martin et PNMD (aujourd'hui BBDO), des agences ayant contribué à la campagne électorale des conservateurs de Brian Mulroney.

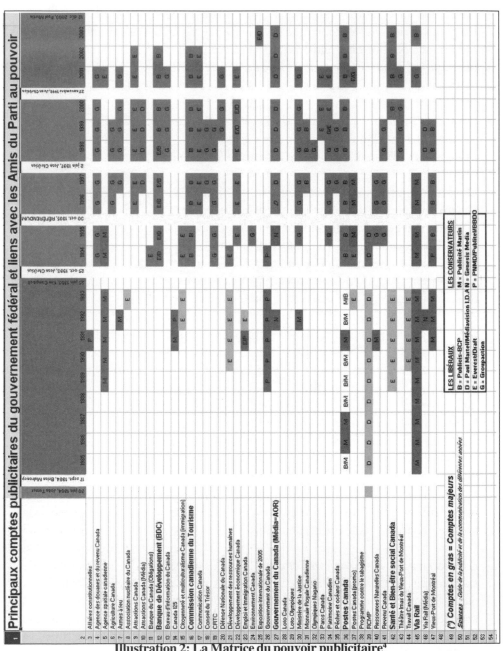

**Illustration 2: La Matrice du pouvoir publicitaire**[4]

*Disponible, en couleurs, sur www.DesNotables.com/Matricepouvoir/page0001.htm*
*La version en couleurs illustre clairement l'exclusivité des agences de publicité*
*amies du Parti libéral sur les gros contrats publicitaires du gouvernement fédéral.*

L'arrivée du gouvernement libéral permettra à des agences comme Groupaction, Everest et Publicis-BCP de connaître un accroissement significatif de leur facturation. Suite au référendum du 30 octobre 1995, le Parti libéral a multiplié le nombre de contrats alloués aux agences qui ont démontré leur loyauté lors de la période référendaire.

Pour bien comprendre la Matrice du pouvoir publicitaire, il faut garder en tête les éléments suivants[5] :
1. Le véritable scandale réside dans l'octroi des contrats de publicité du gouvernement fédéral;
2. Les mandats sont très souvent octroyés sans processus de sélection et sans appel d'offres;
3. Il s'agit du retour d'ascenseur des partis politiques envers les agences de publicité qui ont aidé à l'élection;
4. Les comptes majeurs sont toujours octroyés aux agences qui participent aux campagnes électorales victorieuses.

À la lecture de la Matrice[6], on constatera que les comptes publicitaires majeurs tels ceux de la Banque de Développement du Canada, de la Commission canadienne du tourisme, de la Société canadienne des postes, de Santé et Bien-être social Canada et de Via Rail ont toujours été octroyés à une agence qui est proche du Premier ministre élu. Très souvent, les contrats sont octroyés directement aux agences que l'on peut identifier comme étant proches du Réseau libéral et ce, sans processus d'appel d'offres. Dans les autres cas, les fonctionnaires mettent en place un processus de sélection bidon pour sauver les apparences puisque les directives viennent des bureaux des ministres et visent à récompenser les agences fidèles au Parti.

Il est important de noter que ce « mécanisme de remerciement » n'est pas uniquement appliqué dans les années où des gouvernements libéraux sont au pouvoir, le système existait aussi durant l'ère conservatrice. Il va de soi que nous pourrions extrapoler et étendre ce mécanisme au sein des bureaux de comptables, des bureaux d'avocats, des boîtes d'ingénierie, de contracteurs, etc. Ce qui est propre et exclusif à l'industrie publicitaire, c'est sa proximité avec le contrôle de l'image des politiciens. Un politicien en a toujours besoin. Le publicitaire demeure le conseiller privilégié du politicien qui axe sa vie malheureusement bien trop souvent sur les perceptions. Ce mécanisme de reconnaissance n'est pas nouveau. Il existe depuis le tout début des comptes publicitaires gouvernementaux. Au début, il n'y avait qu'une seule agence et le processus n'était pas important, mais aujourd'hui, le Canada compte plus de 2 000 agences de publicité, et plusieurs se font flouer par un processus trafiqué d'appels d'offres. Elles continuent à soumissionner dans le but éventuel de faire leur place au soleil. Comme vous pouvez le constater, je ne suggèrerais pas à ces agences de faire provision de crème solaire! En regardant l'axe temporel du pouvoir au Canada[7], on constate que c'est surtout après la dernière période référendaire que le Parti libéral du Canada a remercié les supporters de la cause de l'unité nationale avec la multiplication des comptes gouvernementaux fédéraux.

Finalement, la Matrice du pouvoir publicitaire démontre qu'une agence de publicité, impliquée dans la campagne électorale du parti politique au pouvoir, remportera de nombreux contrats publicitaires gouvernementaux après des élections victorieuses.

### *La facturation[8] de quelques agences de publicité*
On peut distinguer trois types d'agences collaborant avec le gouvernement fédéral, depuis la prise du pouvoir par le PLC en 1993 :

**Le petit collaborateur**, comme Groupaction, a accès à des fonctionnaires et à quelques ministres. La facturation annuelle de cette agence est passée de 15,1 millions de dollars en 1993, à 154,53 millions de dollars, en 2001. L'agence aura donc multiplié sa facturation par 10 durant cette période.

**Le moyen collaborateur**, comme Everest, a accès à des fonctionnaires, aux ministres et plus particulièrement au ministre des Finances. La facturation annuelle de cette agence est passée de 32,6 millions de dollars en 1993, à 119,72 millions de dollars en 2002, soit un facteur d'accroissement de plus de 3,67.

**Le grand collaborateur**, comme Publicis-BCP, a un accès privilégié au Premier ministre et à son équipe de proches collaborateurs, ainsi qu'aux têtes dirigeantes des Sociétés de la Couronne comme la Société canadienne des postes. Publicis-BCP a vu sa facturation passer de 170 millions de dollars en 1993 à 395,08 millions de dollars en 2002, soit un facteur d'accroissement de plus de 2,32.

Force est de constater que l'arrivée au pouvoir du Parti libéral aura eu des effets bénéfiques sur le sort de ces agences. Il faut faire attention aux chiffres mentionnés, puisqu'ils présentent la facturation extrapolée et non pas les revenus générés. Ainsi, par exemple, lorsqu'une agence facture à son client une annonce de 10 000 $ parue dans un média, elle paie en retour au média 8 500 $ pour l'espace. L'écart entre les deux, soit 1 500 $, représente le véritable chiffre d'affaires. C'est ici le fameux 15 % de l'industrie de la publicité. Vous prenez le montant facturé par le média 8 500 $ et vous multipliez par 1,1765, et vous avez le montant de la facturation. Mon ex-conjointe, Nathalie Fagnan, vice-présidente finances de Publicis-BCP, m'a toujours parlé d'une marge de profit de 22 %. Lorsque l'on sait que Publicis-BCP avait une facturation de près 400 millions de dollars en 2002…

### Une allégeance politique[9] incontournable

Avec une telle profitabilité, il va de soi que l'allégeance au parti au pouvoir est incontournable. L'allégeance politique des agences comme Lafleur, Gosselin et Coffin n'est d'ailleurs plus à démontrer et les généreuses commissions reçues dans le cadre des commandites le prouvent hors de tout doute!

D'autre part, deux type d'entreprises de publicité monopolisent la plus grande partie du budget relié aux communications.

Un premier groupe d'agences de placement média comme Genesis Media, Paul Martel et Médiavision I.D.A. occupent, pour le compte du gouvernement, des fonctions de planificateurs et d'acheteurs d'espaces publicitaires auprès des journaux, des télédiffuseurs et de tous les médias.

Pour la plupart, ces agences fonctionnent à commission, soit un pourcentage sur le coût d'achat d'espaces. Ainsi un espace publicitaire d'une valeur de 8 500 $ sera facturé au gouvernement 10 000 $ pour couvrir la planification, la négociation et l'achat ainsi que le suivi. Cette règle du quinze pour cent n'est cependant pas applicable à tous les contrats. Dans le cas d'un AOR (agency of record), il est courant de voir des pourcentages oscillant entre deux et cinq pour cent.

Un deuxième groupe, plus important, est constitué d'agences de publicité traditionnelles qui offrent des services de conseils stratégiques, allant de la création à la production. Dans le groupe d'agences proches du Parti libéral on retrouve Vickers & Benson de Toronto, Palmer Jarvis DDB de Vancouver, Publicis-BCP de Montréal, ainsi que Groupaction, Everest (maintenant devenu Draft), BBDO (anciennement PNMD/Publitel) et Publicité Martin. Ce groupe fonctionne plus souvent qu'autrement par honoraires professionnels comme les avocats ou les comptables.

## Le placement média

L'agence Genesis Media était une création du parti conservateur et gérait tous les achats médias sous le gouvernement Mulroney. Avec l'arrivée de Jean Chrétien au pouvoir, l'agence a subitement disparu comme si de rien n'était, sans tambour ni trompette. L'agence Paul Martel s'est toujours occupée du placement média pour la GRC. Avant 1993, le milieu ne percevait pas d'allégeance politique véritable à cette agence qui, dès 1994, a commencé à travailler en partenariat avec Everest, une agence d'origine sherbrookoise, près de Jean Charest, mais aussi près de Paul Martin. Everest acheta l'agence de placement média Paul Martel pour devenir Médiavision I.D.A. Il y a quelques mois, son président, Charles Choquette, a d'ailleurs tiré sa révérence.

## La publicité, le nerf de la guerre

Outre le placement média, le conseil stratégique, la création et la production des comptes du gouvernement constituent une manne imposante de contrats. Curieusement, la venue au pouvoir des libéraux, le 4 novembre 1993, aura marqué le début de la fin pour Publicité Martin, l'agence du publicitaire Yvon Martin, réputée pour ses *pitchs* aux Ritz Carlton. Martin contrôlait la destinée publicitaire de Via Rail, Postes Canada, le Vieux-Port de Montréal et l'Agence spatiale canadienne depuis un bon moment déjà lorsque Jean Chrétien est arrivé au pouvoir. Le monde d'Yvon s'est écroulé.

Il en va de même pour celui de Raymond Boucher de PNMD/Publitel (maintenant président du conseil de la SAQ du gouvernement Charest) qui allait perdre ses imposants contrats gouvernementaux. Boucher avait cependant prévu le coup, ce qui fait qu'encore aujourd'hui son ex-agence, maintenant BBDO Montréal, occupe toujours une place de choix sur la scène montréalaise. Le gouvernement Chrétien aura réparti ses activités publicitaires en trois strates distinctes d'agences. Des petits collaborateurs (Groupaction), aux moyens (Everest) pour concentrer les budgets plus importants chez de gros collaborateurs comme BCP à Montréal, et Vickers & Benson à Toronto.

BCP ou Publicis-BCP aura le mérite de n'avoir toujours soutenu qu'une seule couleur : le rouge. Pour épouser les règles d'attribution des comptes publicitaires fédéraux, Publicis-BCP aura poussé l'audace jusqu'à se scinder en deux et nommer un ex-chef de cabinet libéral, John Parisella, à la tête de l'agence possédant une facturation en majorité contrôlée par les contrats du fédéral.

La collaboration de Turbo Marketing et Pierre Ladouceur ainsi que celle du concepteur Marc-André Rivard dans la dernière campagne du PLC demeure une énigme. Une simple improvisation ou une manoeuvre de Jean Lapierre ?

D'un océan à l'autre, le Canada est composé de plusieurs milliers d'agences de publicité, mais curieusement, seulement quelques-unes seront retenues, en fonction du gouvernement au pouvoir.

### La règle de la propriété du « 100 % canadien[10] »

Pour avoir accès aux contrats publicitaires du gouvernement Mulroney, le pourcentage de propriété canadienne était de 51 %. Ce qui explique qu'une agence comme PNMD/BBDO, détenue à 51 % par PNMD (Canadien), et à 49% par BBDO (International), pouvait se voir octroyer des contrats. L'arrivée de Jean Chrétien en 1994 marque un changement important en la matière. En effet, pour accéder à des comptes fédéraux, une agence devra être de propriété canadienne à 100%. Cette mesure est le résultat d'un fort lobbying de BCP auprès du gouvernement Chrétien. On se souviendra qu'en 1994, BCP était 100 % canadien. En agissant ainsi, BCP coupait l'herbe sous le pied des concurrents de taille comme Marketel (49 % propriété de McCann Erickson), PNMD/BBDO (49 % propriété de BBDO) et SVY & R (49 % propriété de Y & R). BCP demeurait, avec Publicité Martin, Everest et Cossette, une des seules agences de taille qui se qualifiait pour l'octroi de contrats du gouvernement fédéral. Voilà qu'en 1996, BCP devient Publicis-BCP et est dorénavant contrôlée à 70 % par des intérêts français. Curieusement, Publicis-BCP a conservé ses contrats avec le fédéral!

Devant les pressions du milieu, notamment de Jacques Duval, président de Marketel et président de l'Institute of Canadian Advertising, Publicis-BCP se scinde en deux agences distinctes mais avec le même président du conseil soit Yves Gougoux, une situation bien particulière. Cette manœuvre avait pour objectif de faire taire les détracteurs qui se plaignaient du quasi-monopole de BCP sur les comptes gouvernementaux d'envergure comme ceux de la Banque de développement du Canada, de la Commission canadienne du tourisme, de la Société canadienne des postes ainsi que de Santé et Bien-être social Canada. La stratégie adoptée par le groupe d'Yves Gougoux se résume ainsi : les comptes publicitaires privés se retrouveront chez Publicis Canada (détenue à 30 % par Yves Gougoux) et les comptes gouvernementaux se retrouveront chez BCP (détenue à 100 % par Yves Gougoux).

De plus, BCP sera présidée par John Parisella mais le président du conseil de BCP et Publicis Canada sera Yves Gougoux. J'étais alors à la tête du Publicité Club de Montréal et je me souviens d'une conversation avec Jacques Duval (Marketel), Louis-Éric Vallée (SVY&R) et Paul Hétu (PNMD/BBDO). Ils étaient furieux en constatant que la proximité avec le gouvernement libéral conférait à BCP un avantage marqué pour faire changer les lois à sa guise.

BCP est donc partie en croisade contre les agences qui n'étaient pas de propriété canadienne. Les véritables faits sont trompeurs. BCP utilise les ressources de création et de planification média de Publicis Canada et seules la direction du service clientèle et une partie de l'administration sont vraiment distinctes. À cette époque, Publicis Canada était logée au 413, St-Jacques Ouest, tandis que BCP logeait dans un local adjacent mais déclarait sa porte d'entrée au 393, St-Jacques Ouest.

En raison des pressions du milieu devant cet arrangement administratif peu convaincant, BCP déménage de l'autre côté de la rue, au 388, St-Jacques Ouest. Au lieu d'être assis dans des locaux adjacents, Yves Gougoux et John Parisella se regardent maintenant de chaque côté de la rue. Devant les pressions, le gouvernement Martin a modifié à nouveau les règles de sorte que le critère de la propriété canadienne n'est aujourd'hui plus nécessaire. On exige maintenant à une agence que 80 % de sa main-d'œuvre, de ses services et des produits offerts, soient canadiens.

### Le « père » Jacques Bouchard

J'ai toujours eu une admiration sans borne pour Jacques Bouchard, un homme intelligent, charismatique et né au bon moment. C'était mon Maurice Richard. Se rapprocher de son idole peut avoir des effets bénéfiques comme des répercussions négatives. En effet, en côtoyant de près le Monsieur et son épouse, je me suis rapidement rendu compte qu'il avait bâti son empire via des processus d'appels d'offres bidon et qu'encore aujourd'hui, il tirait des ficelles. Dans un reportage, le fondateur de BCP et créateur de la Trudeaumanie, Jacques Bouchard, a affirmé que cette agence aidait les libéraux fédéraux gratuitement durant leurs campagnes et que cela était une pratique courante dans l'industrie.

Jacques Bouchard faisait partie du conseil consultatif de mon entreprise et était devenu un bon ami. Malgré ses soixante-quinze ans, Bouchard m'inspirait toujours et, par de nombreuses conversations avec son épouse, Caroline Maranda-Bouchard, je savais que ma présence lui procurait une petite dose d'adrénaline.

À Montréal, le 13 mars 2003

Madame /Monsieur,

J'ai l'honneur d'appuyer la candidature de M. Alain Richard au titre de Personnalité marketing de l'année de l'AMM.

Nous pouvons considérer Alain comme un des meilleurs communicateurs du Québec si l'on en juge par sa feuille de route professionnelle et ses réalisations.

Après un parcours atypique dans les agences de publicité, Alain a présidé aux destinées du Publicité-Club au cours des années 0000 et 0000. Tous les publicitaires ont reconnu qu'il avait réussi à redresser la barre d'une association qui rencontrait de graves difficultés financières et structurelles.

Alain est le cofondateur de la Cinémathèque J.B., un organisme sans but lucratif qui s'est donné pour mission de rassembler les quelque 100 000 messages publicitaires francophones mis en ondes depuis 1950, participant ainsi à conserver un patrimoine québécois d'une richesse inestimable pour les gens de la communication.

Alain s'est vu charger par l'Office québécois de la langue française de numériser sur Internet « Les 36 cordes sensibles des Québécois» un livre culte de la publicité depuis longtemps hors circulation. Cette numérisation intégrale, la première au Canada, a été saluée comme une prouesse technique par les internautes : plus de 2500 d'entre eux, des étudiants entre autres, ont téléchargé cet ouvrage gratuitement depuis son lancement en novembre dernier.

À titre de membre du comité consultatif de rebelles.com, je demeure un témoin attentif des succès de l'entreprise que dirige Alain Richard depuis1998. Cette entreprise de marketing numérique, une des plus importantes au Canada, se démar... par ses innovations techniques et par la très haute compétence de son personnel.

Je tenais à rendre ce témoignage à Alain Richard en vous remerciant de m'avoir donné l'occasion de le faire.

Cordialement

Jacques Bouchard

Publicitaire

*Illustration 3 : Lettre de recommandation de Jacques Bouchard en faveur d'Alain Richard[11]. Les 0000 ont par la suite été changés pour 1995 et 1996.*

### Sa stratégie de l'encerclement

Jacques Bouchard avait encore plusieurs trucs dans son sac. Son plus beau legs à mon endroit aura certainement été de m'initier à la stratégie de l'encerclement. Contrairement à mes habitudes, c'est-à-dire d'affronter les difficultés de face, Bouchard m'a enseigné comment cerner la source d'un problème pour l'attaquer simultanément de tous les côtés.

Bouchard m'a tout raconté. Ses liens avec Trudeau, Drapeau, Ouellet, Pettigrew et compagnie. Il m'a expliqué comment encore aujourd'hui il exerçait une certaine forme de lobbying auprès des autorités en faveur de la boîte qu'il a fondée et qu'il a depuis vendue à Yves Gougoux. Nous avons fait de nombreux voyages ensemble. J'épaulais Bouchard dans ses conférences. Mon bureau lui préparait les graphiques pour ses présentations et je lui donnais des suggestions. J'étais devenu l'agent de mon idole. Mais la rémunération qui devait suivre n'a jamais suivi.

### *« Je te ferai un chèque en conséquence pour les milliers d'heures que tu m'as données[12] »*

Plus je le fréquentais et plus je me disais qu'il était intelligent mais qu'il avait simplement eu la chance de naître dans la bonne génération. Il ne connaissait pas la véritable concurrence puisque le gouvernement Trudeau lui livrait les comptes publicitaires sur un plateau d'argent.

La jalousie envers les millions de dollars que son successeur Yves Gougoux faisait était palpable. Bouchard ne comprenait pas pourquoi Gougoux ne partageait pas une partie de ses recettes avec le patriarche. Bouchard s'est exprimé clairement en ce sens dans une entrevue au journal *Les Affaires,* au début de l'année 2005. Bouchard y affirme que Gougoux fait trop d'argent pour se préoccuper du sort de l'industrie. Il n'a pas tout à fait tort, mais le commentaire est surprenant dans le contexte. Il termine d'ailleurs cette entrevue en soulignant qu'au Japon, les vieux sages sont rémunérés pour leurs précieux conseils et pour partager leur sagesse. Jacques Bouchard m'a expliqué le fonctionnement des appels d'offres du gouvernement fédéral depuis des générations. Il a même confirmé ses propos à l'émission *Le Point* de Radio-Canada, il y a déjà quelques mois.

### Le père de la publicité n'existe plus

En ce qui me concerne, le père de la publicité n'existe plus mais le problème c'est qu'il n'y a personne pour assurer sa relève. Pourtant l'industrie de la publicité a bien besoin d'une bouée de sauvetage par les temps qui courent. Pourquoi se fait-il si discret à l'égard du Scandale des commandites et des activités publicitaires? *Seul son coiffeur le sait...*

Jacques Bouchard traînait régulièrement dans mes bureaux et, lorsqu'il n'y était pas, il téléphonait au bureau de 4 à 6 fois par semaine, souvent pour régler ses problèmes d'ordinateur, de système de son, pour m'inviter à luncher ou à souper (je conserve d'excellents souvenirs des repas pris dans son superbe penthouse de la rue McGill) ou encore simplement pour jaser. J'ai pris la décision d'investir temps, argent et énergie dans la Cinémathèque qui porte son nom et la numérisation du livre, *Les 36 cordes sensibles des Québécois*. Mais les projets comme le lancement du livre des Bouchard, *La Vie de château*, le support informatique, les nombreux mandats graphiques et la commercialisation de ses conférences faisaient l'objet d'une entente pour le paiement de mes services. Lorsque la facture est arrivée, Jacques Bouchard a été subitement atteint d'amnésie. Ma poursuite de 87 297,92$, déposée à la Cour le 6 décembre 2005, est affichée à l'annexe VII.

J'ai alors senti le vent tourner. Ils ont donc par la suite ajouté leurs noms à celui des Gougoux dans une plainte à la police et dont il sera fait largement état plus loin dans cet ouvrage. Je n'ai jamais compris ce geste de trahison de la part des Bouchard mais, de toute évidence, ils voulaient ainsi éviter d'avoir à acquitter une facture de 87 297,92$. Il m'aura d'ailleurs fallu plus de huit mois pour mettre la main sur une fameuse cassette[13] qui constituait la seule preuve à mon endroit contre Jacques Bouchard. Je vous invite à l'écouter avec attention.

### La relation entre Jacques Bouchard et André Ouellet
À la demande de Jacques Bouchard, j'avais travaillé avec lui à la création d'un dépliant annonçant « Les 10 nouvelles conférences de Jacques Bouchard à des publics divers[14] ». Un mandat pourtant facturable. Bouchard se percevait un peu comme le Andy Rooney du Québec, ce vieux sage qui fait de petites capsules à l'émission *60 minutes*. Encore une fois, nous avons procédé à la production dudit dépliant et Bouchard me disait qu'il signerait notre entente pour payer les heures facturées sur ses dossiers. Comme j'admirais beaucoup cet homme, je l'ai cru sur parole.

Lors de l'une de mes nombreuses conversations avec son épouse, Caroline, celle-ci me remercia pour tout ce que je faisais pour son mari. Elle m'avoua que je contribuais à le conserver jeune. Elle trouvait que ma contribution à ses efforts pour revenir sur le marché était d'autant plus précieuse qu'Yves Gougoux refusait systématiquement d'y collaborer et m'assurait que je serais rémunéré pour mon travail. Nous avons eu alors une discussion à cœur ouvert sur le sujet. Elle savait que j'entretenais une relation de petit-fils à grand-père avec son mari et qu'il n'y avait donc pas de rivalité. Elle ne pouvait pas en dire autant de la relation avec son successeur, Yves Gougoux.

Mon analyse sur ce fait a toujours été la même : Gougoux a fait des millions de dollars avec BCP, il sera resté dans l'ombre de Jacques Bouchard. Même s'il a fait des millions (en grande partie grâce aux contrats gouvernementaux), il n'aura jamais réussi à rivaliser avec Cossette et BOS, les deux standards dans l'industrie. Je me rappelais d'une campagne pour un Trust à l'époque « Riche et rien à la banque », je me disais, que pour Gougoux, il fallait dire « Riche et rien à raconter ». Nous avons poursuivi la conversation debout, devant la porte patio de leur superbe condo de la rue McGill. Dans la pièce voisine, on y trouvait des antiquités égyptiennes acquises à l'époque par BCP. Bouchard arriva et j'ai eu l'impression qu'il était agacé de me trouver seul avec sa femme. Mais Bouchard était heureux : il arrivait d'une rencontre avec son bon ami André Ouellet de la Société canadienne des postes. Il avait besoin d'une commandite pour imprimer le dépliant. L'affaire était dans *l'sac*. Quelques milliers de dollars (de l'argent des contribuables) venaient encore de s'envoler à destination des amis du Parti.

### *Pour en finir avec le « père de la publicité »*
Je vous invite à lire l'entrevue de Jacques Bouchard dans le Journal *Les Affaires* du 1er janvier 2005[16]. Comme clin d'œil, j'ai pensé partager avec vous la fiche signalétique[17] de vente pour son château de La Briche en France. Je vous invite aussi à consulter des photos[18] de ce bijou du patrimoine français.

Vous noterez aussi que la transcription du témoignage d'Yves Gougoux, en rapport avec Jacques Bouchard est disponible sur www.DesNotables.com[19] tout comme la bande sonore d'ailleurs[20].

---

[1] www.radio-canada.ca/actualite/lepoint/reportages/2002/05/27/commandites/scandale.html
[2] Un contre poids au témoignage d'André Ouellet (Le lundi 24 janvier 2005 à 13 h 32). Source : www.radio-canada.ca/url.asp?/nouvelles/Economie/nouvelles/200501/24/004-POSTES-Clermont.shtml
[3] www.DesNotables.com/PremierRapport/BCP.pdf
[4] www.DesNotables.com/Matricepouvoir/page0001.htm
[5] www.DesNotables.com/Matricepreambule/page0001.htm
[6] www.DesNotables.com/Matricepouvoir/page0001.htm
[7] www.DesNotables.com/Matricegouvernements/page0001.htm
[8] www.DesNotables.com/Matricefacturation/page0001.htm
[9] www.DesNotables.com/Matriceallegeance/page0001.htm
[10] www.DesNotables.com/Regle.html
[11] www.DesNotables.com/Bouchard/target4.html
[12] www.DesNotables.com/Bouchard/target7.html
[13] www.DesNotables.com/Les_mensonges_de_Jacques_Bouchard.html
[14] www.DesNotables.com/Bouchard/target12.html
[15] www.DesNotables.com/Media/target134.html
[16] www.DesNotables.com/Bouchard/target16.html
[17] www.DesNotables.com/Chateau.html
[18] www.DesNotables.com/Bouchard/target22.html
[19] Pour lire au complet : www.DesNotables.com/Proces.html#Bouchard
[20] Pour entendre : www.DesNotables.com/Proces.html

# CHAPITRE 2

# JE N'AI JAMAIS ACCEPTÉ DE JOUER LE JEU

*Soyons réalistes, exigeons l'impossible!*
— Che Guevara

*Ma détermination et ma recherche de la droiture en affaires – À vingt-huit ans, j'avais des revenus bien au-delà de la moyenne – Les 36 cordes sensibles des Québécois en version numérique – La Cinémathèque publicitaire Jacques-Bouchard – La Toile des Communicateurs – Mon entreprise : rebelles.com – Une zone grise qui tirait surtout sur le rouge – Je détenais des informations compromettantes.*

Je peux affirmer sans trop me tromper que je n'ai jamais laissé indifférentes les personnes que j'ai eu l'occasion de rencontrer.

Plusieurs croient, bien à tort, que ma façon d'agir consiste à provoquer les gens simplement pour le plaisir de le faire. En fait, je suis reconnu comme un bagarreur qui ne recule devant personne. Il faut savoir que je ne me suis jamais dérobé : mon éducation et mes racines font en sorte que je ne considère pas avoir de mérite à monter aux barricades : je suis ainsi fait. Ceux qui me connaissent bien savent que je ne recule jamais devant un défi et que je me fais un devoir d'aller jusqu'au bout et de remettre en question l'ordre établi lorsque je suis persuadé qu'il y a une injustice. Ma passion et ma détermination n'ont d'égales que les obstacles que j'aurai réussi à franchir.

### Ma détermination et ma recherche de la droiture en affaires

Mon profil est particulier puisque je ne peux pas supporter l'idée de commettre par exemple une simple infraction au code de la route et que je suis très respectueux envers les lois et les règlements. Par contre, j'ai toujours été un rebelle, un rebelle cartésien. Dans mes activités professionnelles, j'ai souvent remis en question l'ordre établi. L'industrie publicitaire avait sa façon de fonctionner et, aujourd'hui, avec du recul, je dois reconnaître que j'avais la mienne. Alors qu'est-ce qui m'a poussé vers cette quête de vérité et de justice?

Qu'est-ce qui m'a poussé à dénoncer sans hésitation des abus dont j'ai été témoin? Une seule réponse me vient à l'esprit : la vie est courte et je veux laisser ma trace pour bâtir un monde meilleur. Mon implication dans les révélations entourant le scandale des commandites et surtout des activités publicitaires témoignent de cet engagement envers la participation à un changement dans la société.

### À vingt-huit ans, j'avais des revenus bien au-delà de la moyenne

Partout où je suis passé, j'ai fait de la rentabilité ma priorité. Ma détermination et ma recherche de la droiture en affaires m'ont ainsi permis de présider au redressement financier spectaculaire du Publicité Club de Montréal[1] entre 1995 et 1997 et de continuer à me battre en faveur de la transparence des jurys des concours publicitaires.

Après avoir obtenu un baccalauréat aux HEC et une maîtrise en marketing à l'Université de Sherbrooke, j'ai gravi les échelons dans quatre agences de publicité. À vingt-huit ans, j'avais des revenus bien au-delà de la moyenne et j'occupais une fonction de cadre dans une agence. Mon patron m'enlignait sur la présidence de la compagnie. Mais je n'ai pas accepté de jouer le jeu et c'est ainsi que ma vie prendra un virage quelques années plus tard… pour le mieux.

En plus de mes séjours dans des agences de publicité, la création de ma propre entreprise et la présidence du redressement financier du Publicité Club de Montréal, j'ai pris part à la mise en place d'un certain nombre d'initiatives du milieu.

### Les 36 cordes sensibles des Québécois en version numérique

J'ai répondu à l'offre de l'Office québécois de la langue française, en numérisant le livre culte, de mon mentor de l'époque, Jacques Bouchard, *Les 36 cordes sensibles des Québécois*.

Cet ouvrage qui a marqué toute une génération de publicitaires était disponible sur le Web.

Avec une équipe, j'ai produit la version numérique de ce livre assurant ainsi la survie de cet ouvrage. Déjà plus de 5 000 internautes en ont téléchargé la version en ligne.

La reconnaissance de Jacques Bouchard pour ce projet ne s'est malheureusement jamais véritablement manifestée.

*Illustration 4 : Jacques Bouchard, Caroline Maranda-Bouchard*
*et Alain Richard lors du lancement de la version numérique du livre*
*Les 36 cordes sensibles des Québécois*[2]

*Illustration 5 : John Parisella, Alain Richard et Jacques Bouchard dans les*
*bureaux de l'entreprise d'Alain Richard lors d'une réunion du conseil de*
*La Cinémathèque publicitaire Jacques-Bouchard*[3]

### La Cinémathèque publicitaire Jacques-Bouchard

Je m'en voudrais d'oublier le projet de La Cinémathèque publicitaire Jacques-Bouchard[4] qui contenait plus de 20 000 commerciaux archivés. Pour la première fois au Québec, l'internaute y trouvait répertoriés dans une grande cinémathèque virtuelle, plus de 20 000 messages publicitaires conçus et produits chez nous durant les quarante dernières années. La Cinémathèque avait pour mission de regrouper sous un même toit l'ensemble de la production publicitaire télévisuelle du Québec, puisée à même les archives des agences, des annonceurs et de certaines personnalités du milieu. Plus de 20 000 *publivores* fréquentaient le site chaque mois. Le conseil d'administration de l'organisme était composé de seize personnalités du milieu dont le président de BCP, John Parisella[5] que j'avais moi-même convaincu de joindre les rangs.

### La Toile des Communicateurs

J'ai aussi créé *La Toile des Communicateurs (www.toile.coop) qui permet* aux artisans de l'industrie de se mobiliser et de former un groupe homogène. La Toile des Communicateurs est une coopérative de solidarité, un cas unique en son genre, un nouveau modèle économique et social issu du Web, et particulièrement dans l'esprit et la mouvance d'Internet.

Cette expérience unique au monde ouvre la voie de la *nouvelle économie sociale*, en proposant aux citoyens de la communication de prendre le contrôle de La Toile, d'y faire valoir leurs opinions et d'échanger avec les autres communicateurs francophones. La Toile des Communicateurs compte maintenant plus de 10 000 membres répartis dans toute la francophonie. J'ai essayé d'en faire la version moderne du Publicité Club de Montréal que Jacques Bouchard a créé à la fin des années '50.

### Mon entreprise : rebelles.com

J'ai et j'aurai toujours le courage de mes opinions. Le mot rebelle me colle à la peau dans ma façon de gérer et d'aborder les obstacles de la vie. Je vais toujours au bout des choses que j'entreprends. Mon entreprise de marketing numérique portait donc le nom de rebelles.com[6] et le R de rebelles était rédigé avec un r minuscule pour bien démontrer la philosophie positive qui habite les rebelles. Cette philosophie rebelle, qu'il ne faut pas confondre avec une philosophie anticonformiste, démontre que, par leurs attitudes avant-gardistes et innovatrices, des hommes et des femmes que l'on a qualifiés de rebelles ont contribué à faire avancer à pas de géant leur société. La philosophie rebelle exige également l'apport d'idées et de solutions nouvelles. Les grandes réalisations sont souvent le résultat du travail de gens qui « dérangent ». C'est cette attitude de contestation et de constante remise en question qui me placera d'ailleurs au cœur d'un terrible malentendu.

### Une zone grise qui tirait surtout sur le rouge

« *L'avenir appartient à ceux qui y sont déjà*[7] » est désormais une marque de commerce enregistrée à mon nom. Depuis plus de cinq ans, je prévoyais qu'un scandale allait éclater dans l'industrie de la pub. J'en avais marre des présentations bidon. J'en avais ras-le-bol de me faire dire « vous êtes les meilleurs mais vous ne contribuez pas à la caisse électorale du parti ». Je ne me suis jamais senti à l'aise dans les zones grises. Pour moi, dans la majorité des cas, c'est blanc ou bien c'est noir. Les appels d'offres pour les contrats du gouvernement étaient pour moi aussi, même si je ne contribuais pas à la caisse du parti en argent ou en services!

### Je détenais des informations compromettantes

Lorsque le scandale des commandites a éclaté et qu'a été amorcée l'enquête de la vérificatrice générale sur les commandites et les activités publicitaires, je n'ai pas hésité à faire connaître à certains interlocuteurs que je tenais à leur disposition des informations très précises. C'est ainsi que je me suis retrouvé au cœur de l'actualité, principalement dans des médias anglophones, dont le *Globe and Mail*.

Mes relations professionnelles passées ou actuelles avec des gens tels Jacques Bouchard, Yves Gougoux, John Parisella, Jean Brault et plusieurs autres ne m'empêchaient pas de constater et de clamer haut et fort les iniquités dont j'avais été témoin dans la gestion ou dans l'attribution de contrats publicitaires de la part du gouvernement fédéral. Mes dénonciations, considérées à tort par certains comme étant intempestives, provoqueront un terrible malentendu entre ces gens et moi. On était à toutes fins utiles convaincus que je représentais un danger pour des intérêts parfois considérables. Je me suis retrouvé devant un véritable rouleau compresseur : celui de la démolition de ma crédibilité d'abord, de ma réputation ensuite, et enfin de ma liberté d'agir.

Le 10 février 2004, Paul Martin abolissait le programme des commandites et le 12 février le *Globe & Mail* titrait un article à la une dont j'étais l'instigateur : *Groupaction faked invoices, insider says*[8]. C'était la première fois qu'un employé d'une agence de publicité affirmait qu'en ce qui le concernait, les heures facturées ne correspondaient pas du tout à la réalité. Le journal ajouta: « *Les commentaires de Monsieur Richard alimentent la perception que des problèmes administratifs étendus étaient au cœur du programme des commandites* » (traduction de l'auteur).

Je me souviens d'une discussion houleuse avec ma conjointe sur le sujet, elle me disait : « *Je ne vois pas pourquoi tu en fais un gros plat, l'important c'est que nous créons des emplois* ». Elle a mis un terme à notre vie commune quelques jours plus tard. Avec la parution de cet article, je suis convaincu d'avoir dérangé des intérêts extrêmement puissants. La suite de ce récit démontrera d'ailleurs comment de tels intérêts s'y prennent pour faire taire un témoin qui risquerait de devenir très encombrant.

*Illustration 6 : Article du Globe & Mail du 12 février 2004[9]*

---------------------------------

1 www.DesNotables.com/PCM/target1.html
2 www.DesNotables.com/36/target13.html
3 www.DesNotables.com/Cinematheque/target2.html
4 www.DesNotables.com/Cinematheque/
5 www.DesNotables.com/Cinematheque/target19.html
6 www.DesNotables.com/Web/target6.html
7 www.DesNotables.com/Web/target8.html
8 www.DesNotables.com/Media/target12.html
9 www.DesNotables.com/Media/target12.html

# CHAPITRE 3

# AVEC YVES GOUGOUX ET JOHN PARISELLA CHEZ BCP

> « *Avec la venue au pouvoir du gouvernement Chrétien, BCP va reprendre sa vitesse de croisière.* »
> – Yves Gougoux, lors de mon embauche chez BCP

*Sollicité par BCP – BCP est une agence rouge – Gougoux détestait le Publicité Club – Le transfert du compte publicitaire de Postes Canada – Courtisé par BCP – L'équipe d'Allard remporte le compte publicitaire de Yoplait! – Yvon Martin perd, Gougoux gagne! – De la poche gauche à la poche droite – Avec les Bouchard – Le nom BCP – « Les contacts, jeune homme, les contacts! » – À table avec John Parisella – Gougoux avait encore besoin du « père » pour attacher des fils – Les « enfants de Trudeau » – La relation entre BCP et la Société canadienne des postes en péril – De BCP à Publicis pour sauver les apparences – Un croc-en-jambe à Paul Martin – Jacques Bouchard, l'entremetteur – La première rencontre avec Me Michel Massicotte – La toile des compagnies de Publicis-BCP – Un « nid de compagnies» – BCP en mode de fournisseur unique – Yves Gougoux et BCP lourdement soupçonnés – Santé Canada – Une découverte des médias : Un logo de 690 000 $ – Favoritisme 101 – BCP / Postes Canada / Ouellet / Gagliano – Bourassa chez BCP grâce à Parisella – La fable du lion et de la girafe et les dettes de John Parisella – Une girafe myope – «That's life !» – L'équipe BCP dans le panier à salade – Police, police! – Les liens privilégiés entre BCP et le bureau du Premier ministre – BCP vs Everest = Chrétien vs Martin – Une omission d'André Pratte – Yves Gougoux – Gougoux chez nos cousins – Agnès Jarnuskiewicz-Gougoux : Madame Yves Gougoux – Marie-Hélène David : cette inconnue – BCP et la justice: une intégration verticale – John Parisella : Un homme et ses contacts – Exit-Sortie de secours: Université Concordia – Un cas évident de conflit d'intérêts : LCN – L'argent et le pouvoir.*

Mes séjours dans les agences de publicité m'auront permis de découvrir le mélange explosif que forment la politique et la publicité. Je parle ici de réseaux d'influence et non pas de trafic d'influence. Croyez-vous vraiment que ces gens « donnent » du temps pour faire élire un candidat et un parti car ils croient uniquement en la plate-forme électorale, ou parce qu'ils aiment profondément le pays? Ces gens, je fais ici référence aux agences de publicité impliquées dans les campagnes électorales, donnent des milliers d'heures de leurs ressources pour un motif fort simple et évident : celui d'être assuré du retour d'ascenseur une fois le parti au pouvoir. Comprenez-moi bien, je ne vois rien de mal dans une relation entre un président d'agence de publicité et des politiciens, je me souviens d'ailleurs avoir vu en 1995 ou en 1996 Paul Martin, ministre fédéral des Finances, dans les couloirs de BCP. J'ai cependant beaucoup de difficulté à croire en la transparence du processus d'attribution des contrats du gouvernement aux agences de publicité. Y aurait-il seulement un nombre restreint d'agences de publicité capables de répondre aux besoins du gouvernement?

Comme par hasard, l'agence qui possède les comptes publicitaires de Via Rail, de Postes Canada, de Santé Canada et de plusieurs autres mandats importants du gouvernement fédéral, comme jusqu'à récemment les comptes de la BDC et de Tourisme Canada, n'arrive pas à se démarquer dans le secteur privé, beaucoup plus compétitif. Curieusement, l'agence qui gère l'ensemble de ces gros budgets est la même boîte qui participe aux campagnes électorales du Parti libéral et à son financement, depuis des décennies. C'est cette même agence qui n'arrive plus à se démarquer par sa créativité mais bien par la force de son lobbying auprès des instances de ce parti politique. Il est tout aussi étrange de constater qu'avant que cette agence de publicité ne remporte les contrats du gouvernement libéral, des agences comme PNMD (maintenant BBDO Montréal) et feu Publicité Martin avaient les contrats du gouvernement conservateur. Faire un don à un parti politique sous forme d'argent ou de temps, et ce, dans le but d'obtenir un contrat plus tard va à l'encontre des politiques, des règles et des lois. La Loi électorale stipule que des professionnels qui donnent des services à un parti politique dans leur champ d'expertise, ne peuvent pas être considérés comme des bénévoles.

### Sollicité par BCP

Au début du mois de juin 1996, j'étais directeur du développement des affaires de l'agence de publicité Allard/SMW, lorsque BCP sollicita une rencontre avec moi pour m'offrir un poste.

À titre de directeur du développement des affaires d'Allard/SMW, j'avais fait les approches nécessaires auprès de l'annonceur Yoplait, alors client de BCP, pour entamer un processus de présentation spéculative (les fameux « pitchs »). Le compte publicitaire Yoplait se retrouvait donc en « pitch » en partie à cause de mon insistance et aussi grâce à mes connaissances du marché du yogourt. En effet, j'avais travaillé chez Delisle et mon sujet de mémoire de maîtrise en marketing traitait de la modélisation des ventes dans le domaine du yogourt, ce qui faisait de moi un « expert » en ce domaine. J'étais très heureux de mettre à profit mes connaissances pour mon employeur de l'époque.

Mais voilà qu'Yves Gougoux, président de BCP et son entourage ont eu vent de ma contribution dans ce dossier et ils n'entendaient pas perdre le compte sans livrer une bonne bataille. C'est dans ce contexte que j'ai rencontré Yves Gougoux pour une première fois au début du mois de juin 1994, quelques jours après les élections fédérales et en pleine période du « *pitch* » Yoplait.

En plus de mes fonctions chez Allard/SMW, j'occupais aussi la première vice-présidence du Publicité Club de Montréal, un regroupement de plus de 1 000 publicitaires fondé en 1958 par Jacques Bouchard. Yves Gougoux cherchait à déstabiliser le processus de sélection de l'agence de publicité pour le compte Yoplait mais il voulait aussi prendre contact avec le milieu afin d'embaucher les vedettes montantes. Je l'ai rencontré, en privé, dans son bureau. J'étais pour la première fois assis dans le bureau de celui qui succéda à Jacques Bouchard à la tête de BCP. Je me souviens m'être senti très flatté par le fait qu'il m'accordait une telle importance, seulement quelques jours après sa participation à la campagne du Parti libéral du Canada. J'ai donc eu droit à mon premier cours politico-publicitaire et j'ai rapidement compris que les convictions politiques profondes des dirigeants de BCP envers le gouvernement libéral seraient récompensées.

### *BCP est une agence rouge*
À ce sujet, Yves Gougoux était clair : BCP est une agence rouge, exclusivement rouge et sera toujours rouge. Voici des propos tenus en ma présence par Yves Gougoux et qui seront repris plus tard dans un article du *Globe & Mail* du jeudi 4 avril 1996, page B13[1]. *« Je ne vais pas pleurer parce que le gouvernement du Québec ne me donne pas de business. J'ai une agence qui est rouge libéral. Je ne change pas de couleur en fonction du parti au pouvoir. J'ai toujours été rouge et je le serai pour la vie »* - *Yves Gougoux* (traduction de l'auteur).

J'ai eu droit à un cours d'histoire de la politique et de la publicité au Québec pendant plus de quarante-cinq minutes. Le ton utilisé par Gougoux était sincère et ne laissait aucun doute sur son allégeance politique. Il méprisait les agences comme Everest, Publicité Martin et PNMD (aujourd'hui BBDO); la première qu'il disait multicolore, donc sans allégeance, et les deux dernières comme étant des boîtes conservatrices en déclin. Gougoux devenait particulièrement agressif lorsqu'il mentionnait les noms de Claude Boulay (Everest), Yvon Martin (Publicité Martin) et Raymond Boucher (PNMD).

La conversation se prolongeait et le sujet portait beaucoup plus sur la politique que sur la publicité. Bien que je trouvais la situation insolite, j'étais tellement fasciné par le personnage que je m'enfonçais dans mon siège. Je m'abreuvais de ses paroles. Je me souviens lui avoir posé des questions sur Jacques Bouchard pour qui j'éprouvais alors une admiration sans borne. C'est alors que Gougoux amorça une discussion tout aussi passionnante au sujet de l'agence Cossette qu'il qualifiait de « nid à péquistes ». Il s'empressa de m'expliquer comment Cossette avait attaqué BCP et avait ainsi ébranlé les colonnes du temple.

Cette agressivité envers des concurrents me semblait quelque peu étrange et très intense mais comme j'étais moi-même un bon guerrier et que j'avais œuvré plusieurs années dans le monde du hockey, je dois avouer avoir été séduit par un tel comportement. C'est plus tard, lors de mon embauche chez BCP, que j'ai constaté que ce discours était fait systématiquement à tous les nouveaux « Bécépistes » à titre de lavage de cerveau. Nous avons brièvement discuté des conditions de mon embauche éventuelle sans pour autant parler de rémunération. Gougoux me disait qu'il aimerait beaucoup conserver le compte de Yoplait et que de fait, il était pour le garder. J'ai considéré ces paroles comme une tentative d'intimidation. Gougoux gonflait son torse de bagarreur pour me faire comprendre qu'il livrerait une dure bataille pour conserver le compte Yoplait qui représentait quelques millions de dollars en facturation.

Après avoir effleuré le dossier Yoplait, Gougoux s'est empressé de procéder à l'énumération des comptes que je pourrais gérer si je me joignais à son équipe. Des clients comme Vidéotron, TVA et Sico représentaient pour moi un défi fort intéressant à relever, sans compter que Gougoux soulignait fortement la présence de John Parisella, au sein de son organisation.

### Gougoux détestait le Publicité Club[2]
Bien qu'il détestait profondément le Publicité Club de Montréal, Gougoux souligna[3] ma participation à titre de dirigeant et attira surtout mon attention sur le fait que personne de BCP, depuis le fondateur Jacques Bouchard, n'avait présidé à la destinée de cette association. Ce détail, banal à première vue, m'a vraiment touché puisque j'avais l'impression de suivre les traces d'une célébrité du monde de la publicité. C'est alors que Gougoux m'affirma qu'à titre de président du Publicité Club de Montréal, je pourrais l'aider à recruter les jeunes publicitaires de la génération montante, car il prévoyait faire plusieurs dizaines d'embauches dans les mois suivants.

### Le transfert du compte publicitaire de Postes Canada

À titre de directeur du développement d'une agence concurrente, je dois avouer que Gougoux piquait ma curiosité. C'est alors qu'il me confia que, suite à la récente élection du gouvernement fédéral, BCP obtiendrait le compte publicitaire de la Société canadienne des postes. Je me souviens avoir été étonné par cette affirmation puisqu'à titre de membre de l'exécutif du Publicité Club de Montréal et responsable du développement d'Allard/SMW, je suivais avec beaucoup de rigueur tous les processus d'appels d'offres. Je n'avais jamais entendu parler d'une telle éventualité. Je me suis donc risqué à poser la question: « *Monsieur Gougoux, vous me voyez étonné puisque le compte publicitaire est présentement chez Publicité Martin et qu'aucun processus d'appel d'offres n'est sur le marché* ».

*Illustration 7 : Article du Journal de Montréal du 10 septembre 2004*[63]

Il m'informa qu'il habitait le même immeuble de condominiums que le président de Publicité Martin, Yvon Martin, au coin des rues Sherbrooke et Atwater et qu'il avait bien hâte de le narguer avec l'acquisition du compte publicitaire de la Société canadienne des postes. Yves Gougoux me suggéra donc de surveiller l'actualité des prochains jours en me disant : « *Si tu viens chez nous, tu vas jouer dans les ligues majeures. Tu dois y penser. Tu es jeune et avec la venue du gouvernement de Chrétien au pouvoir, BCP va reprendre sa vitesse de croisière. On a de la place pour toi ici* ». Je suis sorti de cette première rencontre avec le sentiment profond que je ne connaissais rien à la mécanique des « pitchs » dans l'industrie de la publicité. Gougoux venait de m'ouvrir les yeux. Ceci dit, je voulais aussi faire mon « pitch » Yoplait avec mon équipe d'Allard/SMW. Venais-je de passer une entrevue en compagnie d'Yves Gougoux ou recevoir une leçon d'endoctrinement politico-publicitaire?

Je suis retourné auprès de mon équipe de « *pitch* » pour le compte publicitaire de Yoplait. Comme j'assumais la direction de cette équipe et que j'étais entouré de gens que j'aimais bien, il n'était pas question pour moi de quitter le navire en pleine effervescence. Je dois cependant avouer que la conversation avec Gougoux avait définitivement piqué ma curiosité.

### *Courtisé par BCP*
Tout en continuant la rédaction du « pitch » Yoplait chez Allard/SMW, je me suis laissé courtiser par BCP, par l'entremise d'une vice-présidente et proche collaboratrice d'Yves Gougoux, Marielle T. Blain. La semaine suivante nous avons eu une rencontre pour explorer un peu plus en profondeur les conditions de mon éventuelle embauche. C'est lors de cet entretien que Madame Blain me fit faire la connaissance de Peter Denes, le vice-président planification stratégique de BCP, aujourd'hui décédé. J'ai passé plus de trente minutes dans son bureau et j'ai profité de cette rencontre pour tenter d'approfondir certains des propos tenus par Gougoux la semaine précédente. C'est lors de cette rencontre que Peter Denes m'affirma que le compte publicitaire de la Société canadienne des postes allait passer de Publicité Martin à BCP. Comme Peter Denes était beaucoup moins imposant qu'Yves Gougoux, je me suis risqué à poser une question un peu plus audacieuse : « *Monsieur Denes, Monsieur Gougoux a tenu des propos semblables avec moi la semaine dernière, mais excusez mon ignorance et permettez-moi de vous demander : comment pouvez-vous affirmer une telle chose puisque le processus de sélection de l'agence de publicité pour la Société canadienne des postes n'est même pas encore enclenché?* » La réponse de feu Peter Denes ne laissait aucune place à interprétation. Dans une entrevue accordée à la revue *Commerce*,

publiée en novembre 1991, il avait affirmé « *que les moyens utilisés par Yves Gougoux en affaires ne sont pas toujours kascher*[5]». Aujourd'hui je suis très bien placé pour en parler. BCP était bien branchée auprès de libéraux importants et comme BCP venait de *faire* la dernière campagne électorale, les comptes importants du gouvernement fédéral allaient atterrir dans la machine de BCP. Il me parla alors du rôle de John Parisella et de Jacques Bouchard en n'oubliant pas de souligner à gros traits la proximité de ces personnes avec des membres influents du nouveau gouvernement, comme André Ouellet.

**3**

Je suis sorti de cette deuxième rencontre franchement moins naïf. Moi qui avais travaillé innocemment pour l'obtention de contrats avec le gouvernement au cours des quatre années précédentes, je venais d'apprendre une vérité fondamentale : « Ce n'est pas ce que tu connais mais bien qui tu connais qui est la clé du succès ». À l'été 1994, BCP annonçait en grandes pompes l'acquisition du compte publicitaire de la Société canadienne des postes.

Je suis retourné à mon équipe chez Allard/SMW mais je dois admettre que malgré le respect et la complicité que j'avais bâtis avec mon président, Jean Noël, je constatais avec stupéfaction que je ne jouais pas encore dans les ligues majeures. Le « *pitch* » de Gougoux commençait à faire effet, je voulais jouer avec les grands. Bien qu'ayant reçu des offres salariales avantageuses de BCP, j'avais pris la décision de terminer d'abord mon « *pitch* » Yoplait contre BCP et pour Allard. Je me souviens qu'Yves Gougoux n'était pas très heureux de cette idée car il voulait absolument faire mal à un concurrent. En débauchant le capitaine de l'équipe adverse, il aurait affecté le moral des troupes. J'ai mené à bon port le « *pitch* » Yoplait mais quelques jours avant la fameuse présentation, j'ai avisé mon patron, Jean Noël, que je préférais travailler dans l'ombre lors de la présentation. Bien que surpris par ma demande, il acquiesça. Jusqu'à ce jour, j'ai toujours pensé qu'il devait bien se douter de quelque chose. Après tout, il connaissait bien le phénomène Gougoux.

### L'équipe d'Allard remporte le compte publicitaire de Yoplait!

L'équipe d'Allard a *pitché* sous ma gouverne et nous avons remporté le compte publicitaire de Yoplait. J'avais gagné et Gougoux avait perdu. Quelques minutes avant le lunch de célébration pour notre victoire, Marielle Blain de BCP est revenue à la charge avec une offre que je ne pouvais refuser. Le 12 septembre 1994, je débutais chez BCP à titre de directeur de comptes; pour travailler avec Marielle T. Blain, feu Peter Denes, John Parisella et Yves Gougoux. J'avais atteint la « ligue nationale » de la publicité. Lors de ma première journée de travail, à mon premier meeting chez BCP, Yves Gougoux me présenta à tous comme celui qui avait volé le compte Yoplait à BCP. Le ton était donné. J'ai alors été témoin de la composition de l'équipe pour gérer le compte de la Société canadienne des postes. J'ai aussi constaté que le changement de gouvernement avait eu pour effet de changer les affectations des agences de publicité en rapport avec les contrats du gouvernement fédéral. Petit détail sans doute anodin, le fils d'André Ouellet a été recruté comme commis à l'audiovisuel chez BCP. Je crois qu'il s'agissait d'un travail d'été. Sans doute une pure coïncidence. Les mois suivants, j'ai aussi été témoin de l'acquisition par BCP des comptes publicitaires de la Commission canadienne du tourisme et de la Banque de développement du Canada notamment.

### Yvon Martin perd, Gougoux gagne!

Je me souviens d'une rencontre qui s'est tenue dans le bureau d'Yvon Martin, président de Publicité Martin. Son vice-président création de l'époque, Richard Leclerc, avec qui je travaillais au Publicité Club de Montréal, avait organisé cette rencontre dans le but éventuel de me faire embaucher par eux. Deux ans plus tard, presque jour pour jour, je me trouvais donc dans le bureau de celui qu'Yves Gougoux avait qualifié de « maudit bleu ». On se souviendra que Publicité Martin avait perdu le compte publicitaire de la Société canadienne des postes aux mains de BCP suite à la perte de pouvoir du gouvernement de Brian Mulroney. C'est lors de cette rencontre qu'un Yvon Martin, très déçu, me résuma l'approche plutôt cavalière, selon lui, utilisée par André Ouellet pour lui annoncer la perte du compte de la Société canadienne des postes.

Je savais Yvon Martin intimement lié aux conservateurs et, ayant perdu ma naïveté en la matière, j'étais étonné du fait que Monsieur Martin n'acceptait pas cette perte, puisque c'était pratique courante dans le milieu lors d'un changement de gouvernement. Je le savais maintenant.

### De la poche gauche à la poche droite

Comme j'étais bien branché avec les médias, j'appris plus tard que BCP n'avait jamais eu de contrat avec la Société canadienne des postes. Pire encore, j'ai su qu'il n'y a jamais eu de « pitch » pour l'obtention du compte. J'avais bien en mémoire l'épisode du transfert du compte de Publicité Martin à BCP, en 1994. Par la suite, le rapport Deloitte du 23 juillet 2004[6] est venu confirmer le tout.

### Avec les Bouchard

Mon rapprochement avec les Bouchard fut tout à fait naturel et fort plaisant. L'épouse de Jacques Bouchard, Caroline, m'avait adopté comme étant sa « copine » et j'avais développé des liens très étroits avec le couple. J'eus nettement l'impression qu'Yves Gougoux n'appréciait pas du tout ces rencontres. Plus tard, j'apprendrai que l'épouse de Gougoux n'appréciait pas, elle non plus.

### Le nom BCP

Les Bouchard et moi avions même développé un scénario dans lequel je rachetais le nom BCP, le nom uniquement et pas la clientèle, nom que j'ajouterais à celui de mon entreprise, histoire de lui donner plus de profondeur étant entendu que Jacques Bouchard deviendrait mon « chairman ». J'avais même offert à son épouse, Caroline, de succéder à son mari à titre de « chairman », question de lui garantir un revenu une fois son mari décédé. Il faut comprendre que Caroline est vingt ans plus jeune que son mari qui est âgé de soixante-quinze ans. Cette proposition allumait Caroline et laissait Bouchard songeur. Il accepta cependant de devenir membre du conseil consultatif de mon entreprise. J'en avais besoin pour le symbole et pour ses contacts.

### « Les contacts, jeune homme, les contacts! »

Lors de nos nombreuses rencontres en rapport avec le développement de mon entreprise, Bouchard s'était fixé comme objectif de me faire sortir de ma naïveté. Il me disait toujours, « les contacts jeune homme, les contacts ». Il me suggéra même de m'investir dans un parti politique car selon lui le véritable pognon était là. Mais pas dans n'importe lequel, le Parti libéral, évidemment. Je me souviens d'une phrase choc qu'il avait prononcée un midi lorsque nous étions à table dans son magnifique penthouse de la rue McGill : « Penses-tu sincèrement que je me serais payé un château en France pendant quinze ans avec une dizaine d'employés, avec seulement des contrats du privé? » Cette question m'avait profondément perturbé. Je dois avouer que mon idole venait de perdre un peu de son lustre. J'étais cofondateur de La Cinémathèque publicitaire Jacques-Bouchard, j'avais procédé à la relance et à la numérisation de son œuvre culte, Les 36 cordes sensibles des Québécois et j'avais assisté Monsieur et Madame dans le lancement de leur livre, La Vie de château, qui raconte leurs quinze années de bonheur, en France. Je faisais donc presque partie de la famille. Mais j'attendais toujours un paiement tel que promis.

### À table avec John Parisella

Au début de l'été 2003, John Parisella m'invita à manger pour discuter de tout et de rien, disait-il. Je suis donc allé le rejoindre dans un charmant petit restaurant tenu par sa sœur. Nous voilà donc à table et le fait qu'il n'y avait à peu près personne dans l'établissement à l'exception de la sœur de John, de son mari et du chef, m'a frappé. Nous avons eu de superbes échanges sur les affaires et sur la vie et John s'est largement confié à moi, notamment au sujet de sa rupture avec son épouse. Il me taquinait en me qualifiant de « Casanova » et la conversation s'est poursuivie de façon tout à fait agréable et anodine. J'ai cru un moment qu'il cherchait vraiment à ce que je lui donne des trucs pour retourner sur le « marché » des célibataires. Parisella, malgré ses contacts et son prestige, se présentait alors à moi comme étant un néophyte dans le domaine des femmes...

Mais notre conversation a rapidement évolué vers un autre sujet qui tenait Parisella à cœur. En effet, la télévision était allumée dans la cuisine et sa sœur est venue subitement lui parler des déboires d'Alfonso Gagliano. J'ai ressenti un malaise, puisque j'avais collaboré à ma façon à la diffusion de la nouvelle au sujet des liens de proximité entre Gagliano et Groupaction. Le dessert s'est donc transformé en interrogatoire de police. Parisella voulait savoir tout ce que je savais, tout ce que j'avais dit à la GRC et ne semblait pas trouver l'histoire très drôle. Parisella était littéralement pendu à mes lèvres pour la suite de l'histoire. Je me souviens lui avoir répondu quelque chose comme : « *John ce que j'ai vu chez Groupaction est bien différent de ce que j'ai vu chez vous (BCP). Personne ne peut vous accuser d'entretenir des liens privilégiés avec des politiciens. De toute façon, la GRC ne m'a même pas posé de question sur vous en octobre 2002* ». Ce qui n'était pas tout a fait exact.

Comme lors de ma première rencontre avec Yves Gougoux en 1994, je me retrouvais à nouveau devant un soi-disant publicitaire qui était plus intéressé par la politique que par la publicité car Parisella n'avait aucune compétence en la matière lorsque nous avons travaillé ensemble.

Je ne cachais rien à ma conjointe qui, en passant, était responsable du secteur financier de Publicis-BCP. Lorsque, dans le cadre d'une conversation, je lui posais une question sur des choses que Parisella et Bouchard me disaient, elle me répondait toujours par la même phrase : « *Alain, à ta place, je n'irais pas là. Ça énerve mon patron et tu sais que lorsqu'il pète les plombs rien ne lui résiste. Tu devrais penser à ma carrière et à la tienne. Il a les contacts pour te détruire. Fais attention* ». Mes parents, qui ont été témoins de plusieurs conversations de couple sur le sujet, pourraient largement en faire état.

### Gougoux avait encore besoin du « père » pour attacher des fils
Au printemps 2003, en me dirigeant vers le penthouse des Bouchard, j'ai croisé, à la sortie de l'ascenseur, un homme dont j'avais beaucoup entendu parler mais que je n'avais jamais eu l'occasion de rencontrer auparavant. Il s'agissait de l'« honorable » André Ouellet lui-même. J'ai fait un signe de tête sans plus et il entra dans l'ascenseur que je venais de quitter. En arrivant devant la porte,

Caroline, l'épouse de Jacques Bouchard m'attendait les bras ouverts en n'oubliant pas de mentionner qu'*André* venait de partir. Nous avons eu un court échange et mon idole arriva avec ses pantoufles.

### Les « enfants de Trudeau »

Je savais qu'André Ouellet et son épouse fréquentaient les Bouchard, ils me l'avaient déjà mentionné. Les Bouchard m'avaient aussi présenté Marc Lalonde lors d'un vernissage à l'Hôtel St-Paul. Un autre jour, toujours en compagnie de Jacques Bouchard, mais au Reine-Élizabeth cette fois, nous avions croisé Pierre Pettigrew. De fait, Jacques Bouchard me disait qu'il connaissait tous les « enfants de Trudeau ». Lors de notre repas ce midi-là, Jacques Bouchard m'expliqua, plus en profondeur cette fois, comment il se mêlait encore des affaires de BCP pour donner un coup de main à son ami Gougoux. Il me raconta comment Gougoux était près de Chrétien et comment il détestait Paul Martin. Une histoire qui remontait au père de Paul Martin qui avait refusé des contrats à Jacques Bouchard dans les années '60, je crois. Il m'avait même confié que Chrétien avait demandé à Gougoux de supporter et d'aider Sheila Copps dans la course à la direction du parti. Gougoux savait que son « chien serait mort » avec la venue de Paul Martin à la tête du Parti libéral.

Donc, avec la venue de Paul Martin, BCP perdrait ses contrats avec le fédéral et le nom disparaîtrait. C'est pour ça que je m'intéressais à ce qu'il me disait. Notre conversation fut fort animée, arrosée et agréable. Fidèle à mon habitude, j'ai posé la question au dessert : « Mais Monsieur B. (car je l'appelais comme ça) que faisait André Ouellet chez vous, tantôt? Il ne semblait pas en vacances puisqu'il était vêtu d'un complet ? » C'est à ce moment que Jacques Bouchard m'affirma que Gougoux et Parisella avaient encore besoin de lui pour attacher des fils. C'était une expression que je connaissais bien parce que lorsque je travaillais avec Parisella chez BCP, ce dernier utilisait toujours des expressions comme *« Il me reste à attacher les fils avec Dingwall »* ou encore, *« J'attache les fils avec Kinsella »* aux réunions du lundi matin. Bouchard, malgré ses soixante-quinze ans, cherchait encore à marquer son territoire. C'est tellement vrai qu'il en a fait allusion dans un article du 1er janvier 2005, dans le journal *Les Affaires*[7].

### La relation entre BCP et la Société canadienne des postes en péril

Bien que Jacques Bouchard savait que j'avais travaillé chez Groupaction et que j'étais à la recherche de la vérité (je lui avais démontré ma rigueur dans le scandale des finances du Publicité Club de Montréal), je faisais maintenant partie de la *famaglia*.

Il me confia alors que le brouhaha autour du scandale des commandites, qui n'était pas encore le Scandale des activités publicitaires, mettait en péril la relation entre BCP et la Société canadienne des postes. Je savais qu'il n'existait pas de contrats entre les deux entreprises. *« Ouellet est venu me voir pour attacher les fils au sujet du « pitch » des Postes ».* J'ai aussitôt enchaîné avec une question : *« Il y a un « pitch » pour les Postes? » » « Pas encore, mais ça s'en vient. Mais il n'y a pas d'inquiétude, Alain, la BCP c'est plus fort que la Police ».*

Quelques semaines passèrent et le samedi 30 août 2003, ma conjointe de l'époque Nathalie Fagnan et moi avions invité Caroline et Monsieur B. à la maison pour souligner l'anniversaire de Monsieur. Un brunch sur la terrasse à l'arrière de notre maison en contemplant nos chevaux dans le paddock, suivi d'une marche dans le bois avec nos animaux. Une vraie vie de châtelains! Une journée mémorable.

*Illustration 8 : Article du Journal de Montréal du 1er juin 2005*[64]

### De BCP à Publicis pour sauver les apparences

C'est à ce moment précis qu'il m'a annoncé que le compte de la Société canadienne des postes restait dans la famille, en passant de BCP à Publicis, pour sauver les apparences. *« Le maudit scandale des commandites ne nous laissait plus de marge de manœuvre, mais nous avons réussi à désamorcer la bombe, Alain ».* On venait juste de me communiquer de l'information privilégiée puisque rien sur le marché ne laissait présager un tel gain, d'autant plus que Paul Martin ne laisserait pas le compte longtemps dans les mains de BCP.

### Un croc-en-jambe à Paul Martin

Lors de l'annonce de cette nouvelle, Jacques Bouchard me confirmait deux choses: Jean Chrétien faisait un croc-en-jambe à Paul Martin en émettant un contrat de trois ans à des amis, diminuant ainsi la marge de manœuvre du prochain Premier ministre, et il réussissait à régulariser la situation et les perceptions en émettant un contrat écrit, liant en bonne et due forme une compagnie d'Yves Gougoux à Postes Canada. *« Alain, tu vas voir, on va garder la grosse part du gâteau. Je te l'ai dit, la BCP est plus forte que la police, mon vieux[9] ».* Le 11 septembre 2003, Publicis émettait un communiqué disant que Postes Canada avait changé d'agence! Nous prenaient-ils pour des imbéciles? BCP et Publicis, c'est la même poche!

*Illustration 9 : Courriel d'Yves Gougoux à Jacques Bouchard transféré à Alain Richard. Jacques Bouchard oubliait simplement de retirer les messages précédents inclus dans son propre message![10]*

### Jacques Bouchard, l'entremetteur

Bouchard me confiait aussi qu'André Ouellet et sa femme avaient visité le couple Gagliano à l'ambassade du Canada au Danemark en utilisant le jet privé de la Société de la Couronne. Bouchard me parlait de 12 000 $ de carburant pour le trajet, mais s'empressait de dire que son bon ami n'abusait pas, car à titre de président d'une société de la Couronne et par le fait même à titre de président de Purolator, il pourrait avoir deux chauffeurs, mais il n'en prenait qu'un!

Jacques Bouchard a manifestement joué un rôle d'entremetteur entre André Ouellet et BCP. En fait, j'ai cru percevoir chez lui un côté « *raccommodeur* ». Jacques Bouchard tenait d'ailleurs à nous rapprocher, Yves Gougoux et moi. Il me disait souvent, « *t'as du Gougoux dans l'nez!* » À la fin novembre 2003, Nathalie et moi étions en route vers Montréal quand son téléphone sonna. C'était Marie-Hélène David, la secrétaire de Gougoux, qui invitait Nathalie et son conjoint, donc moi, à un *party* de Noël privé, organisé par Yves Gougoux. Un petit « *get together* » d'une quarantaine d'intimes pour un souper dans un restaurant de cuisne széchuanaise de la rue Peel, suivi d'un concert gospel à la *United Church*, devant mes bureaux de l'époque sur la rue Ste-Catherine.

Nathalie était contente mais j'étais sceptique. Plus tard, dans la journée, Bouchard me téléphona pour me demander si j'avais reçu mon invitation pour le *party* privé. Il voyait là une occasion pour moi de m'intégrer au groupe. Je me rappelle avoir répondu que j'y songerais. Il m'a fait comprendre qu'il était derrière cette initiative et que des places nous étaient déjà assignées pour le souper. Il faut connaître Gougoux, il aime tout contrôler. C'est à ce moment que Bouchard m'annonça que Nathalie et moi serions assis à la même table que Caroline et lui et qu'un certain Jean Carle serait aussi parmi nous.

C'est donc sans hésitation que j'ai décliné l'invitation. L'idée de me retrouver au *party* privé d'Yves Gougoux assis aux côtés de Jean Carle était contraire à mes priorités. On m'avait tellement parlé des péripéties de l'ancien directeur des opérations du Premier ministre que je ne souhaitais vraiment pas célébrer avec cet individu.

### La première rencontre avec Me Michel Massicotte

Le samedi 14 décembre 2003, Nathalie et moi avons été reçus chez les Bouchard pour l'apéro avant de nous rendre dans un restaurant à la mode de la rue McGill. C'est ce soir-là que je fis la connaissance de Me Michel Massicotte

LA PRESSE MONTRÉAL VENDREDI 20 MAI 2005 — A 11 — ACTUALITÉS

> Le commissaire Gomery a relevé le fait avec ironie : « Nous allons parler demain d'un contrat où vous avez perdu, mais où vous avez gagné. »

### EN BREF

#### Parisella n'ira pas en cour

John Parisella, président de BCP, ne témoignera pas au procès d'Alain Richard, a décrété le juge de la Cour supérieure John Fraser Martin, hier, au palais de justice de Montréal. Me Martin Vauclair, avocat de Parisella, n'a eu aucun mal à convaincre le juge que la présence de son client ne serait d'aucune utilité au procès de Richard, qui doit se tenir au palais de justice de Montréal la semaine prochaine. « Il n'en connaît pas plus sur M. Richard que ce qu'il a entendu par personnes interposées », a fait valoir Me Vauclair. Rappelons qu'Alain Richard, ex-cadre de BCP et ex-vice-président de Groupaction, est accusé de harcèlement envers d'anciens collaborateurs, ainsi que de tris de conditions. En vue de son procès (Il ne semble pas avoir d'avocat), il avait envoyé une assignation à comparaître à Parisella, qui a été cassée hier. Parisella pourra donc témoigner à la commission Gomery « en toute sérénité ». Christiane Desjardins

#### Gagliano et Chrétien, même combat

L'ancien ministre Alfonso Gagliano veut joindre sa voix à celle de son ancien patron, Jean Chrétien, et demander lui aussi en Cour fédérale la récusation du commissaire John Gomery, qui préside l'enquête sur le scandale des commandites. L'ancien ministre libéral soutient que les affirmations du juge Gomery lui font craindre qu'il soit « également partial » à son égard, peut-on lire dans une requête déposée mercredi en Cour fédérale. L'avocat de M. Gagliano demande donc le droit d'intervenir dans la cause intentée par l'ancien premier ministre Jean Chrétien, après que le commissaire eut refusé de se récuser. Les deux

## COMMISSION GOMERY

# BCP a reçu pour 6,3 millions de commandites... sans le savoir

**3**

KARIM BENESSAIEH

L'agence québécoise de publicité BCP a reçu pour 6,3 millions en contrats de commandite entre 1995 et 1998 sans même connaître l'existence de ce programme.

En fait, a affirmé hier à la commission Gomery Yves Gougoux, président du conseil et chef de la direction de BCP, c'est en février 2004 qu'on aurait appris l'existence d'un programme de commandites. À l'occasion du dépôt du rapport de la vérificatrice générale, l'agence BCP s'est aperçue que neuf contrats octroyés dans les années 90 par Travaux publics Canada avaient été payés à même le fonds de réserve de l'unité nationale, qui sera utilisé pour faire mousser la visibilité du gouvernement fédéral grâce à de généreuses commandites.

« Ça m'a surpris, a expliqué M. Gougoux. Pour moi, tout ça, c'était des contrats de publicité. » À l'époque, a-t-il répété, rien ne lui permettait à BCP de connaître l'origine des fonds que le gouvernement lui versait. De 1994 à 2003, l'agence québécoise a reçu 308 millions en contrats publicitaires fédéraux et 442 millions en provenance du secteur privé, dégageant des bénéfices de 9,1 millions.

« Est-ce qu'il y a quelque chose de mal à ça ? » s'est enquis M. Gougoux, visiblement irrité. Le président de BCP semblait désireux de répondre à la couverture médiatique négative dont sa firme a été l'objet depuis trois années de vaches maigres de

1994 à 1996, la part du gouvernement a constamment augmenté pour plafonner à 71 % en 2002. Durant la dernière année où les résultats sont disponibles, soit 2003, les contrats gouvernementaux ont représenté 60 % des revenus de BCP.

Ce moyenne est cependant trompeuse, a souligné l'avocate de la commission, Marie Cossette : après trois années de vaches maigres de

utilisé sa firme, Communication Coffin, pour-donner de façon détournée un contrat à BCP.

Quelques jours plus tard, c'était au tour de Charles Guité, le haut fonctionnaire responsable du programme de commandites, de mettre BCP dans le pétrin. Il avait soutenu que l'appui indu du bureau du premier ministre en 1994 pour obtenir les contrats de Tourisme Canada. M. Gougoux n'a pas eu le temps de défendre de ces deux allégations hier, mais a tenu à préciser que les activités publicitaires ne dégageaient qu'une faible marge de profit, « en-

tre 1,8 % et 2 %. « Il faut trouver un autre métier, M. Gougoux », a rétorqué, peu compatissant, le commissaire Gomery.

À propos du favoritisme dont aurait pu profiter sa firme, le président de BCP a rappelé que sa firme avait participé à 29 concours du gouvernement entre 1994 et 2003. « Nous n'en avons gagné que sept et, aujourd'hui, il n'en reste qu'un, a affirmé M. Gougoux. C'est important de mettre les choses en perspective : on sait quand il faut accepter de perdre. »

Un des 22 concours perdus par BCP était celui de septembre 1994. L'agence québécoise avait terminé deuxième, mais avait eu la même hérité, un mois plus tard, d'une tranche importante des contrats de Tourisme Canada, qui lui a rapporté 68,4 millions jusqu'en 2003.

Le commissaire Gomery a relevé ce fait avec ironie : « Nous allons parler demain d'un contrat où vous avez perdu, mais où vous avez gagné. »

**À RETENIR**

> Témoignage hier de Luc Mérineau, ex-vice-président de BCP et propriétaire de la firme Éminence grise, qui a travaillé pour la campagne de promotion de la Loi sur la clarté référendaire en 1999.

> Début de la comparution d'Yves Gougoux, président du conseil et chef de la direction de l'agence québécoise BCP. L'agence a reçu 308 millions en contrats publicitaires du gouvernement fédéral entre 1994 et 2003.

> Le prochain témoin est John Parisella, président de BCP Consultants.

Yves Gougoux

PHOTO MARTIN TREMBLAY, LA PRESSE

*Voir crédit journalistique et photographique à la page 316*

*Illustration 10 : Article du journal La Presse du 20 mai 2005[11].*
*En marge, un court article qui démontre que John Parisella a réussi, une fois de plus, à se défiler des procédures judiciaires*

qui était assis à la table voisine en compagnie de l'ex-épouse de son meilleur ami. Je me suis fais une idée bien rapide sur cet avocat dont il sera question plus loin dans ce livre. Le courant ne passait pas.

### Un « nid de compagnies »

À la page suivante, vous trouverez un « nid de compagnies » dans lequel, il faut bien le dire, une mouche aurait de la misère à retrouver son chemin. Cette toile de compagnies représente l'empire d'Yves Gougoux. Nous laissons à votre imagination les contributions (argent et/ou temps) faites au Parti libéral du Canada par les entreprises en question. Cependant, une chose est certaine, le compte publicitaire de Postes Canada génère des profits pour Yves Gougoux depuis 1994, via la compagnie à numéros 9042-9390 Québec inc.

Ce montage permettait de confirmer que Postes Canada avait bien changé d'agence. Postes Canada ne travaille plus avec BCP, elle travaille maintenant avec Publicis Canada.

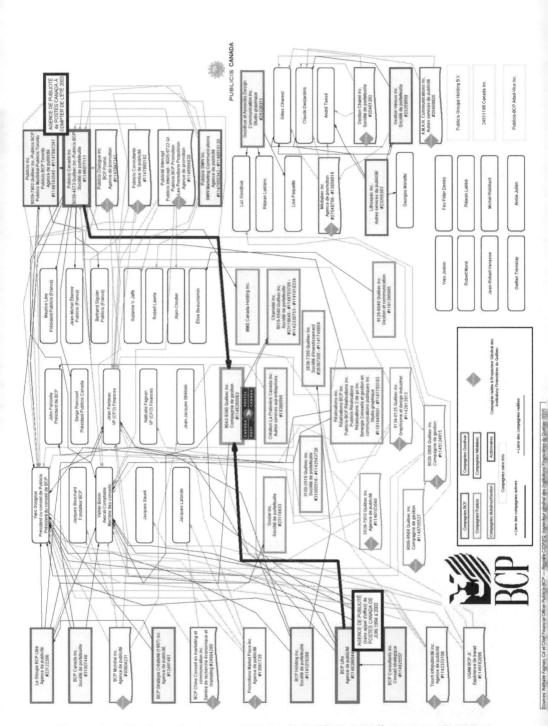

*Illustration 11 : La toile des compagnies de Publicis-BCP[13]. Il est préférable de consulter la version en couleurs sur www.DesNotables.com/Matrice.html*

**3**

### BCP en mode de fournisseur unique

Selon la vérificatrice générale du Canada, et je cite, « *des contrats pour Tourisme Canada, d'une valeur de plus de 65 millions de dollars, adjugés sans appel d'offres à BCP. En 1994, TPSGC a mené un processus de sélection pour le compte de Tourisme Canada. Vickers and Benson Co. Limited a été informée qu'elle avait été choisie pour collaborer aux opérations de publicité et de communication de Tourisme Canada aux États-Unis. BCP et quatre autres soumissionnaires ont été informés par écrit qu'ils n'avaient pas été retenus. La vérificatrice générale n'a rien trouvé dans les dossiers qui indiquerait que TPSGC ait, par la suite, tenu un concours et porté son choix sur BCP. Du 1er avril 1995 au 31 mars 2003, Tourisme Canada et la Commission canadienne du tourisme ont versé 65,7 millions de dollars à BCP pour des projets de publicité* ».

Selon la vérificatrice générale, des contrats de publicité ont été adjugés à BCP en mode de fournisseur unique. Rien n'assure que le gouvernement ait obtenu la meilleure valeur pour ces dépenses. Les autres fournisseurs éventuels n'ont jamais eu la possibilité d'offrir leurs services pour des contrats d'une valeur de plus de 65,7 millions de dollars.

D'ailleurs dans son rapport rendu public le 1er novembre 2005, le Juge Gomery confirme qu'il y a eu des irrégularités dans l'octroi de ce contrat à BCP[14]. Le Juge Gomery ajoute « *Ni M. Guité, ni Mme LaRose n'ont expliqué pour quelles raisons, sur les sept agences inscrites sur la liste de Patrimoine canadien, cinq seulement ont été jugées qualifiées pour fournir des services de publicité à TPSGC. Il convient de noter qu'il était de notoriété publique, que sur les cinq agences retenues par TPSGC, trois (Groupe Everest, BCP Canada et Vickers & Benson) avaient été étroitement associées à la campagne du Parti libéral en 1993[15]* ».

### Yves Gougoux et BCP lourdement soupçonnés[65]

Après les témoignages d'Yves Gougoux et John Parisella devant la Commission Gomery et la saisie d'une quarantaine de boîtes de documents chez BCP, le Juge signale[15] que « *la procédure ayant conduit à l'adjudication d'un contrat de Tourisme Canada à BCP était déficiente et que c'est ce qui a fait naître les soupçons ayant pesé sur BCP* ». Plusieurs affirment que BCP « *avait obtenu le contrat grâce à ses relations bien connues avec le Parti libéral du Canada pour lequel elle a souvent travaillé pendant les campagnes électorales* » expose M. Gomery ». Des rapports d'entrevues menées en 2003 par les enquêteurs de la vérificatrice générale confirment que le bureau de Jean Chrétien est intervenu. Le haut fonctionnaire de la Commission canadienne du tourisme, Tom Penn, y affirme avoir eu connaissance indirectement de pressions exercées à un très haut niveau. La vice-présidente de la Commission, Karin Zabel, est encore plus claire : « *Le président de BCP a appelé quelqu'un du cabinet du Premier ministre qui a appelé notre président de l'époque* », Judd Buchanan. Par la suite, BCP a obtenu le fameux contrat. Est-ce légal ?

### Santé Canada[16]
Du travail sans contrat pour des gens bien branchés : 1,52 million de vos dollars! Des contrats non écrits ont exposé l'État à un risque indu. Dans certains cas, BCP a travaillé pendant plusieurs semaines avant que les conditions ne soient précisées et que le contrat ne soit signé. Dans le cas de la Campagne nationale de sensibilisation du public au don d'organes et de tissus, de Santé Canada, un contrat de 1,52 million de dollars, signé avec BCP le 28 mars 2002, l'appel d'offres stipulait que les travaux devaient être achevés avant le 31 mars 2002; trois jours plus tard. De fait, les travaux étaient déjà terminés et la campagne était en ondes depuis le 4 mars. Un autre cas, à Santé Canada, mettait en cause un contrat de 414 405 $ pour l'élaboration d'une campagne antitabac. Nous avons observé que la proposition de l'entrepreneur était datée du 25 mars 2002; le contrat a été émis le 28 mars 2002 et était en vigueur jusqu'au 31 mars 2002, trois jours plus tard. Ce qui nous préoccupe particulièrement dans ce cas-ci, c'est que le paiement de factures totalisant 179 570 $ ait été approuvé, dès le 15 février, plus de cinq semaines avant la signature du contrat. Avant d'acquitter les factures, sans contrat écrit, Santé Canada ne pouvait vérifier si les conditions du contrat avaient été respectées.

### Une découverte des médias : Un logo de 690 000 $
Le gouvernement fédéral a tout simplement perdu la trace d'un logo. Cinq agences libérales avaient été retenues pour sa conception, dont BCP avec une facture de 150 000 $ sur le total de 690 000 $[17]!

### Favoritisme 101
On peut se faire une opinion du scandale des commandites et des activités publicitaires, non seulement à partir de rapports qui présentent des transcriptions du Comité des comptes publics ou de la Commission Gomery, mais aussi à partir d'exemples concrets et précis qui montrent en détail les pratiques et les abus commis. Tout le monde parle des sommes de plus de 250 000 000 $ qui ont été rendues publiques et dont 100 000 000 $ sont allées dans les coffres des agences de publicité mais on oublie plus ou moins volontairement de nous parler des centaines de millions de dollars en contrats publicitaires versés à des agences

proches du Réseau libéral comme BCP, Everest ou Vickers & Benson. Des contrats, très souvent octroyés sans appel d'offres ou par des processus douteux de sélection. Les exemples énumérés précédemment ne représentent donc que la pointe de l'iceberg. Pourtant, ils constituent une illustration remarquablement éloquente du laxisme gouvernemental et des abus évidents de certains partenaires gouvernementaux. Les exemples présentés ici sont tirés soit des médias, soit directement des rapports ou des audiences de la Commission Gomery. En outre, dans certains cas, j'ai cru bon de reproduire intégralement des extraits du Rapport de novembre 2003 de la vérificatrice générale du Canada ou des audiences de la Commission Gomery. Dans plusieurs cas, ces extraits se passent de commentaires.

### BCP / Postes Canada / Ouellet / Gagliano[18]

Extraits des pages 11692 et suivantes des audiences de la Commission Gomery:

*Me Roy : Monsieur Ouellet qui a témoigné devant cette Commission a fait référence à la reconduction des contrats de BCP depuis 1993 ou 1994 d'une façon continue jusqu'en 2003 quand il y a eu appel d'offres. Et je l'ai interrogé quant à savoir s'il avait eu – si on lui avait demandé, si on lui avait recommandé BCP, et Monsieur Ouellet a dit que c'était le vœu du shareholder de renouveler les contrats de BCP; est-ce que c'est exact?*

*Me Roy : Alors, pour éviter et couper court à la controverse, Monsieur Gagliano, est-ce que, à compter de 1998, vous avez été consulté par Monsieur Ouellet au sujet de la reconduction ou du renouvellement du contrat de BCP à Postes Canada?*

*M. Gagliano : Oui. Monsieur Ouellet, comme président du Conseil d'administration de Postes Canada à l'assemblée du Conseil d'administration où il faisait la nomination des agences, le vérificateur et tout ça, il venait me consulter, me demander, « Voilà qu'est-ce que la Société recommande au Conseil d'administration. As-tu objection; as-tu d'autres recommandations? » Et j'ai toujours dit, « Écoutez, c'est au conseil d'administration de décider». Moi, je n'ai aucune objection à faire – soit le vérificateur – et dans un cas précis c'était le renouvellement du contrat de BCP.*

### Bourassa chez BCP grâce à Parisella

Je sais que les dirigeants de Publicis organisent des « *power breakfasts, lunch and diner* » avec des gens influents du monde des affaires. La Commission Gomery aura levé le voile sur le fameux « Club des cigares » avec Jean Lafleur, André Ouellet et compagnie. Mais peu de gens savent que BCP organise aussi ce genre de rencontres avec des gens influents. J'ai personnellement travaillé à l'organisation d'une rencontre dans les caves à vin de la Société des alcools du Québec, au Pied du Courant, avec nul autre que Robert Bourassa comme invité. À l'idée d'Yves Gougoux, avec les contacts de John Parisella, Bourassa s'est présenté à la table pour entretenir les convives de BCP. Une soirée avec des gens triés sur le volet. On y retrouvait notamment le défunt président de Chrysler Canada, Yves Landry et l'ex-président et éditeur de *La Presse*, Roger D. Landry. Bref un heureux mélange de business, de politique et de média.

### La fable du lion et de la girafe et les dettes de John Parisella
Je suis entré en fonction à l'agence BCP au moment où elle était en pleine ébullition. Parisella déployait son pouvoir à l'agence et auprès du personnel des gouvernements. C'est ainsi que malgré le fait que le gouvernement du PQ était au pouvoir à Québec, Parisella a réussi à gagner le compte de AOR (c'est-à-dire de placement média) pour Loto-Québec grâce à l'appui de Jean Royer, chef de cabinet du Premier ministre du Québec. Gougoux a annoncé à toute l'agence qu'il s'agissait du premier contrat qui liait l'entreprise et un client jusqu'à l'an 2000. Gougoux ne manqua pas de souligner aux « Bécépistes » que ce gain était le résultat de l'excellent travail du vice-président média, Pierre Arthur et de son équipe! Parisella m'a fait un clin d'œil. Parisella m'a expliqué plus tard comment le gouvernement péquiste était furieux à l'idée que des deniers publics québécois, via Loto-Québec, se retrouveraient dans les coffres d'une agence fédéraliste. John méritait bien son salaire.

### Une girafe myope
Malgré la présence du gouvernement du PQ, Parisella réussissait à attacher les fils et conserver le compte Hydro-Québec, du moins le volet création et production. Nous sommes à l'époque de la fameuse campagne de la girafe, probablement un des plus gros flops de l'histoire de la publicité au Québec. On sait qu'à une certaine époque, Bouchard avait dirigé la campagne de « On est 12 012 ». Cette fois, on s'attendait à rien de moins de la part de BCP. Le vice-président création, Patrick Beaudoin, a donc présenté la campagne de la girafe en faisant un parallèle avec son long cou et les camions d'Hydro-Québec. La ligne de la campagne : « L'énergie qui voit loin ». Or, voilà qu'Hydro-Québec est informée par un client qu'une girafe ne voit pas loin. Toute la campagne reposait sur ce principe. André Caillé, président d'Hydro-Québec et ami personnel de Jacques Bouchard, reçoit en outre une lettre qui lui confirme qu'une campagne similaire existe en Europe pour promouvoir une autre source d'énergie. Mêmes les contacts de Parisella ne pouvaient pas retenir le compte

d'Hydro chez BCP. J'ai assisté à la campagne de camouflage de ce fait face aux médias. Les gens de BCP sont définitivement des experts. Je vous suggère de consulter l'annonce diffusée dans La Presse par BCP[19].

### «That's life !»

Je me souviens particulièrement d'un événement qui me fait penser à la présente situation. Nous étions en réunion de développement des affaires chez BCP. Il y avait Gougoux, Parisella, feu Peter Denes et moi. Nous venions à peine de perdre le compte des lignes aériennes *Canadian*. Yves voulait absolument avoir le compte d'Air Canada. Il nous avait même avoué avoir fait des pressions auprès de son ami Jean Chrétien. Intéressant…
J'étais un jeune cadre à l'époque, j'avais 28 ans et j'étais impressionné de faire partie de ce groupe d'élite. Je voulais les impressionner à mon tour. Comme j'étais président du Publicité Club de Montréal (PCM) et que mon vis-à-vis à l'Association des agences de publicité du Québec (AAPQ) n'était nul autre que Jacques Duval, président de l'agence de publicité concurrente Marketel, je pouvais me permettre cette sortie: *« Yves, je sais que Marketel possède le compte publicitaire d'Air Canada (à connotation fédérale) mais j'ai soupé avec Jacques hier au Primadona et il ma confirmé que Marielle Séguin sera embauchée comme vice-présidente dans son agence pour gérer notamment le compte de Desjardins »*. Il faut savoir que Marielle était une fidèle de René Lévesque et que Gougoux venait de perdre le compte de Desjardins (justement pour son implication au référendum). Plus important, les deux hommes, Gougoux et Duval, se détestaient et se détestent toujours.

Juste à voir le sourire des gars devant moi, je savais que le pire était à venir. Je m'en voulais parce que Jacques Duval est un chic type et quelqu'un que je respecte beaucoup.

Deux jours plus tard, une manchette du *Globe & Mail* ou du *National Post* titrait : « *Air Canada account handled by sovereignist agency* ». À la lecture de l'article, je reconnus l'histoire que j'avais communiquée à mon trio d'élite! Je suis allé voir Parisella pour lui poser la question. Il me regarda avec son petit air angélique et me répondit : *« Alain, that's life »*. J'ai eu l'occasion de m'excuser auprès de Jacques pour cette bourde que j'avais commise mais je venais de comprendre le sens de la fameuse phrase : « Anything for a buck »! Ce genre de comportement ne collait pas à mes valeurs. J'ai compris que les publicitaires, les politiciens et les médias couchaient tous dans le même lit!

Je me permets ici une petite parenthèse puisque que j'ai initié un lunch en 2003, que j'ai payé d'ailleurs, avec Duval, Jacques Bouchard et moi-même dans un restaurant situé dans l'immeuble où étaient installés les bureaux de Marketel. Bien que Duval ait eu un profond respect pour Jacques Bouchard, cette rencontre était « historique » dans la mesure où il existait une grande rivalité entre Duval et Gougoux. J'avais demandé à mon bon ami de l'époque, le créatif Robert Lebeuf, de se joindre à nous. La femme de Bouchard, Caroline, m'avait d'ailleurs déclaré lorsque j'avais reconduit son homme à la maison : « *Alain, tu joues avec le feu. S'il fallait qu'Yves apprenne que tu es à l'origine d'une rencontre entre Jacques et son ennemi de Marketel, il va péter les plombs* ». De fait, il pétera les plombs, mais quelques mois plus tard.

### *L'équipe BCP dans le panier à salade*

Les contacts de John Parisella dépassent largement le cercle de la politique. Ses liens étroits avec la police sont facilement démontrables et en voici d'ailleurs un exemple concret. À l'occasion de Noël 1994 ou 1995, l'agence de publicité BCP est en pleine effervescence et le président Yves Gougoux veut gonfler ses troupes, suite à la venue de Patrick Beaudoin comme vice-président à la création. BCP veut reprendre le haut du pavé de la création. Depuis le départ du fondateur de l'agence, Jacques Bouchard, BCP n'a jamais retrouvé le feu sacré, mais la venue au pouvoir du gouvernement Chrétien a permis de renflouer les coffres de l'agence. Les « Bécépistes » de Toronto, de Québec et de Montréal sont entassés dans une salle de l'hôtel Bonaventure Westin pour un après-midi de lavage de cerveaux et de « pep talk ». Il faut l'avoir vécu pour pouvoir témoigner à quel point l'argent coulait à flot. Écran géant, montage vidéo, buffet, tout était en place pour motiver les troupes.

Suite à cette réunion de groupe, nous avons pris le taxi vers le bar Opéra. Tous les « Bécépistes » y étaient, tous sauf, étonnamment, le grand chef Yves Gougoux. J'étais adossé au bar et discutais avec mon patron John Parisella. Nous causions de l'avenir et du développement de l'agence. J'avais la sensation de participer à quelque chose de gros. Comme si nous étions pour réinventer la publicité au Canada. Nous étions certainement au moins 200 employés en folie dans ce bar assombri par un épais brouillard de cigarettes. Les filles étaient plus belles les unes que les autres et les gens discutaient activement.

### *Police, police!*

Tout d'un coup, nous avons entendu des cris : « *Police, Police* ». J'ai tourné la tête vers l'entrée, pour y apercevoir, juste en haut des marches, une dizaine de policiers du Service de police de Montréal, habillés avec l'accoutrement anti-

**3**

émeute, matraques, casques, fusils, menottes et tout le *kit*. On nous indiqua que la police procédait à une perquisition des lieux. Quelques employés continuaient quand même de jaser. Je me suis retourné vers Parisella en lui disant à l'oreille, à la blague : « *Voilà la fin de ta carrière politique mon John. Je vois déjà les titres dans les journaux : ex-chef de cabinet de Robert Bourassa arrêté dans une descente de police!* » Parisella était calme et se contentait de boire sa bière. Je me souviens d'un certain François qui travaillait sur le compte publicitaire de Molson qui décida de *challenger* un policier prétextant que ce n'était pas une vraie descente. Il était à deux pouces du nez de l'agent quand ce dernier, accompagné d'un policier, « posèrent » le fameux François au sol pour lui enfiler les menottes. Décidément, la police n'entendait pas à rire. Nous avions une réceptionniste haïtienne qui s'affolait de la situation. Elle criait que ce genre de situation se produisait d'habitude dans son pays d'origine mais pas au Canada. La tension montait dans le bar et le silence se fit. Le chef des policiers nous indiqua que nous étions tous en état d'arrestation et que nous devions quitter le local par la porte arrière, pour prendre place dans des autobus scolaires. Comme des étudiants fidèles, les publicitaires audacieux de BCP se retrouvaient tout d'un coup en ligne en se posant tous des questions. Qu'avions-nous fait pour mériter un tel traitement? Plusieurs se penchaient vers Parisella pour avoir un avis ou un commentaire. Parisella restait de glace.

Après être passés au vestiaire, nous étions en ligne pour sortir du bar. Parisella était juste derrière moi. Je lui glissai à l'oreille : « *John, dis-moi que c'est une joke* ». Il me répondit : « *Je suis au courant de rien* ». J'avais des doutes mais la dizaine de policiers continuaient à crier et à nous intimider avec leur équipement. J'étais sceptique jusqu'à la sortie. J'aperçus au loin un homme dans une Chrysler Intrépid tout équipée (BCP avait le compte de Chrysler). Cet homme portait la casquette et semblait apprécier la scène. C'était Yves Gougoux, le président de BCP. Pourquoi était-il là? Pourquoi était-il si relax à l'idée de voir l'ensemble de son personnel se faire arrêter ? Je venais de comprendre, c'était un coup monté digne des plus grands « pitchs » publicitaires. Parisella savait garder un secret.

J'ai glissé à l'oreille de Parisella que j'avais vu Gougoux. Il me fit un clin d'œil en mettant son doigt sur la bouche pour me dire de me taire. C'est ce que je fis. Les caméras de TVA étaient sur place pour filmer la scène et les employés se posaient de sérieuses questions. Il devait y avoir au moins cinq autobus et à bord ça jasait fort. Le policier à bord nous indiquait que nous étions pour nous rendre immédiatement à la Cour pour notre plaidoyer de culpabilité. Quelques-uns étaient encore sous le choc tandis que d'autres, probablement déjà très au courant des procédures judiciaires, riaient ou grillaient une bonne cigarette.

Nous avons été transportés sur la rue Sherbrooke dans un édifice avoisinant les bureaux de la Fabrique d'Images, une maison de production qu'utilisait souvent BCP. Tous entassés dans une grande salle, nous avons procédé à la prise d'empreinte et à la photo. Tout à coup, un juge à l'apparence quelque peu douteuse s'approcha pour nous faire la lecture des chefs d'accusation. Nous étions tous accusés d'être « des fils et des filles de pub ». Une expression bien consacrée dans l'industrie. Un large soupir de soulagement se fit entendre. Le *party* commençait enfin. Et quel *party*! L'alcool coulait à flot et les bons « Bécépistes » festoyaient. Au dessert, un large écran fut descendu du plafond. Pierre Bruneau est apparu pour faire la lecture de son bulletin de nouvelles. Il débuta avec : « Ce soir, la police a procédé à une importante descente…» et on nous voyait prendre place dans les autobus. Nous avons compris que ceci était une « commandite » de TVA, de bons amis de BCP. Le montage avec Pierre Bruneau n'a jamais été en ondes mais ce soir-là, ça faisait vraiment réel. La fête s'est poursuivie jusqu'aux petites heures du matin. Il faut savoir que Parisella est membre du conseil consultatif du Groupe TVA, et que Publicis travaille ou travaillait à titre d'agence de TVA et de Vidéotron, membres de Québécor.

Étant curieux de nature, je comptais bien demander à John Parisella comment une agence de publicité pouvait faire déplacer la police ainsi. J'ai bien essayé d'avoir une réponse le lundi suivant, mais en vain. Parisella ne se vantait pas de son exploit. Ce n'est que quelques mois plus tard que j'ai appris que c'était effectivement grâce aux contacts de Parisella avec la police et le ministère de la Justice et de la Sécurité publique du Québec que BCP avait réussi à faire ce « pitch ». En effet, ma conjointe, Nathalie Fagnan, était sur le comité organisateur de ce *party* et elle m'a expliqué comment John Parisella avait réussi à obtenir cette permission exceptionnelle. Il s'agit en fait d'une permission exceptionnelle puisque bien que les policiers de la descente étaient, en fait, des policiers en formation à l'École Nationale de police du Québec à Nicolet, ils avaient reçu la permission exceptionnelle des ministres pour porter le fusil à la ceinture. Fusils non chargés évidemment mais fusils réels quand même. Je comprenais mieux pourquoi les fameux policiers avaient joué le jeu avec autant de conviction. C'était en fait leur première descente et c'était la première fois qu'ils portaient une arme en public. Nathalie m'expliqua plus tard comment John Parisella avait fait pour convaincre ses interlocuteurs gouvernementaux du bienfait de cette descente simulée. Qui a payé pour ça? Je ne l'ai jamais su. J'étais franchement étonné qu'un seul homme ait pu convaincre un gouvernement et une force policière de se commettre dans un acte qui me semble toujours ne pas être dans le plus grand intérêt des contribuables.

**Les liens privilégiés entre BCP et le bureau du Premier ministre**
Me Sylvain Lussier, du cabinet Desjardins Ducharme Stein Monast, représente le Procureur général du Canada, donc le gouvernement, aux audiences de la Commission Gomery. Je me permets ici cette petite anecdote qui ne met nullement en cause l'impartialité du procureur mais qui est plutôt un clin d'œil au Boys' Club de l'establishment.

**3**

**Extraits des transcriptions de la Commission Gomery, témoignage de Jean Chrétien, pages 12532 à 12538**

*Me ROY : Donc, si je comprends bien, ce qui est proposé par Madame Bourgon c'était de faire en sorte qu'on puisse sensibiliser les Québécois à voter «non» lors d'un éventuel référendun; c'est exact?*
*M. CHRÉTIEN : À dire aux Québécois que le Canada était un grand pays pour eux. C'est ça qu'on voulait dire.*
*Me ROY : Et ce qu'elle vous propose c'est que les services de deux agences soient retenus, c'est-à-dire Everest et BCP, pour développer des concepts publicitaires?*
*M. CHRÉTIEN : Et ma réaction, je dis « Pourquoi deux? Une devrait suffire. »*
*Me ROY : D'accord. Vous connaissiez BCP depuis un bon moment à ce moment-là?*
*M. CHRÉTIEN : Depuis très longtemps.*
*Me ROY : C'est des gens que vous comptiez comme parmi vos amis?*
*M. CHRÉTIEN : Que je connaissais depuis très longtemps à cette époque parce qu'ils s'occupaient de la publicité du Parti libéral depuis des générations.*
*Me ROY : D'accord. Donc*
*M. CHRÉTIEN : Alors, c'est des gens que j'avais rencontrés au cours des campagnes électorales.*
*Me ROY : Et là on fait référence à Monsieur Gougoux et Monsieur Bouchard; c'est ça?*
*M. CHRÉTIEN : À Monsieur Bouchard d'abord, qui l'a été pendant longtemps. Il a bâti une très grande entreprise. Monsieur Gougoux l'a améliorée.*
*Me ROY : ...Alors, si je comprends bien, ce qu'on voulait faire c'est faire une campagne publicitaire en mettant l'emphase sur les services offerts par le gouvernement du Canada aux Canadiens, incluant les Québécois, et se faisant, envoyer le message aux Québécois que si d'aventure, ils*

décidaient de voter « oui », voici les services qu'ils allaient perdre; c'est exact?

*M. CHRÉTIEN : Le texte est très clair.*

*Me ROY : Est-ce qu'à votre connaissance les deux contrats (à Everest et BCP) ont été approuvés?*

*M. CHRÉTIEN : Je ne sais pas.*

*Me ROY : Vous ne savez pas. Comme on l'a vu il y a un instant, dans la nouvelle politique que vous avez mise de l'avant et les nouvelles lignes directrices, on prévoyait que tout contrat impliquant un montant de plus de 30 000 $ ne peut être octroyé que suite à un appel d'offres. Est-il exact de dire qu'il n'y a pas eu d'appel d'offres pour l'octroi de ces deux contrats (à Everest et BCP)?*

*M. CHRÉTIEN : J'ai aucune idée.*

*Me ROY : D'ailleurs, Madame Bourgon a été interrogée au sujet de cette note de service et je vous réfère à la page 8132 de son témoignage.*

*M. CHRÉTIEN : Quel volume?*

*Me ROY : Vous trouverez ça au Volume 47 à la page 8130.*

*M. CHRÉTIEN : Oui. Qu'est-ce qu'il y a?*

*Me ROY : J'ai interrogé Madame Bourgon au sujet de... Plus particulièrement à la page 8132, Monsieur Chrétien. Excusez-moi. Alors j'interroge Madame Bourgon au sujet de ce document et voici ce qu'elle répond à ma question en haut de la page 8132 :*

*« À l'époque ce qui a attiré mon attention c'était vraiment le montant, le fait que le Premier ministre avait incité tous ses ministres à mettre en place une politique qui était importante pour lui et honnêtement, ce qui a frappé mon attention c'était le fait que cette proposition dénote pour ma signature à sa face même excédait le montant dans les directives. C'est ce qui m'a frappé le plus ». Alors, vous (M. Chrétien), quand vous avez reçu cette note de Madame Bourgon, est-ce que ça vous a frappé de la même façon que ça a frappé Madame Bourgon?*

*M. CHRÉTIEN : Écoutez, c'était une recommandation de Madame Bourgon. Alors, j'imagine que je présumais que tout était correct. C'est elle qui m'écrit le document. Ce n'est pas moi qui l'a demandé. Alors, elle recommandait ça. Lisez la fin. J'imagine, comme toujours, ils font la...*

*« Nous vous demandons d'approuver le versement...(à Everest et BCP) ».*
*Alors, il n'était pas question des procédures. On me demande d'approuver le versement. Comment ça se procédait, c'est elle qui me le recommandait. Si elle ne sait pas, je le savais encore moins.*

*Me ROY : Je vous prierais maintenant de tourner à la page 133. Il s'agit d'une note de service qui est adressée à Madame Lucienne Robillard qui était, si je ne m'abuse, la ministre responsable que vous aviez mandatée aux fins du référendum; c'est exact?*

*M. CHRÉTIEN : Oui, c'est elle qui avait été chargée de représenter sur le Comité du NON pour le Parti libéral du Canada, les ministres et le Parti libéral, oui.*

*Me ROY : Donc...*

*M. CHRÉTIEN : Le rôle que j'avais joué moi-même en '80 pour Monsieur Trudeau.*

*Me ROY : Donc, cette note de service...*

*M. CHRÉTIEN : Et je l'avais fait à la demande de Monsieur Johnson —*

*Me ROY : Cette note de service...*

*M. CHRÉTIEN ...Parce qu'il la connaissait.*

*Me ROY : Cette note de service, tel qu'il appert à la page 141, porterait la signature de Monsieur Bilodeau, pas la signature manuscrite, mais la signature mécanique.*

*Me LUSSIER : Monsieur le commissaire, si vous me permettez, il a été mis en preuve que ce document n'a jamais été envoyé à Madame Robillard. Il ne porte pas la signature de Monsieur Bilodeau parce qu'il n'a jamais été signé en version originale. Le document qui a été envoyé à Monsieur le Premier ministre apparaît à la page 141 et je pense qu'il serait plus juste de poser des questions sur un document qui a été signé et envoyé et non pas sur un projet que Monsieur le Premier ministre n'a jamais vu et qui n'a même pas été vu par Madame Robillard.*

*Me ROY : J'aurais, nonobstant l'objection faite par Monsieur Lussier, parce qu'on a déjà discuté de cette problématique – j'ai quelques questions introductives qui vont m'amener et me conduire au document qu'a reçu Monsieur Chrétien.*

*LE COMMISSAIRE : Alors, jusqu'ici ce document n'est pas en preuve, mais je vous permets de poser des questions pour essayer d'établir sa pertinence.*

*Me ROY : D'ailleurs...*

*Me LUSSIER : Monsieur le commissaire, j'ajoute également que le document qui a été reproduit à la page 133 porte des mentions manuscrites alors qu'il existe une version non barbouillée et je suis sûr que Monsieur le Premier ministre n'a jamais vu les barbeaux qui sont sur le document que la Commission a produit.*

*LE COMMISSAIRE : Et s'il ne les a jamais vus, il ne peut les commenter non plus.*

Cette intervention de Me Sylvain Lussier, qui représente le gouvernement du Canada dans cette affaire, semble anodine à première vue. D'ailleurs son cabinet, Ducharme Stein Monast avait déjà facturé 1,3 millions $ en juin 2005 pour la Commission Gomery, mais voilà qu'en s'objectant de la sorte, Me Lussier, vient de priver la Commission Gomery d'informations importantes en rapport avec les liens privilégiés entre BCP et le bureau du Premier ministre. Pourquoi ? C'est le même Sylvain Lussier qui incarnait Paul-Edmond[21] et Goldorak dans la pièce *La Déprime,* au profit du Théâtre d'Aujourd'hui. En effet, les 14 et 15 mai 1996, j'ai convaincu mon patron John Parisella de se joindre à moi dans la distribution de cette pièce culte du théâtre québécois. J'y étais à titre de président du Publicité Club de Montréal. Cette opération avait pour but d'amasser des fonds pour le théâtre[22] en mettant sur scène des personnalités du monde des affaires montréalais. Je jouais le rôle du Rocker tandis que John Parisella partageait le rôle de Goldorak avec nul autre que Me Sylvain Lussier, aujourd'hui avocat du gouvernement à la Commission Gomery.

Donc sans aller au fond de la première affaire décrite plus haut, *Goldorak* aura permis de transférer l'attention sur un autre sujet pour la suite de l'interrogatoire.

### Extraits des transcriptions de la Commission Gomery, témoignage de Jean Chrétien, pages 12545 à 12546

*Me ROY : parlons du troisième item qui est couvert aux pages 146 et 147 et en haut de la page 147, le deuxième bullet, on dit : « Le contrat sera passé par l'entremise de BCP Publicité. La part du gouvernement serait ajoutée aux coûts de la campagne sur les rôles et services du Gouvernement du Canada. »*
*Et là Madame Bourgon vous demandait d'autoriser l'octroi d'un contrat devant être passé par l'entremise de BCP. Donc, d'ores et déjà, vous saviez que BCP était impliqué dans ce dossier, n'est-ce pas?*
*M. CHRÉTIEN : Bien, si c'est marqué là, ça doit être que c'est le cas. Si je comprends bien, c'est de la publicité faite par le Comité du NON.*
*Me ROY : Par le Gouvernement du Canada et le Comité du NON.*
*M. CHRÉTIEN : Le Comité du NON. Mais les décisions au Comité du NON étaient prises par le Comité du NON et nous faisions une contribution (Note de l'auteur : nous étant le gouvernement donc les payeurs d'impôts). Mais les décisions quant aux agences et ces choses-là n'étaient pas prises par nous. Elles étaient prises par le Comité du NON*
*Me ROY : Sauf que...*
*M. CHRÉTIEN :... sur lequel siégeait Madame Robillard.*

*Me ROY : Sauf que si vous regardez la décision qu'on vous demandait, sur laquelle on vous demandait de vous prononcer, on parlait de l'ajout de 100 000 $ au contrat entre le gouvernement du Canada et BCP pour couvrir la part du gouvernement du Canada, des frais de repérage et de tournage. Donc, ce que je comprends de ça c'est qu'on parle d'un contrat entre le gouvernement du Canada et BCP et ça porte sur la part du gouvernement du Canada.*

3

*Illustration 12 : Me Sylvain Lussier et Alain Richard dans La Déprime[20]*

*Illustration 13 : John Parisella, Alain Richard et Me Sylvain Lussier et l'équipe au Théâtre d'Aujourd'hui[23]*

### BCP vs Everest = Chrétien vs Martin[66]

La guerre que se livraient Paul Martin et Jean Chrétien est un secret de polichinelle. Cependant, plusieurs ignorent que les agences Everest et BCP se livraient une guerre toute aussi féroce pour l'obtention des comptes publicitaires du gouvernement fédéral.

Comme BCP était plus près de Jean Chrétien, vous comprendrez comment ils ont obtenu les faveurs du gouvernement dans l'attribution des comptes.

*À cet effet voici d'ailleurs quelques extraits des audiences de la Commission Gomery en rapport avec le témoignage de Jocelyne Bourgon, ancienne greffière et secrétaire du Cabinet (1994-1999) du Bureau du Conseil privé, pages 8128 et suivantes*

*Me ROY : ...Là il est question de faire appel à deux agences : à deux compagnies de publicité montréalaises, soit BCP (dirigée par Yves Gougoux) et Everest (dirigée par Claude Boulay), pour développer des concepts publicitaires.*

*...*

*Me Roy : Est-ce que j'ai raison de dire que cette recommandation a été acceptée et que le Premier ministre a approuvé la signature de contrats avec ces deux firmes pour les fins exprimées au document ?*

*Mme Bourgon : Je ne me souviens pas. Sa première réaction, si mon souvenir est bon, est de dire "Pourquoi deux ?" Quelle a été la décision ? Je ne me rappelle pas.*

*Me Roy : Vous ne vous en souvenez pas ?*

*Mme Bourgon : Non.*

*Me Roy : Et dans la suite des choses, est-ce que vous avez été mise au courant du fait qu'effectivement, BCP et Everest avaient fourni des services dans le domaine de la publicité au gouvernement fédéral ?*

*Mme Bourgon : Je ne me souviens pas.*

*Me Roy : Vous ne le savez pas. O.k. Dans un même ordre d'idées, à l'époque à cette période-là, est-ce que des agences autres que BCP et Everest, à votre connaissance, avaient été mises à contribution ? Et je fais référence maintenant à Lafleur et Groupaction.*

*Mme Bourgon : Je ne saurais pas non plus.*

*Autres extraits des audiences de la Commission Gomery, pages 8400 et suivantes*

*Me Roy : Là on dit qu'à ce moment-là deux agences seulement avaient été réquisitionnées pour préparer des campagnes de publicité, soit le Groupe Everest et BCP. Dans le cas du Groupe Everest on parle d'un contrat de 50 000$. Je présume que c'est le contrat de 50 000$ dont on a parlé tout à l'heure ?*

*Mme D'Auray : Je fais le même lien, oui.*

*Me Roy : Et on parle de BCP, là, on parle d'un montant de 5 184 000$. Pages 8418 et suivantes*

*Me Roy : Et je vois à la page 4 du document adressé à Madame Robillard, on avait prévu que le contrat serait passé par BCP publicité sous le couvert de la campagne sur les rôles de services du Gouvernement du Canada ? Est-ce que vous pouvez nous expliquer ce que signifiait le couvert de la campagne sur les rôles et services du Gouvernement du Canada ?*

*Mme D'Auray : Ça aurait probablement voulu dire qu'on aurait passé ou que BCP aurait passé ou aurait commandé du piétage qui serait tourné par cette compagnie si l'activité avait eu lieu.*

*Me Roy : Mais quand on dit sous le couvert de la campagne sur les rôles et services —*

*Mme D'Auray : Dans le cadre de la campagne, par moyen de la campagne, par l'entremise de cette activité.*

*Me Roy : Mais je venais vous proposer une autre signification. C'est qu'on aurait toujours conceptualisé dans le cadre de la campagne de publicité portant sur les rôles et services du gouvernement, on aurait, si le projet s'était réalisé - on aurait passé par BCP mais sous le couvert - en utilisant comme paravent, pour ainsi dire, la promotion des rôles et services du Gouvernement du Canada alors qu'en réalité ça portait sur d'autres fins que celles-là. Est-ce que vous seriez d'accord avec cette interprétation ?*

*Mme D'Auray : C'est une interprétation valable, oui.*

Vous pouvez aussi lire sur la manière dont BCP a permis à un directeur de création belge de débuter son mandat désastreux à la tête de l'agence grâce à une collaboration exceptionnelle du… gouvernement du Canada. À lire sur www.DesNotables.com[24]

### *Une omission d'André Pratte*

Yves Gougoux était bel et bien l'invité de Jean Chrétien lors de sa dernière visite à l'Élysée à titre de Premier ministre du Canada, le mardi 9 décembre 2003 . Pourtant la Commission Gomery a négligé ce fait dans ses interrogatoires.

Yves Gougoux était jusqu'à récemment sur le conseil d'administration de la Fondation de Recherche de l'Institut de Cardiologie de Montréal, présidé par la fille de Jean Chrétien, France Chrétien-Desmarais de la famille Desmarais de Power Corporation.

Mais rien dans les médias. Pour des raisons évidentes, on censure l'information brute pour en arriver à un contenu dilué de la réalité.

Voici donc un extrait des transcriptions de la Commission Gomery en date du 9 février 2005 (page 12674). Interrogatoire de Me Scott (avocat de Jean Chrétien) envers Jean Chrétien

MR. SCOTT : Now I want to ask you to tell the Commissioner whether you know, and by know I mean are these persons acquaintances of yours ? In other words, I am not interested in whether you may have seen them or seen them at a meeting, but whether they are acquaintances of yours, specifically, Mr. Jean Lafleur of Lafleur Communication ?
MR. CHRÉTIEN : I don't know the person.
**MR. SCOTT : Mr. Yves Gougoux and Mr. John Parisella of BCP ?**
**MR. CHRÉTIEN : I know them both.**
MR. SCOTT : Mr. Claude Boulay and his wife Diane Deslauriers of Everest?
MR. CHRÉTIEN : I don't know them.
MR. SCOTT : Mr. Gilles-André Gosselin of Gosselin Communications ?
MR. CHRÉTIEN : I don't know him.
MR. SCOTT : Mr. Jean Brault of Groupaction ?
MR. CHRÉTIEN : I don't know him.
MR. SCOTT : Mr. Paul Coffin ?
MR. CHRÉTIEN : I dont't know him.

Et le lendemain (jeudi 10 février 2005 ) dans La Presse dans l'éditorial : Les balles de M. Chrétien … Voici la traduction d'André Pratte :

3

Son avocat lui a demandé s'il connaissait les patrons des agences mêlées à cette affaire.
Jean Lafleur ? « Je ne connais pas cette personne ».
Claude Boulay et sa femme Diane Deslauriers ? « Je ne les connais pas ».
Gilles-André Gosselin ? « Je ne connais pas ».
Jean Brault ? « Je ne connais pas ».
Difficile d'être plus clair : pour Jean Chrétien, les personnages clés de ce qui est devenu le scandale des commandites sont de purs étrangers.

Pratte omet de mentionner Gougoux et Parisella qui sont pourtant cités dans le rapport de la vérificatrice générale en rapport avec le scandale des activités publicitaires. Pourquoi ?

Cette manipulation de l'information est aussi palpable dans la guerre que ce livrent les médias pour l'obtention des dollars publicitaires des agences de publicité. Le Journal de Montréal dans son édition du 26 février 2005 en page 21 décrit André Pratte comme « *Le transmetteur de la pensée politique de Gesca* ».

Plus tôt dans le mois, le vendredi 18 février en page 6, Franco Nuovo du Journal de Montréal s'adresse à Pierre Foglia de La Presse en ces termes : « *Ca t'énerve particulièrement depuis quelques temps, on dirait. Probablement parce qu'avant, quand on pensait convergence, c'était toujours Quebecor. Jamais La Presse, Power, Gesca, le Parti libéral, les Desmarais... Or, depuis quelques temps, cela a changé. Et ça t'énerve d'autant plus parce que tu sais que les patrons ne tiennent pas notre plume, du moins celle de la plupart d'entre nous. Tu bénéficies d'une liberté totale qui nous permet à l'occasion de prendre la plume au nom d'autres journalistes, tenus, eux, à plus de réserve* ».

La guerre évidente que se livrent les grands médias montréalais a comme toile de fond un enjeu tout aussi important, sinon plus, que l'égo des propriétaires : l'accès aux dollars des gouvernements via les agences de publicité.

Même si l'implication des agences sur le contenu éditorialiste est chose courante en Europe, il existe ici même au Québec, à Montréal, des agences qui font la même chose. Le publicitaire peut donc mettre le chapeau de lobbyiste, il a l'argent de ses clients pour tenter d'influencer les médias.

### Yves Gougoux[25]

*« Quelle humiliation, donc, pour un grand de la pub comme lui, d'être traîné à la même barre que cette bande de quétaines des commandites... En définitive, il a montré qu'il ressemble beaucoup plus qu'il ne le pense, en plus prétentieux et en mieux organisé, à un paquet de gens des agences qui sont au banc d'infamie de la Commission. Personnellement, je n'achète pas sa camelote[26] ».* - Yves Boisvert *(La Presse)*

J'ai retenu plusieurs choses du cours donné par le célèbre professeur Laurent Lapierre des HEC : *Le gestionnaire et la pratique de direction.* Dans son cours, le professeur Lapierre nous avait parlé de J. Edgar Hoover, ancien directeur du FBI, et de tous les gestionnaires qui inconsciemment n'acceptent pas que leur entreprise leur survive.

LA PRESSE MONTREAL LUNDI 30 MAI 2005

## YVES BOISVERT

# Où ça, un rat ?

Chemin faisant vers la commission Gomery, jeudi de l'autre semaine, j'ai croisé un Chinois dans le quartier chinois. Il tenait par la queue un gros rat aplati qui avait du rouge sur la tête. Le Chinois tenait la queue du rongeur avec un sac de plastique, ainsi que font tous les gens soucieux de leur hygiène et transportant des rats morts.

Belle prise, vraiment.

Le Chinois a marché jusqu'à la poubelle de la Ville, rue de la Gauchetière, sous le regard indifférent d'un cuisinier qui grillait une cigarette. Il a laissé tomber le rat. Cela fit « ploc », ainsi que font tous les gros rats morts aplatis en touchant le fond des poubelles municipales, sauf dans l'hémisphère Sud, là où l'eau tourbillonne à l'envers et où, en conséquence des mêmes influences relatives du globe, les font « colp ».

J'ai demandé au Chinois où il avait trouvé le rat plat. Il a gesticulé pour me signifier qu'il ne parlait ni anglais ni français, c'est la queue de moins ce que j'ai compris, mais peut-être en parlant.

Ce n'est pas un sujet de conversation agréable pour commencer sa journée, j'en conviens.

Nous savons pourtant tous qu'il y a des millions de rats à Montréal. On le sait, mais on aime mieux ne pas trop y penser. Et ça tombe bien, on ne les voit presque pas, sauf certains soirs au détour d'une ruelle, s'engouffrant dans une bouche d'égout, ou un matin, au bout des doigts d'un Chinois, furtive apparition à la lumière des habitants de l'ombre. On oublie ça.

J'y pensais justement, le lendemain, en écoutant témoigner le très fier Yves Gougoux, grand bonze de la publicité québécoise, canadienne

*Le grand bonze de la publicité Yves Gougoux refuse catégoriquement d'admettre que ses contacts politiques ont aidé sa firme à obtenir des contrats. Aucun rapport, dit-il.*

et, n'ayons pas peur des mots, mondiale, du CA de BCP et président de Publicis. Je pensais en l'écoutant au côté obscur des choses. À la face cachée de la politique. Aux choses très évidentes, mais dont lui est plein de témoins de cette commission font semblant qu'elles n'existent pas, sous prétexte qu'on ne les voit presque jamais. Comme l'utilité de cultiver des contacts politiques pour obtenir des contrats de publicité du gouvernement.

M. Gougoux est un ami de Jean Chrétien. Ce n'est pas un crime. Sa firme de publicité s'est occupée des campagnes électorales des libéraux fédéraux en 1993, en 1997 et en 2000. Rien de mal là-dedans. Avant que les libéraux ne prennent le pouvoir, BCP ne touchait pratiquement pas de contrats fédéraux. À peine plus de 300 000 $ en 1994. Puis, l'année suivante, coup de chance, 11,6 millions. Puis 21 millions. Puis 36. Entre 1995 et 2003, BCP a facturé 308 millions. Ce qui comprend l'achat d'espace publicitaire dans les médias ; il faut donc retrancher plus de la moitié de cette somme pour évaluer ce qui est allé chez BCP. Il n'empêche que, pendant le règne de Jean Chrétien, les contrats fédéraux sont passés de presque rien à plus des deux tiers des revenus de l'agence, certaines années : une moyenne de 40 %.

Étonnant autant que curieux. Mais plus incroyable encore, M. Gougoux refuse catégoriquement d'admettre que ses contacts politiques ont aidé sa firme à obtenir des contrats. Aucun rapport. Il s'agit d'une firme qui a fait ses présentations lors des appels d'offres, qui a rempli tous les critères et qui a été sélectionnée au terme de concours de haute tenue !

Quelle humiliation, donc, pour un Grand de la pub comme lui, d'être traîné à la même barre que cette bande de voyous quétaines des commandites !

La commission Gomery, l'aviez-vous oublié, ne porte pas uniquement sur les commandites, mais aussi sur la publicité gouvernementale. Or, le système d'attribution des contrats de publicité est d'un grand raffinement. Il est insoupçonnable. Mais, comme c'est curieux, comme c'est étonnant, il a favorisé BCP pendant tout le règne de Jean Chrétien.

Chaque fois qu'il en avait l'occasion, Yves Gougoux, grand dispensateur d'explications non sollicitées, répétait que son agence a une excellente réputation, qu'elle travaille très fort pour décrocher des contrats au terme d'un processus concurrentiel et ne touche que des dividendes minuscules en bout de ligne. Qui dira un jour la souffrance du publicitaire ?

Certes, Chuck Guité a dit que Gougoux avait fait une colère superbe au bureau du premier ministre quand il a su qu'il ne touchait pas le contrat de Tourisme Canada visant le marché américain. Mais qui est Chuck Guité ? Un homme accusé de fraude, imaginez, face à un Grand de la pub. Faux, tout ça !

Curieux quand même. Quelques semaines après avoir terminé deuxième pour ce contrat, BCP décrochait un contrat aussi gros (65 millions, placement média compris) pour le Canada. Sans nouvel appel d'offres. M. Gougoux a longuement expliqué pourquoi tout cela était parfaitement correct. Au point où le juge Gomery a dû lui dire d'arrêter de donner une conférence et de répondre aux questions. Les Grands de la pub ne sont pas habitués de ne pas mener le jeu. Ils ont tellement de choses à dire ! Normal, ce sont les penseurs, que dis-je, les faiseurs de l'Époque !

En définitive, il a montré qu'il ressemble beaucoup plus qu'il ne le pense, en plus prétentieux et en mieux organisé, à un paquet de gens des agences qui sont au banc d'infamie de la Commission. Personnellement, je n'achète pas sa camelote.

À certaines personnes qu'on croise un rat plat à la main, il ne sert à rien de poser des questions.

Voir crédit journalistique à la page 316

*Illustration 14 : Article d'Yves Boisvert du journal La Presse du 30 mai 2005, quelques jours après l'acquittement d'Alain Richard[27]*

Ce sentiment d'être essentiel à la bonne marche des opérations stimule en eux l'estime nécessaire pour les maintenir à flot. Derrière ce comportement se dégage de l'insécurité mais aussi un désir non avoué de faire mourir leur entreprise avec eux. Ainsi personne ne pourra la gérer ou lui succéder. C'est dans cette catégorie que je situerais quelqu'un comme Yves Gougoux.

**3**

Des individus avec des forces évidentes. Je ne m'étendrai pas ici dans le détail des profils psychologiques de Manfred Kets de Vries, mais disons que Gougoux représente exactement le type d'entrepreneur qui foncera directement dans un mur pour prouver qu'il est le seul à avoir raison.

Yves Gougoux ne s'en est jamais caché : il est rouge et il va mourir rouge. Tant mieux pour lui. Et avec les contrats du fédéral, il ne sera jamais dans le rouge! Mais, est-il rouge par conviction ou par opportunisme? Je crois sincèrement qu'il l'est par conviction. Pour lui, un souverainiste, un indépendantiste ou un rebelle politique sont des ennemis à abattre. Il ne fait aucune distinction, comme un taureau qui voit rouge, personne ne peut résister aux assauts d'Yves Gougoux. Le régime de terreur qu'il a instauré dans son entourage fait en sorte que peu de gens avec de véritables colonnes, n'acceptent de rester dans son giron. On y trouve donc beaucoup de « yes men » et « yes women » mais peu de gens qui ont le courage de tenir tête à celui qui s'est rasé le crâne pour faire plus « *ruthless killer* ».

Ce n'était pas mon cas. Je savais que le relationniste Richard Doin avait bâti cette image et il m'avait bien expliqué les traits psychologiques du personnage. Comme Napoléon, Gougoux se sert de l'intimidation et la peur pour gérer son entourage. Je n'ai jamais baissé les yeux devant cet homme qui n'a qu'un seul maître: l'argent.

Il est vrai qu'il traite très bien sa famille immédiate, ses collaborateurs essentiels, comme les comptables et les avocats, et ses quelques amis. Je m'en voudrais d'oublier ses chiens. Mais la ligne s'arrête là. L'expression « *Anything for a buck* » prend tout son sens lorsqu'on connaît cet homme. Il faut certainement reconnaître à Gougoux une intelligence supérieure à la moyenne. Cet homme, qui est un gestionnaire aguerri, donne l'impression d'avoir des yeux tout le tour de la tête. Son jugement publicitaire est intéressant bien qu'il n'aura jamais réussi à chausser, un tantinet soit-il, les souliers de son prédécesseur, le fondateur de BCP, Jacques Bouchard, un homme beaucoup plus raffiné et subtil.

Jacques Bouchard et son épouse me mentionnaient souvent que Gougoux et moi avions beaucoup de points en commun. Je leur accorde que, tous deux, nous avons des tempéraments bouillants. Tous deux nous avons des personnalités explosives et tous deux avons la force de mobiliser des troupes. Mais ici s'arrêtent les comparaisons.

Les politiciens n'aiment pas les publicitaires trop flamboyants. Comme Gougoux a hérité de l'agence et des contacts de Bouchard, il a aussi hérité de ses précieux conseils (comme j'y ai eu droit moi aussi). BCP a empoché des centaines de millions de dollars de contrats des comptes gouvernementaux, en plus d'entretenir des liens très intimes avec des ministres et des présidents de sociétés de la Couronne comme André Ouellet. Gougoux parlait au Premier ministre Jean Chrétien régulièrement... plus souvent qu'il n'a bien voulu l'admettre publiquement. Je l'ai constaté lors de mon passage chez BCP. Bouchard ainsi que ma conjointe de l'époque me l'ont confirmé à plusieurs reprises. Il a au moins le mérite de s'être fait discret. Feu Peter Denes, dans une entrevue à la revue *Commerce*, « *avançait même du bout des lèvres que, parfois, ses moyens (ceux de Gougoux) ne sont pas toujours kascher[30]* ».

*Illustration 15 : Article du journal Le Devoir du 21 mai 2005[29]*

### Gougoux chez nos cousins

La personnalité de Gougoux aura fait légende en France lors de son très bref passage à la présidence de Publicis à Paris. Nathalie me disait que sa personnalité ne collait vraiment pas à la mentalité de nos cousins. L'exemple suivant en est la preuve éloquente. Lors de son arrivée comme président du Groupe Publicis à Paris, il était palpable dans les bureaux que sa venue ne faisait pas l'unanimité. Voilà qu'un jour une mention fait son apparition dans l'espace cuisine de l'entreprise. On pouvait y lire : *MORT AU CARIBOU.*

De toute évidence, cette mention faisait référence à la nomination de Gougoux à la tête du groupe. Un Québécois à la tête d'un groupe français, quelle insulte! On rapporte que Gougoux était furieux. Comme un coq qui arrive dans un poulailler, Gougoux voulait faire sa place. Il entreprit donc une vaste enquête pour connaître l'initiateur de la fameuse note. Les conclusions de son enquête pointaient vers un vice-président qui, de toute évidence, aurait préféré s'asseoir dans la chaise du capitaine. Gougoux le fit venir dans son bureau pour un interrogatoire en règle. C'est à ce moment que Gougoux invita le cadre à une bataille dans une ruelle avoisinante en disant, comme le relate une entrevue dans la revue *l'Actualité* du 15 mai 1999 : « Chez nous, quand une situation comme ça arrive, on règle ça par une bonne bataille dans la ruelle. Tu retrousses tes manches et tu viens pour que je te pète la yeule. » C'est cette même formulation que j'ai utilisée par la suite dans un courriel adressé à Gougoux pour lui signifier que je savais qu'il faisait circuler mon dossier médical. À l'époque, je ne savais pas encore que le dossier qu'il faisait circuler avait été trafiqué. Nous y reviendrons plus loin.

Yves Gougoux refuse de voir et de reconnaître qu'il n'avait pas et n'aura jamais le panache de son prédécesseur. À sa défense, l'industrie publicitaire était devenue beaucoup plus compétitive. Lors de mon passage de deux ans à la tête du Publicité Club de Montréal, j'ai dû recevoir, sous sa signature, au moins trois lettres de bêtises[31]. Il voulait mettre la hache dans ce regroupement de publicitaires fondé en 1958 par Jacques Bouchard. Voulait-il le faire, parce qu'il perdait au profit de la compétition, ou voulait-il le faire pour faire disparaître jusqu'à l'ombre de Jacques Bouchard et son œuvre? Les deux! Mais surtout pour effacer Bouchard de la « *mappe* »!

Dans un courriel, Yves Gougoux m'écrira : « *De toute façon, je connais Jacques beaucoup mieux que toi*[33] » et dans son rapport de police, il déclarera : « *Alain Richard voulait à tout prix occuper auprès de M. Bouchard la place que j'occupais*[34] ».

-----Message d'origine-----
De: Gougoux, Yves [ygougoux@publicis.ca]
Envoyé: 10 octobre 2003 10:28
À: Alain Richard

Alain,

Tu formules une invitation comme si tu voulais me faire découvrir
Jacques Bouchard...Je ne pourrai y être le 22 et franchement, tes
propos portent pour le moins à confusion;
je ne crois pas y être non plus le 3 novembre.

De toute façon je connais Jacques beaucoup mieux que toi.

Yves

*Illustration 16 : Courriel d'Yves Gougoux à Alain Richard du 10 octobre 2003*[32]

Je répète, dans sa déclaration déposée à la police contre moi et dont il sera question plus loin dans cet ouvrage, Gougoux écrira que je voulais à tout prix occuper la place qu'il occupait déjà auprès de Jacques Bouchard![35] Enfantillage ou Gougoux était-il tout simplement jaloux? Il semble pourtant que ce soit le cas, puisque dans un courriel qu'il m'avait adressé plus tôt, il m'écrivait : « *De toute façon je connais Jacques beaucoup mieux que toi* »[36]. Déclaration déconcertante de la part d'un homme qui est qualifié de « *ruthless killer*[37] ». Suite à mon départ de son entreprise et aux échanges musclés que nous avons eus lorsque j'étais à la tête du Publicité Club de Montréal, j'ai eu quand même à croiser Gougoux à quelques occasions, comme lors du lancement des *36 cordes sensibles* en version numérique ou du lancement du livre *La Vie de château*. À chaque fois, je ressentais toujours le même malaise. Ça l'agaçait royalement que je sois le conjoint de celle qui gérait la comptabilité de ses affaires. Il me savait très curieux et il avait raison! C'est ainsi que j'ai toujours gardé les canaux de communication ouverts avec John Parisella, Jacques Bouchard et sa femme. La Commission Gomery aura démontré que celui qui envoyait des orchidées à Jean Chrétien a été largement favorisé[38] dans l'octroi des contrats publicitaires du gouvernement fédéral. Le retour d'ascenseur a aussi été confirmé. La transcription du témoignage d'Yves Gougoux est disponible sur www.DesNotables.com[67] et la bande sonore est aussi disponible[68], Sur le site Internet, je propose une série de questions[69] pour Yves Gougoux.

### *Agnès Jarnuskiewicz-Gougoux[39] : Madame Yves Gougoux*

Avant de se marier avec Yves Gougoux, qui avait déjà trois enfants, Agnès occupait un poste de cadre au réseau TVA. Elle était auparavant sous-ministre à l'Agriculture dans un gouvernement libéral provincial. Dans les dernières années, j'ai eu des nouvelles de Madame Agnès grâce à Jacques et Caroline Bouchard qui la prenaient en pitié. Ils me la décrivaient n'ayant pas d'amis, isolée dans une tour d'ivoire, et se contentant de suivre le portefeuille d'actions de son mari via Internet.

Les Bouchard nous ont raconté à Nathalie et moi les moindres détails de la tentative de fertilisation *In Vitro*[40] des nouveaux mariés Gougoux. Je n'ai d'ailleurs jamais compris en quoi cette information nous regardait, Nathalie et moi, et encore moins ce que cette information faisait dans une déclaration à la police!

Ces déclarations[41] à la police sont du domaine public. À vous de tirer vos propres conclusions quant aux motifs réels de son intervention. J'ai dû recevoir plus de cinq cents messages d'internautes qui ne pouvaient croire qu'une personne s'abaisse ainsi dans ses déclarations à la police. La transcription du témoignage d'Yves Gougoux en rapport avec sa femme, Agnès Jarnuskiewicz-Gougoux, est disponible sur www.DesNotables.com[42] tout comme la bande sonore[43].

### *Marie-Hélène David : cette inconnue[44]*

Elle est la secrétaire d'Yves Gougoux et de Nathalie Fagnan. Je lui ai parlé au téléphone à une seule reprise pour laisser un message à ma conjointe de l'époque, Nathalie Fagnan. Tout ce que je sais, c'est qu'il est dommage que son patron, de toute évidence, l'ait fortement influencée en l'obligeant à faire partie de l'équipe des personnes qui ont fait de fausses déclarations à la police.

### *BCP et la justice: une intégration verticale*

Voilà que lors de mon enquête, j'apprends que la Commissaire à l'assermentation no 165 697 qui a authentifié les affidavits de John Parisella est nulle autre que... Marie-Hélène David, secrétaire d'Yves Gougoux et elle même au nombre des plaignants dans la plainte criminelle lancée contre moi! Je vous invite d'ailleurs à consulter cet affidavit[45]. Or, cette situation est irrégulière et curieusement, cet affidavit fut rédigé dans le but que John Parisella ne témoigne pas à mon procès, et aura été produit sous la gouverne de Me Martin Vauclair à l'époque avocat chez Desrosiers, Turcotte, Massicotte, Vauclair. Depuis lors, Me Vauclair a été nommé juge et ce, en dépit du fait qu'un dossier (4055-1829) en déontologie auprès du Syndic du Barreau l'implique et que la décision soit toujours sous révision.

### John Parisella : Un homme et ses contacts[46]

John Parisella, président de BCP, ex-chef de cabinet de Robert Bourassa et grand libéral est un homme charmant. C'est un animal politique redoutable qui essaie de ne pas laisser de traces mais John oublie que les répondeurs ont la mémoire longue et qu'ils rapportent fidèlement le message, contrairement aux intervenants à la Commission Gomery. Parisella a mis tout son poids politique pour invoquer une soi-disant maladie mentale pour m'empêcher de m'exprimer dans les différents médias du pays. Sa réputation lui permettait d'avoir accès à des personnes influentes et son témoignage posé, mais soi-disant crédible, aura réussi, encore une fois, à en tromper plus d'un.

Lors de mon arrivée chez BCP, j'ai rapidement compris que Parisella n'avait rien d'un publicitaire. Il était un lobbyiste puissant, près de la machine politique et des médias. Doté d'un bon sens de la diplomatie, Parisella ne dit jamais non pour ne pas décevoir.

*Illustration 17 : Article du journal La Presse du 21 mai 2005[47]*

Après mon départ de BCP, je mangeais au moins trois à quatre fois par année avec Parisella. Son réseau de contacts était impressionnant et ses histoires toutes aussi fascinantes. Plus que ça, c'était un homme que j'aimais bien mais pour lui « tout le monde est beau et tout le monde est gentil », du moins en surface. Je n'ai jamais ressenti de sincérité profonde dans ses propos très souvent élogieux à mon endroit… lorsqu'il était en face de moi.

Parisella sera toujours un deuxième dans sa carrière. Mais un excellent deuxième. Il l'avait été pour Bourassa et il l'est pour Gougoux. Il peut « attacher des fils » à Ottawa et à Québec comme personne. Un directeur des communications du cabinet d'Alfonso Gagliano m'a raconté comment Parisella avait réussi à le faire incarcérer lorsque cette personne était journaliste. Cet homme redoute encore aujourd'hui Parisella et ses contacts avec la police. De toutes les facettes de Parisella, celle qui me fascinait le plus était son apparente naïveté au sujet des femmes. Je ne sais pas, encore aujourd'hui, s'il faisait exprès pour se donner l'air d'un ado quand il en parlait, mais Parisella semblait bien naïf à cet égard. Je me souviens particulièrement d'une fois où Parisella revenait des funérailles d'un bon ami de la haute fonction publique. Il m'avait alors confié connaître très bien cet homme mais il déclarait pourtant avoir jusque-là tout ignoré sur ses vies parallèles. Il me dit : « Tu aurais dû voir ça, toutes les maîtresses du gars étaient aux funérailles et moi, je ne me doutais de rien ». Une naïveté de façade, selon moi. John est passé maître dans l'art de se faufiler. Que se soit la Commission Doyon ou même présentement alors qu'il essaie de quitter BCP en douce après la tempête Gomery et son témoignage rejeté par le juge[48].

J'ai eu la chance de travailler près de lui. Je l'ai vu manger avec Michel Vastel, journaliste-vedette au *Soleil* (maintenant à *L'Actualité*) ou entretenir des liens avec un éditeur de *La Presse*, André Pratte[49]. Parisella est en publicité certes, mais il est aussi l'éminence grise de la machine Gougoux. Il aura toujours été dans les bonnes grâces des chefs libéraux qu'ils soient à Ottawa ou à Québec. Compte tenu du statut particulier d'ex-conservateur de Jean Charest, Parisella n'occupait pas la même place auprès de lui, du moins lors de son accession au pouvoir. En regardant la liste de clients de BCP en rapport avec le gouvernement provincial, je suis prêt à gager que les deux hommes ont fait la paix. Rien de plus simple, car on ne fait jamais la guerre avec John, on l'écoute. Suite à ma demande, Parisella s'est joint au conseil d'administration de La Cinémathèque publicitaire Jacques-Bouchard sans jamais lever le petit doigt pour aider le fondateur de la boîte qu'il présidait. Gougoux voulait s'assurer que l'ombre de Bouchard disparaisse.

J'ai vu John Parisella tirer des ficelles comme peu de gens peuvent le faire au Canada. Son influence sur la machine politique est évidente mais peu savent qu'il en a autant auprès des médias. La personne qui tire les ficelles n'est jamais dans la bataille mais son rôle est déterminant comme Jepeto avec Pinocchio. Lors d'un voyage à Ottawa, je me souviens encore à quel point j'ai été surpris de constater comment il était facile pour lui de contacter le chef de cabinet de Jean Chrétien, Jean Pelletier : « *Bonjour! c'est John. J'arrive à Ottawa dans une vingtaine de minutes. On se rejoint au bureau ou au restaurant ?* » Malgré ce qui se tramait chez Publicis-BCP, John Parisella maintenait des liens avec moi jusqu'à ce que le nom de son entreprise sorte dans les médias en rapport avec le scandale. Je vous invite à consulter un courriel[50] à titre d'exemple. Donc, lors de nos dernières rencontres, il était en « mission », je le savais trop bien. John Parisella aura réussi à ne pas témoigner à mon procès[51] en faisant de fausses affirmations assermentées par Marie-Hélène David, secrétaire de Gougoux. Cet homme est un fabricant de jeu mais n'aime décidément pas trop les feux de la rampe. Il a pourtant eu son heure de gloire à la Commission Gomery où il a dû s'expliquer sur les juteux contrats de Postes Canada[52] obtenus sans appel d'offres.

### Exit-Sortie de secours : Université Concordia
Habile manipulateur de l'image, Parisella a déjà concocté sa sortie de BCP en période post-Gomery. Il a accepté le poste d'adjoint au recteur de l'Université Concordia, Claude Lajeunesse, à raison de quatre jours par semaine... tout en demeurant président de BCP.

### Un cas évident de conflit d'intérêts : LCN
« *Si John Parisella, président de BCP, passe devant la Commission Gomery, sa conjointe, Esther Bégin, devra momentanément abandonner son poste de chef d'antenne à LCN. Elle y retournera aussitôt que la mémoire de John sera revenue* » écrivait le journaliste Michel Beaudry dans le Journal de Montréal le 4 mai 2005. Plusieurs auront remarqué comment Madame Bégin, lectrice de nouvelles à TVA/LCN et ex-chef d'antenne à LCN escamotait les questions en rapport avec la Commission Gomery et plus particulièrement lors de ses interventions avec le chroniqueur Michel Vastel. Lors de la déposition de ma requête à la Commission Gomery et du traitement de la nouvelle, LCN et sa chef d'antenne m'identifiaient toujours comme l'ex vice-président de Groupaction mais jamais comme un ex-directeur de BCP. Solidarité oblige. LCN a en outre été très actif dans la diffusion à répétition et à outrance de nouvelles[53] sans fondement à mon sujet lors du dépôt contre moi d'accusations par voie sommaire et non par acte criminel. De fait, les accusations sont tombées plus de deux mois plus tard. Pourquoi cette urgence à diffuser ? Serait-ce que mon témoignage à Ottawa en effrayait certains ? Il s'agissait simplement d'un

volet d'une campagne de dénigrement. Je vous invite d'ailleurs à consulter le site Internet de LCN le 9 avril 2004[54], deux jours après mon passage au Parlement et le lendemain du dépôt de la plainte aux policiers par Yves Gougoux, John Parisella et leur entourage. Mon avocat m'avait même indiqué que j'avais été accusé par voie sommaire et non par acte criminel. À ce sujet mon avocat m'écrivait le 25 octobre 2004[55], « J'ai pris connaissance de certaines déclarations erronées dans les médias. Compte tenu que vous comparaissez sur une promesse de comparaître et non sur une sommation, votre nom n'aurait pas dû être divulgué avant votre comparution ». Je comprends mieux la motivation de ce réseau qui a été très actif dans la diffusion à répétition et à outrance de nouvelles[56] sans fondement à mon sujet et surtout en ne respectant pas la loi[57] car le ministère public n'avait pas encore décidé si des accusations seraient portés contre moi.

3

### *L'argent et le pouvoir*

Lors de nos nombreux échanges, Bouchard me confiait de plus en plus de choses comme l'appel personnel de Jean Chrétien à Yves Gougoux pour inviter ce dernier à l'Élysée lors du dernier voyage officiel du Premier ministre auprès de Jacques Chirac. Gougoux s'est déplacé et je trouvais ce lien de proximité des plus intéressants. Je reconnais l'intelligence d'Yves Gougoux. Je comprends aussi comment un Premier ministre comme Jean Chrétien pouvait en faire un allié de choix : Gougoux a une vision périphérique et un sens des affaires hors du commun. C'est au niveau relationnel que ça se gâche. Les nombreuses conversations à bâtons rompus avec Jacques Bouchard m'ont permis de cerner clairement le personnage Gougoux et sa relation avec l'argent. Nonobstant sa femme, ses proches et ses belles voitures, Yves Gougoux n'a qu'une passion : l'argent. Bouchard ne peut plus avoir la même passion, il a flambé son magot dans son château. Quant à Parisella, il fait partie de ces nouveaux riches.

La transcription du témoignage d'Yves Gougoux en rapport avec John Parisella est disponible sur www.DesNotables.com[58] tout comme la bande sonore des extraits du procès[59]. Vous pouvez aussi lire une série de questions pour John Parisella[60]. Aussi, vous trouverez sur www.DesNotables.com[61] un résumé d'une étude menée par les consultants Deloitte en 2004 et portant sur la relation entre BCP et la Société canadienne des postes. Je vous invite aussi à consulter sur www.DesNotables.com[62] l'analyse des rapports commandés à Deloitte et à Price Waterhouse Coopers sur le financement du Parti libéral du Canada et notamment sur la mystérieuse compagnie 55555 inc.

[1] www.DesNotables.com/Media/target10.html
[2] www.DesNotables.com/PCM/target2.html
[3] www.DesNotables.com/Gougoux/target5.html
[4] www.DesNotables.com/Media/target56.html
[5] www.DesNotables.com/Gougoux/target32.html
[6] www.DesNotables.com/DeloittePostes/
[7] www.DesNotables.com/Bouchard/target16.html
[8] www.DesNotables.com/Media/target160.html
[9] www.DesNotables.com/Bouchard/target10.html
[10] www.DesNotables.com/Gougoux/target13.html
[11] www.DesNotables.com/Media/target135.html
[12] Michel Beaudry, Journal de Montréal, 2 juin 2005, page 4
[13] www.DesNotables.com/Matrice.html
[14] www.DesNotables.com/PremierRapport/Tourisme.pdf
[15] www.DesNotables.com/PremierRapport/Tourisme.pdf
[16] www.DesNotables.com/Verifchap4/
[17] www.DesNotables.com/Media/target66.html
[18] www.DesNotables.com/media/target56.html
[19] www.DesNotables.com/Media/target9.html
[20] www.DesNotables.com/Parisella/target3.html
[21] www.DesNotables.com/Parisella/target4.html
[22] www.DesNotables.com/Parisella/target5.html
[23] www.DesNotables.com/Parisella/target2.html
[24] www.DesNotables.com/Belge.html
[25] Yves Boisvert, La Presse 30 mai 2005, page A5
[26] www.DesNotables.com/Gougoux/target0.html
[27] Yves Boisvert, La Presse 30 mai 2005, page A5
[28] Vincent Marissal, La Presse, 13 juin 2005, page A6
[29] www.DesNotables.com/Media/target143.html
[30] www.DesNotables.com/Gougoux/target33.html
[31] www.DesNotables.com/PCM/target2.html - www.DesNotables.com/PCM/target3.html - www.DesNotables.com/PCM/target4.html - www.DesNotables.com/PCM/target5.html - www.DesNotables.com/PCM/target6.html - www.DesNotables.com/PCM/target7.html
[32] www.DesNotables.com/Gougoux/target15.html
[33] www.DesNotables.com/Gougoux/target15.html
[34] www.DesNotables.com/Gougoux/target16.html
[35] www.DesNotables.com/Gougoux/target16.html
[36] www.DesNotables.com/Gougoux/target15.html
[37] www.DesNotables.com/Gougoux/target32.html
[38] www.DesNotables.com/Media/target139.html
[39] www.DesNotables.com/Gougoux/target65.html - www.DesNotables.com/Gougoux/target72.html
[40] www.DesNotables.com/Gougoux/target67.html
[41] www.DesNotables.com/Gougoux/target65.html - www.DesNotables.com/Gougoux/target72.html
[42] Pour lire au complet : www.DesNotables.com/proces.html#Agnes
[43] Pour entendre : www.DesNotables.com/proces.html
[44] www.DesNotables.com/police/target25.html
[45] www.DesNotables.com/target54.html et www.DesNotables.com/target55.html
[46] www.DesNotables.com/Parisella/target1.html
[47] www.DesNotables.com/media/target139.html
[48] www.DesNotables.com/PremierRapport/Coffin.pdf
[49] www.DesNotables.com/media3/target84.html
[50] www.DesNotables.com/Parisella/target11.html
[51] www.DesNotables.com/Parisella/target21.html
[52] www.DesNotables.com/Media/target160.html
[53] www.DesNotables.com/Parisella/target51.html
[54] www.DesNotables.com/Parisella/target51.html
[55] www.DesNotables.com/Legal/target5.html
[56] www.DesNotables.com/Parisella/target51.html
[57] www.DesNotables.com/Legal/target5.html
[58] www.DesNotables.com/Proces.html#Parisella
[59] www.DesNotables.com/Proces.html
[60] www.DesNotables.com/Questions.html#Parisella
[61] www.DesNotables.com/EnqueteBCP.html
[62] www.DesNotables.com/Financement.html
[63] www.DesNotables.com/Media/target56.html
[64] www.DesNotables.com/Media/target160.html
[65] www.DesNotables.com/Gougoux/target88.html
[66] www.DesNotables.com/Matricepouvoir/page0001.htm
[67] www.DesNotables.com/proces.html#Gougoux
[68] www.DesNotables.com/MASSICOTTE-GOUGOUX.wav - www.DesNotables.com/PARJURE.wav - www.DesNotables.com/C.html
[69] www.DesNotables.com/Questions.html#Gougoux

# CHAPITRE 4

# À LA TÊTE DU PUBLICITÉ CLUB DE MONTRÉAL
# EN RELÈVE À JACQUES BOUCHARD

4

*Gougoux anticipait la mort du Publicité Club – Les finances du Publicité Club de Montréal – Le 22 septembre 1997 : la fin d'un chapitre – Les dollars... le nerf de la guerre – La démocratisation d'un processus ou tempête dans un verre d'eau – La transparence des concours d'industrie – Les concours d'excellence... et Internet.*

Je n'avais pas encore trente ans, vingt-huit pour être exact, lorsque trente-sept ans après que Jacques Bouchard ait fondé le Publicité Club de Montréal, je me suis retrouvé à la tête de l'organisme qui regroupe plus de 1 000 publicitaires québécois. J'étais alors à l'emploi de... BCP.

J'y voyais de nombreux avantages mais mon patron, Yves Gougoux, ne voyait pas les choses de la même manière puisqu'il détestait cet organisme qui le faisait (et qui le fait toujours) mal paraître. Pour moi, c'était l'occasion de suivre les traces de mon idole, le fondateur de BCP, Jacques Bouchard.

### Gougoux anticipait la mort du Publicité Club
Gougoux m'écrivait d'ailleurs le 9 juin 1997[1] alors que j'étais président du PCM et vice-président de Groupaction : « *Si ma volonté se concrétise, il n'y aura plus de 39ᵉ concours de la création du PCM, ou mieux encore, il n'y aura plus de PCM. Mais si jamais tu avais l'intention de donner la présidence du concours à ton chum chez Marketel (Jacques Duval), je te suggère d'y penser deux fois. L'heureuse élue crie déjà victoire en affirmant qu'après Groupaction, ce sera au tour de son agence de passer à la caisse. Comme quoi, tous s'entendent pour dire que les dés sont pipés. « Nice try » quand même mon grand!* ». À sa décharge, il faut dire qu'en matière de concours avec des dés pipés, Yves Gougoux s'y connaît bien.

À chaque année, le PCM récompense les meilleures publicités avec son fameux galas des Coqs d'or, la version québécoise des grandes fêtes d'Hollywood pour célébrer l'excellence en création au Québec. Gougoux avait poussé l'audace jusqu'à m'offrir d'éponger le déficit du PCM mais en échange, son directeur général de l'époque, René Guimond, devait se retrouver sur la scène pour en faire l'annonce. Gougoux pensait que cela lui garantirait de nombreuses récompenses le soir venu.

352776      PUBLICIS. BCP CANADA      06/09/97   16:21

# P U B L I C I S · B C P

Monsieur Alain Richard            **Par télécopie**
Président Publicité-Club de Montréal

Le 9 juin 1997

Bon retour de vacances mon grand!

Dans ma lettre du 1er mai dernier, je faisais état de l'insatisfaction générale du processus de sélection des pièces du 38e concours de la création du Publicité-Club de Montréal. À ma grande surprise, les seules explications que vous avez réussi à me formuler pour me convaincre du contraire (une journée avant le fameux gala et plus de 20 jours après ma demande!) étaient plutôt confuses et sans conviction. Nous ne croyons pas...!!!

*Yves Gougoux*
*Président*
*et chef de la direction*

Une fois de plus, le PCM a causé un tort irréparable à Publicis-BCP et nous n'entendons pas laisser le dossier ainsi. L'insatisfaction de plusieurs directeurs de création via les différentes publications spécialisées ne fait que confirmer, une fois de plus, que le PCM est une nuisance pour l'avancement de la publicité québécoise.

À cet égard l'article de Jacques Labelle dans le dernier Info Presse est un pas dans la bonne direction. Il m'apparaît évident que le PCM ne peut plus tenir de concours «crédible» représentatif du milieu. J'ajoute cependant que ma perception de votre organisme est biaisée par les propos d'un ex-directeur de création de mon agence qui m'a parlé à mots couverts des façons «d'organiser» le jury du PCM. Ces tactiques, que je déplorent, ont encore une fois causé un préjudice défavorable à Publicis-BCP et à beaucoup d'autres agences. Comment un rep média, un fournisseur ou même un simple client junior peuvent-ils juger le produit créatif de mon agence? Je te le demande.

*que je déplore (faute)*

Si ma volonté se concrétise, il n'y aura pas de 39e concours de la «création» du PCM, ou mieux encore, il n'y aura plus de PCM. Mais si jamais tu avais l'intention de donner la présidence du concours à ton chum chez Marketel, je te suggère d'y penser deux fois. L'heureuse élue crie déjà victoire en affirmant qu'après Groupaction ce sera au tour de son agence de passer à la caisse.

Comme quoi, tous s'entendent pour dire que les dés sont déjà pipés. «Nice try» quand même mon grand!

Yves Gougoux

YG/mfl

P.S. Tu me dois toujours un lunch.

413, rue Saint-Jacques, 9e étage, Montréal (Québec) Canada H2Y 1N9

*Illustration 18 : Lettre d'Yves Gougoux du 9 juin 1997*
*adressée à Alain Richard[2]*

Cette année-là, BCP a récolté un seul prix et j'ai eu droit à un sermon dans le bureau d'Yves Gougoux à l'effet qu'un véritable Bécépiste n'aurait jamais accepté cela. J'en ai conclu qu'un véritable Bécépiste aurait triché pour obtenir des prix. Pas moi, sous aucune considération. Je me souviens encore avoir dit : *« Yves, tu ne t'es pas fait voler, tu t'es fait planter, ce n'est pas la même chose »*. Quelques mois plus tard, je serai nommé vice-président des affaires corporatives de Groupaction au grand dam de ce Monsieur Gougoux encore sous le choc de mon franc-parler.

4

### Les finances du Publicité Club de Montréal[3]
Voici quelques extraits de mon bilan personnel livré au terme de mon mandat de deux années à la tête du Publicité Club de Montréal. Avec mon équipe, j'ai réussi à redresser le PCM qui était techniquement en faillite voire cliniquement mort. Vous ne serez pas surpris d'apprendre que les abuseurs du PCM sont pratiquement les mêmes personnes qui se retrouvent aujourd'hui au cœur du scandale des commandites et des activités publicitaires. Le moins que l'on puisse dire, c'est que ces personnes ont définitivement de la suite dans les idées!

### Le 22 septembre 1997 : la fin d'un chapitre
Mes années de pèlerinage sont maintenant derrière moi : la pub d'ici se porte bien et le Publicité Club de Montréal, aussi. Et, curieusement, la relation est directe : une association en santé permet un rayonnement sans pareil de la profession ou, pour les puristes, de l'art publicitaire. À la fin de mes deux années à la présidence du Publicité Club de Montréal, vient également le moment des bilans et des réflexions. Étant le plus jeune président de l'association après son fondateur, je me suis activement impliqué à redresser les finances du Publicité Club de Montréal avec l'aide de deux conseils d'administration hors pair. Aujourd'hui, je peux vous dire : mission accomplie; le Publicité Club de Montréal est sur ses pieds depuis mon passage à la présidence.

### Des faits saillants
Record de participation aux activités; restructuration du cours de formation; succès de la formule Les rencontres Créatives; organisation d'une exposition des pièces du concours de Création; démocratisation du processus de sélection des pièces au concours; mise sur pied de projets d'envergure comme la campagne des campagnes « Pub de la pub »; membership en progression; réaménagement de la permanence; déménagement avec l'Association des Agences de Publicité du Québec et l'Association Canadienne des Annonceurs et, surtout, restructuration financière en profondeur... Comme promis, les efforts n'ont pas été ménagés au PCM.

### Les dollars... le nerf de la guerre

Tout comme moi!!! Le PCM a engraissé. C'est probablement le fait le plus important. Je me souviendrai de mes années à la présidence comme étant un incroyable défi de gestion. Un défi que je n'aurais pu relever sans le travail de précieux collaborateurs.

En respectant le principe de base: « vivre avec le *membership* » nous avons réussi à faire un virage financier complet. D'une faillite technique de l'ordre de 153 045 $ en 1994, nous avons complètement renversé la vapeur et nous étions plus que fiers de présenter un bénéfice accumulé de 116 210 $ en 1997. Ce redressement spectaculaire de plus de 1/4 de million de dollars s'est fait en adoptant des mesures administratives responsables. Tous les administrateurs s'entendront pour dire que ce revirement ne fut pas le résultat d'une hausse de revenus, mais bien d'un contrôle serré au niveau des dépenses.

Une étude indépendante d'un grand cabinet comptable a démontré que la mise en place de l'aile internationale du PCM, Le Mondial de la publicité francophone, a eu pour effet d'entraîner une fuite de capitaux de plusieurs dizaines, voire de centaines, de milliers de dollars pour en assurer son lancement. Cette décision, sans doute justifiée à l'époque, a quand même contribué à la situation financière très fragile du PCM au cours des années précédentes. Malgré des faits probants, à la lecture des données financières, le Mondial n'a jamais cru bon reconnaître, du moins pendant mes deux années de présidence, la contribution du PCM à son envol. Il est de mon avis que le Mondial a une dette importante envers le PCM, certes une dette financière qui ne sera probablement jamais remboursée, mais encore plus important, une dette morale d'un enfant qui a choisi de quitter la maison sans pour autant se préoccuper des sentiments de ses parents. Sans la contribution généreuse, voire très généreuse, des membres du PCM, le Mondial de la publicité francophone n'aurait jamais vu le jour. Qu'on se le dise.

Ce paragraphe m'aura valu les foudres de toute une génération de publicitaires[4] pendant des années. Mais, preuves à l'appui, je n'ai aucun respect pour ces gens qui ont abusé d'un organisme sans but lucratif comme le PCM. Ces gens se connaissent. J'ai écrit ces lignes lorsque j'étais à l'emploi de Groupaction et mon patron Jean Brault n'était pas très heureux de ce fait. Aujourd'hui, tout le monde comprend pourquoi. En regard de ce qui s'est passé, j'aimerais mettre en garde les futurs administrateurs contre tout projet d'envergure qui pourrait causer un préjudice de cette nature à notre association et à ses membres. Pour contrer de telles ambitions, nous avons amendé le règlement 6.4.1 du PCM afin de maximiser les contrôles et surtout d'informer le *membership* de toutes les décisions de cette importance.

### La démocratisation d'un processus ou tempête dans un verre d'eau

Un concours sans critique c'est comme un créatif avec une cravate... Le concours de Création du PCM est le seul moment dans l'année où l'on se fait évaluer par ses pairs. Ça fait mal ça. Je me souviendrai de mes deux années à la présidence comme les années de consécration d'une petite boîte à trois lettres. Que font les « dirigeants créatifs » des grosses machines lorsqu'elles s'écroulent sous les feux de la rampe? On remet en cause le concours ou pire, on dit que notre pub va mal : « Elle ose peu, se réinvente rarement... et si la langue peut parfois constituer un frein à notre performance internationale, la vraie raison est tout autre : nous ne sommes pas assez bons », pouvait-on lire dans une revue. Ça fait un bon titre mais les conséquences sont plutôt gênantes.

Pour juger cette « mauvaise création », le PCM a mis sur pied un jury préliminaire de quatre-vingts communicateurs et un jury final formé exclusivement de créatifs. Au total, plus de 100 personnes de la communauté ont exprimé leur opinion. Cette démocratisation du processus est indispensable. La créativité n'est pas l'apanage unique des créatifs. Le client et les autres membres du processus ont aussi leur mot à dire. Le PCM offre une tribune idéale pour promouvoir une saine émulation qui contribue à élever nos standards. Chercher à assimiler le travail de nos collègues, reconnaître leur talent, c'est respecter et soutenir l'art de la création. Nos pubs préférées, c'est à nous tous d'abord de les acclamer pour qu'elles soient reconnues haut et fort, chez nous et à l'étranger!

En fait, chacun de nous détenons la responsabilité de former une véritable industrie ou, pour les puristes, une communauté publicitaire. Cette communauté se veut forte, donc unie, afin de défendre et de démontrer ses performances.

Dans un contexte où les enjeux deviennent de plus en plus mondiaux, il est peut-être temps que les gens de la communauté manifestent de la maturité et réalisent cette évidence : la mobilisation, en la renforçant, suscitera son rayonnement. Que cette volonté d'unité et de regroupement des forces se répercute sur toute la profession afin de solidariser et de démontrer, ensemble, l'efficacité de notre publicité. La pub d'ici se porte bien... Qu'avez-vous fait pour l'améliorer? C'est avec le sentiment du devoir accompli que j'ai passé le flambeau.

*Voir crédit photographique à la page 316*

*Illustration 17.1 : Alain Richard en action à la présidence
du Publicité Club de Montréal. On le voit en compagnie du
conseil d'administration, du conseil des gouverneurs
et du regroupement des anciens présidents.
On le voit aussi en session de travail avec Jacques Bouchard.*

## La transparence des concours d'industrie

Je n'ai jamais cru à la transparence des processus d'appels d'offres dans l'industrie. Je n'ai jamais été non plus en accord avec la façon dont le milieu publicitaire récompensait ses artisans. Je ne suis pas de ceux qui croient que plus une agence est grosse, plus la créativité est riche et intéressante. La créativité est aussi l'affaire des petites boîtes de sous-sol.

J'ai présidé le Publicité Club de Montréal pendant deux ans et j'ai essayé à maintes reprises et par tous les moyens disponibles de faire comprendre cette prémisse à l'industrie. Mais il s'agit d'un business comme les Gémeaux, les Oliviers ou les Jutras. Les plus gros achètent des billets, soumettent des pièces pour jugement et exigent une place sur le jury. On assiste ainsi à un jury nombriliste qui, plus souvent qu'autrement, se préoccupe davantage de la représentativité des agences qui les emploient que de l'essentiel. À la défense d'Yves Gougoux, il est vrai que son agence aura toujours de la difficulté à remporter des prix. Gougoux a congédié la plupart des directeurs de création au moins une fois, et dans plusieurs cas, la séparation s'est faite manu militari par des mises en demeure du vendredi, un art dont Gougoux est passé maître. Évidemment, les avocats de McCarthy Tétrault ne s'en plaignent pas puisqu'il s'agit là d'une belle commandite! Comment voulez-vous qu'après, dans un processus des plus subjectifs, ces mêmes personnes accordent un seul vote aux pièces de l'agence de Gougoux? Impossible.

Je me permets ici de reproduire de façon quasi intégrale un texte que j'ai rédigé et qui fut publié dans *La Presse* du mercredi 15 décembre 1999 en page B3 dans la section Courrier du lecteur.

### Les concours d'excellence… et Internet

*Depuis toujours, l'être humain dans son travail a organisé des concours pour récompenser les gens les plus méritants. Et depuis « toujours » la formule d'évaluation est la même. Quelques personnes triées sur le volet discutent, analysent et récompensent le travail de certains de leurs pairs. Le problème se pose quant à l'esprit qui anime ces concours.*

*Les concours sont-ils réellement représentatifs de la qualité du travail effectué dans leur milieu? Est-il pertinent pour un milieu de s'évaluer encore à la façon des années 50, c'est-à-dire qu'un establishment d'une vingtaine de personnes juge le travail de tout une industrie?*

*La nature humaine est complexe, mais on sait d'avance qu'il est difficile dans cet univers de compétition de faire abstraction des pressions de ses confrères quand on est en quête d'objectivité. Placez une vingtaine d'individus représentant un douzaine d'entreprises seulement dans une même pièce, demandez-leur de juger le travail de leurs pairs, dont une grande partie sont leurs confrères au quotidien, et vous obtiendrez le parfait exemple d'un milieu qui fonctionne en boucle fermée.*

*On louange Internet parce qu'il représente la nouvelle économie, l'avenir économique des sociétés de demain. On dit que c'est plus rapide, que ça facilite les communications entre les individus, que nous sommes dans l'ère de l'information. Alors pourquoi ne pas laisser cette information circuler librement, pourquoi ne pas laisser la chance à tous d'être critiqués ou jugés par tous? La loi du monde des affaires est déjà très sélective de par sa nature, alors pourquoi réduire cela à vingt personnes ou vingt entreprises?*

*...Dans les concours d'industrie, on ne remet pas en question les gagnants. Ce qu'on remet en question, c'est le processus de sélection qui a laissé en marge des centaines de petites entreprises qui ont préféré rester dans leur coin plutôt que d'être évaluées et notées par les bailleurs de fonds de l'univers du multimédia québécois...*

*Selon cette même enquête, plus de 75 % des gens du milieu admettent qu'il y a trop de concours et plus de 93 % des répondants affirment que les concours sont contrôlés par une poignée d'individus. Internet couronne le triomphe de la petite entreprise dans notre société, ne tentons pas de museler ou d'étouffer cela.*

Ne retrouvez-vous pas dans ces propos tenus à l'égard des concours, un lien avec les appels d'offres bidon des gouvernements?

---

1 www.DesNotables.com/PCM/target7.html
2 www.DesNotables.com/PCM/target7.html
3 www.DesNotables.com/PCM/
4 C'est sous la présidence de Michel Pauzé que des décisions douteuses auront eu des conséquences néfastes sur les finances de l'organisme. Et plus tard, qui dirigeait Le Mondial de la publicité francophone ? Michel Pauzé lui-même.

# CHAPITRE 5

# AVEC JEAN BRAULT À TITRE DE VICE-PRÉSIDENT DE GROUPACTION

5

*« Si le Parti libéral veut refaire son image,
on peut lui faire un prix d'ami! » –* Jean Brault[1]

*Un homme et ses bijoux... – Faux et usage de faux ... – À la différence de
Gougoux, Brault s'en vantait – Le bon cheval se prénommait Alfonso – Des
appels d'offres bidon – La cinquième plus importante agence de publicité au
Québec – Brault : un homme de contenant et non de contenu – Des porteurs
d'enveloppes pour renflouer les coffres... du parti – Moi, je devais développer le
privé – Chuck Guité, Alain Renaud et la ligne dure – Les contrats de la
magouille – « Le passeur » – Le trio rouge : Jacques Corriveau, Jacques Olivier
et Francis Fox – Un affront – Les fameux trois rapports et l'engagement de
confidentialité – Il manquait tout de même plus de 450 000 $! – Plus catholique
que le pape – Extraits de mon interrogatoire par la GRC – Un engagement à la
confidentialité signé en catastrophe... – Je n'étais pas son homme – Lambert
était coincé – Les feuilles de temps étaient trafiquées – Un transfert des contrats
d'impression – Guité et Boulay au chalet de Jean Brault – Brault et les grosses
cylindrées... commanditées – Une commandite bien intégrée! – Au Grand Prix de
Trois-Rivières – Les créateurs de l'agence jalousaient le Monsieur et ses jouets –
Une belle Mustang toute rouge – Chuck est parti au volant de la Mustang rouge
– L'acquisition de Lafleur Communication – Pendant que Pavarotti chantait –
J'avais l'impression d'assister à un congrès du Parti libéral – Tu me donnes le
goût... – De belles pitounes frivoles – « On a même la GRC comme cliente! »*

Le 16 septembre 1996, j'ai débuté chez Groupaction à titre de vice-président,
affaires corporatives. Mon mandat était agréable et audacieux : repositionner
l'agence de publicité dans le marché québécois afin de lui permettre d'accroître
sa crédibilité déjà très fragile. Je devais aussi contribuer à l'image publique de
mon nouveau patron, Jean Brault.

## *Un homme et ses bijoux…*

À première vue, Jean Brault est un homme agréable. Je l'ai connu à la veille de son initiation dans le Réseau libéral. Il m'avait dit que ceci changerait sa vie à jamais. Il ne croyait pas si bien dire!

Plusieurs m'ont demandé de comparer Jean Brault et Yves Gougoux. Disons simplement que ces deux personnages ne sont vraiment pas faits de la même étoffe. Pour illustrer ce fait, qu'il me suffise de mentionner qu'Yves Gougoux avait un accès privilégié à Jean Chrétien, alors que Jean Brault avait un accès limité à Alfonso Gagliano. Jean Brault est aux prises avec des accusations de nature criminelle alors que Gougoux s'en est tiré presqu'indemne, si ce n'est le mauvais quart d'heure qu'il aura passé à la Commission Gomery … Rien de comparable. En fait, Brault n'avait ni l'envergure, ni l'intelligence pour se mesurer aux grands. La preuve : il s'est fait prendre alors que d'autres courent toujours avec nos impôts… Cependant, on pourra constater que Brault voulait accéder au même statut comme en témoigne cette lettre sur www.DesNotables.com[3].

## *Faux et usage de faux …*

Voici une anecdote qui illustre bien, à mon sens, les côtés à la fois primaire et tricheur de Jean Brault. Par un soir d'automne, je l'accompagnais dans sa rutilante Porche à un cocktail qui se tenait au Cosmodôme situé en bordure de l'autoroute 15, à Laval. Nous étions en retard et il tombait quelques flocons de neige. À notre arrivée, le stationnement était bondé; il ne restait évidemment plus de place à proximité de l'édifice. Le vent soufflait, j'indiquai à mon président que nous devrions nous stationner à plusieurs dizaines de mètres de l'édifice. Mais Jean Brault avait plus d'un tour dans son sac! Il ouvrit le coffre à gants devant moi. Il en ressortit une affiche de stationnement pour handicapés qu'il s'était manifestement fait fabriquer dans son studio de graphisme, et l'accrocha au rétroviseur. Il stationna donc sa voiture sport dans l'espace réservé aux handicapés. J'ai compris ce jour-là que je ne travaillais pas pour un petit farceur mais plutôt pour un délinquant, voire un tricheur.

## *Gager sur le mauvais cheval*

Jean Brault, le président de Groupaction, était donc très fier d'avoir fait « l'acquisition » d'un premier cadre provenant d'une véritable agence de publicité : moi. J'arrivais de BCP où je travaillais étroitement au développement des affaires avec John Parisella et Yves Gougoux. De plus, j'amorçais ma deuxième année à titre de président du Publicité Club de Montréal, un organisme qui regroupe près de mille publicitaires.

En m'embauchant comme numéro deux de sa boîte, Jean Brault croyait, en plus de bénéficier de mes contacts, assurer sa relève et développer une visibilité accrue pour son agence. Il s'intéressait particulièrement à mes activités auprès de John Parisella, un puissant libéral et joueur important chez Publicis-BCP. Il anticipait particulièrement le jour où il pourrait placer ma conjointe, à l'époque contrôleure générale de Publicis-BCP, sous contrat chez Groupaction.

Il y avait deux failles majeures à son plan. Je n'étais pas embauché pour travailler sur les comptes gouvernementaux, je n'avais pas l'intention de le faire non plus. Un autre vice-président, Jean Lambert, en avait la responsabilité. Cela convenait parfaitement. Le deuxième problème auquel il devrait éventuellement faire face était que Nathalie et moi ne désirions pas travailler pour la même entreprise.

**5**

### À *la différence de Gougoux, Brault s'en vantait*
Les bureaux de Groupaction étaient situés à proximité de ceux du Groupe Everest, un autre publicitaire très actif dans les commandites fédérales. Brault avait décidé de construire une aile rapprochant ses propres bureaux et ceux de Groupe Everest.

Par dérision, Jean Brault nommait cette aile « l'Aile Canada » en insistant sur le fait que les travaux avaient entièrement été payés grâce aux planureux contrats de commandites obtenus du gouvernement Chrétien. J'avais l'impression de revivre à nouveau ce que j'avais déjà vécu chez BCP après l'élection de Jean Chrétien. Mais contrairement à Gougoux, Brault s'en vantait ouvertement.

Les affaires de Groupaction étaient certainement florissantes, puisque Brault acheta finalement la bâtisse d'Everest pour la relier aux bureaux de Groupaction et occuper enfin une place de choix sur Sherbrooke, entre la rue St-Urbain et le boulevard St-Laurent... juste en face des bureaux de la Société Saint-Jean-Baptiste de Montréal[4]! Je me souviens avoir mentionné à Jean Brault que les souverainistes (dans l'édifice d'en face) n'avaient qu'à se procurer des jumelles et qu'ils pourraient ainsi observer des fédéralistes en train de « sauver le Canada ». Il avait bien ri, même si à l'époque Groupaction avait aussi obtenu des contrats avec des sociétés du gouvernement du Québec comme la Société des Alcools et plus tard Télé-Québec. L'agence était donc rouge mais un rouge tirant sur le bleu, du moins à cette époque.

### Le bon cheval se prénommait Alfonso

Jean Brault voyait cependant plus gros. Avec l'aide d'Alain Renaud et de Jacques Corriveau, il avait déjà accès à Chuck Guité mais il me disait avoir gagé sur un bon cheval nommé Alfonso. Le 2 juin 1997, le Parti libéral du Canada, au terme d'une campagne électorale bien orchestrée, conserve le pouvoir, et les agences proches du Parti passent à la caisse. Le 11 juin 1997, Alfonso Gagliano est nommé ministre des Travaux publics et des Services gouvernementaux au sein du gouvernement Chrétien. Groupaction allait pouvoir encaisser.

### Des appels d'offres bidon

Dès lors, une pluie, que dis-je, un torrent de comptes, remportés suite à des appels d'offres bidon, atterrissaient à l'agence. J'avais déjà vu ce stratagème ailleurs mais ici on ne s'en cachait pas. Moi qui avais la responsabilité de développer le secteur privé, je ne pouvais arriver à la cheville de cette manne de billets verts qui se déversaient sur l'agence.

Même si je savais que les processus d'appels d'offres du gouvernement fédéral sous l'ère Chrétien étaient loin d'être orthodoxes (je venais de me taper deux ans de BCP avec Gougoux et Parisella), j'assistais à la montée en flèche d'une agence, Groupaction, qui n'avait pourtant pas les ressources nécessaires pour livrer à bon port de tels mandats. J'en étais d'autant plus convaincu que, selon moi à l'époque, et j'ai toujours la même opinion aujourd'hui, aucun vice-président de Groupaction ne pouvait porter un tel titre dans aucune autre agence de publicité digne de ce nom. Même pas moi. Il y avait du talent certes, mais il manquait définitivement de profondeur. J'avais eu la chance de travailler avec de gros joueurs; je constatai rapidement que Groupaction ne pouvait pas rivaliser avec de véritables machines de communication.

### La cinquième plus importante agence de publicité au Québec

En côtoyant mon président, Jean Brault, je me répétais constamment : « Si un gars comme ça est arrivé à bâtir la cinquième plus importante agence de publicité au Québec, je peux songer sérieusement à la présidence des États-Unis ou à la papauté!!! » Dès mon arrivée chez Groupaction, j'avais décelé des failles majeures au niveau de la crédibilité des principaux intervenants. La réputation de *cruising-bar* de l'agence n'était plus à faire. Il y avait plus de belles filles au pied carré que partout en ville. Belles, souvent intelligentes mais malheureusement non expérimentées dans le domaine de la publicité. La même remarque pouvait s'appliquer aux gars. Comme tout bon bordel a besoin de sa Madame qui entretient bien ses filles, les filles de l'agence avaient leur Madame,

Lucie Dumas. De son bureau, une espèce de vitrine, en pleine réception, elle se donnait en spectacle. Mais on disait que le président de Cantel de l'époque, Francis Fox, l'aimait bien. Quoi qu'il en soit, j'ai rapidement imposé ma présence au sein de l'agence. Je dois admettre avoir eu beaucoup de plaisir à le faire. Le premier Noël, on m'avait confié la responsabilité du *party* des employés qui fut illico passé « d'orgie » à quasi-session universitaire! Les *body tequilla* n'étaient plus de mise.

### Brault : un homme de contenant et non de contenu

5

Jean Brault est essentiellement un homme axé sur les apparences. Je suis convaincu qu'il ne serait pas en mesure de rédiger un plan de communication digne de ce nom. C'est un homme de contenant et non de contenu.

### Des porteurs d'enveloppes pour renflouer les coffres... du parti

Pendant que Jean Chrétien consultait des stratèges comme Gougoux et Parisella, Alfonso amassait des sous pour la caisse du Parti et avait besoin de porteurs d'enveloppes pour renflouer les coffres. En ce sens, Jean Brault était le candidat idéal. Il connaissait la magouille et il ne poserait pas trop de questions en échange d'une part du gâteau, des contrats de publicité fédérale.

### Moi, je devais développer le privé

C'est dans des contextes de présentations spéculatives (pitchs) qu'on apprend le mieux à connaître la véritable personnalité de nos interlocuteurs et c'est lors de ces mêmes opérations de séduction qu'on peut mesurer la profondeur d'un individu et son seuil de tolérance à la *bullshit* du milieu. Malgré que Brault me pousse beaucoup auprès des gens de J. Walter Thompson, le partenaire stratégique de Groupaction, je sentais qu'un fossé intellectuel s'était creusé entre lui et moi. J'ai fait plusieurs voyages à l'étranger, à Detroit comme à New York, et à chaque retour je constatais que Jean visait ce qui était le plus immédiatement payant, c'est-à-dire vers les comptes du gouvernement qui étaient infiniment plus rentables que les petits contrats que je pouvais décrocher.

Lors de mon passage chez Groupaction, j'ai quand même dirigé quelques équipes de « pitchs » victorieuses où, à ce jour encore, il n'y avait pas de *deal* en dessous de la table, de piscine creusée ou même de voiture offerte aux décideurs. C'est ainsi que nous avons remporté le compte publicitaire de Télé-Québec et des restaurants East Side Mario's. J'avais enrobé le « pitch » des restaurants avec une mise en scène hollywoodienne en transformant la réception de l'agence en ruelle de New York pour séduire les clients. Pour Télé-Québec, j'ai procédé à la diffusion d'un « pitch » entièrement composé via Internet. Certainement parmi les premiers « pitchs » de ce genre à l'époque.

### Chuck Guité, Alain Renaud et la ligne dure

De toutes les personnes que j'ai côtoyées chez Groupaction, Alain Renaud est un nom qui ressort. Bonhomme fort sympathique et frère d'un imprimeur qui semblait proche des libéraux, Alain Renaud se disait le développeur des comptes gouvernementaux. La cellule formée avec lui, Brault et Jean Lambert allait effectivement faire des gains importants par l'acquisition de comptes tels : Pêches et Océans Canada, le ministère de l'Environnement du Canada, Revenu Canada, etc...

### Les contrats de la magouille

La dynamique entre les membres du trio était fort intéressante puisque chacun se jalousait et chacun affirmait être celui qui apportait de l'eau au moulin. Brault avait ses entrées près de Chuck et Alfonso, Renaud aussi mais Lambert livrait les « pitchs ». Même si en plusieurs occasions ses « pitchs » se révélaient être de simples formalités, Jean Lambert avait tout de même le mérite d'amorcer une réflexion sur le dossier et d'écrire un document, ce qui, il faut bien en convenir, est un minimum! Déjà à cette époque, je constatais que l'obtention des contrats avec le gouvernement Chrétien n'avait rien à voir avec les compétences de l'agence.

### « Le passeur »

Ce qui me fascinait chez le personnage Renaud, c'était sa tenue vestimentaire et son comportement qui me rappelait Mario Duquette dans la série du *Tac au Tac*. Un maudit bon gars qui n'a simplement pas tout à fait conscience de la magouille dans laquelle il baigne. Son expression favorite : *« Es-tu sur ton cellulaire? Non? Rappelle-moi sur une ligne dure »*. Avec les enquêteurs de la Commission Gomery, nous avons pris l'habitude de l'appeler *« le passeur »*.

### Le trio rouge : Jacques Corriveau, Jacques Olivier et Francis Fox

J'ai rencontré Jacques Corriveau une seule fois, lors des festivités du 15<sup>e</sup> anniversaire de Groupaction. Jean Brault le décrivait comme l'éminence grise et son « poteau » au Parti. Ils avaient de longues conversations au téléphone deux à trois fois par semaine. Corriveau aidait Brault avec ses contacts avec le Premier ministre et les bonzes du Parti, pendant qu'Alain Renaud travaillait sur le terrain avec Guité et Gagliano.

Du trio rouge, Jacques Olivier est certes, et de loin, le plus arrogant du groupe. Je n'avais jamais rencontré un être aussi imbu de lui-même. Notre première rencontre s'est faite dans un *restaurant libéral* de la rue Drummond, non loin des bureaux de l'agence de publicité Cossette, La Sila. Denise Bombardier était assise à la table voisine et j'ai vu les talents de séducteurs d'Olivier. J'y étais avec mon patron Jean Brault car Olivier, ami de Corriveau et Fox, aidait « un p'tit gars de la Rive-Sud » (Jean Brault habite à Longueuil) à se rapprocher du « p'tit gars de Shawinigan ». Nous étions à table pour manger, bien sûr, mais aussi pour avoir un *briefing*. Brault s'était engagé auprès d'Olivier à ce que Groupaction produise le cahier de candidatures de Jacques Olivier Ford et de Versailles Ford, propriétés d'Olivier, au concours de la revue *L'Actualité* à titre de concessionnaire de l'année. J'ai eu la « chance » de le rencontrer à trois autres reprises à sa concession de Longueuil. Quatre rencontres avec Jacques Olivier c'est beaucoup trop dans une vie, du moins pour moi, d'autant plus qu'il n'a finalement pas gagné son concours de « concessionnaire de l'année ».

Pour sa part, Francis Fox, un autre bon libéral qui connaissait bien Brault, était à la tête de Cantel/Rogers, le plus gros client de Groupaction avant le gouvernement de Jean Chrétien bien sûr. Quelle ne fut pas ma surprise de voir ultérieurement Paul Martin nommer Fox à titre d'intermédiaire dans les discussions avec Myriam Bédard, suite à ses déclarations contre Groupaction et Jean Pelletier aux Comptes publics. Je me posais de sérieuses questions sur ce choix puisqu'il était de notoriété publique que l'honorable Francis Fox, à titre de président de Cantel/Rogers à l'époque, entretenait des liens étroits avec Groupaction, son agence de publicité du Québec. Comment cette personne peut-elle prétendre intervenir de façon objective dans un dossier aussi délicat? S'est-il agi d'un grave manque de jugement ou d'une manœuvre délibérée de Paul Martin? Depuis, Francis Fox et un autre ami de Paul Martin, Dennis Dawson, ont été nommés sénateurs libéraux.

### Un affront
Monsieur Fox a d'ailleurs coprésidé, avec Jean Brault, une collecte de fonds sous forme de partie d'huîtres au profit de la Maison Jean-Lapointe. Si ma mémoire est bonne, cette activité a eu lieu le vendredi 17 octobre 1997, au Palais des Congrès. Francis Fox et Jean Brault, président de Groupaction,

signaient conjointement les invitations. Je le sais, c'est moi qui ai rédigé le discours de Brault. Comme ce *party* d'huîtres était un « nid de libéraux » et que je ne voulais pas me voir apposer une couleur, j'ai choisi de ne pas me présenter à cet événement. Cet affront, jumelé au fait que j'avais refusé de signer une entente de confidentialité, tel qu'on pourra le lire plus loin dans le texte, auront convaincu Jean Brault de se débarrasser de moi moins de 6 semaines plus tard.

### Les fameux trois rapports et l'engagement de confidentialité

Avec la collaboration de Nathalie Deshaies, une jeune coordonnatrice, Jean Lambert avait la lourde responsabilité de pondre les documents de « *pitchs* » pour les présentations à Chuck et les ministres. On lui disait de se débrouiller pour écrire quelque chose d'intelligent. Il fallait bien laisser des traces. Voilà que Brault m'appelle un jour dans son bureau pour m'annoncer que son agence va changer de poil avec l'obtention d'un important mandat pour Visibilité Canada. Le mandat est des plus simples : « Mettre des drapeaux du Canada partout ». J'étais vraiment impressionné par cette trouvaille!!! D'autant plus qu'à cette époque la ministre Sheila Copps s'habillait littéralement en feuille d'érable et on la soupçonnait de porter des sous-vêtements rouges exclusivement.

Brault avait mandaté Lambert et Deshaies pour la rédaction dudit rapport qui consistait à énumérer toutes les activités « commanditables » au Québec. Vous avez ici la naissance du programme des commandites, du moins en ce qui me concerne. Comme l'enveloppe d'honoraires dépassait les 500 000 $, j'ai demandé à Jean combien d'employés nous allions embaucher pour livrer le mandat, car cette expertise ne cadrait pas avec le profil des ressources humaines de l'agence. Il me répondit : « aucun ». Je lui ai donc demandé avec quelle maison de recherche ou boîte de conseillers en communication nous allions travailler. Il me répondit : « aucune ». Il ajouta que nous n'avions que quelques semaines pour livrer la marchandise, disons quatre semaines. Voyant mon scepticisme, il s'empressa d'ajouter que je serais le prochain président de Groupaction, et que lui occuperait le poste de président du conseil. Je ne voyais pas le lien, mais enfin…

### Il manquait tout de même plus de 450 000 $!

À trente ans, j'aspirais définitivement à ce poste mais quelque chose en moi faisait en sorte que je ne me réjouissais pas pour autant. Je trouvais que ça sentait la magouille à plein nez. Je me souviens de lui avoir répondu:

*« Donc en résumé, Nathalie et Jean livreront un mandat d'honoraires pour Visibilité Canada dans quatre semaines, sans aucune aide interne ou externe, c'est bien ça ? ».* Il me répondit: *"That's it".* Or, livrer un mandat d'une telle ampleur, avec deux personnes et sur une période aussi courte, sans compter qu'elles ne possédaient pas l'expertise, relevait du miracle, tout simplement. Je savais calculer : disons que Jean et Nathalie y travaillaient à temps plein à raison de 50 heures chacun pour les quatre prochaines semaines. On arrive à 200 heures chacun. Si Jean était rémunéré 150 $ de l'heure et Nathalie 75 $, j'en arrivais à un mirobolant total de 45 000 $. Comment justifier 500 000 $? Il manquait tout de même plus de 450 000 $ pour justifier une facturation de 500 000 $!

**5**

### Plus catholique que le pape

Je me souviens particulièrement des semaines qui ont suivi, puisque Jean Lambert qui ne pouvait justifier de telles heures, venait souvent dans mon bureau avec un air piteux. Lors d'un meeting au sommet auquel je n'ai pas participé, Brault recommanda que les cadres de l'agence ajoutent du temps sur le dossier à même leurs feuilles de temps. Simple question d'augmenter les heures passées sur le dossier. Brault avait choisi de présenter cette motion aux vice-présidents en mon absence car il me disait « plus catholique que le pape. » Le lecteur est invité à consulter les documents sur le site www.DesNotables.com[5].

### Extraits de mon interrogatoire par la GRC[6] (le 4 octobre 2002)

*Q20 : M. Richard, je vous présente un rapport final titré VISIBILITÉ Canada 1996/1997. Pouvez-vous expliquer de quoi il s'agit? Et que retrouve-t-on à l'intérieur?*

*R20 : Je n'avais jamais vu le rapport, par contre, j'ai vu la couverture du rapport dans le studio sur les planches à dessins chez Groupaction et les annexes dans les médias électroniques (télévision). C'est un document de réflexion préliminaire sur la visibilité du gouvernement canadien en territoire québécois suivi d'une simple énumération de possibilités. Ce n'est pas un plan de communication opérationnel.*

*Q21 : Selon vous, combien de temps faut-il pour préparer ce genre de rapport?*

*R21 : La partie réflexion : Une vingtaine d'heures. En ce qui concerne l'annexe, il peut s'agir d'une liste facilement compilable qu'on peut retrouver sur Internet. Selon moi, le formatage de l'information a pris plus de temps que la collecte.*

*Q22 : Un travail comme celui-là vaut combien normalement?*
*R22 : N'importe quoi entre 2 500 $ et 50 000 $. Donc 2 500 $ s'il est fait*
*par Joe Blow ou 50 000 $ s'il est fait par une agence de publicité de*
*renom. Mais à 50 000 $, tu as stretché l'élastique. C'est un travail*
*universitaire.*

### Un engagement à la confidentialité signé en catastrophe...

Un vent de richesse soufflait sur l'agence. La V.P. Lucie Dumas et Jean Brault prenaient de longs lunchs bien arrosés au *Primadonna* et les comptes de dépenses gonflés à bloc abondaient. C'était le déluge.

Pour faire avaler la pilule et s'assurer de la collaboration des cadres et employés et compte tenu du fait que beaucoup de monde connaissait l'ampleur du mandat, Brault me confia le travail de faire signer par TOUT LE MONDE un engagement de confidentialité « afin de protéger les intérêts de l'agence », me disait-il.

Je ne voyais rien de mal en soi à faire signer un tel document, mais en autant que celui-ci soit présenté lors de la signature d'une entente contractuelle avec un employé ou lors du renouvellement de l'entente. Alors, comme ça, en catastrophe, subito presto, en plein milieu d'un mandat, en prétextant que c'était une demande du gouvernement, je n'étais pas prêt à acquiescer à la demande de mon patron. Le conseiller financier de Jean Brault, Roger Dejeans, désigné comme futur vice-président finance à cette époque, faisait quant à lui son *lobbying* pour que les vice-présidents le signent.

### Je n'étais pas son homme

Ce fut le début de la fin pour moi chez Groupaction et j'allais d'ailleurs livrer une bataille épique pour protéger les droits des employés. Histoire de m'attendrir, Brault me disait qu'il s'agissait d'une simple procédure et que c'était d'ailleurs une procédure que j'avais certainement vue dans d'autres agences.

Pour ma part, il n'était pas question de forcer les employés à signer un tel document dans le contexte actuel. Je me contentai de lui répondre que nous devrions faire signer ledit document lors de l'embauche ou lors du renouvellement de contrats. Mais ça pressait, je sentais bien qu'il y avait de la magouille dans l'air.

### Lambert était coincé

Jean Lambert et moi avons mangé beaucoup d'ailes de poulet le midi et discuté amplement de la situation au restaurant Publix. Lambert était coincé. Il ne savait plus où donner de la tête. Il avait terminé son rapport mais le nombre d'heures sur les feuilles de temps était nettement insuffisant pour justifier des honoraires de 500 000 $.

### Les feuilles de temps étaient trafiquées

Chuck arriverait bientôt avec Alfonso. Il fallait que tout soit parfait. Pour ma part, je n'en avais absolument rien à cirer. « Qu'ils se débrouillent avec leurs affaires » me suis-je dit.

**5**

Je partageais alors la même secrétaire que mon patron Jean Brault, Diane Donnelly, une ancienne de chez Cantel (maintenant Rogers). Elle disait connaître Francis Fox. Partager est un bien grand mot puisque, compte tenu que j'étais complètement autonome en informatique, mes demandes à celle qu'on appelait « *Madame DoubtFire* » se limitaient à quelques prises d'appels. Je dois reconnaître à *Madame DoubtFire* son allégeance et sa fidélité au président, puisqu'elle aura défendu Jean Brault jusqu'à la toute fin. Elle travaillait pour LE patron de la *famiglia*. J'avais compris. C'est ainsi qu'elle faisait tout en son possible pour garder confidentiels les appels de Jacques Corriveau ou les tractations d'Alain Renaud avec le bureau de Chuck Guité ou d'Alfonso Gagliano. *Madame DoubtFire* savait avoir le bon ton pour répondre aux demandes du bon Chuck.

Suite à ma déposition à la GRC, le 4 octobre 2002, j'ai cru comprendre que deux ou trois personnes de l'agence avaient modifié les feuilles de temps des employés pour ajouter du temps sur le dossier Visibilité Canada. La technique était fort simple. Chaque employé devait indiquer son temps non « facturable » sur une ligne avec un code, disons le GAM-7329. Quelqu'un passait ensuite pour ajouter la mention Visibilité Canada. Ainsi, tout le temps non « facturable » de l'employé se retrouvait facturé au dossier Visibilité Canada. J'ai identifié à la GRC l'écriture d'un homme et de deux femmes dans ce stratagème puisqu'ils m'ont présenté mes propres feuilles de temps. On m'avait fait le coup.

Voici d'autres extraits de cet interrogatoire[7]:

*Q14 : En totalisant les heures sur le dossier VISIBILITÉ Canada, j'ai Richard Huot, comptabilisé plus de 300 heures à votre nom sur ces feuilles de temps (Note de l'auteur: Ils facturaient mon temps à un taux horaire de 175 $ donc il y en avait pour plus de 52 500 $). Qu'avez-vous à déclarer à ce sujet?*

*R14 : Je n'ai jamais travaillé ces heures de quelque façon que ce soit.* (Note de l'auteur : Le procès de Jean Brault exposera sûrement le nombre d'heures facturées par son épouse sur le même dossier).

*Q16 : Connaissez-vous Joanne Archambault?*

*R16 : Oui, la femme de Monsieur Brault*

*Q17 : Mme Archambault travaillait-elle chez Groupaction?*

*R17 : Je l'ai vue, à l'occasion, s'occuper principalement de la logistique du bureau, de la rénovation et de la décoration.*

*Q18 : Avait-elle un bureau dans les locaux de Groupaction?*

*R18 : Non, elle utilisait une table au sous-sol de l'édifice du 69, Sherbrooke Ouest.*

*Q19 : À votre avis et basé sur votre expérience et vos observations, Joanne Archambault a-t-elle travaillé sur le premier contrat de VISIBILITÉ Canada?*

*Q19 : Non, sous aucune considération.*

Comme le dossier n'avançait pas, j'ai discuté de cette affaire avec Miro Cernetig[8] du *Toronto Star*. L'histoire a fait la une[9]. Vous pouvez aussi constater qu'Yves Gougoux et son équipe n'appréciaient pas[10]. Lors de mon séjour chez Groupaction, mis à part la page couverture, je n'ai jamais vu le premier rapport et encore moins les deux autres. Je les ai cependant consultés lorsque la GRC m'y a invité, le 4 octobre 2002. Un spectacle désolant qui aura eu comme conséquence de m'inciter à aller encore plus loin sur le chemin de la vérité. Pour y voir plus clair, le lecteur est invité à consulter une partie des fameux trois rapports sur le site www.DesNotables.com[11].

### Un transfert des contrats d'impression

Dans les murs de Groupaction, j'ai subitement assisté au transfert des contrats d'impression vers un fournisseur quasi unique, une imprimerie où le fils d'Alfonso Gagliano travaillait. Coïncidence ou non, ce transfert de contrats est intervenu lors de l'entrée en fonction du même Alfonso Gagliano à la tête du ministère des Travaux publics.

### Guité et Boulay au chalet de Jean Brault

Avec la complaisance du gouvernement Chrétien, Groupaction avait le vent dans les voiles. Brault voulait se rapprocher de ma conjointe pour lui offrir un job, elle qui voyait aux finances d'une autre agence de publicité, Publicis-BCP.

Après mon entrée en fonction chez Groupaction, ma conjointe Nathalie et moi avions accepté une invitation de Jean Brault et de son épouse Joanne Archambault pour un souper au chalet du couple, dans les Cantons de l'Est. À l'époque, Nathalie et moi occupions un magnifique chalet situé à la limite de Knowlton et de Bolton, à environ quarante minutes du chalet des Brault. Quelques semaines plus tôt, j'avais organisé une immense chasse aux trésors à mon chalet avec tous les employés, leurs femmes et enfants, sauf Jean Brault qui était occupé ailleurs ce jour-là. Ce fut une journée mémorable.

En nous invitant, Nathalie et moi, je présume que Brault y trouvait l'occasion de se racheter pour son absence remarquée à ma chasse aux trésors. Mais l'après-midi précédant notre souper, j'ai reçu un appel de Jean Brault qui s'excusait de devoir reporter notre rendez-vous. Joanne et lui, me déclara-t-il, avaient reçu Chuck Guité et Claude Boulay ainsi que leurs épouses la veille au soir, et la soirée s'était étirée. Jean n'était pas dans son assiette.

### Brault et les grosses cylindrées… commanditées

Jean Brault aimait les belles voitures. Comme je m'occupais de l'image de la boîte et de la sienne, je me suis permis de lui dire que mon ex-patron, Yves Gougoux chez BCP, avait la bonne habitude de se rendre au travail dans une Chrysler tout équipée, évitant ainsi les critiques d'employés jaloux. Il gardait ses Porsche à la maison. Voilà un geste que je trouvais sage.

Or, Brault le publicitaire est orgueilleux. Il aime se pavaner avec ses actifs et son clinquant. C'était beaucoup demander à Jean Brault qui prenait son envol au sein de la famille libérale, de « modérer ses transports !». Il aimait « flasher » avec ses grosses cylindrées et ce n'était certainement pas moi, un simple vice-président affaires corporatives, qui allait le faire changer d'attitude et ce d'autant plus qu'il aimait la course automobile. Il venait d'investir dans une écurie de course automobile qui, en passant, était aussi commanditée par le gouvernement du Canada… Il aimait les autos et il aimait joindre l'utile à l'agréable…

### Une commandite bien intégrée!

Un jour, Jean Brault s'est présenté dans le stationnement de Groupaction au volant de sa Porsche grise. J'y remarquai des décalques de Groupaction sur la portière du conducteur et le logo… du gouvernement fédéral sur la portière du passager. Que voici une commandite bien intégrée! Brault s'est amusé à traverser le pont Jacques-Cartier à plusieurs reprises avec la voiture dans toute sa splendeur. Je me souviens avoir d'ailleurs reçu un appel d'un ami à moi qui me disait avoir aperçu la « Porsche commanditée » sur le boulevard St-Laurent. Rappelez-vous, je devais veiller à l'image de ce gars-là et de sa boîte. Décidément, le message ne passait pas.

### Au Grand Prix de Trois-Rivières

Il aura d'ailleurs réussi à convaincre Chuck, Alfonso et leur gang que la visibilité de la feuille d'érable était un *must* dans toutes les activités de sport automobile au Canada. Le gouvernement du Canada a donc commandité le Grand Prix de Trois-Rivières par l'entremise de Groupaction, cela va de soi. Cette année-là, la voiture de départ officielle, la « *pace car* », était, comme par hasard, la splendide Porsche grise de Brault, sur laquelle étaient apposés des pois de couleur sur le capot, le logo de Groupaction sur la porte du conducteur et… le logo du gouvernement du Canada sur la porte du passager.

### Les créateurs de l'agence jalousaient le Monsieur et ses jouets

Dans le contexte des extravagances en matière d'automobiles de mon patron, je suis revenu à la charge en mettant l'accent sur le fait que quelques employés m'avaient fait la remarque que « Brault arrivait tard le matin et rinçait le moteur de son bolide dans la cour de l'édifice ». Ce geste agaçait au plus au point les créateurs de l'agence qui jalousaient le Monsieur et ses jouets. Cette fois, Jean Brault fut un peu plus réceptif. Il opta donc pour une grosse quatre par quatre noire et ce pour quelques mois.

### Une belle Mustang toute rouge

Jean Brault et moi avions un télécopieur en commun, compte tenu que nos communications étaient souvent confidentielles. Voilà qu'un après-midi, j'ai pris, par inadvertance, connaissance d'une télécopie adressée à Jean Brault par Versailles Ford (propriété de Jacques Olivier) et qui confirmait l'achat d'une Mustang, tout équipée, pour un prix avoisinant les 50 000 $. La levée de l'ordonnance de non-publication du 14 octobre 2005 démontre que Guité aurait vendu la Mustang à Brault mais je me souviens très bien avoir vu ce contrat. J'imagine que le procès prévu pour mai 2006 nous éclairera sur le sujet. Mais le contrat de vente a-t-il été signé ? et si oui, par qui ?

Je me suis dirigé vers le bureau de Brault avec la télécopie en mains. Je me réjouissais à l'idée qu'il avait enfin accepté ma suggestion de délaisser sa Porche pour éviter les grincements de dents des employés. Une fois dans son bureau, il évita pourtant de commenter le document. Quelques semaines passèrent, et un bon matin, j'entendis un gros moteur ronronner dans le stationnement des employés. En m'étirant le cou, j'aperçus Brault sortir d'une belle Mustang rouge toute neuve. Lors d'une rencontre durant cette journée, je lui ai dit que sa Mustang était mieux que la Porsche. Précisons : la Mustang rouge avait peut-être un look « kétaine » pour un président d'agence mais elle avait l'immense avantage de valoir (aux yeux de certains) moins que la moitié d'une Porsche. Or, Brault me mentionna immédiatement qu'il la « cassait » pour un copain à lui. Je n'avais jamais entendu cette expression : « casser » une voiture. Je cassais mes patins, je cassais mes selles pour mes chevaux, je cassais mes gants de baseball, mes bottes de ski, mais une voiture?

**5**

### Chuck est parti au volant de la Mustang rouge
Jean Brault s'est trimballé dans cette voiture pendant quelques semaines. J'étais de moins en moins convaincu que l'image projetée par la Mustang était finalement meilleure que celle projetée au volant de sa luxueuse voiture allemande. Et puis, un bon midi, j'ai vu Jean Brault remettre les clés de la Mustang à Chuck Guité. La voiture était donc « cassée »! Chuck est parti au volant de la Mustang rouge que je n'ai d'ailleurs jamais revue. Par la suite, j'ai évité le sujet avec mon patron. Je dois néanmoins reconnaître que, grâce à ma collaboration, cette histoire a plus tard fait la manchette à CKAC…

### L'acquisition de Lafleur Communication
Dans sa stratégie d'acquisition, Brault avait aussi mentionné vouloir faire l'acquisition de Lafleur Communication que je connaissais de nom mais dont je ne connaissais rien de plus, sauf qu'un vice-président de cette agence suivait le cours de publicité que je donnais au Publicité Club de Montréal. Je savais aussi que des rumeurs circulaient dans le milieu à l'effet que Jean Lafleur et son agence étaient sous enquête par la GRC au sujet de ses liens avec le gouvernement fédéral. Je n'en savais pas plus. Du haut de sa chaire, tout comme les curés le faisaient autrefois, Jean me livrait donc sa vision du développement futur de son agence, celle-ci étant basée sur les contacts gouvernementaux et par des acquisitions. Je me souviens de lui avoir dit de vérifier les rumeurs avant d'aller plus loin. Ce genre de réponse lui déplaisait. J'étais pourtant payé pour donner mon opinion et non pas pour dire comme lui.

Mais en dépit de nos prises de bec régulières, Jean Brault me faisait pourtant miroiter que je prendrais éventuellement sa relève. L'acquisition de Lafleur s'est faite quelques mois plus tard, tout comme celle de l'agence Gosselin. J'étais tout simplement heureux d'être ailleurs lors de la conclusion des transactions.

### Pendant que Pavarotti chantait

En compagnie de ma conjointe d'alors, Jean Brault et son épouse, j'ai eu la chance d'assister au concert de Pavarotti au Centre Bell (Molson à l'époque) confortablement installé dans la dixième rangée, sans aucun doute maintenant, probablement aux frais des contribuables. Je vous remercie payeurs d'impôt canadiens, j'ai bien apprécié ma soirée mais avoir su que vous en étiez les bailleurs de fonds, je serais resté chez moi.

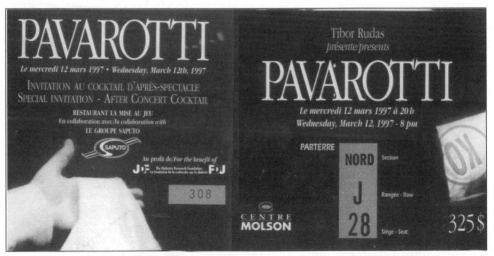

*Illustration 17.2 : 325$ pour Alain Richard de Groupaction et 325$ pour Nathalie Fagnan de Publicis-BCP qui l'accompagnait.*

### J'avais l'impression d'assister à un congrès du Parti libéral

De la dixième rangée, j'ai pris mon téléphone cellulaire et mon petit bidule micro-récepteur qui me donnait un look agent de la GRC et j'ai contacté ma grand-mère, Thérèse, pour lui faire écouter deux chansons de Pavarotti. Ce fait aura été par la suite copié dans un commercial de Cantel/Rogers avec Stéphane Rousseau. Ce message sera produit par Groupaction. On est publicitaire ou on ne l'est pas.

Après le concert, nous avons eu le privilège de manger avec Pavarotti au club privé, La Mise au jeu. J'avais l'impression d'assister à un congrès du Parti libéral tellement l'endroit était rouge de monde. Plus tard, lors de ma collaboration avec la Commission Gomery, j'apprendrai qu'il s'en est passé des choses lors de cette soirée. Comme une réunion de Hell's Angels, il semble que des liens se soient tissés sur place. Il apparaît que Jean Lafleur y était accompagné de proches du gouvernement Chrétien. J'invite d'ailleurs le lecteur à consulter les billets de la soirée sur la page précédente et sur le site www.DesNotables.com[12].

**5**

### Tu me donnes le goût…

Depuis plusieurs années, Groupaction essayait de mettre la main sur le compte de St-Hubert puisqu'un des associés de l'agence, Michel Pépin, avait été directeur du marketing de la chaîne de restaurants. De plus, j'avais travaillé sur le compte pendant presque deux ans, je connaissais bien le domaine de la publicité dans le milieu de la restauration ayant travaillé longtemps sur des comptes comme Chalet Suisse et Harvey's.

### De belles pitounes frivoles

Nous voilà donc dans la grande salle de conférence de « l'Aile Canada » de l'agence. Nous avons un bon « pitch » mais sans plus. Nous avons cependant une certaine profondeur en la matière et nos chances de gains sont sérieuses. Mais voilà qu'une vice-présidente prend son rôle de séductrice un peu trop au sérieux. Il faut comprendre que Groupaction avait la réputation d'embaucher de belles « pitounes » frivoles.

Voilà que la vice-présidente habillée d'une robe rouge moulante mettant avantageusement au premier plan sa corpulence, dévisage le nouveau vice-président de St-Hubert. Cette attitude était tellement déplacée que le pauvre homme n'en n'avait plus le cœur à l'ouvrage : celui de nous écouter. À la suite de ce manque évident d'éthique, je me souviens avoir eu un échange musclé avec mon président car je condamnais ce manque de professionnalisme de la part d'un membre de mon équipe. Je savais Brault follement épris de sa plantureuse vice-présidente mais je voulais gagner et honnêtement. Bien évidemment, nous n'avons pas remporté le compte.

Pour continuer sur le sujet de la frivolité, il est important de souligner que, quelques mois avant mon départ, j'ai présenté Lyse George à mon patron.

Après mon départ de l'agence, Madame George a chapeauté la division Splash, responsable des activités promotionnelles et de commandites de Groupaction. Plus tard, la vérificatrice générale révèlera de nombreuses anomalies avec les contrats octroyés. Elle devait témoigner à la Commission Gomery.

### « On a même la GRC comme cliente! »

Je n'endossais pas les pratiques commerciales de Groupaction et, sur le plan strictement professionnel, je ne pouvais cautionner certaines demandes de la boîte. En outre, lorsque Brault me demandait d'ajouter des heures sur ma feuille de temps, je posais trop de questions à son goût. On m'avait pourtant enseigné à fermer les yeux lors de mes emplois précédents. Mais là, c'était trop gros. Je refusais de jouer le jeu. Brault se décida à me congédier ce qui me fut signifié par huissier le 27 novembre 1997.

Jean Brault, accompagné de Lucie Dumas, m'a par la suite convoqué au restaurant-bar Buena Notte sur St-Laurent pour négocier mon départ. Les discussions ont vite tourner au vinaigre. Même si Brault flottait littéralement dans les nuages, car ses liens avec le Réseau libéral lui rapportaient déjà beaucoup d'argent, la discussion a avorté sur les montants dus.
Devant mon insistance et devant mes allusions aux activités illégales, voire criminelles dont j'avais été témoin chez Groupaction, Jean Brault, d'un air condescendant, répliqua : « Qui va te croire Alain? » Lucie Dumas ajouta : « On a même la GRC comme cliente! ». J'en avais conclu que l'arrogance était transmissible, du moins l'arrogance libérale.

La récente levée de l'interdit de non-publication dans le dossier Brault-Guité n'aura pas permis d'en apprendre davantage. On savait déjà que Jean Brault traitait Charles Guité aux petits oignons. Les autres agences proches du Parti libéral aussi, mais jusqu'à quel point?

1 Stéphane Laporte, La Presse, 19 février 2004, page A1
2 www.DesNotables.com/Groupaction/target2.html
3 www.DesNotables.com/Groupaction/target17.html
4 www.ssjb.com
5 www.DesNotables.com/Groupaction/target28.html
6 www.DesNotables.com/Groupaction/target2.html
7 www.DesNotables.com/Groupaction/target3.html
8 www.DesNotables.com/Media/target6.html
9 www.DesNotables.com/Media/target27.html
10 www.DesNotables.com/Gougoux/target9.html
11 www.DesNotables.com/Groupaction/target29.html
12 www.DesNotables.com/Groupaction/target25.html

# CHAPITRE 6

# MA COLLABORATION AVEC LA GRC
# ET LE PARLEMENT FÉDÉRAL

*Déposition à la GRC – Au Comité des comptes publics – www.jean-paul.ca – Je n'avais pas l'intention de faire du « québécois-bashing » – Vérité et politique ne font pas toujours bon ménage – Témoin à la Commission des Comptes publics – La commande était passée – « On » ne voulait pas que je témoigne – Du chantage digne d'un animateur d'info-réalité – De l'information dérangeante à mon sujet – Je ne serai pas passé inaperçu – Parisella interférait en disant que j'étais une personne dérangée – Au Comité des comptes publics – Prendre le contrôle de la réunion – Des huit copies initiales, je n'en ai récupérées que six – Un mandat d'arrestation avait été émis contre moi! – Une mise en demeure de Jacques Bouchard – Les 6 cordes du pouvoir publicitaire – Une campagne bien orchestrée – Mon ex-employeur avait réussi à noircir mon profil – Une glace mince – Une nouvelle mise en demeure – Lien politique entre les campagnes électorales et les marchés de publicité – La plupart des agences de publicité se sont intégrées verticalement, ce qui leur permettait de majorer à l'interne les prix déjà majorés – Les commandites et leurs liens avec la publicité – Réaliser un profit supplémentaire en sachant à l'avance les résultats du processus d'appel d'offres – Prix spéciaux (majorés) pour le gouvernement – Contributions politiques – Rencontres avec le ministre Gagliano – L'affaire de la Mustang rouge, la Porsche grise et le Grand-Prix de Trois-Rivières – Marchés relatifs à Visibilité Canada – Suspension des travaux – Encore des mises en demeure de Gougoux – Bon Réseau libéral quand tu nous gouvernes...*

Ma collaboration avec la GRC et le Comité des comptes publics s'est effectuée sur une base volontaire. En fait, dans le cas de la GRC, les policiers se sont adressés à moi pour obtenir de l'information et m'avaient placé devant deux alternatives : je collaborais ou on me ferait parvenir un subpoena. D'autre part, je recevais dernièrement de la même GRC un subpeona m'assignant comme témoin au procès Brault-Guité[1]. L'approche fut différente dans le cas du Comité des comptes publics puisque j'ai reçu mes premières invitations à la suite de lettres que j'avais envoyées au Parlement sur le sujet des abus dans l'octroi des contrats publicitaires. Au terme de mes visites sur la colline parlementaire, j'aurai compris que toute vérité n'est pas toujours bonne à dire…

### Déposition à la GRC

À la demande de la Gendarmerie royale du Canada, je me suis donc présenté au poste de commandement du boulevard Dorchester. Une courte rencontre prévue pour durer à peine une heure s'est transformée en session de travail de trois heures. À la conclusion, la GRC voulait mettre mon témoignage sur vidéo. J'ai refusé en leur disant de poursuivre leurs recherches et si jamais ils y voyaient mon nom, de me contacter. C'est ainsi que le 4 octobre 2002 je me suis rendu à nouveau dans les locaux de la GRC pour identifier des feuilles de temps, modifiées faut-il le préciser, avec mon nom dans l'en-tête.

Voici d'ailleurs des extraits du contenu de la déclaration[2] que j'ai signée cette journée-là.

Q1 : M. Richard avez-vous déjà travaillé pour Groupaction?

R1 : Oui

Q2 : Pour quelle période?

R2 : 1996-1997. Je n'ai pas les dates précises. J'ai quitté en décembre 1997.

Q3 : Quel poste occupiez-vous?

R3 : Vice-président affaires corporatives

Q4 : Qui était votre supérieur immédiat?

R4 : Jean Brault

Q5 : Qui vous a embauché?

R5 : Jean Brault

Q6 : Quelles étaient vos fonctions chez Groupaction?

R6 : Responsable de l'image corporative, du développement des affaires dans le secteur privé et lien avec J. Walter Thompson.

Q7 : Avez-vous travaillé sur des dossiers du gouvernement en publicité ou en commandite?

R7 : Jamais

Q8 : Avez-vous travaillé sur le dossier de recherche ou commandite de VISIBILITÉ Canada (débutant en 1996)?

R8 : Jamais sous aucune considération.

Q9 : Avez-vous complété des feuilles de temps lorsque vous étiez à l'emploi de Groupaction?

R9 : Oui

Q10 : Je vous présente une chemise contenant approximativement 20 feuilles de temps photocopiées où votre nom est inscrit. Reconnaissez-vous ces documents?

R10 : Oui

*Q11 : Avez-vous complété ces documents?*

*R11 : Oui*

*Q12 : Est-ce votre écriture?*

*R12 : Oui pour les entrées de dossiers mais pas les entêtes*

*Q13 : Pouvez-vous expliquer de quoi il s'agit en ce qui a trait aux entrées sur VISIBILITÉ Canada?*

*R13 : J'ai reçu des directives claires de M. Brault de mettre des heures sur le dossier en question. Les directives étaient transmises verbalement.* (Note de l'auteur : Il y avait aussi du texte ajouté après mon approbation).

*Q23 : Quelle est votre formation professionnelle M. Richard?*

*R23 : Je détiens une Maîtrise en marketing de l'Université de Sherbrooke et un Bac en Administration des Affaires spécialisé en marketing et production. BAA obtenu en 1988 à l'École des HEC.*

*Q24 : M. Richard, avez-vous autre chose à déclarer?*

*R24 : Je tiens à collaborer à titre de témoin. Par contre, je préfère vous aviser que je veux éviter toutes répercussions négatives sur les opérations de mon entreprise notamment au niveau des serveurs.*

**6**

### Au Comité des Comptes publics

Devant les abus que j'avais constatés et devant l'inertie évidente du gouvernement à faire la lumière sur cette affaire, j'ai, en compagnie de l'agence de relations publiques avec qui je travaillais, décidé de mettre en place une stratégie pour accentuer la pression sur le nouveau Premier ministre Martin. J'avais constaté de nombreuses anomalies lors de mes passages chez BCP et Groupaction, des agences proches des libéraux. J'ai donc écrit une première lettre le 2 mars 2004[4] au Premier ministre en lui indiquant qu'une requête pour l'autorisation du recours collectif contre le gouvernement dans cette affaire pourrait être déposée.

### www.jean-paul.ca

J'avais acheté le nom de domaine www.jean-paul.ca pour dénoncer la situation, recueillir des signataires, et identifier clairement les deux ultimes responsables de ce scandale financier, Jean Chrétien (Jean) et Paul Martin (Paul). J'ai recueilli plus de 17 000 signatures en provenance de partout à travers le Canada! La couverture médiatique fut abondante dans tous les quotidiens du pays qui reprenaient en titre que ce recours collectif prévoyait un retour de 50 $ par citoyen canadien pour un montant global de 1,5 milliard de dollars. Évidemment, ce n'était pas mon intention d'obliger le gouvernement à émettre un chèque à chaque canadien pour 50 $ puisque des études démontrent que le coût moyen pour l'émission d'un chèque au gouvernement est d'environ 44 $. Alors à quoi bon cette demande?

Office of the
Prime Minister

Cabinet du
Premier ministre

Ottawa, Canada  K1A 0A2

Le 16 avril 2004

*vous avez été appelé à comparaître,
à huis clos, devant le Comité permanent
des comptes publics le 7 avril dernier*

Monsieur Alain Richard
Président
Rebelles.com
Bureau 401
486, rue Sainte-Catherine Ouest
Montréal (Québec)
H3B 1A6

Monsieur,

    Au nom du très honorable Paul Martin, j'accuse réception de votre troisième et quatrième lettres, datées respectivement du 1er et 2 avril, concernant les programmes de commandites et de publicité.

    Nous vous remercions d'avoir une fois de plus tenu à informer le Premier ministre de vos démarches, avis et réflexions à ce sujet. Cela dit, nous avons cru comprendre que vous avez été appelé à comparaître, à huis clos, devant le Comité permanent des comptes publics le 7 avril dernier et donc, que les préoccupations que vous soulevez dans vos lettres ont été dûment mises à l'étude à cette occasion.

    Je vous prie d'agréer, Monsieur, mes salutations distinguées.

Jean-Luc Marion
Chef de la Correspondance

Canada

---

*Illustration 19 : Lettre du cabinet du Premier ministre du Canada,
Paul Martin, adressée à Alain Richard[3]*

J'ai opté pour cette image dans le but de faire prendre conscience de l'ampleur du scandale. Comme le montant de 1,5 milliard de dollars est abstrait et non palpable, le ramener à une échelle plus personnelle permettait d'interpeller le simple citoyen.

J'ai donné des dizaines d'entrevues, la majorité en anglais et j'ai participé à de nombreuses lignes ouvertes notamment à Vancouver et à Edmonton, comme dans le Bill Good Show et Radio CKNW Vancouver. Le Canada anglais me suggérait de me présenter en politique pendant que les médias du Québec étaient manifestement manipulés par BCP consultants et certains de ses représentants, tel qu'en témoigne un affidavit que l'on peut consulter sur le site www.DesNotables.com[5]. Quoi qu'il en soit, l'information arrivait quand même au Québec via *The Gazette*, *The National Post* et le *Globe & Mail*.

**6**

### Je n'avais pas l'intention de faire du « québécois-bashing »
Je savais bien que le Canada anglais s'abreuvait de cette histoire parce qu'elle impliquait des acteurs majoritairement québécois. Mais je n'avais pas l'intention de faire du « québécois-bashing » par l'entremise des médias anglophones. J'ai expliqué aussi souvent que possible que ma participation dans ce débat n'avait rien de politique mais était articulée autour de deux axes principaux. Premièrement, comme payeur d'impôts, c'était mon devoir de dévoiler les anomalies que j'avais observées lors de mes passages chez Groupaction et BCP. Deuxièmement, comme entrepreneur, je dénonçais les appels d'offres bidon du gouvernement qui faisaient perdre beaucoup de dollars à des entreprises, comme la mienne (rebelles.com), qui n'avaient pas de contacts politiques. On a même essayé de me faire dire que j'étais un souverainiste ou que, compte tenu que j'avais été responsable, pendant une brève période, de la campagne électorale de Stockwell Day au Québec pour l'Alliance canadienne, j'étais un ennemi des libéraux. Rien de plus faux. Il m'est apparu évident que, compte tenu des sacrifices à faire et des petits salaires versés, les bons gestionnaires ne se retrouvent pas en politique. Pour la plupart, nous y retrouvons des opportunistes, des organisateurs de bingo et un très petit nombre qui ont des convictions. Beaucoup d'opinions, peu de convictions!

Ils sont malheureusement trop souvent en place pour le pouvoir et l'argent. L'objectif ultime demeure un mandat de deux termes, pour toucher la pension. Vous allez sûrement me dire que je suis négatif, mais j'ai croisé le fer avec ces gens. Je les ai assez côtoyés pour me rendre compte que, pour la plupart, le pouvoir prend nettement le dessus sur les convictions.

*Vérité et politique ne font pas nécessairement bon ménage*
La vérité et la politique ne font pas nécessairement bon ménage et mon expérience avec le comité des Comptes publics dans le cadre du scandale des commandites et des activités publicitaires n'est en fait qu'une autre preuve à cette malheureuse théorie.

Le 12 février 2004, le *Globe & Mail* titre en page frontispice dans un article de Daniel Leblanc : *Groupaction faked invoices, insider says*[6]. C'est ici que débute mon véritable bain médiatique. Les recherchistes plus insistants les uns que les autres font leur travail et me demandent de commenter une nouvelle dont j'étais moi-même la source. Il faut comprendre que depuis des années, j'entretenais des liens « off the record » avec un bon nombre de vrais journalistes du Canada anglais. C'est à ce moment que j'ai mandaté une boîte de relations publiques pour coordonner le tout. Suite à ma première lettre à Paul Martin, le journaliste Miro Cernetig du *Toronto Star* s'est intéressé à mon cas. Je l'ai rencontré pour lui montrer quelques documents et le 20 mars 2004 le *très libéral Toronto Star* titrait à la une « $1,5M for $50,000 job[7] » qui faisait référence à mon témoignage à la GRC en rapport avec les fameux trois rapports de Groupaction.

Le niveau de tension montait toujours. Le journaliste Cernetig était fier de faire la une d'autant plus qu'il me disait que son éditeur était le frère d'un proche collaborateur de Jean Chrétien. Faire la une du *Toronto Star* en plein establishment libéral, c'est un peu comme crier le nom de George W. en Palestine. On s'organise pour faire feu sur toi. Les questions des journalistes, particulièrement les rouges, devenaient plus incisives et on cherchait de toute évidence à tester ma résistance à la pression.

*Témoin à la Commission des Comptes publics*
Le 24 mars, Jeremy Leblanc[8] me contacta à la maison pour me demander de participer comme témoin au Comité des comptes publics de la Chambre des Communes en rapport avec le scandale des commandites et de la publicité. Monsieur Leblanc m'indiqua qu'un certain Paul Loiselle[9] de KPMG (grands donateurs des libéraux) me contacterait pour valider de l'information à mon sujet ainsi que le contenu des preuves en ma possession. J'ai accepté sur-le-champ, en étant conscient que la pression venait de monter d'un cran.

Dans la journée, Miro Cernetig du *Toronto Star* m'a contacté, je l'ai informé de cette nouvelle. Avec ma relationniste et mes parents, il était le seul à savoir. Voilà que dans la nuit du 24 au 25 mars, on sonna à ma porte pour me déposer un message de menace. Les détails de cet épisode sont présentés plus loin dans le texte. La pression étant toujours plus forte, j'ai donc décidé, le 25 mars 2004, d'écrire à nouveau au Premier ministre.

Le 26 mars 2004 à 16 h, Paul Loiselle de KPMG arriva à mon bureau pour « prendre un café » disait-il. Je lui ai exposé mes documents ainsi que mes connaissances. Paul Loiselle, ex-garde du corps pour des premiers ministres et maintenant enquêteur dans un cabinet de juricomptabilité a quitté, impressionné, aux environs de 19 h, soit trois heures plus tard. On parle ici d'un gros café! Il était vraiment sympathique, allant même jusqu'à me parler de sa fille qui œuvre comme fiscaliste. J'avais presque l'impression que Paul serait mon futur beau-père. Comme vous allez le voir plus loin, Paul s'avéra plutôt l'un de mes bourreaux. Paul a fait son travail adéquatement puisque dans la semaine du 29 mars, la co-greffière des Comptes publics, Elizabeth Kingston, confirmait ma présence à la commission pour le 7 avril à 13 h 30.

J'avais indiqué à Paul ainsi qu'à Miro et quelques équipes de reportage que je quittais pour Paris par affaires et que compte tenu des récentes pressions, ceci s'avérait un *timing* opportun. J'avais même émis un communiqué de presse à cet effet sur mon site. Voilà qu'une journaliste du *Devoir* me rejoint par téléphone dans ma voiture.

### La commande était passée
J'ai fait un retour pour le moins remarqué à l'aéroport Pierre-Elliot Trudeau. Les médias proches du pouvoir libéral y avaient délégué leurs journalistes les plus juniors pour couvrir mon retour. La commande était passée. Je sentais bien que les journalistes ne faisaient qu'exécuter la commande de leur patron. Je pense particulièrement à une jeune journaliste du Quotidien *La Presse*, propriété de Power Corporation. Son président, André Desmarais, est marié avec France Chrétien, la fille de l'autre. Je suis arrivé à la campagne après être passé par le bureau. J'avais hâte d'y retrouver mes chevaux, mes chiens et toute la ménagerie. Ma conjointe, qui avait quitté notre domicile sous les ordres de son patron quelques semaines auparavant, en avait profité pour « faire le ménage » sans m'en aviser. Elle avait quitté avec Fanny, une merveilleuse Pyrénée blanche, et une partie du ménage de la maison. Je me foutais pas mal du matériel mais le départ de Fanny m'attristait presque autant qu'Hilton son « frère », un Terre-Neuve noir qui souffrait de dépendance affective.

### « On » ne voulait pas que je témoigne

La stratégie d'intimidation battait son plein. « On » ne voulait pas que je témoigne. Malgré tout, j'ai réussi à finir ma présentation. Le 5 avril, alors que j'étais en pleine préparation pour mon témoignage, ma conjointe qui est en charge des finances de Publicis-BCP m'envoie une mise en demeure[10] pour régler le cas de la maison et des animaux. Le ton de cette missive ne laisse pas place à l'interprétation. La hache de guerre est déterrée. Nathalie avait même poussé l'audace jusqu'à me demander de signer une procuration pour qu'elle puisse prendre les arrangements nécessaires pour la vente de la maison en catastrophe. Comme je l'écrivais plus tôt, l'arrogance libérale est définitivement transmissible.

### Du chantage digne d'un animateur d'info-réalité

Le 6 avril à 9 h 30, le recherchiste de Paul Arcand, Luc Fortin[11] passe quelques heures au bureau en ma compagnie et celle du représentant de l'agence de relations publiques. Il nous confirme qu'Arcand exige l'exclusivité, sinon il ne traitera pas l'information. Du chantage digne d'un animateur d'info-réalité. La même journée, Elizabeth Kingston[12] confirmait à nouveau ma présence au Parlement. Le 6 avril au soir, mon père avait réservé une suite dans l'aile exécutive du Château Laurier, histoire de passer une bonne nuit et de livrer un bon témoignage. Ma boîte de relations publiques avait cependant prévu un petit arrêt à la télévision du Parlement avant mon témoignage devant les Comptes publics. Un petit arrêt qui s'est avéré stratégique et important comme on l'apprendra plus tard.

### De l'information dérangeante à mon sujet

Comme Myriam Bédard avait fait un témoignage étrange, le comité, dans sa grande sagesse, s'était doté d'un mécanisme de filtrage avec Paul Loiselle de KPMG et préférait pour le moment me rencontrer à huis clos car, disaient-ils, ils avaient reçu de l'information dérangeante à mon sujet au cours des dernières heures.

### Je ne serai pas passé inaperçu

Devant ce volte-face, la boîte de relations publiques avec la complicité du très dynamique recherchiste de la CPAC, William Leclerc[13] avait orchestré un coup de maître. Une entrevue à 11 h avec Pierre Daunais à la CPAC, suivi d'une courte entrevue avec Jack Aubry[14] qui écrivait pour le *Ottawa Citizien* ainsi que le *National Post,* ainsi que d'autres quotidiens prestigieux du Canada anglais. Décidément, et contrairement aux souhaits du Comité, ma présence au Parlement serait donc connue. En fait, tout le Canada anglais l'a su tandis que le doute subsiste encore au Québec.

### *Parisella interférait en disant que j'étais une personne dérangée*

William Leclerc[15] m'informa que John Parisella[16] faisait des pieds et des mains pour éviter la mise en ondes de mon entrevue à CPAC. William me confirmait que Parisella disait que j'étais une personne dérangée qui inventait des choses et que BCP n'avait rien à se reprocher.

### *Au Comité des comptes publics*

Je me suis approché de la grande salle pour livrer mon témoignage. La salle était vide et j'en ai profité pour poser huit copies de ma présentation qui faisait plus de 250 pages, avec les annexes, évidemment. Tour à tour, les députés sont arrivés et ont pris place autour de la grande table. La cloche sonne, il est 13 h 30. Je suis assis dans une pièce sombre où je retrouve au moins six députés et une panoplie d'aides comme les avocats du Parlement, des traducteurs, des greffiers et... des gens de KPMG. Décidément, ils sont partout. Ce n'est que plus tard que j'apprendrai que de parler à KPMG c'est comme parler au Parti libéral directement.

Le président, le conservateur John Williams, m'indique d'entrée de jeu que cette rencontre est confidentielle et qu'il ne répondra à aucune question des médias en rapport avec le contenu de la présente rencontre. De fait, ajoute-t-il: *« I won't even say that this meeting ever occured and I expect the same from you, Mr. Richard. » Et viva la republica de banana*! Mon investissement dans le mandat de relations publiques venait de rapporter gros. On m'avait prévenu qu'on essaierait de noyer mon témoignage, siphonner mes informations sans pour autant reconnaître ma participation.

### *Prendre le contrôle de la réunion*

Ma première réponse au Comité des comptes publics fut très savoureuse : *« Mr. Chair, I understand completely your concerns but I must inform you that I just gave an interview on CPAC that will be aired in a couple of hours and I know there was a reporter in the room. If you can do anything to stop these people to publish anything, you have my permission... »* Je savais que je venais de faire un coup de maître et que pour aucune considération, les médias n'accepteraient cette démarche de censure de la part de John Williams. Ce dernier poussa l'audace jusqu'à me demander le nom du journaliste en question. Même si je m'en souvenais (j'avais sa carte d'affaires dans mes poches), je répondis: *« I'm afraid I don't know, Mr. Chair »*. Je venais de prendre le contrôle de la réunion. Je voyais la députée libérale, Marlene Jennings, danser sur sa chaise. Elle voulait faire un appel téléphonique et cela semblait urgent. Williams a continué ses consignes en mettant encore plus l'accent sur le fait que tout ce qui se disait dans cette salle devait demeurer confidentiel et ceci s'appliquait à tout le monde présent : « *without exception* » insistait-il.

### Des huit copies initiales, je n'en ai récupérées que six

J'ai passé une bonne heure à témoigner au Comité qui, comme préoccupation majeure, me demandait via le légiste Walsh[17] : « *Mr. Richard everything you are saying today is relevant to your jobs at BCP and Groupaction, not only at Groupaction»*. Ce bon Walsh, bien qu'officiellement sans couleur et apolitique, venait d'annoncer ses couleurs. À la fin de la réunion on m'indiqua que le Comité ne pouvait pas conserver mes copies pour ne pas nuire à mon témoignage à venir. Curieusement, des huit copies initiales, je n'en ai récupérées que six. Il en manque toujours deux et j'ai de bonnes raisons de croire que quelques heures après mon passage, voire quelques minutes, ces copies se sont retrouvées sur le bureau des amis de Jean Chrétien, au Parlement, et tout me porte à croire qu'elles se sont rapidement retrouvées dans les mains de Parisella et Gougoux, à Montréal. Les mises en demeure subséquentes signées de la main de Me Gérald R. Tremblay étaient beaucoup trop précises.

À ma sortie, Walsh me présenta Gregory Tardi[18], conseiller juridique principal au Parlement en m'indiquant que Tardi serait en contact avec moi parce que j'avais livré un témoignage important pour les Comptes publics.

### Un mandat d'arrestation avait été émis contre moi!

Sur la route du retour, mon téléphone sonna. C'était un William Leclerc à bout de souffle qui me suppliait de ne pas retourner à Montréal, car selon sa dernière conversation avec John Parisella, un mandat d'arrestation avait été émis contre moi. J'ai contacté la boîte de relations publiques pour valider. Ils n'avaient aucune information en ce sens, sauf qu'ils avaient relevé que quelqu'un égratignait ma crédibilité dans les salles de nouvelles du Québec. Nous sommes néanmoins rentrés à Montréal, non sans prendre en considération les commentaires de notre ami William. Avant de me retrouver à un cocktail chez un client, j'ai pris soin de changer de voiture et de cellulaire pour éviter que mes appels ne soient interceptés. Après le cocktail, j'ai décidé de prendre une chambre dans un hôtel sous un faux nom pour éviter les médias et les ennemis. Au réveil, le lendemain matin, la boîte de relations publiques me contactait : On faisait la une dans le *Ottawa Citizen*[19] et le *National Post*[20]. De plus, l'éditorial du *National Post* avait pour titre: "*Richard is either credible or incredible*[21]" et se terminait par "*Alain Richard's dynamite will then blast the planned spring election into the fall or beyond* ".

Don Martin mettait sur mes épaules le fardeau du déclenchement ou non des élections fédérales. Voilà une option que je n'avais pas prévue.

*Illustration 20 : Article du journal Ottawa Citizen du 8 avril 2004*
*au lendemain du témoignage d'Alain Richard au*
*Comité des comptes publics au Parlement d'Ottawa[22]*

133

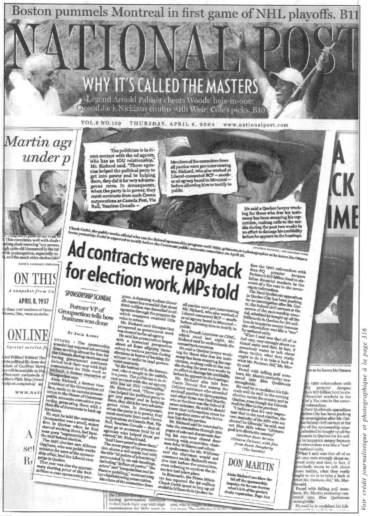

*Voir crédit journalistique et photographique à la page 316*

*Illustration 21 : Article du journal National Post du 8 avril 2004
au lendemain du témoignage d'Alain Richard au
Comité des comptes publics au Parlement d'Ottawa [23]*

Et c'est ainsi que j'ai passé quatre longues journées dans cet hôtel en gardant contact seulement par courriel et cellulaire, car les téléphones n'arrêtaient pas de sonner au bureau, à la maison et sur mon autre cellulaire. Je me souviens d'un moment où ma boîte vocale à la maison comptait vingt-sept messages uniquement de journalistes sur le dossier. Il y avait aussi un message du 8 avril de Gregory Tardi, avocat du Parlement, qui désirait organiser une rencontre de travail pour la semaine suivante.

### Une mise en demeure de Jacques Bouchard

J'ai aussi logé un appel à une femme de confiance qui prenait soin de mes animaux. C'est elle qui m'informa que j'avais reçu une mise en demeure[24] de mon mentor Jacques Bouchard, fondateur de BCP, en rapport avec ma présentation à HUIS CLOS devant le comité des Comptes publics. Elle m'en fit la lecture au téléphone. Cette lettre disait : « *Au cours d'une émission diffusée hier sur les ondes du canal CPAC, vous avez associé le nom de mon client à votre croisade calomnieuse contre certaines agences de publicité en parodiant son ouvrage Les 36 cordes sensibles des québécois... vous avez tenu les mêmes propos devant certains membres du Comité des comptes publics...vous êtes par la présente mis en demeure de cesser immédiatement de mêler son nom et celui de son ouvrage à quelque intervention publique ou privée que ce soit, sous peine de poursuite immédiate en dommage-intérêts pour libelle diffamatoire* ». Par la suite, Jacques Bouchard aura opté de porter aussi une plainte pour extorsion à mon endroit via son ami, l'avocat Me Michel Massicotte. Ce chef d'accusation a été rejeté par la Couronne le matin même du procès[26].

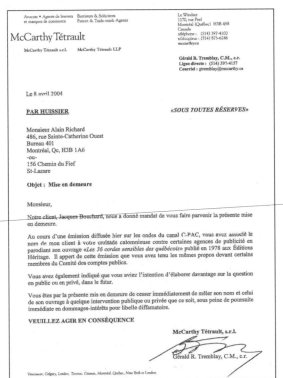

*Illustration 22: Mise en demeure[25] de*
*Jacques Bouchard en date du 8 avril 2004*

### Les 6 cordres du pouvoir publicitaire

Il n'en demeure pas moins que *les six cordres du pouvoir publicitaire demeurent et sont, en quelque sorte, nécessaires pour devenir membre du « club » Des Notables du Réseau libéral* :

**1ère corde** : TRAHIR : Abandonner quelqu'un ou quelque chose, cesser de lui être fidèle;

**2e corde** : SALIR : Faire du tort à quelqu'un, le déshonorer;

**3e corde** : MENTIR : Ne pas dire la vérité, être trompeur, faux;

**4e corde** : (se) PARJURER : Faire un faux serment. Mensonge fait sous serment;

**5e corde** : FABULER : Raconter des faits imaginaires comme s'ils étaient réels;

**6e corde** : TRAFIQUER : Falsifier, transformer par diverses manipulations dans le but de tromper.

# Les 6 cordes du pouvoir publicitaire
## Le copinage et l'octroi des contrats de publicité fédérale

*Illustration 23: Logo des 6 cordres du pouvoir publicitaire[27]*

### Une campagne bien orchestrée

En deux jours, Nathalie, mon ex-conjointe et grande responsable des finances de Publicis-BCP, m'avait envoyé aussi une mise en demeure, Parisella disait que la police me courait après et Bouchard m'envoyait une mise en demeure. On pourrait qualifier cela comme étant une campagne de communication intégrée et convergente.

La semaine suivante, soit le jeudi 15 avril, je suis retourné à Ottawa rencontrer Tardi et Walsh pour faire la connaissance d'un troisième avocat du nom de Steven Chaplin[28]. Immédiatement, mon père et moi avons été séduits par cet homme qui paraissait droit et honnête. Une denrée rare lorsqu'on se promène sur la colline parlementaire. Nous avons passé la journée entière, principalement avec Chaplin, qui avait comme mandat d'évaluer mon profil psychologique et de rédiger un début de témoignage pour moi. À l'heure du lunch, un appel à la boîte de relations publiques me confirmait que la campagne de dénigrement à mon endroit était encore plus forte que la semaine précédente avec trois bons soldats : John Parisella, Jean-Louis Dufresne et Me Michel Massicotte.

Chaplin était enchanté par mes informations et nous confiait que mes propos confirmaient sa propre théorie sur le financement des partis politiques à même les sociétés de la Couronne. À la fin de la rencontre, alors que son collègue Tardi était absent, Chaplin risqua une question audacieuse : « *Monsieur Richard. Je sais que je ne peux pas vous demander ça mais comme il n'y a pas de doute dans ma tête que vous devez faire votre deuxième témoignage, je me risque cette question délicate : Y a-t-il un angle sur lequel vous pourriez être attaqué ? Bref avez-vous un squelette dans votre placard ?* » (traduction de l'anglais).

J'ai apprécié la franchise de cet homme qui semblait mal à l'aise de me poser cette question. Je savais déjà depuis plusieurs années que BCP s'amusait à me dépeindre comme un être instable et au bord de la folie. Nous étions donc à la croisée des chemins. Chaplin croyait tous les éléments de mon témoignage mais il me disait que des rumeurs circulaient à mon sujet sur la colline parlementaire. Dans un geste qui aura eu le mérite de surprendre mon père, j'ai glissé un dossier mauve sur la table vers Chaplin. Mon père ne savait pas que j'avais apporté la totalité de mon dossier médical. Chaplin a dévoré son contenu et a levé les yeux vers nous pour dire dans un français boiteux : « *Une dépression en 1995? À ce que je vois ici, vous n'êtes pas maniaco-dépressif. Maudit! Plus de deux-cents cinquante milles canadiens souffrent de dépression chaque année. Dites-moi, avez-vous perdu du poids, perdiez-vous votre concentration pendant cette courte période en 1995. De fait, excusez-moi de vous le demander, mais fabuliez-vous ?* » (traduction de l'anglais).

### Mon ex-employeur avait réussi à noircir mon profil

J'étais étonné par sa question mais je constatais à quel point BCP avait réussi à noircir mon profil auprès de ses amis de la colline. J'ai répondu, un peu agacé: « Voir des choses ? Est-ce que c'est ce que mes dénigreurs répandent pour défendre leurs *activités et leurs réseaux d'influence. Non Monsieur Chaplin, je ne fabulais pas à cette époque et je ne fabule pas plus aujourd'hui. Ce que j'ai vu chez BCP et chez Groupaction n'était pas un comportement d'affaires normal. De toute évidence ces gens ne veulent pas que je m'exprime et certains ont peur car je vivais depuis huit ans avec une vice-présidente d'une des agences mentionnées dans le scandale. Il faut croire que ça me donne juste trop de crédibilité* » (traduction de l'anglais).

Chaplin était déstabilisé mais avait un large sourire, tout comme un enfant qui vient de réussir un bon coup! Il était convaincu d'avoir entre les mains une véritable mine d'or d'informations. Il poussa un peu plus loin son audace en me demandant. « *Did you go to the hospital by yourself or were you forced ?* ».

Mon père, qui assistait à la rencontre, a bondi et a expliqué sur un ton dégoûté que c'est lui qui m'avait accompagné parce que à ce moment je ne mangeais plus et que je ne dormais plus depuis quatre mois. « *Ça fait plus de dix ans ! Il n'a jamais porté une camisole de force, si c'est ce que vous demandez Monsieur Chaplin. Je ne peux pas croire que des gens s'abaissent ainsi pour protéger leur empire. C'est simplement dégoûtant* ». Et *Chaplin de répondre : « Désolé Monsieur Richard mais je ne fais que rapporter ce que j'ai vu et entendu* » (traduction de l'anglais).

### Une glace mince

Chaplin savait bien qu'il marchait sur de la glace mince mais il devait faire son travail. Mon père et moi avions une très bonne impression de lui et nous sentions complices des actions qu'il allait poser. Chaplin s'enfonça dans sa chaise, ferma ses dossiers et regarda derrière pour s'assurer que la porte était bien fermée. Il s'exprima clairement : *"Messieurs Richard, I had to ask those questions because a heavy lobbying operation is under way against you in Ottawa. The campaign is directed by your friends in Montreal. As far as I'm concerned, I'm very impressed with the information you supplied and I will definitely recommend that you testify again in front of the Public accounts committee. In fact, if there is one witness that should be interviewed it's you because you've seen the scam from the inside and you're willing to testify. Most people we interview here, just lie. Now, for your illness. It's obvious that your « friends » use that mental illness to discredit you. That's politics you know. Don't be scared because a minister or an elected member of Parliament will never use that against you in public. They will be too afraid of the pressure from les groupes de pression. But for the lobbyists and the people behind the scene, I can't say but I can bet that they will."*

Chaplin était dégoûté. Pour ma part, je m'y attendais. Je connaissais bien mes « amis »; je savais qu'ils étaient capables de telles bassesses. Je les avais déjà côtoyés. Chaplin s'est engagé à me faire parvenir par courriel un canevas du témoignage qu'il préparerait pour moi. En route vers Montréal, j'ai vu mon père les yeux dans l'eau qui n'en revenait tout simplement pas.

### Une nouvelle mise en demeure

La réunion du jeudi 15 avril s'était déroulée en secret mais voilà que le 16 avril je reçois une nouvelle mise en demeure [29] et cette fois-ci, elle avait comme auteurs Yves Gougoux et BCP. Sous la plume de Gérald Tremblay de McCarthy Tétrault, on m'accusait cette fois de mener une campagne de dénigrement contre BCP et Yves Gougoux! Mais c'était plutôt le contraire. Ma réunion de la veille me l'avait confirmé. J'en ai conclu qu'ils avaient vraiment peur. Plus tard, Chaplin m'a confirmé que le comité entendrait mon deuxième témoignage. J'ai reçu une invitation le 5 mai et une confirmation le 7 mai[30]. Je devais passer la deuxième fois le 11 mai, de 11 heures à 13 heures. Voici donc les points sur lesquels les avocats désiraient me voir intervenir:

---

**Lien politique entre les campagnes électorales et les marchés de publicité**

•M. Richard est prêt à affirmer que depuis au moins une vingtaine d'années (donc pendant les mandats des gouvernements conservateur et libéral), il est d'usage que des agences de publicité prêtent du personnel pour travailler à diverses campagnes (tout en demeurant sur la feuille de paie des agences) et faire de la publicité ou assurer des services d'impression pour les partis au prix coûtant.

•Lorsque le parti appuyé est porté au pouvoir, il est entendu qu'il a une dette envers l'entreprise et qu'il est censé s'en acquitter en lui octroyant des marchés publics à des prix spéciaux majorés.

•M. Richard peut attester que c'est ainsi que les choses se sont passées lors des élections de 1993 et 1997, et lors du référendum de 1995.

---

**La plupart des agences de publicité se sont intégrées verticalement, ce qui leur permettait de majorer leur prix**

•Dans le cas de la publicité, par opposition aux commandites, il était très fréquent qu'une agence comme Groupaction, via le *Studio Alléluia* ou BCP, via *Réalisations Inc.*, obtienne du travail, qu'elle le confie à une filiale à cent pour cent et que cette filiale fasse à son tour faire le travail par un imprimeur indépendant (par exemple). Comme chaque étape du processus était facturée, une marge bénéficiaire coûteuse sur le produit s'ajoutait au prix déjà majoré.

•Exemple - Le gouvernement doit faire fabriquer une bannière en vue d'une activité, et l'agence « A » accepte de la lui fournir. L'agence « A » en confie la fabrication à l'entreprise « B » (une filiale à cent pour cent de « A » ou de ses actionnaires). « B » fait imprimer la bannière par « P », qui lui présente une facture de 1 000 $. « B » paie « P », puis ajoute sa marge bénéficiaire de 15 % (1,1765) et facture 1 176,50 $ à « A ». L'agence « A » ajoute sa propre marge bénéficiaire de 15 % (1,1765) et facture 1 384,15 $ au gouvernement. Comme « A » et « B » sont intégrées verticalement et appartiennent aux mêmes individus, non seulement ces derniers empochent-ils deux marges bénéficiaires, mais celle du deuxième échelon a été appliquée à celle du premier.

•Lorsque « A » facture le gouvernement, il ne produit habituellement que la facture présentée par « B ».

---

### Les commandites et leurs liens avec la publicité
•Dans le cas des commandites, on procédait autrement, en ce sens que le commanditaire facturait une somme supérieure à celle qu'il versait aux organisateurs d'une activité, d'un festival, par exemple.

•Si le festival devait bénéficier de 1 000 $, ses organisateurs faisaient une demande de 1 000 $ au commanditaire; celui-ci demandait et obtenait alors 1 175 $ du gouvernement, puis versait aux organisateurs du festival les 1 000 $ convenus, réalisant ainsi un profit de 175 $ pour avoir essentiellement servi d'intermédiaire.

•Le commanditaire veillait de plus à ce que la publicité soit faite par ses services de production et réalisait aussi le profit tiré de l'accumulation des marges bénéficiaires décrites dans la section précédente.

### Réaliser un profit supplémentaire en sachant à l'avance les résultats de l'appel d'offres
•Dans le cadre du système consistant à renvoyer l'ascenseur aux entreprises ayant travaillé aux campagnes électorales au prix coûtant, on informe une entreprise qu'elle va obtenir un marché, de sorte qu'elle peut épargner une somme considérable en répondant à l'appel d'offres.

•À l'inverse, si elle sait que le marché sera octroyé à un « concurrent », elle peut éviter de gaspiller des ressources appréciables à préparer des soumissions qui n'auraient aucune chance d'être retenues.

•Par exemple, en partant de l'hypothèse que, répondre à un appel d'offres portant sur un marché de 2 millions de dollars coûte 200 000 $, si l'entreprise sait que le marché va lui être attribué, mais veut donner l'impression d'être soumise au jeu de la « concurrence », elle peut dépenser seulement de 25 000$ à 50 000 $ pour préparer des documents ressemblant à une soumission en bonne et due forme sans pour autant y consacrer toutes les ressources voulues.

•Lorsqu'elle obtient le marché, elle empoche un profit de 150 000 $ à 175 000 $ plus élevé que si elle avait participé à un appel d'offres dans un authentique régime de concurrence. Ses concurrents ont « gaspillé » 200 000 $ chacun à soumissionner inutilement.

### Prix spéciaux (majorés) pour le gouvernement
•Les marchés passés avec le gouvernement n'étaient pas traités de la même façon que les contrats avec des entreprises privées en ce sens que les prix offerts au gouvernement n'étaient jamais réduits et que l'entreprise lui faisait payer le prix le plus élevé chaque fois que c'était possible.

•Dans certains cas, elle lui facturait des tarifs établis spécifiquement pour lui qui étaient supérieurs à ceux qu'elle exigeait de n'importe qui d'autre, tant dans le secteur public que dans le secteur privé.

## Contributions politiques
•Des employés ont été priés de contribuer à la caisse du Parti libéral et de payer au moyen d'un chèque tiré sur un compte personnel. Par la suite, on leur permettait de transformer la contribution en « dépense » pour un déjeuner, un dîner ou autre chose. Ils avaient alors droit à la déduction d'impôt au titre de la contribution et au remboursement par leur employeur de la « dépense » faite «en nature».

## Rencontres avec le ministre Gagliano
•M. Richard a vu M. Gagliano dans les locaux de Groupaction, à Montréal, à au moins trois reprises. C'était toujours après 18 ou 19 heures. M. Gagliano entrait par la porte arrière et rencontrait les dirigeants de Groupaction, à savoir Jean Brault et Jean Lambert. C'était très inusité, car les agents principaux des autres clients ne sont jamais venus visiter les locaux de Groupaction.
•Monsieur Gagliano avait pourtant déclaré en Chambre qu'il n'avait jamais mis les pieds chez Groupaction.

## L'affaire de la Mustang rouge, la Porsche grise et le Grand-Prix de Trois-Rivières
•M. Richard dit avoir vu arriver « par inadvertance » un message télécopié destiné à M. Brault et proposant un prix pour une Mustang (environ 50 000 $) de Versailles Ford (propriété de Jacques Olivier). M. Richard dit avoir trouvé la chose inusitée, car M. Brault ne conduit que des voitures Porsche. Il faut dire que M. Brault est grand amateur de voitures. Peu de temps après, M. Richard a vu M. Brault arriver au bureau au volant d'une Mustang rouge. M. Brault lui a expliqué qu'il la « rodait pour un ami ». Par la suite, il a vu M. Brault donner les clés de la Mustang à M. Guité. Lorsque pressé de donner des détails, M. Richard n'a pu dire si M. Guité avait payé la voiture à M. Brault, mais il ne peut nier la possibilité que M. Guité ait demandé à M. Brault d'acheter la voiture pour lui et l'ait remboursée ensuite.
•Le journaliste, Normand Lester, a confirmé cette histoire sur les ondes de CKAC.

## Marchés relatifs à Visibilité Canada
•Il s'agit de l'enquête menée à la suite de la vérification des trois marchés qui ont fait l'objet du premier rapport de la vérificatrice générale. M. Richard attestera qu'on lui a demandé de se faire créditer à l'égard de ces projets des heures de travail qu'il n'avait pas faites afin de justifier les factures produites. Il a fait une déposition en ce sens à la GRC.

## Suspension des travaux

Entre temps, le comité approuva une motion d'empêcher d'autres témoins de comparaître et accepta la suspension des travaux en raison du déclenchement de la campagne électorale. C'était à mon tour d'être dégoûté.

## Encore des mises en demeure de Gougoux

Ceci n'empêcha pas Jacques Bouchard[31] et Yves Gougoux[32] de m'envoyer le 14 mai une autre mise en demeure au bureau et la même mise en demeure, plus tard en soirée, à la maison. Le huissier m'attendait à ma résidence lorsque je suis arrivé un peu après 21 heures. Décidément, ils avaient « la chienne ».

## Bon Réseau libéral quand tu nous gouvernes...

On se souviendra que les élections fédérales ont eu lieu le 28 juin 2004. Curieusement, Agnès Gougoux déposera une déclaration à la police le 29 juin et ma première arrestation aura eu lieu le 30! En passant Madame Gougoux signa une déclaration à la police sur des événements qu'elle pensait s'être produits au mois d'avril précédent.

---

[1] www.DesNotables.com/Legal/target53.html
[2] www.DesNotables.com/Groupaction/target1.html
[3] www.DesNotables.com/ministre/target0.html
[4] www.DesNotables.com/ministre/target78.html
[5] www.DesNotables.com/SQ/target46.html
[6] www.DesNotables.com/Media/target12.html
[7] www.DesNotables.com/Media/target27.html
[8] www.DesNotables.com/Leblanc27mars04.html
[9] www.DesNotables.com/Ottawa/target30.html
[10] www.DesNotables.com/Fagnan/target12.html
[11] www.DesNotables.com/SQ/target46.html
[12] www.DesNotables.com/Kingston6avril04.html
[13] www.DesNotables.com/Media/target4.html
[14] www.DesNotables.com/Media/target5.html
[15] www.DesNotables.com/SQ/target42.html
[16] www.DesNotables.com/SQ/target47.html
[17] www.DesNotables.com/Ottawa/target2.html
[18] www.DesNotables.com/Ottawa/target3.html
[19] www.DesNotables.com/Media/target38.html
[20] www.DesNotables.com/Media/target40.html
[21] www.DesNotables.com/Media/target41.html
[22] www.DesNotables.com/Media/target38.html
[23] www.DesNotables.com/Media/target40.html
[24] www.DesNotables.com/Legal/target6.html
[25] www.DesNotables.com/Legal/target6.html
[26] www.DesNotables.com/Les_mensonges_de_Jacques_Bouchard.html
[27] www.6cordes.ca/images/6cordes.jpg
[28] www.DesNotables.com/Ottawa/target2.html - www.DesNotables.com/Ottawa/target3.html - www.DesNotables.com/Ottawa/target4.html
[29] www.DesNotables.com/Legal/target8.html
[30] www.DesNotables.com/Kingston7mai04.html
[31] www.DesNotables.com/Legal/target11.html
[32] www.DesNotables.com/Legal/target12.html

# CHAPITRE 7

# MA COLLABORATION AVEC LA COMMISSION GOMERY

*« Si l'Irak a des problèmes de Constitution,*
*je peux leur faire un beau programme de commandites*
*– Stéphane Laporte parodiant Alfonso Gagliano* [1]

*793 millions de dollars – « Je ne me souviens plus » – Une multitude de*
*violations de règles, de directives, de politiques et de lois – Ma participation*
*au travaux de la Commission Gomery – Je rencontre les enquêteurs – Le*
*début d'une fructueuse collaboration – Des anciens de la GRC – Les relations*
*entre BCP et le personnel politique – Les coupables se feront coincer pour le*
*moins pire des crimes – Une toute nouvelle piste – Pourquoi BCP est-elle la*
*seule agence représentée? – Me Guy Cournoyer – La Commission voulait que*
*j'écrive tout ce que je savais – La Commission voulait-elle connaître toute la*
*vérité? – Ma demande pour devenir intervenant à la Commission Gomery –*
*Cournoyer en savait suffisamment – Plus forte que la police – Le juge Gomery*
*venait de reconnaître publiquement ma collaboration – Fraude vs réseau*
*d'influence – Des accrocs au processus de soumission – La Commission*
*Gomery et la démocratie – Sanctions à imposer.*

7

Les travaux de la Commission Gomery auront permis de valider certaines
hypothèses de travail. On doit se souvenir qu'il s'agit d'une commission publique
d'enquête mise en place à la suite de la publication du rapport de la vérificatrice
générale sur les activités de commandites du gouvernement fédéral et sur les
activités publicitaires. La Commission, même si elle respecte une certaine
procédure judiciaire, ne procèdera pas elle-même à des procès. Cette
commission aura plutôt permis de faire la lumière sur tous les faits en rapport
avec le scandale des commandites et des activités publicitaires. Il y a cependant
lieu de remarquer que la Commission s'est penchée davantage sur le chapitre
3 du rapport de la vérificatrice générale en rapport avec les activités de
commandites du gouvernement fédéral que sur les activités publicitaires
(chapitre 4) et ce, en dépit des nombreuses anomalies relevées.

### 793 millions de dollars
En plus des 250 millions de dollars en commandites (dont 60,8 millions de dollars à Groupaction et 6,4 millions de dollars à BCP), il faut en effet savoir que, de 1998 à 2003, le gouvernement fédéral a aussi octroyé des contrats d'environ 793 millions de dollars, pour plus de 2 200 activités de publicité, devenant ainsi l'un des plus grands annonceurs au pays. On traite ici de sommes considérables et de contrats octroyés souvent sans appel d'offres. Que ce soit dans les dossiers de commandites ou encore dans l'octroi sans appel d'offres gouvernemental de contrats publicitaires, personne ne me fera croire que Jean Chrétien et Paul Martin n'étaient pas au courant. Ils savaient fort bien qu'il y avait de sérieuses anomalies mais ils ont choisi de ne pas intervenir et ce, pour des raisons bien précises mais manifestement cachées au public.

### « Je ne me souviens plus »
La défense ultime trouvée par les avocats : « Monsieur le Commissaire, je ne me souviens plus » n'est pas une phrase qui serait acceptée dans une Cour criminelle. La justice aura-t-elle le bras assez long et nos décideurs le courage nécessaire pour traduire ces abuseurs devant la justice? La Commission Gomery aura à peine entaché leur réputation. Le peuple a la mémoire courte. Mais ces gens volent tellement plus haut que le reste du peuple qu'ils rentreront dans leurs châteaux, situés souvent aux États-Unis, la tête bien haute, fiers d'avoir sauvé le Canada et surtout médusés par le comportement ingrat du bon peuple qui les pointe du doigt. Qu'ont-ils donc à s'énerver ces prolétaires, se demanderont ces gens de bonnes mœurs? Malheureusement, je ne crois pas que la Commission Gomery, malgré ses millions, aura véritablement pu aller au fond des choses. Elle aura permis de mettre en lumière les méfaits des petits joueurs mais les gros joueurs, ceux qui sont près du pouvoir, seront très certainement épargnés.

### Une multitude de violations de règles, de directives, de politiques et de lois
Le scandale des commandites et des activités publicitaires met manifestement en cause une multitude de violations de règles, de directives, de politiques et de lois.

Si l'on se réfère directement au Manuel du Conseil du Trésor pour vérifier la Politique sur les marchés du Conseil du Trésor et la Loi sur la gestion des finances publiques, on constate rapidement que les violations de normes ont été le fondement même du processus d'attribution et de gestion des contrats relatifs aux commandites et à la publicité.

*Ma participation au travaux de la Commission Gomery*
En avril 2004, suite à mes lettres adressées au Premier ministre Paul Martin, j'ai reçu un avis de Me Bernard Roy[2], le procureur-chef de la Commission Gomery, à l'effet que la commission se pencherait sur les faits que j'avais énoncés.

*Je rencontre les enquêteurs*
En décembre 2004, les enquêteurs[3] Jean-Louis Gagnon et Jean-Pierre Witty, se présentèrent à la maison pour préparer ma collaboration avec la Commission. Curieusement, cette relation s'est amorcée sur les mêmes bases que celles des Comptes publics. « *Monsieur Richard nous sommes ici mais nous vous demandons de ne pas discuter avec qui que ce soit de nos conversations. Vous devez même nier notre présence chez vous aujourd'hui.* » Je me suis fait piéger avec ces propos une fois aux Comptes publics, je n'allais pas commettre la même erreur. « *Excellent messieurs, mais si vous voulez poursuivre l'entretien, j'ai besoin de pièces d'identification.* » J'ai agi ainsi pour mettre la main sur leur accréditation et pour vérifier auprès de la Commission qu'il s'agissait bel et bien de leurs représentants. Dans les circonstances, j'ai appris à ne plus faire confiance à personne.

*Des anciens de la GRC*
Les deux personnes, des anciens de la GRC se rapportant directement aux procureurs de la Commission, étaient bien mandatées par le juge Gomery. Ce fut le début d'une fructueuse collaboration. Ce qui devait être une simple rencontre de routine, prévue pour durer une heure, s'est transformée en séance de travail qui aura duré presque six heures. J'avais préparé une présentation Power Point[4] avec des copies couleurs des principaux points. Pour ne pas me faire avoir comme la première fois, j'avais demandé à mes parents de servir de témoins lors de cet échange. La Commission ne pourrait pas nier la tenue de cette rencontre puisque j'avais des témoins... Simplement pour démontrer à quel point le niveau de confiance avec la machine politique s'était effrité. Bien qu'ils semblaient avoir un excellent portait de la situation chez Groupaction, je les sentais plus qu'hésitants à s'aventurer sur le terrain de BCP. Mes parents qui assistaient à titre d'observateurs à la rencontre et qui connaissaient très bien les enjeux, étaient surpris par le fait que les enquêteurs accordent plus d'importance à une question reliée au nom du restaurant où Gagliano et Brault se rencontraient qu'au fait qu'un contrat de plusieurs dizaines de millions de dollars avait été octroyé de façon illégale. En quoi le restaurant *Chez Frank* était-il plus intéressant qu'un contrat octroyé à des amis du régime et ce, sans appel d'offres?

### Les relations entre BCP et le personnel politique

J'interrompis la conversation pour poser la question suivante: *« Ne me dites pas qu'on va gaspiller tout cet argent pour connaître les habitudes alimentaires de ces personnes? Il y a des contrats de publicité qui sont octroyés sans appels d'offres pour des centaines de millions de dollars et la Commission s'intéresse encore aux bouteilles de vin consommées par Brault et compagnie?»*

Ces deux questions soufflèrent un vent de fraîcheur sur la rencontre et nous avons abordé plus en profondeur les relations entre BCP et le personnel politique. Les enquêteurs étaient au courant du différend qui m'opposait aux dirigeants de BCP mais lorsque mes parents racontèrent les agressions que nous avions subies, les deux enquêteurs se sont montrés pleins de compassion et de sympathie. Ils savaient bien que j'avais mis ma tête sur le bûcher. Ils savaient bien que le scandale des activités publicitaires était immensément plus gros que celui des commandites mais ils exécutaient un mandat.

Gagnon, le plus volubile des deux, ajouta une phrase qui restera à jamais gravée dans nos mémoires : *« Vous savez, la Commission apprécie tout ce que vous faites mais dites-vous que les coupables se feront coincer pour le moins pire des crimes posés. Celui que la population peut comprendre. La Commission a pour mandat de mettre en lumière les faits que le payeur de taxes peut comprendre. Il peut comprendre des bouteilles de vin à trois cents dollars ou des balles de golf à trente mille, mais lui faire comprendre que l'agence X a reçu un contrat de trente-cinq millions par année depuis presque dix ans, sans contrat et encore moins d'appel d'offres, demeure dans le domaine de l'intangible. Les Canadiens ne peuvent pas comprendre cela, mais ils peuvent comprendre les pots-de-vin. »*

### Une toute nouvelle piste

J'ai alors lancé une ligne à l'eau pour en tester la profondeur... *« Saviez-vous que BCP et Publicis Canada ont un même actionnaire? Saviez-vous que le dernier «pitch» de Postes Canada qui assurait un transfert du compte de BCP vers Publicis Canada n'était qu'un écran de fumée?»* Ils ne le savaient pas!

J'ai donc orienté les enquêteurs sur une toute nouvelle piste. Ils quittèrent la maison, heureux de leurs trouvailles en m'assurant qu'ils donneraient suite à notre conversation, en début d'année. Ils ont tenu promesse puisque dès le début 2005, je me suis retrouvé à plusieurs occasions dans les bureaux de la

Commission Gomery au Complexe Guy-Favreau, à Montréal. J'assistais toujours aux réunions avec un témoin, le meilleur et le plus fidèle : mon père.

Une relation de complicité s'était établie entre nous. J'avais confiance aux enquêteurs et ces derniers se livraient de plus en plus. Lors d'un long entretien, le 12 janvier, ils confièrent que la partie se jouerait à Montréal puisque la Commission entendrait *« ceux qui ont touché à l'argent »*. Ils ont alors mentionné aussi avoir reçu le mandat de creuser plus en profondeur les anomalies dans l'attribution de contrats de publicité de façon très spécifique aux agences BCP et Publicis.

### *Pourquoi BCP est-elle la seule agence représentée?*

Les enquêteurs n'étaient pas dupes. Ils savaient qu'ils nageaient dans un océan de piranhas. Ils étaient prudents avec leurs questions allant même jusqu'à nous confier que les avocats de BCP mettaient beaucoup de pression sur la Commission.

C'est alors que j'ajoutai ce commentaire : *« Messieurs, si ces gens n'ont rien à se reprocher, pourquoi sont-ils représentés à titre d'intervenants aux audiences de la Commission? Pourquoi BCP est-elle la seule agence représentée? Ont-ils peur de quelque chose? »*

Les années d'expérience de mes interlocuteurs et leurs expressions ne laissaient aucun doute sur le fait qu'on s'adressait à du monde puissant. Gagnon, un bon grand-père en fin de carrière, nous donnait l'impression de ne pas vouloir trop ouvrir le panier de crabes car il en connaissait déjà le contenu. Witty, pour sa part, en avait plein les bras avec le dossier Groupaction.

### *Me Guy Cournoyer*

Par la suite, j'ai fait la connaissance de Me Guy Cournoyer, que je savais très au fait de mon dossier car je le voyais visiter régulièrement le site www.6cordes.ca. Il était d'ailleurs surpris que je sois au courant de cela. Je lui ai expliqué que la technologie permettait bien des choses. C'est alors qu'il me poussa un sourire en coin pour me dire que lui aussi savait bien des choses et qu'il m'avait vu à quelques reprises à la Commission, à Ottawa.

Après avoir discuté avec Cournoyer, il m'apparut évident qu'il voulait aborder le dossier BCP mais qu'il subissait des pressions.

Comme avec les agents de la GRC, je crois avoir établi ma crédibilité rapidement avec les gens de la Commission. Je savais bien qu'au départ, ils avaient des doutes sur « ma stabilité » car ils avaient été pollués par la campagne de dénigrement, mais ils voyaient bien que je désirais aider la Commission, que j'étais loin d'être un ennemi et que, contrairement à plusieurs, je n'avais rien à cacher.

### La Commission voulait que j'écrive tout ce que je savais
Au lendemain de cette rencontre, l'enquêteur Gagnon me contacta pour me faire part d'une requête de Me Bernard Roy. La Commission voulait que j'écrive tout ce que je savais sur les relations entre André Ouellet, la Société canadienne des postes et les dirigeants de Publicis-BCP. Un nouveau mandat était accordé à la Commission. Ils attaquaient finalement le chapitre 4 du rapport de la vérificatrice générale. J'ai remis le document[6] en question à Gagnon. Ce document constitue, à quelques virgules près, trois sections du présent ouvrage.

Malgré mon étroite collaboration avec la Commission, je n'ai jamais vraiment cru en mes possibilités de témoigner. Avec ce que je voyais, je ne voulais plus me retrouver sur cette chaise sur laquelle défilaient de plus en plus de coupables du scandale. Je voulais honnêtement contribuer à l'avancement des travaux dans le plus grand anonymat. Les gens de BCP et leurs collaborateurs ont vraiment tout fait pour démolir ma crédibilité et ainsi m'empêcher de témoigner. Malgré ce fait, j'ai aidé la Commission en coulisses. Je dois avouer que ce rôle me convenait à merveille puisque je poursuivais la rédaction de ce livre, et surtout que je redoutais la perception très négative du public quant aux témoins qui se sont assis sur cette chaise. Pouvez-vous m'en blâmer?

### La Commission Gomery voulait-elle connaître toute la vérité?
Le 19 janvier après-midi, j'étais assis juste derrière la femme d'André Ouellet lors de son passage à la Commission Gomery, à Ottawa. Le procureur Roy a posé quelques-unes de mes questions, mais les questions plus corsées n'ont pas trouvé preneur. J'ai alors compris que la Commission voulait connaître la vérité mais pas toute la vérité.

### Ma demande pour devenir intervenant à la Commission Gomery
En assistant à la Commission Gomery, j'en suis toujours sorti avec le même goût amer dans la bouche : ces gens mentent comme ils respirent mais souvent avec la complicité des avocats. Comment prendre ces gens au sérieux lorsque

la seule chose intelligente qu'ils peuvent avancer est : *« Je ne me souviens pas »*, *« J'aimerais avoir copie des documents car ça fait déjà plusieurs années, vous savez »* ou encore *« Je me fie sur vous car je n'ai pas de souvenirs »* . Ma collaboration avec la Commission m'aura permis de comprendre beaucoup de choses. J'avais choisi la stratégie de l'encerclement que m'avait enseignée Jacques Bouchard. C'est dans ce contexte que j'ai fait une demande pour devenir intervenant à la Commission Gomery, le 3 janvier 2005[7].

Je savais n'avoir aucune chance que ma demande soit acceptée, sachant fort bien, par contre, que le juge devait entendre ma requête. Vous remarquerez que l'Association des agences de publicité du Québec n'avait pas encore soumis sa requête. J'ai donc signifié cette demande le 3 janvier 2005[8]. Je n'ai jamais reçu d'accusé de réception. Le 21 janvier, j'ai donc procédé à une deuxième tentative mais via le bureau de la Commission à Ottawa, cette fois. Finalement, le 1er février Me Cournoyer me signifiait[9] que ma requête serait entendue dans la semaine du 28 février.

Entre le 1er février et le 28, j'ai assisté à un match de ping-pong légal. Je comprends maintenant pourquoi la Commission coûtera plusieurs dizaines de millions. Premièrement, Cournoyer affirmait ignorer que j'avais travaillé avec la GRC et les Comptes publics. Nous en avions pourtant discuté ensemble. Le 25 février[10], je lui ai remis des documents confirmant ces faits. De toute évidence, la Commission ne me voulait pas dans la boîte aux témoins. Après ce « trou de mémoire » Cournoyer affirmait que ma demande n'avait pas été signifiée comme il se devait. Je lui ai fait parvenir la preuve de réception de l'envoi fait par courrier recommandé. Comme il était à court d'excuses, il choisit de me faire savoir que ma demande *« n'était pas fondée en droit »*. Je lui ai rapidement répondu que le juge indiquait, sur le site Web de la Commission, *« que toute personne qui avait quelque chose à dire pouvait s'exprimer »*.

### Cournoyer en savait suffisamment

Il était encore plus évident que Cournoyer avait un plan en tête et qu'il ne voulait pas m'entendre pour le moment. Il en savait suffisamment. Mais j'ai la tête dure. On essaya par tous les moyens de me faire comprendre que ma demande serait refusée mais que mon témoignage serait précieux. On alla même jusqu'à me dire que si je continuais à mettre de la pression sur la Commission, je m'attirerais les foudres du juge. Mais je n'en avais rien à cirer de leurs commentaires. Je voyais bien leur jeu et j'étais déterminé à aller jusqu'au bout.

Finalement, on m'informa que ma requête serait entendue le jeudi 3 mars à 14 heures. Il faut comprendre que la commission est composée de trois types de collaborateurs : les parties (le gouvernement, les sociétés de la Couronne, etc.), les intervenants (ceux contre qui un préjudice aurait été créé, par conséquent ils peuvent poser des questions, comme André Ouellet, BCP, etc.) et les témoins.

De toute évidence, je ne pouvais pas être « partie ». On avait abondamment utilisé mes témoignages en coulisses mais rien n'indiquait qu'ils le feraient en public. Il me restait donc le statut d'intervenant pour montrer que j'étais bien en vie. Les messages véhiculés par ma requête étaient bien plus importants que son verdict. Je devais faire savoir que j'avais travaillé avec les enquêteurs, que j'avais travaillé chez Groupaction, certes, mais aussi chez BCP en pleine période référendaire. Tels étaient mes véritables objectifs.

### Plus forte que la police
Encore une fois, l'influence des procureurs de BCP aura été *« plus forte que la police »*. Le lundi matin, on m'informa par téléphone que les avocats de BCP n'étant pas disponibles le jeudi 3 mars, ma requête serait entendue le mercredi 2 mars. Mais quel était le rapport avec BCP? Pourquoi voulaient-ils être présents? Ont-ils des choses à cacher? Une chose est certaine, je les dérangeais.

À treize heures quinze, le mercredi 2 mars, soit quarante-cinq minutes avant ma comparution, j'ai envoyé cette note au procureur Cournoyer :

**PAR TÉLÉCOPIEUR au 514-496-8016 et 514-283-8138**
*Le 2 mars 2005, 13h15.*
Me Guy Cournoyer
Objet : En rapport avec www.6cordes.ca

*Me Cournoyer,*

*Je suis toujours sans confirmation de la date et l'heure précise de l'audition de ma demande à titre de participant général à la Commission d'enquête sur le programme de commandites et les activités publicitaires pour la phase 1B. Vous avez déjà confirmé mon passage (www.6cordes.ca) mais je n'ai pas plus de détails.*

*Comme je ne souhaite pas me faire représenter par un procureur pour cette démarche, ils font suffisamment d'argent avec la Commission, vous avez l'obligation de me contacter directement sur le sujet.*

*Je vous ai déjà demandé de recevoir une lettre pour confirmer <u>la date et l'heure</u> de cette audience. Comme je vous l'ai indiqué sur votre répondeur lundi dernier, je me rendrai disponible moyennant un préavis raisonnable de quelques jours.*

*Mon but n'est pas de vous embêter mais bien d'éviter le stratagème dont j'ai été victime lors de mon passage à huis clos au Comité des comptes publics à Ottawa, les 7 et 15 avril derniers. Vous vous souviendrez que malgré mon passage, plusieurs avaient rapporté que je n'y avais jamais témoigné, ce qui est totalement faux. De fait, je remarque que mes propos énoncés servent très bien les interrogatoires.*

*Comme vous le savez, j'ai passé plusieurs heures avec les enquêteurs de la Commission, Jean-Louis Gagnon et Jean-Pierre Witty, mandatés par Kroll. Vous n'êtes pas sans savoir que j'ai rédigé un document, à la demande de Me Bernard Roy (via Jean-Louis Gagnon), pour préparer l'interrogatoire d'André Ouellet.*

*Je comprends que la Commission atteindra sa vitesse de croisière dans les prochains jours mais j'aimerais attirer votre attention à l'effet que je suis aussi le mandataire d'une demande éventuelle de recours collectif contre le gouvernement dans cette affaire. Nous avons plus de 20 000 signataires. Je crois que sincèrement, et je ne suis pas le seul, que le contribuable n'est pas du tout représenté dans vos audiences.*

*Je sais qu'au mois d'avril, vous dévoilerez au grand jour des états de banque de transactions avec des banques européennes et que le niveau de tension augmentera encore plus quand les contribuables auront compris que les agences utilisent des compagnies à numéros et des employés pour retourner de l'argent au Parti libéral du Canada. Voilà une conclusion, rapide certes, mais qui ne coûte pas soixante millions de dollars à la population.*

*Vous n'êtes pas sans savoir que l'imbroglio juridique (volontairement orchestré par un intervenant de la Commission) dans lequel je me trouve prendra un virage dramatique dans les prochains jours et que probablement un intervenant devra perdre son procureur devant l'humiliation de cette décision.*

*J'ose espérer que vous savez que ce procureur est aussi présentement sous enquête par le Syndic du Barreau dans cette affaire.*

*Je suis aussi reconnaissant que vous ayez modifié votre site Web en retirant Me Gérald Tremblay, c.r., comme procureur de Via Rail. Comme il représentait une partie et un intervenant, mon équipe de conseillers était d'avis qu'il se retrouvait en situation de conflit d'intérêts. La Commission m'a suggéré qu'il s'agissait d'une simple erreur de typographie sur votre site... (Note de l'auteur: dans son premier rapport rendu public en novembre 2005, le juge Gomery a confirmé que Me Gérald R. Tremblay était bel et bien procureur pour BCP et... Via Rail!).*

*Devant toutes ces bonnes nouvelles, je suis confiant que vous serez heureux de pouvoir compter sur un témoin qui a constaté des anomalies dans des postes de direction au sein de deux agences visées par le rapport de la vérificatrice générale du Canada.*

*Je partage avec vous votre frustration face au barrage de mensonges dont vous faites face présentement lors de votre interrogatoire. Merci de prendre en considération les faits énumérés dans la présente et de protéger ceux qui peuvent aider la Commission dans l'accomplissement de sa mission.*

*Je demeure, pour le moment, sympathique à vos efforts.*

En agissant de la sorte, j'ai indiqué clairement que je n'allais pas me taire et faire le beau. Bien qu'on m'avait fait comprendre que ma requête serait rejetée, j'avais décidé d'aller jusqu'au bout. Vous ne devez pas vous surprendre de ce fait puisque la Commission Gomery nous offre une pièce de théâtre mais la plupart des décisions sont prises à l'avance entre le juge et les procureurs, tout comme à la télé-réalité. Ce que vous voyez à la télévision est un mauvais spectacle avec des acteurs trop bien payés. Le même commentaire s'applique aussi aux procureurs et aux témoins puisqu'ils « pratiquent » ensemble leurs témoignages avant de passer sous les feux de la rampe.

### Le juge Gomery venait de reconnaître publiquement ma collaboration
Pendant les dix jours suivants, j'ai eu droit à toutes les raisons expliquant pourquoi je ne devais pas présenter ma requête.

Voici donc la requête qui a été lue par mon procureur du bureau de Claude F. Archambault devant la Commission, le mercredi 16 mars à 14 h :

7

*Monsieur le Commissaire,*

*Je représente Monsieur Alain Richard, qui a présenté une demande de participation à la Commission d'enquête sur le programme de commandites et les activités publicitaires pour la Phase 1B. Sa demande est motivée par sa qualité d'ancien président du Publicité Club de Montréal (1995-1997) ainsi que par son séjour au sein de deux agences de publicité citées dans le rapport de la vérificatrice générale.*

*Monsieur Richard nous informe qu'il a été directeur du service à la clientèle de l'agence de publicité BCP de septembre 1994 à juillet 1996. Par la suite, il est devenu vice-président des affaires corporatives de Groupaction, soit de septembre 1996 à novembre 1997. Selon Monsieur Richard, le rapport de la vérificatrice générale met en cause des faits survenus à l'époque où il occupait des fonctions de direction dans ces agences de publicité. Pour ces raisons, son intervention serait susceptible de contribuer au travail de la Commission.*

*Par sa demande, adressée en février 2004, Alain Richard répondait volontairement à l'appel du Premier ministre, Paul Martin qui demandait à toute personne qui a quelque chose à dire relativement au dossier de la gestion abusive du programme des commandites et des activités publicitaires au fédéral de bien vouloir lever la main afin de se faire entendre.*

*Alain Richard désire contribuer à éclairer les enjeux visés par la Commission. C'est dans le même esprit qu'il est intervenu lors des auditions de la Commission des comptes publics à Ottawa, le 7 avril dernier. Il souligne également qu'il a coopéré avec les enquêteurs de la Commission, particulièrement en décembre et janvier derniers. À leur demande, il a rédigé des documents pour les procureurs de la Commission.*

*Par la présente requête, Monsieur Richard offre de poursuivre sa collaboration avec la Commission. Il croit posséder un « intérêt clairement identifiable » au sens de la Commission. Monsieur Richard souhaite finalement exprimer son respect pour la Commission Gomery et signifier qu'il s'en remet à la discrétion de celle-ci pour l'évaluation de la pertinence de son intervention.*

La Commission et les représentants de BCP savaient que je ne lâcherais pas prise. Et grâce aux médias, la déclaration fut entendue à RDI, *Le Journal de Montréal* titrait : « Requête rejetée[11] ». Je venais de remporter une bataille mais pas la guerre.

Le juge Gomery venait néanmoins de reconnaître publiquement ma collaboration en notant que *« La Commission est reconnaissante pour la collaboration déjà offerte par Monsieur Richard et pour l'intérêt avec lequel il suit nos travaux ».* Me Cournoyer ajouta pour sa part : « Il est possible que Monsieur Richard soit un témoin[12] ». Je me souviens d'avoir accueilli cette phrase comme un but du Canadien lors de la septième partie de la finale de la Coupe Stanley. Mon procureur me fit remarquer que les procureurs de BCP, Me Tremblay et Me Massicotte, avaient changé de couleur après les propos du juge et de Me Cournoyer.

Il faut savoir que l'argumentaire formulé par le juge et le procureur Cournoyer pour refuser ma requête tournait autour du fait que l'Association des agences de publicité du Québec (AAPQ) représentait les intérêts des publicitaires et qu'ils ne voyaient donc pas la pertinence de m'avoir comme intervenant. J'avais déposé ma demande le 3 janvier 2005, l'AAPQ a déposé la sienne le 3 mars 2005… Mais j'étais néanmoins heureux de voir l'AAPQ autour de la table. Je n'ai jamais compris pourquoi les autres agences ne s'étaient pas mêlées plus tôt au débat. Ma requête les a incitées à se joindre au groupe et c'était leur place bien plus que la mienne. Merci AAPQ.

Tout m'a porté à croire que Me Gérald R. Tremblay avait négocié mon absence auprès des procureurs en garantissant que John Parisella se présenterait dans la boîte des témoins. Mais John Parisella, malgré sa présidence, ne siège pas sur le conseil d'administration de BCP. Yves Gougoux est venu aussi s'asseoir devant le juge.

### Fraude vs réseau d'influence

Les avocats du Parlement et les procureurs de la Commission Gomery ont essayé de balayer sous le tapis la portion du Scandale qui affectait directement les amis influents du Réseau libéral. Comme il est plus facile de parler de balles de golf, de bouteilles de vin et de génératrice, la Commission traînait sur ces points en traitant moins de tous les comptes publicitaires octroyés aux agences membres du Réseau libéral sans appel d'offres, ou via des processus de soumission bidon. Bref, il est plus facile de prouver la fraude (commandites) que le réseau d'influence (activités publicitaires).

### Des accrocs au processus de soumission

Ces accrocs au processus de soumission soulèvent des questions légales qui dépassent les capacités de la Commission et des procureurs du Parlement. Lors des mes travaux avec Me Steven Chaplin[13], avocat du Parlement, ce dernier m'indiquait que bien que j'aie raison d'affirmer ce fait, la justice ne peut sévir car ceci exposerait le gouvernement à des poursuites de la part des soumissionnaires perdants sans compter les implications fiscales pour les entreprises qui ont remporté les comptes de façon illégale. Le scandale est juste trop gros.

Les questions qui s'imposent maintenant sont relativement simples. Une fois au pouvoir, le Premier ministre est-il redevable à ces boîtes de communication qui ont contribué « bénévolement » à son ascension? Si oui, le Premier ministre se sert-il des comptes publicitaires du gouvernement pour « remercier » ses fidèles collaborateurs? Tout ça, en bafouant toutes les règles officielles des processus de soumission.

### La Commission Gomery et la démocratie

Robert de Flers a déclaré « *Démocratie est le nom que nous donnons au peuple chaque fois que nous avons besoin de lui»* . Dans un scénario prévisible mais décevant, le juge Gomery est parti en tournée avant la rédaction de son rapport final. Un geste stratégique dans l'échiquier politique. Le juge requiert vraiment la participation du bon peuple pour la rédaction de son rapport? De la pure foutaise! J'ai trouvé à la fois pathétique et inquiétant de voir Marc Lalonde, lui qui coprésidera la prochaine campagne de financement des libéraux fédéraux, être consulté en privé par le juge Gomery pour la rédaction finale de son rapport.

### Le premier Rapport Gomery

Jean Chrétien, Jean Pelletier et Alfonso Gagliano sont tenus responsables du scandale. Dans son premier rapport rendu public au début de novembre 2005, le juge Gomery blâme aussi l'ami proche de Jean Chrétien, Jacques Corriveau. Il prend également soin de mentionner : « *Lorsqu'il était à la tête de la Société canadienne des Postes, l'ancien ministre libéral André Ouellet a exercé des pressions afin que les employés de la société d'état retiennent les services d'agences de publicité dirigées par ses amis, qui ont ainsi, pu facturer des millions de dollars[14]* ». Pourquoi n'y avait-il pas d'appel d'offres pour le contrat publicitaire de Postes Canada alors que BCP a été retenue pendant de nombreuses années sans contrat ?

Au sujet de Jean Pelletier, on se souviendra du témoignage[15] de Richard Boudreault, ex-VP de Groupaction, durant les audiences de la Commission : «*Ce sont Yves Gougoux et John Parisella (de BCP) et Jean Pelletier qui ont décidé qui ferait la campagne. Yves Gougoux venait approuver les campagnes. C'était Dieu. C'est lui qui décidait. Mais c'est avec John Parisella qu'on travaillait dans le quotidien*». « *Y avait-il un lien entre les contrats fédéraux et le désir des agences de participer à la campagne des libéraux ?* » ajoute le Juge Gomery. « *Sûrement* » a répondu Richard Boudreault.

Gérald R. Tremblay déclare dans La Presse du 2 novembre 2005 en page A1 : « *il n'y a aucun blâme envers BCP* ». Me Tremblay du prestigieux cabinet McCarthy Tétrault omet volontairement de mentionner ce que le juge a écrit quelques paragraphes plus tôt dans son rapport : « *Deux agences de publicité très proches du Parti libéral qui se sont réjouies du changement (pourcentage de propriété canadienne), BCP et Vickers & Benson, ont profité de cette nouvelle interprétation et sont devenues les plus gros bénéficiaires des contrats de publicité examinés par la Commission[16]* ».

*Illustration 23.1 : Les deux enquêteurs de la Commission Gomery avec qui Alain Richard a travaillé.*

Le Juge Gomery confirme qu'il y a eu des irrégularités dans l'octroi du contrat de 65,7 millions de dollars à BCP pour la Commission canadienne du tourisme : « *Il reste que la procédure ayant conduit à l'adjudication d'un contrat à BCP était déficiente[17]* ».

Le Juge Gomery ne retient pas le témoignage de John Parisella[18] au sujet du projet Lumière dans la *Loi sur la clarté référendaire* et de la participation de Luc Mérineau[19], ex-BCP, de l'agence Éminence Grise. Le travail a été effectué par Luc Mérineau avec la collaboration du studio de BCP (appartenant à 100% à Yves Gougoux) avec l'aide des employés de BCP. Le juge ajoute : «*Ceci contredit le témoignage de Monsieur Parisella selon qui aucun employé de BCP n'était disponible pour participer au projet[20]* ». Il y avait donc un lien entre BCP et Paul Coffin de Communication Coffin. On se souviendra que Paul Coffin a plaidé coupable à des accusations criminelles. Celui qui offrait des orchidées[21] au premier Ministre et qui ne cachait pas son admiration pour Jean Chrétien ne peut se réjouir de la tournure des événements. Quant à Jean Brault, je ne suis pas surpris de son sort. Il a eu la bonne idée de vider son sac devant la Commission. Je lui avais pourtant dit qu'un jour ses magouilles lui sauteraient au visage.

### Sanctions à imposer

Quelles sanctions devrait-on imposer aux fautifs? Mises à part les accusations criminelles qui sont évidentes, mais sur lesquelles on ne poursuivra pas les notables du Réseau libéral, j'oserais faire la recommandation suivante qui est fort simple : Le titre Honorable est attribué aux juges et aux ministres.

C'est un privilège réservé aux membres et ex-membres du Conseil privé. Des notables utilisent le titre à profusion : L'honorable *une telle*, l'honorable *un tel*, pour ne nommer que ceux-là. Il me semble que la première mesure de réprimande que le Parlement devrait imposer, serait d'empêcher les acteurs du scandale d'utiliser à jamais ce titre.

Voilà une première mesure fort simple et sans frais qui atteindrait de plein fouet l'ego des tricheurs. Comme dans le slogan d'une publicité : « Là où ça fait mal »!

# *Honorable*

*Formule épistolaire réservée aux notables. À titre d'exemple, les Premiers ministres du Canada conservent le titre « très honorable » à vie. Les ministres fédéraux sont membres du Conseil privé de la Reine pour le Canada et conservent le titre « honorable » à vie. Les députés (fédéraux, provinciaux ou territoriaux) qui sont membres du Conseil privé de la Reine pour le Canada ont le titre « honorable » à vie.*

*Cependant, les premiers ministres provinciaux et ministres provinciaux/ territoriaux ne conservent pas le titre « honorable » après la fin de leur mandat, à moins qu'ils ne soient membres du Conseil privé.*

*Le tableau des titres pour le Canada reconnaît le titre « honorable » aux juges; le titre de courtoisie « Son Honneur » n'est plus de mise maintenant qu'un titre officiel est utilisé.*

[1] Stéphane Laporte, La Presse, 16 août 2005, page A1
[2] www.DesNotables.com/Ministre/target2.html
[3] www.DesNotables.com/Gomery/target0.html
[4] www.DesNotables.com/GOMERYKrollAR/
[5] www.DesNotables.com/Gomery/target19.html
[6] www.DesNotables.com/Gomery/target17.html
[7] www.DesNotables.com/Gomery/target3.html
[8] www.DesNotables.com/Gomery/target14.html
[9] www.DesNotables.com/Gomery/target19.html
[10] www.DesNotables.com/Gomery/target21.html
[11] www.DesNotables.com/Media/target95.html
[12] www.DesNotables.com/Gomery160305AR/
[13] www.DesNotables.com/Ottawa/target4.html
[14] Presse Canadienne : Le Journal de Montréal, 2 novembre 2005, page 10
[15] www.DesNotables.com/Gomery110505Boudreault/
[16] www.DesNotables.com/PremierRapport/Tourisme.pdf
[17] www.DesNotables.com/PremierRapport/Tourisme.pdf
[18] www.DesNotables.com/Gomery310505Parisella
[19] www.DesNotables.com/Gomery190505Gougoux
[20] www.DesNotables.com/PremierRapport/Coffin.pdf
[21] Gougoux ne cache pas son admiration pour Chrétien, Laurent Soumis, Le Journal de Montréal, 21 mai 2005, page 11

# CHAPITRE 8
# DE L'HÔPITAL... AU TRIBUNAL!

*« Nous sommes plus riches de nos liens que de nos biens »*

*– Feu Réal Brodeur[1]*

*En 1995, j'étais fatigué, épuisé, déprimé, au bout de mon rouleau –*
*« Nous sommes plus riches de nos liens que de nos biens » –*
*9 ans plus tard, on a subitement utilisé ma dépression pour me discréditer –*
*On a miné ma crédibilité – La campagne la plus insidieuse qui soit –*
*Comment miner la crédibilité d'une personne – Mon discours dérangeait –*
*Extraits du procès d'Alain Richard, tenu les 26 et 27 mai 2005.*

J'ai beaucoup d'admiration pour les animaux. Ils ont des rituels et un sens de la hiérarchie fort développés. Contrairement aux humains, les animaux ne peuvent attaquer les autres en utilisant la rumeur et les insinuations comme armes fatales. J'ai eu le « malheur » de faire un *burn-out* en 1995, alors que j'étais à l'emploi de BCP. Il est vrai que ce *burn-out* est arrivé en pleine campagne référendaire. Il est vrai aussi que si j'avais été en poste et non en congé de maladie, mes patrons Parisella et Gougoux m'auraient utilisé comme soldat dans la lutte que BCP menait contre ceux qu'ils qualifient encore aujourd'hui, dixit Jacques Bouchard, de nazis de la souveraineté.

Je n'ai donc pas eu cette « chance » de travailler sur la campagne de communication référendaire mais j'étais chez BCP avant et après le référendum, et croyez-moi, l'idéologie politique véhiculée était presque totalitaire. Pour eux, l'accession à la souveraineté représentait la fin du monde... Ce n'est que plus tard que j'ai compris que la principale crainte de Gougoux et consort était de perdre les généreux contrats de publicité octroyés par le gouvernement fédéral.

*En 1995, j'étais fatigué, épuisé, déprimé, au bout de mon rouleau*
Au cours de l'année 1995, j'ai subi un changement de poids important, des troubles du sommeil, un manque d'énergie, de fatigue, et une perte d'intérêt pour les activités que j'aimais. La difficulté à me concentrer faisait en sorte qu'il m'était très difficile de poursuivre mes tâches quotidiennes. J'ai donc quitté le bureau le 20 juillet et j'ai été hospitalisé[2] pendant dix jours du 24 juillet au 3 août 1995. Durant cette période, j'ai été traité pour soigner une dépression et, sur la recommandation de mon médecin, je me suis reposé pendant les trois mois suivants. Durant mon hospitalisation, en aucun temps on ne m'a mis une camisole de force et personne ne s'est senti menacé par moi. Je n'ai jamais démontré la moindre agressivité envers moi-même et encore moins envers qui que ce soit!

J'étais tout simplement fatigué, épuisé, déprimé, au bout de mon rouleau et, Dieu soit loué, j'ai été soigné en milieu hospitalier par des personnes vraiment compétentes, dévouées et professionnelles et envers lesquelles je demeurerai toujours reconnaissant. Au terme de mon congé de maladie qui a suivi mes dix jours d'hospitalisation, j'étais de retour à mon travail chez BCP le 30 octobre 1995, soit le jour même de la tenue du référendum. Je n'y demeurerai pas longtemps, six mois tout au plus, puisque j'accepterai le poste de vice-président chez Groupaction. Le côté bagarreur de ma personnalité aura fait en sorte que j'aurai pu vaincre les symptômes de la dépression et en sortir plus fort.

*« Nous sommes plus riches de nos liens que de nos biens »*
Il faut avoir connu cette maladie pour pouvoir en parler. Je la qualifierais de « cancer de l'âme » car si elle n'est pas traitée elle ronge par l'intérieur. Donc, cet arrêt forcé dans ma vie m'aura permis d'apprendre à mieux me connaître et surtout à faire le ménage dans ce que je jugeais superflu pour revenir à l'essentiel : la famille, les proches, le bonheur et la probité. *« Nous sommes plus riches de nos liens que de nos biens »* me disait mon cher ami, feu Réal Brodeur. Il avait vraiment raison.

Pourtant, les mythes sur la dépression abondent. La dépression n'est pas un signe de faiblesse et cette maladie est reconnue comme telle et est traitable. Il ne s'agit pas d'un trouble de la personnalité et selon Statistique Canada (2004) 3,9 % des travailleurs ont fait une dépression dans les douze derniers mois. Vous souvenez-vous de ce candidat démocrate à la vice-présidence américaine, le sénateur Thomas Eagleton? Sa campagne allait relativement bien jusqu'au jour où ses adversaires, pour le discréditer, ont divulgué qu'il avait déjà souffert d'une dépression. Il fut alors totalement mis hors course. *« Imaginez-vous, laissaient entendre ses détracteurs, un déséquilibré à la Maison Blanche?* » Hé bien, à un autre niveau, c'est à peu près cela qui m'est arrivé. Mais dans mon cas, ce sera pour me faire taire.

### 9 ans plus tard, on a subitement utilisé ma dépression pour me discréditer

Je connaissais alors le caractère belliqueux de mon patron, le président de l'agence Publicis-BCP, Yves Gougoux, mais jamais je n'aurais pu imaginer que moins de dix ans après ce court épisode de ma vie, alors que je ne serais même plus à son emploi depuis des années, il utiliserait ma dépression pour me discréditer et, surtout, me faire jeter en prison! En effet, des gens qui ont eu accès à des informations confidentielles sur cette période de ma vie les ont utilisées, les ont colportées et ont poussé l'audace jusqu'à inventer un faux diagnostic pour ensuite insidieusement le coller à ma réputation.

Les 6 avril et 8 avril 2004 (j'ai témoigné au Parlement le 7![3]), en plein bouillonnement du scandale des commandites et des activités publicitaires et alors que je donnais des entrevues aux médias, les dirigeants de Publicis-BCP ont subitement déposé des plaintes contre moi au Service de police de la Ville de Montréal[4]. Ils ont menti à la police en affirmant que j'avais de sérieux problèmes de comportement et qu'ils avaient vraiment et sérieusement peur pour leur sécurité. En effet, le président de Publicis-BCP, Yves Gougoux, dans sa plainte, déclara aux policiers : « Il fut très malade et fut hospitalisé pendant 6 mois à l'hôpital Douglas de Verdun[5] ». On devait aller encore plus loin en affirmant par écrit que je souffrais du « syndrome de la maniaco-dépression[6] ». Or, je n'ai jamais été hospitalisé à l'hôpital psychiatrique de Douglas à Verdun. Je n'y avais même jamais mis les pieds! De plus, je ne suis pas maniaco-dépressif. Il faut savoir que la maniaco-dépression dénote certains traits de caractère comme les hauts et les bas en plus de fabulations possibles.

### On a miné ma crédibilité

J'ai toujours reconnu à des hommes tels Gougoux, Parisella et Bouchard un talent et une intelligence au-dessus de la moyenne. Rien de comparable avec le pittoresque Jean Brault et son entourage. Mais je n'avais jamais goûté à leur médecine comme d'autres avant moi. Je n'aurais jamais pu imaginer que Parisella et Bouchard s'abaisseraient à amplifier un court passage de dépression dans ma vie pour en faire un gros cas de maladie mentale de façon à miner ma crédibilité. Yves Gougoux oui, mais pas Jacques et John. On a trouvé une faille dans mon dossier, on l'a amplifiée, on l'a trafiquée et on l'a diffusée. Ces gens, à l'origine de ces malversations, ont réussi à miner ma crédibilité.

## La campagne la plus insidieuse qui soit

Comprenons-nous bien : si je suis un gars qui n'a pas de problème psychiatrique, je n'ai pas besoin de clamer haut et fort que je suis en bonne santé. Il m'était alors très difficile d'être pris au sérieux : des gens très adroits et expérimentés ont habilement amplifié un problème de santé vieux de 10 ans. Ils ont lancé la rumeur à l'effet que je serais un gars plutôt bizarre, qui fabule et qui serait même dangereux au point que des accusations ont été portées contre moi. Ma crédibilité sera à tout le moins douteuse. Donc, il me faudra déclarer à mes interlocuteurs qu'il ne faut pas croire ceux qui lancent des rumeurs à mon sujet, ce qui aura pour effet de susciter malgré tout un doute et certains se diront alors « *il est parano lui, ou quoi? »*.

## Comment miner la crédibilité d'une personne

Comment, dans de telles circonstances, pouvez-vous avoir la crédibilité requise pour livrer un témoignage sérieux et véridique devant une commission d'enquête? Comment pouvez-vous dénoncer des abuseurs alors que ceux-ci ont mis en place un programme de désinformation de façon à ce que vos interlocuteurs vous perçoivent comme un fabulateur ou encore comme un obsédé compulsif? Comment pouvez-vous clamer que vous êtes la victime de manipulateurs sans être perçu comme étant justement un paranoïaque en phase psychotique? J'ai découvert qu'il n'y a rien de plus insidieux pour miner la crédibilité d'une personne que de lancer des informations totalement dénuées de fondement sur sa santé mentale. Peu importe ce que clamera par la suite cette personne, le doute subsistera. Mais malgré ça, je suis allé au Comité des comptes publics, j'ai travaillé avec la Commission Gomery et j'ai été heureux de constater que la GRC a déterminé en septembre 2005 que mon témoignage était suffisamment vraisemblable pour me faire témoigner au procès Brault-Guité[7].

## Mon discours dérangeait

De toute évidence, c'est le discours que je tenais dans les médias et mon témoignage au Comité des comptes publics à Ottawa qui en agaçaient certains. Qu'ont-ils donc de si viscéralement honteux à camoufler pour aller jusqu'à commettre ce qui pourrait être jugé comme étant un acte criminel, suivi d'un parjure, commis lors de mon procès qui eut lieu à la fin mai 2005, et au terme duquel j'ai été acquitté sur le banc, c'est à dire séance tenante ! Pourtant à ce jour, le président de Publicis-BCP, Yves Gougoux, s'évertue à clamer qu'il n'est pas l'instigateur de ces fausses rumeurs…

**Ministère**
**de la Justice**
## Québec ✠✠✠
Bureau des substituts du Procureur général

Montréal, le  26 septembre 2005

M. Alain Richard
1155, boul. Rome, # 24537
Brossard (Québec)
J4W 3K9

Objet :  La Reine c. Jean BRAULT et
Joseph Charles GUITÉ
No  500-01-006029-042

---

*ASSIGNATION À UN TÉMOIN*

CANADA
PROVINCE DE QUÉBEC
District
Localité              : Montréal
Corps policier        : Montréal
No. d'événement       : Gendarmerie Royale du C
Cause : 500-01-006029-042
Officier enquêteur : GRC-2002MCOM2118
Richard Huot : 37442
Tél. : 280-2533

*NOUS ENJOIGNONS À*
Alain RICHARD
DE COMPARAÎTRE personnellement devant
la Cour supérieure, chambre criminelle

---

Monsieur,

En vue de votre témoignage dans le procès de MM. Brault et Guité, je vous fais parvenir les trois documents sur lesquels porteront les questions du ministère public.

Comme vous le savez, pour ce qu'il est convenu d'appeler le « premier contrat de Visibilité Canada », plusieurs centaines d'heures ont été facturées à votre nom, le tout en rapport avec la production du rapport ci-joint dont je vous ai fait grâce des quelques 80 pages de « fiches » annexées.

Mes questions porteront donc sur votre connaissance du contrat ci-joint ainsi que sur votre participation à la réalisation de ce rapport.

Vous serez également brièvement questionné sur la note de service manuscrite de la main de Jean Brault, non datée, jointe aux présentes.

À titre d'information, je puis vous préciser que le ministère public n'envisage qu'un court interrogatoire en ce qui vous concerne, l'objectif étant de démontrer la fausseté de la facturation en regard avec ce contrat. Cette preuve doit être faite autant dans le cadre de la preuve à charge contre monsieur Brault que contre monsieur Guité.

Cordialement,

Jacques Dagenais
Substitut du Procureur général

JD/ntb
p.j.

Palais de justice
1, rue Notre-Dame Est, bureau 4.100
Montréal (Québec)
H2Y 1B6

Téléphone :    (514) 393-2703
Télécopieur:   (514) 873-9895

*Illustration 24: Assignation à témoigner au procès Brault-Guité[7.]*

**Police**

## RAPPORT COMPLÉMENTAIRE

NUMÉRO D'ÉVÉNEMENT

**21-040406-025**

### COMPLÉMENT DU RAPPORT :

☐ D'ENQUÊTE    ☐ ÉVÉNEMENT    ☒ PRÉCIS DES FAITS

☐ DÉCLARATION ( TÉMOIN )    ☐ AUTRE - SPÉCIFIEZ

### Précis des faits

*◆ Il fut très malade et fut hospitalisé pendant 6 mois à l'hôpital Douglas de Verdun.*

**SUSPECT:**    Alain Richard 1966-01-24

**PLAIGNANTS-VICTIMES :**    Yves Gougoux 1951-03-21
Jacques Bouchard 1930-08-29
Michel Massicotte 1950-05-11

**ACCUSATIONS:**    ✓ Proférer des menaces, art. 264.1 (1) (a) du Code Criminel
Extorsion, art. 346 (1) du Code Criminel
Extorsion par libelle, art. 302 (1) b) du Code Criminel
✓ Harcèlement criminel, art. 264 (1) du Code Criminel
Utilisation non autorisée d'ordinateur, art. 342.1 (1) d) du Code Crim.
Envoi de courriel sous un faux nom, art. 371 du Code Criminel

---

**MISE EN SITUATION**

| | |
|---|---|
| **Publicis :** | ◆ Agence de publicité qui se classe 5e au pays.<br>◆ Elle compte environ 400 employés, répartis à Montréal et à Toronto. |
| **BCP :** | ◆ Agence de publicité d'environ 60 personnes, située à Montréal.<br>◆ Jacques Bouchard est le fondateur de l'agence de publicité BCP, fondée en 1963.<br>◆ L'agence est réputée pour sa création francophone. |
| **Yves Gougoux :** | ◆ Il est le Président du conseil de la firme de publicité BCP et il en est son propriétaire.<br>◆ Il est actionnaire à 30 % du Groupe Publicis. |
| **Alain Richard :** | ◆ Il a travaillé comme superviseur et directeur clientèle de 1994 à la fin 1996 pour la firme de publicité BCP.<br>◆ Il fut très malade et fut hospitalisé pendant 6 mois à l'hôpital Douglas de Verdun.<br>◆ Il a désiré se faire réembaucher par la firme de publicité BCP par la suite mais puisqu'il désirait être également actionnaire de la compagnie, il s'est dirigé vers la firme de publicité Groupe Action.<br>◆ Il a été Président du Publicité Club de Montréal.<br>◆ Il a quitté Groupe Action en 1997 pour créer l'Agence Rebelles.com., en 1998, dont il est le propriétaire.<br>◆ Rebelles.com. héberge le site www.jacques-bouchard.com<br>◆ Alain Richard avait acheté le domaine Internet www.yves-gougoux.com: Yves Gougoux a été en mesure de le récupérer en 2001.<br>◆ Il a associé le nom de Jacques Bouchard à une cinémathèque, sans l'autorisation de ce dernier. |
| **Jacques Bouchard :** | ◆ Il a vendu 50% des actions de BCP à Yves Gougoux en 1984 et les 50% restants en 1989.<br>◆ Il a vécu en France de 1989 à 2001 : Il est de retour au Québec.<br>◆ Il est une personne que monsieur Alain Richard admire. |
| **Nathalie Fagnan :** | ◆ Elle est l'ex-conjointe de monsieur Alain Richard : Elle l'a quitté le 20 février 2004.<br>◆ Elle est la Directrice des opérations financières pour le Groupe Publicis. |
| **John Parisella :** | ◆ Il est le Président et le Chef d'exploitation de la firme de publicité BCP. |
| **Michel Massicotte :** | ◆ Il est l'avocat criminaliste travaillant pour Messieurs Yves Gougoux et Jacques Bouchard.<br>◆ Il les accompagne et les conseille. Il est également un ami personnel. |
| **Marie-Hélène David :** | ◆ Elle est la secrétaire de Monsieur Yves Gougoux.<br>◆ Elle ouvre le courriel de Monsieur Gougoux. |

*[Encadré :] Déclaration initiale d'Yves Gougoux et de ses complices : 8 avril 2004 (le lendemain du témoignage d'Alain Richard au Parlement)*

*Arrestation: 30 juin 2004 (2 jours après les élections)*

*[Encadré :] Rapport sans approbation et vérification d'un supérieur*

| RÉDACTION ( signature-mat/grade-unité ) | AA - MM - JJ | VÉRIFICATION (signature-mat/grade-unité) | AA - MM - JJ |
|---|---|---|---|
| **Sergente-Détective Luce Viens** 958 | **2004-07-02** | | |
| RÉDACTION ( signature-mat/grade-unité )<br>**S/D Andrée Létourneau 3011** | | | |

| DISTRIBUTION ⟶ | | Page 1 de 12 |
|---|---|---|

9528-26 (1993-09-22) PP

*Illustration 25 : Déclaration d'Yves Gougoux et de son entourage à la police le 8 avril 2004 au lendemain du témoignage d'Alain Richard au Comité des comptes publics au Parlement d'Ottawa [8]*

*Extraits du procès d'Alain Richard, tenu les 26 et 27 mai 2005*

A comparu : **YVES GOUGOUX, ASSERMENTÉ**.
Contre-interrogé par Me CLAUDE F. ARCHAMBAULT, procureur
d'Alain Richard :

Q. Maintenant, Monsieur, on va aller plus spécifiquement. Je vais vous référer
à vos... C'est-tu vous qui avez dit pour éviter qu'il témoigne au **Comité des
comptes publics** ou à la **Commission Gomery** qu'il avait été hospitalisé à
Douglas pendant six (6) mois ?
R. Non.
Q. Savez-vous qui a dit ça?
R. Non.
Q. Vous avez entendu ça. Vous vous en êtes servi, vous, de cette phrase-là.

**8**

LA COUR
Non, non, il y a deux (2) questions...
R. Non.
Q. On va se limiter à la première. Avez-vous entendu cela, Monsieur Gougoux?
R. Non.

Me CLAUDE F. ARCHAMBAULT
Q. Vous avez jamais entendu ça.
R. Non.
Q. Personne vous a dit... aujourd'hui là, c'est une phrase que vous avez jamais
entendue il a été hospitalisé à Douglas pendant six (6) mois.
R. Pas dans ce contexte-là.
Q. Bien, dans quel contexte?
R. Bien le... le fait qu'il a été hospitalisé.
Q. C'est vrai ça qu'il a été hospitalisé à Douglas?
R. Non.
Q. C'est vous qui avez fait circuler ça?
R. Non.

LA COUR (LE JUGE CLAUDE MILLETTE)

Q. Mais donc, vous avez déjà entendu ça.

R. Oui. J'ai déjà entendu, Monsieur le juge, parce que on... on le savait, à l'époque, quand Alain a quitté pour maladie. On savait quand il est revenu parce qu'on a rempli des papiers, on a fait des suivis pour l'assurance. Donc, on était au courant. Mais on n'a pas colporté ça et on n'a pas fait la promotion de ça.

A comparu: **LUCE VIENS, sergente-détective au Service de Police de la Ville de Montréal. ASSERMENTÉE.**
Interrogé par Me CLAUDE F. ARCHAMBAULT:

Q. « Il fût très malade, il fût hospitalisé pendant six (6) mois à l'hôpital Douglas de Verdun ».

R. Oui.

Q. D'où vous tenez cette information-là?

R. Lors des rencontres avec les témoins.

Q. Rencontres avec qui? C'est ça que je veux savoir.

R. **Avec Monsieur Gougoux.**

Q. Avec Monsieur... c'est Monsieur Gougoux qui vous a dit ça.

R. **Lors de sa première rencontre.**

Q. Il vous a dit qu'il avait été six (6) mois à l'hôpital Douglas.

Extrait du jugement :
« *Il semble bien exact que **Monsieur Gougoux répandait l'information** que Monsieur Richard avait été hospitalisé pendant six (6) mois puisque la sergente-détective Luce Viens avait ce renseignement dans son rapport d'enquête, renseignement qui, selon ses dires, elle l'a obtenu de Monsieur Gougoux* ».

\*\*\*

Il faut comprendre que la police n'a, au préalable, en aucun temps procédé à des vérifications ne serait-ce qu'élémentaires au sujet des allégations des présumées victimes qui se sont avérées absolument fausses[9]. Comme il y a avait aussi de « gros » noms comme John Parisella, Jacques Bouchard et mon ex-conjointe Nathalie Fagnan, parmi les présumées victimes, la police s'est fiée à leur « bonne » réputation.

À compter de ce moment, je suis devenu dangereux aux yeux de la police et « fabricant d'histoires » aux yeux du reste du monde. Avec une phrase comme

« *Il fut très malade et fut hospitalisé pendant 6 mois à l'hôpital Douglas de Verdun* » vous comprendrez pourquoi la police a utilisé une telle force (24 policiers) et vous comprendrez pourquoi les médias ont discrédité mes théories rapidement. Mais, ce que ces personnes ne savaient pas c'est qu'ils travaillaient sur de fausses prémisses.

Aujourd'hui, je suis heureux de constater que la sergente-détective Luce Viens (matricule no 953) ainsi que son supérieur, le lieutenant-détective, Dominic Verret (matricule no 4970), tout comme la procureure de la Couronne, Me Nathalie Thibert étaient tous dans la salle d'audience lorsque Yves Gougoux a livré son témoignage pour le moins contradictoire. Le parjure est un acte criminel.

Il est étonnant de constater que ni la police et ni la Couronne ne veulent collaborer avec moi pour dénoncer cet acte. On tente plutôt de me décourager en me référant à des Commissions, en ne retournant pas mes appels ou mes lettres et en poussant même l'audace jusqu'à me menacer par mises en demeure. Mais je ne fais que faire valoir mes droits. Pourquoi les policiers, les procureurs de la Couronne et le ministère de la Justice ne veulent-ils pas sévir contre Yves Gougoux et son entourage ? La loi est pourtant très claire même s'il s'agit d'un notable...

8

**Ministère
de la Justice**

**Québec**

**Bureau des substituts
du Procureur général**

1, rue Notre-Dame Est, bureau 4.100
Montréal (Québec)  H2Y 1B6
Téléphone : (514) 393-2703 poste 8442
Télécopieur : (514) 873-9895

**Me Nathalie Thibert**
Substitut du Procureur général

*Illustration 25.1 : Me Nathalie Thibert, Substitut du Procureur général,
a entendu le témoignage contradictoire sous serment de Yves Gougoux.
Elle refuse toujours de produire un affidavit pour le dépôt d'une plainte privée
(procédure criminelle) contre ce dernier. Aurait-elle peur de sévir contre un
notable ou est-elle contrainte au silence par le ministre de la Justice
d'un gouvernement libéral ?*

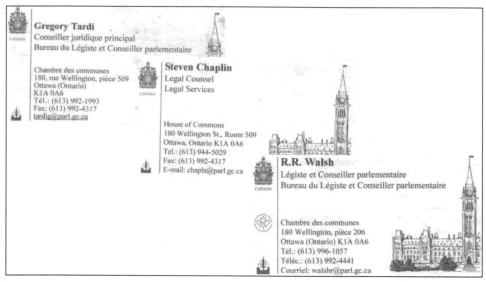

*Illustration 25.2 : Les trois avocats du Parlement qui ont travaillé avec Alain Richard. Ces avocats étaient au courant des rumeurs qui circulaient sur la colline parlementaire fédérale au sujet de la santé mentale d'Alain Richard .*

Vous pouvez cliquer sur www.DesNotables.com/JUGEMENT.html pour écouter le verdict au complet du juge ou sur www.DesNotables.com/ EXPRESS.html pour écouter une déclaration contradictoire.

J'ai témoigné au Parlement le 7 avril 2004 et ma première arrestation à eu lieu le 30 juin 2004, soit deux jours après les élections. Curieusement, Yves Gougoux et son entourage ont déposé leurs plaintes criminelles à la police le 8 avril 2004[10] mais aucun chef d'accusation n'avait été porté. Comment se fait-il que le 9 avril 2004, le Journal de Montréal[11] et LCN[12] titraient que je pourrais faire face à de graves accusations, voire même à une accusation d'extorsion. Qui a coulé cette information ? La police, la Couronne ou Yves Gougoux et son entourage ? Qui avait le plus à perdre par mes révélations ?

---

1 www.RealBrodeur.com
2 www.DesNotables.com/SQ/target22.html
3 www.DesNotables.com/ministre/target0.html
4 www.DesNotables.com/Police/target8.html
5 www.DesNotables.com/Police/target5.html
6 www.DesNotables.com/Gougoux/target37.html
7 www.DesNotables.com/Legal/target54.html
8 www.DesNotables.com/Police/target7.html
9 www.DesNotables.com/Droit/target33.html
10 www.DesNotables.com/Police/target7.html
11 www.DesNotables.com/Parisella/target51.html
12 www.DesNotables.com/Parisella/target53.html

# CHAPITRE 9

# UNE CAMPAGNE DE DÉNIGREMENT: COMMENT DÉTRUIRE MA CRÉDIBILITÉ

*Une opinion n'est choquante que
lorsqu'elle est une conviction.*
- Remy de Gourmont

*Ma vie de couple – Des allégations en matière de copinage – La rupture –
Des fausses déclarations à la police et à la Couronne pour nuire à ma
crédibilité – 24 policiers et l'escouade canine en perquisition chez moi
et à mon bureau ! – La déontologie admet qu'elle aurait dû – Une proposition de
pacte du silence – Coulage de mon dossier médical et fabrication de preuves –
L'éponge (de Jacques Bouchard) peut contenir du vinaigre – Mes chiens – Le
journaliste Patrice Roy a-t-il été manipulé? – Un « job de bras » signé BCP? –
Des coursiers du fait divers – Paul Arcand-Claude Poirier-Gilles Proulx –
Bernard Drainville craque – John Nicol de CBC menotté –
La censure de Jean-Louis Dufresne – Deuxième arrestation : 19 novembre 2004,
quelques jours après le refus du 810 – Une série d'anomalies policières, judiciaires
et... politiques – Une super détective – S'agit-il d'un acte criminel? –
Me Michel Massicotte : L'homme à tout faire dans toutes les circonstances.*

Nathalie Fagnan[56] est une femme belle, intelligente et d'agréable compagnie.
Nathalie n'est pas une femme ordinaire et comme le dit son patron Yves Gougoux,
« Nathalie pense comme un homme. Elle a des couilles » ... Pour Gougoux, il
s'agit du compliment ultime et Nathalie accepte bien volontiers les compli-
ments de son patron qu'elle admire : un fonceur, un bagarreur et un gagnant.
Nathalie travaille pour Publicis-BCP depuis une douzaine d'années. Elle en a
gravi les échelons en passant de contrôleure générale du groupe, à vice-
présidente des finances, pour en arriver au poste de Chief Financial Officer,
CFO, du groupe de Publicis avec un salaire annuel des plus attrayants.

## *Ma vie de couple*

Nathalie, dont j'ai fait la connaissance chez BCP, aura été ma compagne de vie pendant huit ans. J'étais définitivement l'artiste du couple, Nathalie associait l'argent à la notion de liberté. Je lui répétais constamment que *« l'argent ne rendait pas nécessairement libre car dans ton cas, les dollars venaient d'une seule source »*. Elle était donc « prisonnière » de son employeur.

Vers le 12 mai 1997, je me souviens d'une conversation dans la cuisine de notre appartment de la rue Querbes, à Outremont. Nathalie avait eu vent que son patron répandait de fausses rumeurs sur ma santé. Elle en était fortement troublée car elle trouvait absolument inconcevable et définitivement dégueulasse qu'Yves Gougoux essaie de briser les reins de la personne avec qui elle partageait sa vie. Je me souviens d'être intervenu en la rassurant sur le fait que cette bataille était entre son patron et moi.

Malgré mon insistance, Nathalie avait décidé de quitter son emploi. Comme je la savais bien payée et comme je savais qu'elle respectait beaucoup son mentor Jean Parizeau, vice-président finances de l'entreprise, j'ai contacté un bon ami chez Korn Ferry, le chasseur de têtes, pour lui exposer la situation et organiser une rencontre entre lui et Nathalie.

Je tenais à ce que le chasseur de têtes fasse comprendre à Nathalie qu'à son jeune âge, elle était très chanceuse d'être aussi bien rémunérée. Je ne voulais pas que Nathalie quitte son emploi à cause de moi.

Yves Gougoux constatant, non sans désarroi, que l'harmonie dans le couple se portait à merveille et bien qu'il ait déployé toute l'artillerie lourde, décida de muter Nathalie à Toronto pour ébranler notre union mais sans jamais y parvenir, du moins, pendant huit belles années.

Encore une fois, j'ai supporté la décision bien que je savais que c'était aussi une façon détournée pour Yves Gougoux de créer la discorde qui devrait aboutir à une séparation.

Je me souviens d'avoir souligné à Nathalie qu'il s'agissait d'une excellente opportunité pour sa carrière. Ainsi, pendant les quatre dernières années de notre union, Nathalie faisait la navette par avion entre Montréal et Toronto.

Plus de quarante voyages, annuellement, pour une comptable. Il faut croire qu'elle avait du talent ou qu'elle détenait des informations privilégiées.

Dans nos huit années de bonheur et de grande complicité, j'ai eu droit à de nombreuses confidences de Nathalie au sujet des pratiques commerciales de son employeur. J'ai donc eu accès à de l'information privilégiée.

Je me souviens de l'avoir vu très agressive lorsque je lui ai mentionné que j'étais au courant que les enquêteurs de la vérificatrice générale étaient débarqués chez BCP pour éplucher les contrats avec la Société canadienne des postes, la Commission canadienne du Tourisme et Santé Canada.

Au jour le jour, Nathalie continuait de nier avec véhémence cette vérification mais je la sentais de plus en plus anxieuse.

Bien que Nathalie ait exprimé son mécontentement à son employeur au sujet de ses agissements à mon égard en 1997, du moins c'est ce qu'elle m'avait dit à l'époque, elle est tout de même demeurée en poste suite à une généreuse augmentation de salaire. J'étais très heureux pour elle. J'ai supporté sa décision car je la voulais heureuse. L'augmentation qui a tout fait basculer est venue en novembre 2003 après le débarquement des enquêteurs de la vérificatrice générale. Si je vous donnais le montant vous ne me croiriez pas. Pour certaines, il y a définitivement un prix au bonheur et au silence.

*Extraits du procès d'Alain Richard, tenu les 26 et 27 mai 2005*

A comparu : **NATHALIE FAGNAN, ASSERMENTÉE.**
Contre-interrogée par ME CLAUDE F. ARCHAMBAULT

Q. Est-ce que le but de la rencontre c'était... maître Massicotte là, pour les fins de votre témoignage, était l'avocat ou est l'avocat de Monsieur Gougoux?
R. Oui, oui, oui, oui.
Q. Est-ce qu'il voulait de l'information sur la maladie?
R. Il voulait comprendre davantage.
Q. Et là, vous avez donné toute l'information que vous aviez sur la maladie selon...
R. J'ai répondu aux questions.
Q. ... à vous de sa maladie.
R. Exactement.

Du 3 au 7 février 2004, nous avons pris de courtes vacances mais des vacances de rêve à Naples, en Floride, dans un décor invitant à la détente et favorisant les rapprochements. Au cours d'un de nos 5 à 7, Nathalie m'a affirmé que ça brassait pas mal au bureau et me confia pour la première fois que le compte de la Société canadienne des postes était passé de BCP à Publicis, manifestement pour tromper la vigilance des curieux.

Du même souffle, elle m'affirma que ma « croisade » dans le dossier des commandites et des activités publicitaires nuisait à sa propre carrière car elle sentait les pressions de son patron. Et la phrase fatidique fut lâchée : « Alain, tu connais Yves et quand il pète les plombs, rien ne peut l'arrêter et il fera tout pour te détruire et t'empêcher de parler. Pourquoi ne pas cesser ta croisade? » Nous étions au bord de la mer. Je venais de terminer une conversation téléphonique avec Jacques et Caroline Bouchard dans le cadre de l'organisation d'une conférence pour leur livre La Vie de château auprès de la clientèle du magasin Ogilvy. J'ai eu l'impression que les propos de Nathalie étaient téléguidés. Je dérangeais, je le constatais encore plus maintenant.

### Des allégations en matière de copinage

J'avais compris que son patron, Yves Gougoux, n'appréciait pas que j'aie accès à certaines informations à caractère privilégié. Il n'avait pas tort puisque je suivais avec attention le développement des allégations en matière de copinage entre les publicitaires et les politiciens. Mon schéma de validation était presque toujours le même. Je mangeais avec Parisella qui me confiait par exemple que Chuck Guité insistait auprès d'Yves Gougoux pour que ce dernier commandite une activité quelconque pour les bonnes œuvres de ce dernier. Parisella me disait qu'il n'avait pas le choix car il se devait de garder de bonnes relations avec Guité. Je notais cette information et lors d'une visite chez les Bouchard, je posais la question : « Chuck est-il si pesant? »

Jacques Bouchard embarquait dans le jeu et me faisait comprendre que personne ne poussait sur BCP. Chrétien et Gougoux se connaissent personnellement et c'est plutôt les ordres qui descendaient, et les « petits fonctionnaires » (c'est l'expression exacte de Jacques Bouchard) n'avaient qu'à signer au bas de la page. Nathalie Fagnan n'a jamais démenti mes affirmations.

### La rupture

C'est le vendredi soir 20 février 2004 qu'elle m'annonça qu'elle devait prendre une décision et qu'elle n'avait plus le choix. Elle me dit, ce qu'elle a d'ailleurs répété avec insistance et détermination à mes parents le lendemain lors d'une visite à leur domicile, que face aux pressions de son employeur, elle n'avait pas le choix que de quitter le foyer familial pour le bien de sa carrière. Elle se devait d'être *corporate*! Son employeur avait tranché pour elle : c'est lui ou ton job! Je n'ai aucune amertume envers Nathalie. Elle a fait un choix. Je lui souhaite la paix, le bonheur, la carrière et tout l'argent qu'elle désire.

Nathalie Fagnan a témoigné à mon procès. Je n'ai pas reconnu la Nathalie que je connaissais et ses réponses ont laissé les membres de ma famille pantois. Elle mentait en pleine Cour de justice. Les réponses[1] de mon ex-conjointe aux questions de mon procureur Me Claude F. Archambault et la procureure de la Couronne Me Nathalie Thibert, lors du procès du 26 mai 2005, apportent un éclairage on ne peut plus convaincant quant au déroulement de toute cette saga. Je vous invite à écouter sur Internet à www.DesNotables.com des extraits audio[2] pour cerner toute cette soumission qui existe face à son patron, celui qu'on a interpellé comme *Dieu* à la Commission Gomery.

**9**

A comparu : **NATHALIE FAGNAN, ASSERMENTÉE.**
Contre-interrogée par ME CLAUDE F. ARCHAMBAULT

Q. Vous, vous dites avoir quitté Monsieur Richard environ une semaine après le treize (13) février deux mille quatre (2004).
R. Oui.
Q. C'est vrai que dans la semaine précédant le treize (13) février deux mille quatre (2004), vous êtes allés en voyage ensemble .
R. C'est une semaine ou deux (2) avant, oui. Oui, oui, oui.
Q. Comme vous travailliez chez BCP et que vous êtes vice-présidente, vous devez connaître la date du rapport de la vérificatrice générale. Quelle date?
R. Je le sais pas.
Q. Si je vous suggère le dix (10) février deux mille quatre (2004).
R. C'est fort possible.
…
Q. Est-ce qu'à cette époque-là, vous avez eu de la part de votre patron, Monsieur Gougoux, une augmentation de salaire qui vous faisait passer, par exemple, de cent soixante-cinq mille (165 000$) par année à trois cent cinquante mille (350 000$) par année?
R. Oui, il y en a eu une augmentation.
Q. C'est un hasard que vous l'ayez quitté à cette époque-là, au moment... Vous arriviez de... vous arriviez de voyage ensemble...

NATIONAL POST, THURSDAY, APRIL 8, 2004

DAVID ASPER
CHAIRMAN

BOB McKENZIE
GENERAL MANAGER

MATTHEW FRASER
EDITOR-IN-CHIEF

CRAIG BARNARD
V.P. READER SALES & SERVICE

DOUGLAS KELLY
DEPUTY EDITOR

LYNNE MUNRO
V.P. PROMOTIONS

PATRICK BRENNAN V.P. MANUFACTURING

# COMMENT

Alain Richard's dynamite will then blast the planned spring election into the fall -- or beyond.

## Richard is either credible or incredible

**DON MARTIN**
*in Ottawa*

He may look the part of a slightly edgy 38-year-old Montreal marketing executive in an expensive business suit, but Alain Richard is walking, talking dynamite.

He can blow the lid off the sponsorship inquiry with expert testimony. Or he can destroy what's left of the probe's shaky reputation with unfounded allegations.

It all boils down to whether testimony by the former vice-president of Groupaction, one of the main agency recipients of money-for-nothing government contracts, is credible or merely incredible.

He's self-promoted as an eyewitness to the goings-on between a Liberal party allegedly collecting free advertising help during election campaigns in exchange for lucrative government contracts after the victory party.

It's the allegation which has been driving most of the sponsorship inquiry's zeal and media zest. If proven, it's proof of a proof and a dang good proof at that -- suggesting a culture of serious corruption thrived in Liberal-owned Quebec where party IOUs were cashed out with hefty helpings of tax dollars.

Just how important Richard's testimony is to the committee became evident yesterday when MPs took the unusual step of interviewing him in private.

Already soundly vilified as hopelessly divided, disoriented and generally useless, the committee of MPs can't handle another witness spectacle along the lines of Myriam Bedard, the former Olympic gold medallist who gave over-the-top hearsay testimony to the committee about ad agency drug-smuggling and an obscene $12-million payment to induce racing car driver Jacques Villeneuve to wear a Maple Leaf patch on his racing gear. Both allegations have been thoroughly and convincingly discredited.

That's why the committee did its homework on Richard. It desperately needs a legitimate whistleblower to emerge from deep inside the murky world of the government-commissioned ad agencies which received millions in fees for little or no apparent work.

Yet red flags flap over Richard's name — and not of the costly Maple Leaf variety.

The death threats he apparently received at his home last month set off a few alarm bells in my mind, particularly after he fled town for his own protection, heroically vowing to testify in public no matter how dangerous the consequences to his well-being in a scene ripped from a juvenile crime story.

His comments at the time had a slightly surreal edge too. "I saw too much. I know how it works,"

he fretted, claiming to have personally seen "fraud and influence peddling" between government and large advertising firms.

But most worrisome of all, there's the matter of his declared self-interest.

As the owner of a small marketing company, unfortunately named rebelles.com, he admits his company bidding for government contracts has run into a wall, leaving him cut off from the deep public trough. He wants to get the good times rolling again, apparently in the same vein as Groupaction during its liberally funded heydays.

So anyone whose admittedly coming forward for a potential monetary benefit and then asks permission to bring his pet dogs with him to testify is, um, how to put this delicately, *different*.

Yet the 200 pages of documents he hauled into the committee dangle the tantalizing possibility that Richard has a real insight to share with committee members starved for significant progress in their quest for some version of the truth.

The parade of former public works ministers, bureaucrats, advisers and fired Crown corporation heads have generally been dismissed by committee members as devious, deceitful or truth deniers, preoccupied with saving their own reputations from the harsh judgment of history.

There's been precious little to

### HE COULD BLOW
### THE LID OFF
### THE SPONSORSHIP
### INQUIRY WITH
### EXPERT TESTIMONY

track the missing money into anyone's pockets, especially into the Prime Minister's Office.

But Richard will need to back his allegations with enough documentation to pass the smell test before a committee stacked with Liberals seeking re-election later this year. They'll want to be cynical because they can't afford to have their party further discredited in a province that's the key to reclaiming a majority government.

That said, Richard's arrival before the committee sets up two nightmare scenarios.

If he is greenlighted to testify in

public and soundly discredited, the committee will sink to a new and discouraging low.

If he's denied permission to speak, his allegations will be dismissed as another example of the sponsorship mess being rooted in exaggeration and innuendo.

But if there's paper showing a quid pro quo deal between the government and Liberal friends was hatched and implemented by the Liberals under the cover of promoting national unity, the existing backlash in Quebec will know no bounds.

Alain Richard's dynamite will then blast the planned spring election into the fall -- or beyond.

*National Post*
*dmartin@nationalpost.com*

*Illustration 26 : Éditorial du journal National Post[3] du 8 avril 2004 au lendemain du témoignage d'Alain Richard au Comité des comptes publics au Parlement d'Ottawa. La même journée qu'Yves Gougoux et son entourage déposaient une plainte à la police contre Alain Richard sur des échanges par courriels ayant eu lieu au mois de février précédent.*

## Des fausses déclarations à la police et à la Couronne pour nuire à ma crédibilité

Existe-t-il une justice pour les riches et une pour les pauvres?
Existe-t-il une justice pour les personnalités publiques et une pour les inconnus? Existe-t-il une justice pour les membres du Réseau libéral et une autre pour le reste de la population?

Voici spontanément trois questions qui me viennent à l'esprit lorsque je pense au traitement que m'ont réservé la police, le système judiciaire et la classe politique. Je ne peux croire que, dans un état de droit, la police et la Couronne ne se préoccupent guère de la véracité des faits allégués par les victimes présumées avant de procéder à une arrestation et, pire encore, à un emprisonnement.

Incroyable mais pourtant vrai. Yves Gougoux a déposé sa plainte, contre moi à la police, le 8 avril 2004, soit au lendemain de mon témoignage devant le Comité des comptes publics à Ottawa. Le 8 avril, des quotidiens du Canada anglais comme le Ottawa Citizen[4] et le National Post[5] faisaient la une avec ma présence à Ottawa. Rien dans les médias du Québec. Curieux? L'éditorialiste du National Post[6] alla même jusqu'à écrire que le contenu de mon témoignage aurait des répercussions sur la tenue ou non des prochaines élections. Mais toujours rien dans les médias du Québec sauf un article, téléguidé par la main de Dieu, dans Le Journal de Montréal du 9 avril qui prétendait que je pourrais être arrêté pour avoir menacé Monsieur Yves Gougoux de Publicis et de BCP. Qui a coulé cette information aux médias? Qui a autorisé la publication de cet article truffé d'erreurs? Comment la police et la Couronne n'ont-elles pas fait le lien entre les événements? Du bon travail des avocats et des relationnistes de Gougoux! Quant à LCN, ils se sont régalés de cette manchette pendant plus de 24 heures. Notre enquête démontre que le rôle de la chef d'antenne Esther Bégin, conjointe de John Parisella, n'est probablement pas étranger à ce fait. Or, c'était illégal.[7]

Aux dires de la police, Esther Bégin aurait porté plainte[8] contre moi, via John Parisella, à cause d'un courriel que je lui <u>aurais</u> acheminé. Curieusement, la police a décidé de retirer de la preuve ce courriel qui aurait été envoyé à Madame Bégin vendredi le 12 novembre à 9 h 49, lorsque mon procureur a informé la police (après l'arrestation) que j'étais à ce moment précis sur le vol Air Transat TS560[57], qui avait décollé de Montréal à 9 h 40 en direction de Cuba. « On » avait mal calculé ce volet de l'opération. J'apprendrai plus tard qu'il ne s'agissait pas d'un courriel mais plutôt d'un colis!

Lors de mon arrestation de novembre 2004, les policiers ont invoqué que j'aurais essayé de contacter la conjointe de Parisella (avec un colis, un courriel ou une lettre?) mais je n'en ai toujours pas vu la preuve. Dans le cadre de mon enquête pour faire la lumière sur cette affaire, j'ai tenté de contacter Esther Bégin à plusieurs occasions et de plusieurs façons, notamment par une lettre livrée par un huissier le 16 septembre 2005. Madame Bégin refuse de donner suite. Quel est donc le rôle véritable d'Esther Bégin dans toute cette affaire?

***24 policiers et l'escouade canine en perquisition chez moi et à mon bureau !***
Le 30 juin 2004, pas moins de vingt quatre, je le répète, vingt quatre policiers, soutenus en plus par l'escouade canine, ont effectué des perquisitions à mon bureau[9] ainsi qu'à mon domicile[10] pendant plus de 4 heures !

Cette perquisition tout à fait invraisemblable, sauf lorsque l'on traque un criminel (très) dangereux, faisait suite à une plainte déposée à mon endroit, **pas moins de 86 jours plus tôt** par l'épouse du président de BCP/Publicis, Agnès Jarnuskiewicz-Gougoux! Le plus curieux dans cette perquisition, c'est qu'elle était dirigée par une responsable de la division des agressions sexuelles du Service de la Police de la ville de Montréal, la sergente-détective Luce Viens. Pourquoi cette division?

Autre fait curieux, voire étrange, la sergente-détective Luce Viens ne m'a jamais rencontré et encore moins ma famille, pour avoir notre version des faits. Autre question troublante : pourquoi la sergente-détective Luce Viens n'a-t-elle pas procédé à des vérifications, ne serait-ce qu'élémentaires, de routine, pour vérifier le bien-fondé d'allégations aussi lourdes de conséquences? Quel était donc le véritable mandat des policiers dans ce dossier? « Fermer la gueule » à un témoin gênant? Gagner du temps? Oui, mais en faveur de qui, exactement?

J'ai donc été accusé de menaces de mort et de harcèlement criminel. Gougoux, son entourage et la police avaient ajouté d'autres chefs aussi loufoques les uns que les autres que la Couronne n'aura heureusement pas retenus. La police n'a jamais laissé sur place un procès-verbal de la perquisition, tant au bureau qu'à ma résidence. En outre, plus de neuf mois se sont écoulés avant que je reprenne possession de mon ordinateur saisi à ma résidence ainsi que des CD. Aucune raison et aucune justification n'ont été données par la police pour un tel délai. De plus, les perquisitions à mes bureaux et à ma maison ont été effectuées sans témoin externe, les policiers ayant demandé aux employés sur place de sortir des bureaux pour faire leur perquisition.

J'ai par la suite tenté par tous les moyens d'obtenir des éclaircissements auprès de la sergente-détective Luce Viens. Peine perdue! Sauf que j'ai appris que la sergente-détective, Luce Viens, aurait par la suite, demandé de se retirer du dossier parce qu'elle était surchargée de travail en raison du nombre de dossiers sous sa responsabilité. Le tout est fort plausible puisque plus de 86 jours se sont écoulés avant de procéder à l'arrestation du 30 juin. Et qui plus est, Luce Viens n'avait même pas eu le temps de vérifier, avant le 20 janvier 2005, les allégations des « présumées victimes » que l'on retrouve également dans son rapport du 8 avril 2004 au sujet de mon supposé séjour à l'hôpital psychiatrique Douglas de Verdun pendant 6 mois et du fait que je serais maniaco-dépressif. Allégations absolument fausses, tendancieuses et mensongères, telles qu'en témoignent une lettre du Dr Enrique Lizondo[11] et une lettre de l'Institution[12]. Vous trouverez aussi lesdites lettres aux annexes 1 et 2.

Il aura fallu des représentations auprès du ministre de la Justice du Québec pour que finalement la police décide de contacter mon médecin, le 18 janvier 2005, soit presque sept mois plus tard. Son collègue Tony Paradiso avait pourtant confirmé le jeudi 2 décembre 2004 qu'il avait reçu une lettre[13] de cet hôpital confirmant que je n'y avais jamais séjourné.

À maintes reprises, j'ai essayé de rejoindre la sergente-détective Luce Viens et les lieutenants-détectives Denis Bonneau, Dominic Verret et Venise Vignola pour faire la lumière sur une situation qui est, de toute évidence, un coup monté. Peine perdue! À ce jour, je ne peux pas vous confirmer leur existence. Tout ce que j'en sais c'est qu'ils ont des messageries vocales... qu'ils ne semblent pas utiliser.

La sergente-détective Luce Viens, soutenue par ses supérieurs, n'a donc jamais enquêté sur cette phrase si lourde de conséquences, « *IL FUT HOSPITALISÉ PENDANT 6 MOIS À L'HÔPITAL PSYCHIATRIQUE DOUGLAS DE VERDUN* », se contentant tout simplement de l'inscrire dans son rapport. Elle dira plus tard que la source était tellement fiable qu'elle n'avait pas à enquêter. Ainsi, la police et la Couronne n'ont jamais cru bon de vérifier avec moi, ma famille ou mon médecin, le bien fondé d'une allégation qui aura comme conséquence de faire intervenir les forces de l'ordre de façon aussi musclée et ce sur la seule base de la crédibilité des témoins, des notables présumément au-dessus de tout soupçon. En quoi l'agence de publicité Publicis-BCP et ses représentants, pourtant impliqués dans le plus grand scandale politico-financier de l'histoire du Canada, sont-ils plus crédibles que mon médecin? Comment la sergente-détective Luce Viens peut-elle avoir inscrit cette mention dans un rapport de police sans jamais faire d'enquête sur ce fait? Comment les supérieurs de Madame Viens pouvaient-ils ne pas lui souligner l'importance de vérifier de telles allégations?

### La déontologie admet qu'elle aurait dû...
La nature même de cette fausse déclaration faite par Yves Gougoux et sa conjointe Madame Agnès, servait uniquement à mettre de la pression pour que je sois placé dans l'impossibilité de poursuivre mes interviews dans les médias et, sur ce point, ils auront réussi.

Une seule consolation : tout au long du processus, ma famille et moi avons rencontré des policiers qui nous ont confié (je résume) : « *Vous savez, quand un bonze bien branché... c'est toujours le même scénario... les ordres arrivent d'en haut. C'est pas mal ridicule comme situation mais nous avons les deux mains attachées* ».

J'ai évidemment porté l'affaire devant le Comité de déontologie policière. Or, dans une lettre de Me Réjean Gauthier du bureau du Commissaire à la déontologie policière on m'indique : « *S'agissant d'un simple élément de mise en situation qui n'avait aucun impact réel sur les conclusions de son enquête, elle n'avait pas dès lors, même si cela aurait été néanmoins souhaitable, d'obligation déontologique de vérifier cet aspect d'autre source[14]* ». « *S'il est vrai que la sergente-détective Luce Viens a inscrit une mention inexacte dans son précis de faits et, plus particulièrement, à la rubrique mise en situation du rapport qu'elle a constitué concernant le dossier 21-040406-025, elle ne rapportait alors que de bonne foi un fait, certes faux, porté à sa connaissance par une source qu'elle pouvait estimer fiable[15]* ».

La transcription du témoignage d'Yves Gougoux en rapport avec sa collaboration avec la police est disponible sur www.DesNotables.com[16] et la bande sonore est aussi disponible[17]. De même que la transcription du témoignage de la sergente-détective Luce Viens en rapport avec mon arrestation et la collaboration avec Yves Gougoux et Me Michel Massicotte est disponible sur www.DesNotables.com[18] et la bande sonore est aussi disponible[19].

### Une proposition de pacte du silence
Je n'étais pas accusé au Criminel mais simplement par voie sommaire et, bien que la situation soit moins grave, elle était néanmoins stressante. L'avocat Massicotte aura tout fait pour que les accusations sommaires se transforment en accusations criminelles... tout ce branle-bas pour un courriel... et pas d'enquête en plus. Il ne faut quand même pas exagérer!

Cependant, pour retirer les *charges* contre moi, la Couronne m'a demandé à 3 reprises de signer la formule 810, entente qui me permettrait d'être dégagé des chefs d'accusation mais en échange, je m'engageais à garder la paix, de ne pas poursuivre la police et la Couronne. Sur les deux derniers points : jamais! Ce pacte avec le diable avait pour but de me « fermer la gueule » et de m'empêcher de parler, pouvait à la limite être interprété comme un aveu de culpabilité déguisé, et aurait pu ouvrir la porte aux poursuites d'Yves Gougoux et de son entourage. J'ai donc refusé de signer et c'est certainement à l'origine des ennuis qui ont suivi. Se tenir debout a définitivement un coût.

### Coulage de mon dossier médical et fabrication de preuves

Ma rencontre avec les avocats du Parlement aura confirmé ce que je savais déjà. Mes détracteurs coulaient de l'information trafiquée sur mon passé médical. Mais comment un bref séjour dans un hôpital général pouvait-il nuire autant à ma crédibilité? Cette information nous l'avons fait confirmer par quelques personnes dans les salles de nouvelles des médias du Québec. Quelqu'un amplifiait la maladie pour discréditer mes propos.

Je savais depuis un bon moment qu'Yves Gougoux coulait de l'information à mon sujet. Mais jusque-là, j'ignorais qu'il amplifiait la maladie pour transformer une simple dépression en maniaco-dépression. Cet acte répugnant n'est pas passé inaperçu. Me Steven Chaplin[20], avocat du Parlement, avait abordé la question du bout des lèvres lors de notre session de travail. Je le sentais gêné de poser la question mais comme il avait reçu l'information, il devait valider le fait que je n'étais pas un « malade mental ».

Ce n'est que quelques mois plus tard, à l'été 2004, que j'ai reçu par la poste les preuves du méfait[21]. Une enveloppe m'était adressée avec trois feuilles de papier à l'intérieur : le bordereau de transmission du cabinet Desrosiers, Turcotte, Massicotte, Vauclair, avocats[22], le recto[23] et le verso[24] de mes papiers d'assurance-invalidité Desjardins.

J'étais dans la voiture avec mon père quand j'ai ouvert cette enveloppe. Je n'en croyais pas mes yeux. Se pouvait-il que des gens angoissés par la crainte que la vérité ne soit étalée au grand jour utilisent une telle tactique pour me déstabiliser? Il semble que oui. Les papiers portaient des marques qui ne laissaient aucune place au doute. Des individus pressés de me faire taire ont paniqué et altéré des documents d'assurances pour amplifier mon très court épisode de dépression, communément appelé « burn-out », en maniaco-dépression, ce qui était et demeure totalement faux.

C'était donc vrai. Un avocat montréalais avec son poids d'avocat se promenait dans les médias pendant que John Parisella faisait la même chose à Ottawa et ils répandaient de la fausse information uniquement dans le but de me discréditer. Mais en quoi était-il pertinent de véhiculer cette fausse information aux médias?[26]

Coïncidence? Je venais de recevoir une invitation[27] à témoigner au Comité des comptes publics à Ottawa. La tension venait de monter d'un cran. Tous les coups semblaient permis pour eux. Maître Massicotte avait reçu directement d'Yves Gougoux le mandat d'enquêter sur ma supposée maladie: Yves Gougoux lui-même le reconnaîtra d'ailleurs plus tard lors de mon procès!

D'ailleurs dans une lettre[28] adressée par Yves Gougoux à la Commission d'accès à l'information le 16 décembre 2004, ce dernier indique clairement avoir mon dossier d'employé en sa possession mais ne pas vouloir me donner accès à l'original . Il continue en affirmant qu'il y a des accusations criminelles contre moi et *«vous comprendrez donc la méfiance qui nous anime quant aux allégations de Alain Richard»*. Même devant des autorités autres que la police et la Couronne, Yves Gougoux continuait à semer le doute à mon sujet.

### L'éponge (de Jacques Bouchard) peut contenir du vinaigre

L'enquête en cours tend à démontrer que mon dossier médical serait sorti directement des bureaux de Publicis-BCP, le 7 avril 2004[29] (jour de mon passage au Parlement) et ce à partir du télécopieur privé d'Yves Gougoux, pour ensuite se retrouver à la résidence de Jacques Bouchard qui aurait ajouté les mentions suivantes sur le document : *« Mais comme sur la croix du Christ, l'éponge peut contenir du vinaigre. Amitiés Jacques[30] »*. L'illustration ci-contre démontre clairement les numéros de télécopieurs personnels d'Yves Gougoux et de Jacques Bouchard. Cette télécopie aurait ensuite été envoyée à Me Michel Massicotte qui s'est servi de son titre d'avocat pour la diffuser dans les salles de presse[31] pendant que John Parisella faisait de même à Ottawa[32]. On peut d'ailleurs lire sur ce sujet dans un article publié le 8 avril 2004 dans le Ottawa Citizen[33]. On peut consulter un des affidavits assermentés et que j'ai en ma possession[34]. Pour ce qui est du coulage des informations auprès du journaliste Rodolphe Morissette[35] du Journal de Montréal et LCN[36], l'enquête suit son cours car les médias n'avaient pas le droit[37] de diffuser la nouvelle, puisqu'il n'y avait pas d'accusations de portées par le ministère public. Jusqu'à ce jour, le Syndic du Barreau n'a pas fait enquête sur cet élément de preuves, se contentant tout simplement de consulter l'avocat Massicotte qui, évidemment, s'est empressé de nier en être l'instigateur. Simplement pathétique !

Mais il demeure une énigme : qui, dans le processus, a falsifié le document pour amplifier une simple dépression unipolaire en dépression bipolaire[38]? Mes recours présentement devant la Commission d'accès à l'information devraient éventuellement me permettre de faire la lumière sur ce point.[39]

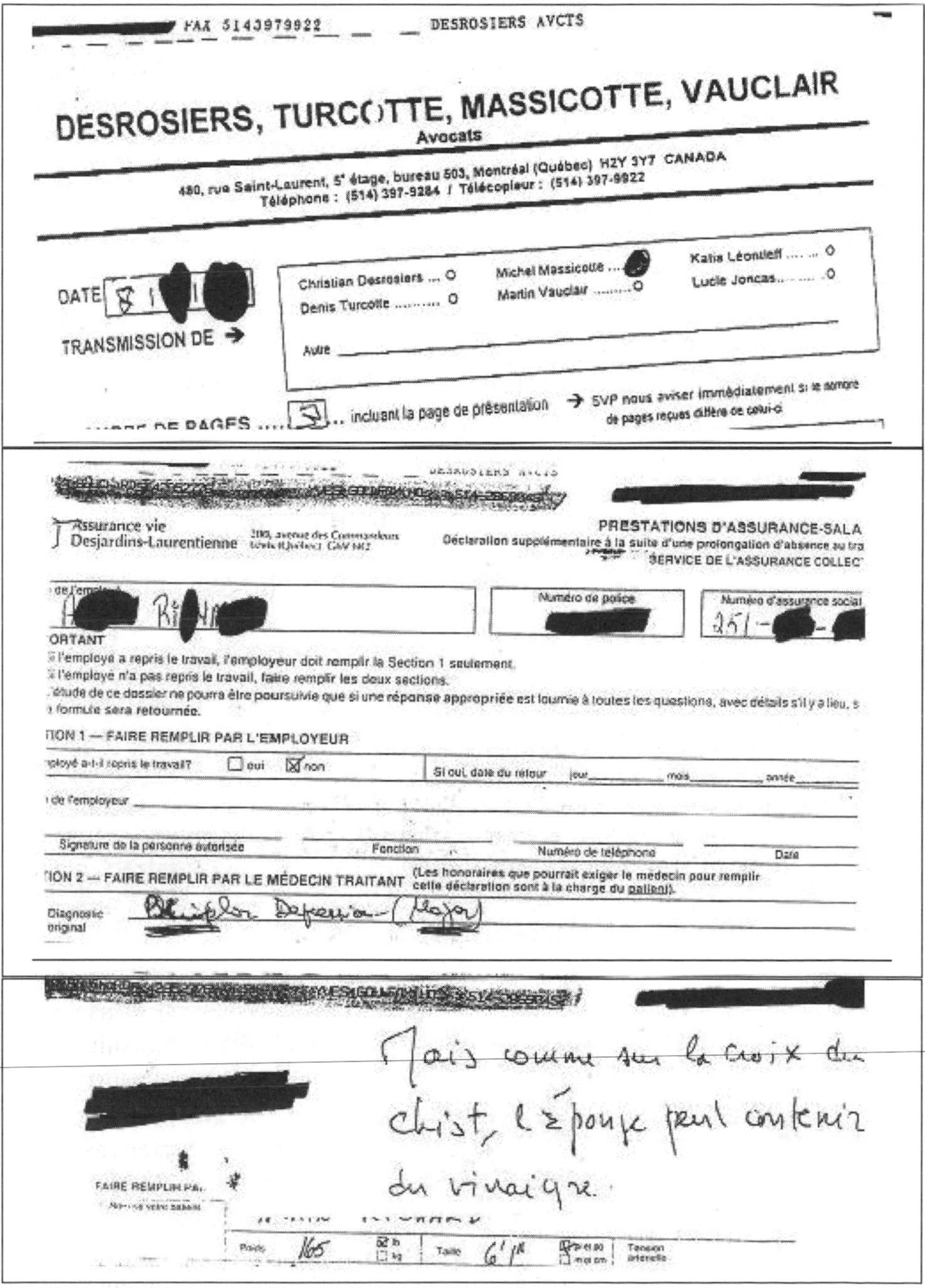

*Illustration 27 : Extraits des pages du dossier médical trafiqué reçu. On y retrouve notamment les numéros de télécopieur personnel d'Yves Gougoux et de Jacques Bouchard en plus de l'écriture manuscrite de ce dernier. On voit aussi l'altération du diagnostic médical de dépression unipolaire vers bipolaire[25]*

## Mes chiens

À la fin mars 2004, le greffier du Comité des comptes publics, Jeremy Leblanc[40], me confirmait que je serais entendu par le Comité. Cependant, afin d'éviter des situations gênantes comme celle de Myriam Bédard, les témoins doivent présenter leurs informations à l'entreprise de juricomptabilité KPMG qui est représentée par Paul Loiselle[41]. Monsieur Loiselle devient donc mon contact avec le gouvernement. Je me souviens d'avoir mentionné à ce dernier que KPMG était aussi un très gros donateur du Parti libéral.

Lors de notre réunion du 26 mars 2004, je me souviens aussi de lui avoir mentionné que je quittais pour Paris et que je devais connaître la date de ma présentation devant les Comptes publics afin de me préparer en conséquence. Monsieur Loiselle acquiesça. J'ai quitté pour Paris pour affaires deux jours plus tard. J'ai essayé à plusieurs reprises de rejoindre Monsieur Loiselle[42] par téléphone et par courriel pour connaître mon horaire sans jamais avoir de réponse. J'ai même demandé à mon bureau de faire un suivi. Toujours sans réponse.

J'ai occupé mes soirées à écrire ma présentation aux Deux Magots, dans le quartier Saint-Germain-des-Prés. J'avais décidé de prendre deux jours de repos pour voir les châteaux de la Loire; j'étais toujours sans nouvelle du Monsieur. J'ai décidé alors de provoquer une réaction et c'est ainsi que je lui ai envoyé un courriel laconique dans lequel je lui faisais part de demandes nettement loufoques telles que trois heures de présentation, du matériel audio-visuel et... la permission d'emmener mes chiens au Parlement. Quand même! De toute évidence, mon sens de l'humour n'a pas été apprécié[43]!

Je me suis dis qu'avec un courriel comme ça le Monsieur allait enfin réagir[44]. Je quitte pour la vallée de la Loire pour arriver tard dans la nuit dans un magnifique château et je décidai d'y rester. C'est alors que ma relationniste m'avisa par téléphone que le journaliste Patrice Roy[45] désirait absolument me parler. Je connaissais Patrice, il était venu au bureau à plusieurs occasions et il avait même flatté mes chiens. Je lui avais fourni beaucoup d'information sur le dossier des commandites et des activités publicitaires. Finalement, comme je savais que Patrice n'était pas un journaliste à potins, j'ai décidé de le rappeler. Il devait être 19 heures ou 20 heures, heure de Montréal donc 2 heures ou 3 heures du matin pour moi.

### Le journaliste Patrice Roy a-t-il été manipulé?

Patrice Roy : « *Monsieur Richard, j'ai de l'information ici à l'effet que vous voulez aller au Parlement avec vos chiens. De fait j'ai même une copie d'un courriel que vous avez envoyé* ». (Paul Loiselle existait donc mais il ne travaillait pas pour KPMG mais bien pour les libéraux...)

Alain Richard: « *Monsieur Roy, on se connaît un peu et franchement vous n'êtes pas sérieux. Il faut mettre les choses en contexte. J'ai provoqué ce Monsieur Loiselle pour qu'il retourne mes messages* ».

Patrice Roy: « *Vous avez donc envoyé ce courriel?* »

Alain Richard : « *Oui, mais dans un contexte très particulier pour le faire réagir car je dois passer aux Comptes publics et je n'ai toujours pas la date. Je dois me préparer* ».

Patrice Roy: « *C'est bien Monsieur Richard, bonne nuit* ».

Voilà comment un journaliste pourtant chevronné, payé avec nos taxes, valide une histoire et fait la une du Téléjournal de Radio-Canada. A-t-il été manipulé ou était-ce volontaire? Quoiqu'il en soit, je ne regarde plus les nouvelles de la même façon depuis. Que conclure d'autre que Patrice avait fait son devoir : dans un contexte de campagne électorale appréhendée, il fallait démolir, du moins essayer de démolir, quelqu'un de gênant pour le parti politique au pouvoir. Patrice Roy, aujourd'hui chef de pupitre de la SRC à Ottawa, m'avait promis de ne pas donner mon numéro au château à personne. Curieusement, quelques heures plus tard, plusieurs journalistes tentaient de me rejoindre à ce même numéro de téléphone. Les gens du château pensaient que j'étais leur châtelain!

### Un « job de bras » signé BCP?

J'ai contacté Montréal et j'ai compris que BCP avait mandaté Me Michel Massicotte pour faire un job de bras à mon sujet dans les médias. J'ai eu confirmation de cette rumeur via deux recherchistes : Luc Fortin oeuvrant avec Paul Arcand de CKAC (maintenant au 98,5 FM) et William Leclerc de CPAC. Même dans la campagne française, je n'étais pas au bout de mes ressources. Et c'est ainsi que William Leclerc[46] de CPAC m'a informé en détail du mandat du « job de bras » en question, en précisant que Me Massicotte travaillait de concert avec John Parisella qui lui, laissait des messages un peu partout pour dire que je n'étais pas crédible. Un jour, nous aurons l'occasion d'écouter ce Grand libéral puisque les répondeurs ont la mémoire longue et laissent des traces!

C'est également William Leclerc qui me donna le numéro du cellulaire de Marlene Jennings[47], la députée libérale au Comité des comptes publics et que je crois être la « taupe » de John Parisella. Je l'ai immédiatement contactée.

Alain Richard: « *Madame Jennings, ici Alain Richard. Vous devez m'accorder deux minutes de votre temps maintenant* ». (J'entendais la cloche des communes sonner à l'arrière.) Madame Jennings: « *Mais je rentre en Chambre. Qui vous a donné mon numéro?* »

Alain Richard : « *Un recherchiste. Mais peu importe. Voici la situation. Vous essayez de me faire passer pour un fou dans le but de me discréditer parce que vous savez (via Paul Loiselle) que j'ai des documents qui pourraient nuire à la réélection de votre gouvernement. Madame Jennings si vous ne rétablissez pas la situation, je devrai tout simplement couler ces documents dans les médias.* »

Marlene Jennings : « *Quelqu'un vous contactera en début de semaine.* »

Alain Richard : « Pas question. On règle ça maintenant... »

Marlene Jennings: « *Monsieur Richard, restez près de votre téléphone quelqu'un vous contactera dans les prochaines minutes.* »

Alain Richard: « *Je compte sur vous.* »

Moins de huit minutes se sont écoulées pour que l'énigmatique Paul Loiselle me rappelle! Et c'était pour me confirmer mon passage aux Comptes publics. Tout penaud, il s'excusait en prétendant avoir bel et bien répondu à mes courriels mais qu'il éprouvait des problèmes avec les serveurs et qu'il avait aussi mal épelé mon nom[48]. Épeler Alain Richard, c'est vraiment compliqué! Et ce cher Monsieur Loiselle avait-il oublié que le téléphone existait? Simplement pathétique! Vraiment n'importe quoi! Mais que Madame Jennings est efficace quand elle le veut! Monsieur Loiselle aussi! Quant à Patrice Roy, il aura été très efficace pour ses patrons!

### Des coursiers du fait divers

Le Devoir du 29 mars titrait : « *Commandites : menacé de mort, un témoin-clé quitte le pays* ». Or, ce que j'ai déclaré à la journaliste était que je quittais pour un voyage d'affaires à Paris et que je trouvais que le temps était bien propice compte tenu de mon passage à venir au Comité des comptes publics et aussi, des récentes menaces dont j'avais été victime. Elle me demanda si j'avais peur pour ma vie et j'ai eu le malheur de lui dire « *off the record* » : « *Oui* ». Par la suite dans un article nettement exagéré, la journaliste a écrit que j'avais décidé de quitter le pays à la suite des menaces de mort proférées à mon endroit. Tous les autres médias ont emboîté le pas. Pourtant le site Web de mon entreprise ainsi que le contenu de mes déclarations aux autres médias révélaient depuis quelques temps que je quittais pour un voyage prévu à Paris.

Le « spin » médiatique pour attirer l'attention et vendre des journaux aura simplement pris le dessus sur le contenu de la véritable nouvelle… une fois de plus.

Je me permets ici de citer le dernier ouvrage de Mario Cardinal, *Il ne faut pas croire les journalistes*, en page 6 : « …ces jeunes journalistes deviennent des tâcherons de la production rapide, des coursiers du fait divers, des porteurs de micro et des fabricants d'images à la sauvette… » Il est évident que le travail expéditif de certains journalistes les mène à commettre de nombreuses erreurs et approximations, ce qui nuit à leur crédibilité… Toutefois, mis à part le titre, l'article de la journaliste est pourtant celui qui résumait le mieux la situation à cette époque. Dommage que l'animateur Paul Arcand ne s'en tienne qu'aux titres.

Voici d'ailleurs quelques extraits de l'article en question :
« *Au début, je portais plus ou moins attention à ces menaces. Mais il y a cinq semaines, j'ai commencé à devenir plus nerveux* ». « *Ça fait sept ans que je vis avec ça et que je le décris. J'ai vu la relation entre la politique et les publicitaires. Les agences de publicité qui sont proches du pouvoir bénéficient d'avantages importants pour l'obtention de contrats au niveau du gouvernement. Groupaction, Everest et BCP sont les agences du Parti libéral qui se partageaient les contrats* ». « *L'obtention des contrats était annoncée d'avance. On savait les contrats qui allaient rentrer. C'est un sacrilège. Ça veut dire qu'il y a des boîtes qui ont répondu à des appels d'offres pour absolument rien* ». « *Je suis sûr qu'ils vont trouver un moyen pour que je ne témoigne pas le 6 ou le 7 avril et je suis sûr qu'ils vont trouver un moyen pour faire avorter la commission d'enquête* ». La Presse avait fait la une avec cette menace[49]. Le premier rapport du Juge Gomery me donne raison.

### Paul Arcand - Claude Poirier - Gilles Proulx

Il ne faut pas oublier que si un journaliste ne fait pas bien son travail sur le terrain, des animateurs à sensation saisiront l'histoire et la mouleront à leur convenance, souvent sans même avoir pris le temps de chercher à valider la source. Nous sommes définitivement dans le *fast-food* de l'information. Je n'accepte pas que Paul Arcand m'ait traité de « coucou » en ondes en présence de son collègue Claude Poirier. Gilles Proulx en a fait autant. Les effets ont été dévastateurs. De quel droit pouvait-il dire une telle chose ? Il faut garder en mémoire que j'ai refusé de témoigner à l'émission d'Arcand sur les délateurs diffusée à TVA en novembre et décembre 2005.

### Bernard Drainville craque

L'adjoint de Bernard Drainville de l'émission La Part des Choses à RDI m'a contacté pour une participation à une table ronde avec Yves St-Amand, le directeur général de l'Association des Agences de Publicité du Québec. J'ai accepté sur le champ et j'ai eu une longue conversation téléphonique avec Drainville qui était fort intéressé par mes constats.

Après la session de maquillage et à quelques minutes de la mise en ondes, Drainville m'informa qu'il avait modifié l'angle de son entrevue. Ce qu'il voulait plutôt dire : *« je viens de recevoir des ordres de ne pas t'interviewer »*. Je l'avais prédit et annoncé plus tôt lors de mon entrevue en ondes avec le correspondant parlementaire à Ottawa, Daniel L'Heureux. Aucun doute dans ma tête, je dérangeais.

### John Nicol de CBC était menotté

J'ai saisi toute l'ampleur du scandale lors des mes conversations avec le producteur de CBC, John Nicol . John était le grand manitou de l'émission The National, l'équivalent de l'émission Le Point dans le Canada anglais. John était une source inépuisable d'informations. Il en savait beaucoup sur les agissements de Jean Carle, les magouilles de la BDC, les comptes en banque de Chuck Guité de même que son solde d'hypothèque.

Bien qu'il ne soit pas journaliste, John avait un réseau d'informateurs très bien garni. Lors des audiences de la cause de l'ex-président de la BDC, François Beaudoin, John était venu à Montréal pour écouter le témoignage de Jean Carle. Le soir, nous étions attablés chez Alexandre, rue Peel, et il se livra à de nombreuses confidences. Il sentait la machine de CBC lui souffler dans le cou. Il était père de famille et il avait peur pour sa carrière et pour sa famille.

Il voulait continuer à enquêter sur le dossier mais il soupçonnait que ces patrons ne l'appuyaient pas dans sa démarche. Il me raconta comment il avait trouvé l'adresse et le téléphone du président d'Everest, en Caroline du Nord. Il me confia avoir contacté Boulay pour une entrevue, que ce dernier avait acquiescé, mais que ses patrons ne lui accordaient pas le budget pour l'achat des billets d'avion.

Bien que Claude Boulay ait accepté l'entrevue, John a reçu quelques jours plus tard une note de l'ombudsman de CBC qui lui interdisait de s'approcher de Claude Boulay. Boulay avait encore ses entrées au gouvernement.

C'est ce soir là qu'il me donna les fameuses coordonnées de Boulay. J'avais la journaliste Emmanuelle Latraverse à l'œil. Je la trouvais dynamique et déterminée. Je lui avais parlé à une ou deux reprises. J'ai donc coulé cette information à Madame Latraverse qui, on se souviendra, a fait un superbe reportage en surprenant Boulay dans le stationnement d'un club de golf en Caroline du Nord.

### La censure de Jean-Louis Dufresne

L'auteur du livre *Le Dossier noir des commandites* , Jacques Keable et son éditeur, ont goûté à la médecine de Jean-Louis Dufresne, conseiller principal de BCP Consultants. BCP avait exigé le retrait complet de l'ouvrage . En entrevue au journal Le Devoir, le 15 juin 2004, l'auteur avait déclaré que « BCP a la peau très sensible et qu'ils réagissent vite ».

Le livre *Le scandale des commandites : un crime d'État* de Jean Claude Bernheim, n'a fait, à ma connaissance, l'objet d'aucun compte rendu dans les média écrits du Québec et fut retiré des tablettes.

**9**

L'éditeur François Martin m'a raconté, devant témoins, comment Jean-Louis Dufresne, conseiller principal de BCP Consultants, a orchestré sa requête. Il me confia même les propos tenus par Dufresne au sujet de ma santé mentale lors d'un déjeuner un certain samedi matin au restaurant Relais Terrapin à Longueuil.

Nous savons tous que Publicis-BCP est un joueur important dans l'achat d'espace publicitaire, ce qui n'est pas nécessairement une tare. Mais ce qui est plus pertinent en regard de l'embargo qui a frappé les livres en question est la résultante de cette capacité économique.

Publicis-BCP détient aussi un pouvoir considérable sur de très nombreux médias dont il peut affecter l'équilibre économique. J'en suis venu à m'interroger sur les raisons qui pourraient motiver des Français à s'intéresser si activement à la vie politique canadienne et au Parti libéral du Canada. On dit que le grand manitou de Publicis, Maurice Lévy, « est avant tout un lobbyiste acharné, dont les intérêts relationnels rejoignent presque toujours son portefeuille publicitaire ».

Ainsi, l'hypothèse voulant que BCP soit intervenue auprès de certains médias est confortée par le fait « qu'en vertu de sa position de principal pourvoyeur de campagne de publicité, Publicis-BCP peut compter sur la bienveillance des médias ».

*Deuxième arrestation : 19 novembre 2004, quelques jours après le refus du 810*

L'arrestation sur les bris de condition demeure une énigme. La police prétend avoir des preuves que j'aurais essayé de contacter des personnes de Publicis-BCP mais je n'ai jamais vu les preuves en question.

De fait, ils ont procédé à mon arrestation et à mon emprisonnement. Dans un geste qui a irrité, et avec raison, mon procureur Claude F. Archambault, dès le début du procès, la procureure de la Couronne Me Nathalie Thibert a retiré 17 des 20 chefs d'accusation parce qu'elle n'avait aucune preuve à présenter. Détention illégale? Bavure? Complot? Que faut-il croire?

*Une série d'anomalies policières, judiciaires et... politiques*

Quand on compare les allées et venues entièrement libres d'un père de famille présumé pédophile et d'une légende du monde artistique qui a plaidé coupable à des agressions sexuelles sur deux mineurs, au traitement que l'on m'a fait subir, on peut légitimement s'interroger sur le véritable mandat de la police et de la Couronne dans ce dossier mettant en vedette des membres influents du Réseau libéral. La série d'anomalies ne fait aucun sens. La sergente-détective sur le dossier, Luce Viens, ne m'a jamais rencontré, malgré mes nombreux appels.

L'avocat Massicotte, qui était lui-même une présumée victime, signe ses courriels « Amitiés » en s'adressant à la même sergente-détective Luce Viens et cela tout en continuant à agir dans le dossier malgré ce que nous avait affirmé le Syndic-adjoint du Barreau Me Pierre Bernard.

---

**Viens Luce**

| | |
|---|---|
| De : | Michel Massicotte[SMTP:masc@total.net] |
| Date : | 20 avril, 2004 15:04 |
| A : | luce.viens@spcum.qc.ca |
| Objet : | Return |

Return.doc

Je vous envoie en annexe la fiche technique du e-mail que vous avez préalablement reçu. Amitiés. Michel Massicotte

---

*Illustration 28 : Un courriel d'amitié de Me Michel Massicotte, avocat au dossier, ami des présumés victimes et se disant lui-même présumée victime, à la sergente-détective, Luce Viens, elle-même responsable de l'enquête.*

Le sergent-détective Tony Paradiso et sa collègue sergente-détective Morin, nous ont dit que le supérieur de Luce Viens était le lieutenant-détective Denis Bonneau, mais d'autres, nous disent qu'elle a été mutée à la division des agressions sexuelles sous la lieutenant-détective Venise Vignola. Quels étaient donc les « agendas » secrets qui obligeaient le lieutenant-détective Dominic Verret (matricule no 4970) à l'omerta et celui du commandant Michel Chaput qui protégeait les intérêts de la police et de la sergente-détective Luce Viens (matricule no 953)?

### Une super détective

Finalement, le commandant Michel Chaput a retourné notre appel, le jeudi 9 décembre 2004. Il s'est excusé au nom du service de police et m'a informé que le lieutenant-détective Dominique Verret nous contacterait le vendredi 10 décembre. Cependant, il ajoutait que le lieutenant-détective Denis Bonneau était bien le patron de Luce Viens dans ce dossier mais que la lieutenant-détective Venise Vignola était également la supérieure de Luce Viens mais sur d'autres dossiers. Une super détective quoi!!! Mardi le 14 décembre, en fin de journée, j'ai reçu l'appel du lieutenant-détective Dominique Verret qui confirmait que l'enquête devait se poursuivre malgré l'absence de Luce Viens et ajoutait que s'il avait été le responsable de l'enquête, il aurait vérifié les allégations des présumées victimes. Bonjour la police! Personne ne veut prendre la responsabilité des actions de cette policière.

### S'agit-il d'un acte criminel?

Suite au démenti de la sergente-détective Luce Viens, d'une partie du témoignage d'Yves Gougoux, lors du procès des 26-27 mai 2005, j'ai contacté le lieutenant-détective Verret, le vendredi 8 juillet à 14 h 30. Lors du court entretien du mardi 12 juillet à 15 h, le lieutenant-détective Verret a confirmé être présent au procès des 26 et 27 mai derniers aux côtés de la sergente-détective Luce Viens. Je lui ai demandé, si comme témoin privilégié du témoignage d'Yves Gougoux, il avait porté ou avait l'intention de porter la partie du témoignage contradictoire de Gougoux à l'attention des autorités compétentes pour que des procédures soient entamées quant à l'article 136 du Code criminel sur le parjure et la fabrication de preuves. Il m'a répondu par la négative.

Je vous invite à lire des extraits de la loi à l'annexe VIII.

Et pourtant, l'article 136 sur les témoignages contradictoires est très précis sur le sujet :

> 136. (1) *Quiconque, étant témoin dans une procédure judiciaire, témoigne à l'égard d'une question de fait ou de connaissance et, subséquemment, dans une procédure judiciaire, rend un témoignage contraire à sa déposition antérieure est coupable d'un acte criminel et passible d'un emprisonnement maximal de quatorze ans, que la déposition antérieure ou le témoignage postérieur, ou les deux, soient véridiques ou non, mais aucune personne ne peut être déclarée coupable en vertu du présent article à moins que le tribunal, le juge ou le juge de la cour provinciale, selon le cas, ne soit convaincu, hors de tout doute raisonnable, que l'accusé, en témoignant dans l'une ou l'autre des procédures judiciaires, avait l'intention de tromper.*

Du même souffle, le lieutenant-détective Verret me confirmait que le dossier était clos pour la police et me suggérait de porter plainte si j'estimais être lésé. Comme on ne semblait pas comprendre l'importance de la situation, je lui ai indiqué que lors du procès, Yves Gougoux, a affirmé sous serment n'être jamais intervenu auprès de son épouse pour la rédaction de ses déclarations, ni avoir jamais transmis à la police une déclaration au nom de sa femme. La police a pourtant une copie d'un courriel envoyé par Yves Gougoux le 17 janvier 2005 à 12 h 15 à la sergente-détective Luce Viens et qui porte le titre : Témoignages d'Agnès Gougoux.

Il en va de même pour mon absence au travail qui n'avait pas dépassé trois mois et mon hospitalisation qui aura été de courte durée (à peine 10 jours) dans un hôpital général, le Reddy Memorial, et non pendant six mois dans un hôpital psychiatrique, le Douglas de Verdun, comme Yves Gougoux l'a mentionné aux policiers dès leur première rencontre! Le lieutenant-détective Verret persiste et signe à l'effet qu'il arrive souvent qu'un témoin ne livre pas tout à fait le même témoignage à la Cour que devant les policiers. De plus, il affirme ne pas être au courant qu'Yves Gougoux de BCP soit impliqué en rapport avec la Commission Gomery. J'ai pris soin d'inclure avec ma lettre quelques articles pour son éducation. C'est alors que je lui ai parlé de méfait public et de fabrication de preuves car l'enquête a débuté sur une fausse prémisse. Rien à faire. Plus important encore, il a affirmé n'accorder aucune importance à mes communications et a offert une défense surprenante lorsque je l'ai interrogé sur ma détention en novembre alors que l'enquête a uniquement eu lieu deux mois plus tard : le lieutenant-détective a affirmé qu'il y avait une entente à ce sujet entre la Couronne et mes procureurs. Vérifications faites. Il n'y avait rien de tel.

C'est donc pour avoir fermé les yeux sur plusieurs actes criminels et pour l'affirmation contenue dans le dernier paragraphe que j'ai logé une plainte officielle (no 05-0692), à sa suggestion d'ailleurs, contre le lieutenant-détective Verret, afin que nous ayons l'occasion d'échanger en personne sur la situation. Mais en vain. Il y a quatre plaintes logées à la Déontologie policière contre la sergente-détective Lucie Viens (04-1214, 05-0555, 05-0867 et 05-1033). La police et Luce Viens devront s'expliquer un jour, tout comme la Couronne d'ailleurs. On me dit qu'un changement de gouvernement changerait bien des choses pour moi. Mais quel est le lien avec la justice?

### Me Michel Massicotte : L'homme à tout faire dans toutes les circonstances

Me Michel Massicotte[50] est un criminaliste expérimenté, ami intime d'Yves Gougoux et ami de longue date de Jacques Bouchard. Ce qui est étrange dans son cas, c'est que Me Michel Massicotte a été l'avocat des « présumées victimes »[51]. Il était pourtant lui-même une « présumée victime ». En effet, j'ai été à même de constater que cet éminent avocat ne respecte pas toujours les règles de sa profession en s'ingérant dans le dossier d'un client tout en étant lui-même une présumée victime dans ce même dossier! Cet avocat criminaliste, qui semble être en contact avec tous les procureurs de la Couronne, est maintenant sous enquête par le Syndic du Barreau.

Malgré mon insistance, il nous aura fallu plus de huit mois avant de faire retirer Me Massicotte du dossier. Parmi les infractions qu'on lui reproche, mentionnons qu'il a eu plusieurs « distractions » en se présentant au bureau du procureur de la Couronne, ce qui est absolument incompatible avec les règles. Me Massicotte sait maintenant que la procédure normale stipule qu'on doit se présenter à la police et non au procureur de la Couronne. Comme quoi, peu importe l'âge ou l'expérience, on en apprend tous les jours! Le Barreau a des règles très strictes en ce qui concerne ce genre d'intervention. L'avocat ne semble pas avoir lu son code de déontologie[52]. Il faut toutefois se rappeler que Me Massicotte fait partie de cette génération d'arrogants qui se croient tout permis. Il est important de noter que la Couronne lui a indiqué de ne plus se présenter dans les bureaux des substituts du Procureur général pour discuter de mon dossier. La Couronne lui a aussi appris qu'elle ne retenait pas non plus sa thèse à l'effet que je l'aurais agressé… avec un simple courriel.

Il est évident que Me Massicotte a utilisé son « poids d'avocat » pour répandre une rumeur qu'il savait pourtant fausse. Dans un article portant sur mon acquittement et publié dans le journal The Gazette en date du 28 mai 2005 en

# Whistle-blower's 'menacing' e-mail was metaphor, not threat: judge

## Alain Richard acquitted of harassment and breaching his bail conditions

**IRWIN BLOCK**
**THE GAZETTE**

Adscam whistle-blower Alain Richard has been acquitted of a criminal harassment charge and two counts of breaching bail conditions.

Quebec Court Judge Claude Millette ruled yesterday there was "considerable doubt" that a "menacing" e-mail Richard sent last year to Yves Gougoux, his former boss at Liberal-friendly BCP Communications, was literally threatening bodily harm.

In the e-mail, Richard wrote that he was holding a "baseball bat" and later said the two should "meet". In an alleyway and we'll settle this." He boasted "I am 38 years old, weigh 280 pounds, and I have a pretty good right hook." He also warned, in English, "Don't (mess) with me."

Richard conceded Thursday that "sending the e-mail was not the smartest move I've made," but Millette ruled you had to surpass two sections of the lengthy e-mail to read it as "effectively threatening."

It was possible, as Richard suggested, that "baseball bat" was a metaphor for information Richard had about BCP operations.

In addition, there was no further evidence of threats or harassment to follow up on the e-mail, the judge noted.

Millette also wondered why Gougoux, if he felt threatened by the "baseball bat" reference in the Feb 13, 2004, e-mail, waited until April 8, 2004, to file a police complaint.

Richard argued this was not coincidental since on April 7 he met lawyers for the House of Commons Public Accounts Committee looking into sponsorship spending.

The e-mail attacked Gougoux for allegedly "spreading rumours" about Richard's battle with depression. Richard said he was furious Gougoux had falsely claimed Richard had been hospitalized for six months for manic depression. Richard was treated for depression at the Reddy Memorial Hospital for 10 days in 1996.

Millette also threw out charges that Richard had breached bail conditions when he wrote "to whom it may concern" letters, in November to the human resources departments at BCP and sister firm Publicis requesting copies of his medical file.

After his arrest in June 2004, Richard agreed not to contact the two firms, and as a result of these letters was arrested again and served three nights in jail.

Millette said Richard had acted on advice from an access-to information official, his letters were straight requests for access to his files and were only "technical violations" of his bail conditions, with "no criminal intent."

A beaming Richard said outside the court, "I never had any doubt as to my innocence."

"When someone is afraid, you call police right away. Were they afraid of me or of what I was going to say?" he asked.

"[...] no one from [...]," he said.

BCP counsel Michel Massicotte said Richard never testified in public at either the public accounts committee or the Gomery commission because "he has nothing to say."

[...] a temporary injunction [...] publish confidential BCP information on his Web site.

iblock@thegazette.canwest.com

Voir crédit journalistique à la page 316

*Illustration 28.1 : Article du journal The Gazette du 28 mai 2005. Les propos de Me Michel Massicotte sont totalement faux et, encore une fois, il essayait d'induire les journalistes en erreur. Le Syndic du Barreau ne manquera pas de lui rappeler qu'il a transgressé le code de déontologie de sa profession.*

page A4[53] « *BCP counsel Michel Massicotte said Richard never testified at either the public accounts committee or the Gomery commission because he has nothing to say* », Massicotte allait jusqu'à déclarer que je n'avais jamais témoigné au Comité des comptes publics. Il était impossible pour Me Massicotte[54] de faire une telle affirmation puisqu'il était aux côtés de son client et ami, Yves Gougoux, lors du procès au cours duquel le même Yves Gougoux a bien dit sous serment que j'ai témoigné aux Comptes publics.

Impossible donc pour Me Massicotte d'ignorer ce fait. Il a pourtant pris la peine de déclarer sciemment le contraire, déclaration reproduite dans The Gazette[55]. Le Comité de discipline du Barreau ne pourra fermer les yeux sur cette preuve additionnelle qui démontre que cet avocat a transgressé les règles de son ordre professionnel. Le Syndic du Barreau enquête.

La transcription du témoignage d'Yves Gougoux en rapport avec sa collaboration avec son ami et avocat, Me Michel Massicotte est disponible sur www.DesNotables.com[63] et la bande sonore est aussi disponible[58].

Me Michel Massicotte a fait du cinéma lorsque j'arrivais à la barre des témoins. Vous pouvez lire[59] ou entendre[60].

Finalement comme Me Massicotte a la couenne dure, la Couronne a même essayé de le faire témoigner en contre-preuves. Lisez[61], écoutez[62] et demandez-vous s'il y a un lien entre le système judiciaire et la classe politque.

---

[1] Pour lire au complet : www.DesNotables.com/PROCES.html#Fagnan
[2] Pour entendre : www.DesNotables.com/MASSICOTTE-FAGNAN.wav - www.DesNotables.com B.html
[3] www.DesNotables.com/Media/target41.html
[4] www.DesNotables.com/Media/target38.html
[5] www.DesNotables.com/Media/target40.html
[6] www.DesNotables.com/Media/target41.html
[7] www.DesNotables.com/Legal/target5.html
[8] www.DesNotables.com/Parisella/target18.html
[9] www.DesNotables.com/Police/target58.html
[10] www.DesNotables.com/Police/target86.html
[11] www.DesNotables.com/SQ/target22.html
[12] www.DesNotables.com/SQ/target19.html et www.DesNotables.com/SQ/target20.html
[13] www.DesNotables.com/SQ/target27.html
[14] www.DesNotables.com/Droit/target35.html
[15] www.DesNotables.com/Droit/target34.html
[16] Pour lire au complet : www.DesNotables.com/Proces.html#Police

[17] Pour entendre : www.DesNotables.com/MASSICOTTE-POLICE-BARREAU.wav
[18] Pour lire au complet : www.DesNotables.com/Proces.html#Viens
[19] Pour entendre : www.DesNotables.com/D.html
[20] www.DesNotables.com/Ottawa/target4.html
[21] www.DesNotables.com/SQ/target8.html
[22] www.DesNotables.com/SQ/target10.html
[23] www.DesNotables.com/SQ/target13.html
[24] www.DesNotables.com/SQ/target16.html
[25] www.DesNotables.com/SQ/target7.html
[26] www.DesNotables.com/Parisella/target51.html
[27] www.DesNotables.com/Ministre/target0.html
[28] www.DesNotables.com/Droit/target27.html
[29] www.DesNotables.com/SQ/target7.html
[30] www.DesNotables.com/SQ/target14.html
[31] www.DesNotables.com/SQ/target46.html
[32] www.DesNotables.com/SQ/target47.html
[33] www.DesNotables.com/Media/target38.html
[34] www.DesNotables.com/SQ/target46.html
[35] www.DesNotables.com/droit/target45.html
[36] www.DesNotables.com/Parisella/target51.html
[37] www.DesNotables.com/Legal/target5.html
[38] www.DesNotables.com/SQ/target16.html
[39] www.DesNotables.com/Droit/target30.html
[40] www.DesNotables.com/Leblanc27mars04.html
[41] www.DesNotables.com/Ottawa/target30.html
[42] www.DesNotables.com/Ottawa/target34.html
[43] www.DesNotables.com/Ottawa/target31.html
[44] www.DesNotables.com/Ottawa/target33.html
[45] www.DesNotables.com/Media/target186.html
[46] www.DesNotables.com/Media/target4.html
[47] www.DesNotables.com/ministre/target24.html
[48] www.DesNotables.com/Ottawa/target34.html
[49] www.DesNotables.com/Media/target34.html
[50] www.DesNotables.com/Legal/target3.html
[51] Pour entendre : www.DesNotables.com/MASSICOTTE-POLICE-BARREAU.wav -
www.DesNotables.com/MASSICOTTE-GOUGOUX.wav
 - www.DesNotables.com/MASSICOTTE-FAGNAN.wav
[52] www.canlii.org/qc/legis/regl/b-1r.8/20040901/tout.html
[53] www.DesNotables.com/Media/target154.html
[54] Pour lire au complet : www.DesNotables.com/Proces.html#Massicotte
[55] Pour entendre : www.DesNotables.com/MASSICOTTE-GOUGOUX.wav
[56] www.DesNotables.com/Fagnan/
[57] www.DesNotables.com/Police/target2.html
[58] Pour entendre : www.DesNotables.com/MASSICOTTE-GOUGOUX.wav
[59] Pour lire au complet : www.DesNotables.com/Proces.html#Massicotte1
[60] Pour entendre :   Pour entendre : www.DesNotables.com/E21.html
[61] www.DesNotables.com/Proces.html#Massicotte2
[62] www.DesNotables.com/F11.html - www.DesNotables.com/F12.html -
www.DesNotables.com/F13.html - www.DesNotables.com/F14.html -
www.DesNotables.com/F15.html - www.DesNotables.com/F16.html -
www.DesNotables.com/F17.html - www.DesNotables.com/C395.html -
www.DesNotables.com/C395.html - www.DesNotables.com/C395.html -
www.DesNotables.com/C395.html - www.DesNotables.com/C395.html
[63] Pour lire au complet : www.DesNotables.com/Proces.html#Massicotte

# CHAPITRE 10

# UN WEEK-END EN PRISON

*« Je suis sûr qu'ils vont trouver un*
*moyen pour ne pas que je témoigne.…*
*Pendant son témoignage, Myriam Bédard a dit « j'ai entendu dire».*
*Moi, je peux vous confirmer qu'il n'y aura pas de ouï-dire.*
*J'ai des documents et des listes pour le prouver »*
– Ma citation dans Le Devoir du 29 mars 2004

*« Câlisse les boys. Vous travaillez dans un environnement de merde*
*pour un salaire de peanuts pendant que des Jean Carle, Chuck Guité,*
*Gagliano s'amusent avec votre argent. Je veux dénoncer ces gens.*
*Aidez-moi maudit! ».*
– Mon intervention auprès des gardiens de prison, le 22 novembre 2004

**10**

*Un conseil d'ami – Des lettres anonymes – Des liens avec le Parti libéral – Le seul*
*but était de m'intimider – Menottes aux poings – La cassette de l'interrogatoire a*
*mystérieusement disparu – Plus intéressé par mes révélations sur Gagliano –*
*Absurde, mais réel! – Mon crime : avoir fait parvenir une lettre au Service des*
*ressources humaines de BCP! – Qui a fabriqué ces éléments de preuve? – La*
*commande venait « d'en-haut » – À la prison de Rivière-des-Prairies – Une*
*vengeance politique – Savez-vous qui je suis? – Un véritable Club Med – Sauvé*
*par la gardienne – « Tu n'as pas d'affaire ici » – « Joues-tu aux échecs? » – Mes*
*nouveaux amis – Les vrais bandits ne sont pas tous en prison – La cellule de Guy*
*Cloutier – Le confident des gars du P4 – Les larmes aux yeux – LA corde sensible*
*des gardiens de prison – Je craignais d'être confondu avec les véritables bandits*
*de notre société – Le juge a exigé que je sois remis immédiatement en liberté.*

Le 4 novembre 2004, avant de partir pour des vacances sur l'île de Cuba, j'ai
fait parvenir, sur la recommandation de la Commission de l'Accès à l'information,
une lettre[2] au Service des ressources humaines de Publicis-BCP et ce, afin de
récupérer mon dossier d'employé et plus particulièrement mon dossier médical.
En effet, j'avais de bonnes raisons de croire que mon dossier avait été trafiqué
et ce depuis un bon bout de temps déjà.

Or, à mon retour de Cuba, vendredi le 19 novembre, mes parents m'attendaient à l'aéroport Pierre-Elliot Trudeau et m'ont alors informé que les policiers de Brossard étaient venus à plusieurs reprises pour me voir à la maison! Je me suis donc présenté sans contrainte et de bonne foi le même jour au poste de police de Brossard, pour ce que je croyais être une vérification de routine. En fait, j'ignorais que je devais être immédiatement placé en état d'arrestation et ce, pour bris de condition. La demande de mon dossier d'employé auprès de Publicis et BCP fut invoquée comme bris de conditions!

## Un conseil d'ami

C'est la police de Brossard qui m'a appris que j'étais accusé de bris de conditions (bris qui, je l'appris par la suite, n'avaient même pas fait l'objet d'une enquête digne de ce nom et qui reposaient uniquement sur des prétentions de présumées victimes, non vérifiées par la police). Selon des confidences *off the record*, la police de Montréal avait fait beaucoup pression sur les policiers de Brossard pour que l'arrestation se fasse sans délai et de préférence un vendredi. Or, une arrestation le vendredi peut provoquer un emprisonnement pour la durée du week-end. Donc, voici un conseil d'ami : ne vous présentez jamais dans un poste de police un vendredi, vous risquez fort de passer le week-end en-dedans. C'est ce que mes détracteurs souhaitaient pour me « fermer la gueule » et me faire comprendre qu'ils étaient plus forts que moi.

## Des lettres anonymes

Selon la preuve divulguée à ce jour (je n'ai toujours pas accès aux fameuses preuves qui, de toute évidence, ont été fabriquées dans le but de me nuire), il semble que des personnes auraient reçu des lettres anonymes et qu'elles ne pourraient provenir de nul autre que … moi!!! Fabrication de preuves? Quoiqu'il en soit, les rumeurs circulaient au Palais de justice concernant mon arrestation, à l'effet qu'il s'agissait d'une détention illégale. Pourtant, je ne suis ni un violeur, ni un tueur, simplement un citoyen qui dit la vérité mais qui dérange un *establishment* formé de notables manifestement soucieux de préserver leurs prérogatives et de camoufler leurs magouilles.

## Des liens avec le Parti libéral

On m'a depuis appris que les deux premiers procureurs de la Couronne impliqués dans mon dossier se sont retirés en raison de liens politiques (Me Nancy Potvin) ou de liens avec un témoin des plaignants, John Parisella (Me Dominic St-Laurent). Par conséquent, la Couronne a fait appel à un procureur indépendant, Me Nathalie Thibert.

### Le seul but était de m'intimider

Dès ma deuxième arrestation, j'ai compris que l'on tentait de m'intimider et de me décourager à poursuivre ma quête de justice dans le scandale des activités publicitaires. Les policiers me semblaient mal à l'aise de passer les menottes à celui qui décriait une injustice. Les policiers de Brossard ont même avoué qu'ils ne comprenaient pas cet acharnement du Service de police de la Ville de Montréal à mon endroit, comme si j'étais un tueur en série ou un pédophile.

### Menottes aux poings

J'ai donc été placé sous surveillance jusqu'à ce que deux policiers montréalais viennent me cueillir pour me transporter au Centre de détention Est, situé dans le secteur des Galeries d'Anjou. Tout ça, menottes aux poings, évidemment. Je me considérais à toutes fins utiles comme un prisonnier « politique » et c'est à partir de cette balade en voiture de police que j'ai décidé que j'irais jusqu'au bout, quoi qu'il advienne.

### La cassette de l'interrogatoire a mystérieusement disparu

J'ai subi un interrogatoire pathétique mené par le sergent-détective Tony Paradiso et son collègue qui me répétaient sans cesse que j'avais des « problèmes dans la caboche », histoire de me faire avouer et signer n'importe quoi. Parlant de « problèmes dans la caboche », je demandais constamment au sergent-détective Tony Paradiso s'il avait fait des recherches préalables sur ma santé mentale. De toute évidence, la police n'a jamais fait son travail. C'est à ce moment qu'il me déclara ne rien connaître de mon dossier mais qu'il ne faisait qu'exécuter les ordres d'une sergente-détective nommée Luce Viens à l'effet que je devais passer un week-end « en-dedans » pour me faire réfléchir. Curieusement, la cassette de cet interrogatoire a mystérieusement disparu depuis.

Curieusement aussi, la police me refuse toujours l'accès aux preuves et aux déclarations qui ont été utilisées contre moi : cette cassette ainsi que le dossier complet et surtout les déclarations de mes présumées victimes et de leur entourage. Pendant ce temps, le collègue du sergent-détective Paradiso, le policier Guy Bianci (dont j'ai obtenu le nom seulement le 19 septembre 2005 dans le cadre de mon enquête) affirmait solennellement (*Lui, y connaît ça!*) à mes parents que j'avais de sérieux troubles mentaux et qu'ils ne pouvaient plus rien pour moi car j'étais maintenant dans le « système ». Il leur suggérait donc d'abandonner la partie et d'insister pour que j'en fasse autant si on tenait à notre tranquillité, puisque la police a le bras long, n'est-ce pas…

10

### *Plus intéressé par mes révélations sur Gagliano*

Pendant ce temps, j'ai complètement épuisé le très dynamique Tony Paradiso en lui affirmant à plusieurs dizaines de reprises, un peu comme la pub de Jean Coutu, n'avoir jamais rencontré l'enquêteur au dossier, la très mystérieuse Luce Viens. Or, Paradiso était plus intéressé par mes révélations sur Gagliano que d'essayer à m'aider à prouver mon innocence.

### *Absurde, mais réel!*

Depuis, j'ai appris que, lorsque la police est coincée, elle met tout en œuvre pour essayer de « *pincer* » l'accusé, question de le prendre en défaut sur quelque chose sans se soucier des moyens déployés. J'ai finalement réussi à convaincre le sergent-détective Paradiso de me faire signer un papier l'autorisant à entreprendre des démarches auprès de l'hôpital psychiatrique Douglas[3] afin de confirmer que je n'y avais jamais séjourné. Absurde, mais réel! J'en avais pourtant une preuve dans mes poches[4], mais c'est comme s'il ne voulait pas admettre l'erreur qu'ils avaient commise ou tout comme si la main de Dieu (on l'a ainsi décrit à la commission Gomery) lui disait de gagner du temps.

### *Mon crime : avoir fait parvenir une lettre au Service des ressources humaines de BCP!*

J'ai passé le reste de la nuit à ce poste de police avant ma comparution, via vidéo, le samedi midi. Mes parents et mon procureur étaient au Palais de justice pendant que j'étais en cellule avec des vendeurs de drogues, des pédophiles, des batteurs de femme et d'autres gens douteux arrêtés pour possession d'arme à feu. Mon crime à moi, tel que mentionné plus tôt, était d'avoir fait parvenir une lettre[5] au Service des ressources humaines de Publicis-BCP. Dans cette lettre, je demandais tout simplement une copie de mon dossier d'employé et plus particulièrement de mon dossier médical!

J'ai donc pris une attitude décontractée et je me suis fait plaisir en m'intéressant à tous les autres détenus qui, même par la violence de leur crime, me faisaient moins peur que certains entrepreneurs corrompus que j'avais côtoyés dans certaines agences de publicité de Montréal. Tous riaient à propos de ma situation qui était franchement banale par rapport à la leur. Tous s'entendaient pour dire que je serais relâché dans les heures qui suivraient. Erreur. Je me souviens particulièrement du cas de deux *pushers* de Verdun qui avaient été surpris dans leur appartement avec près de 50 000 $ de stock et un fusil électrique. Ils avaient en leur possession quatre types de drogue et en préparaient le trafic en mettant la drogue dans des petits sacs Ziploc. Ils riaient de bon cœur car ils connaissaient les rouages du système et ils me disaient que ce n'est pas la gravité du crime qui comptait mais bien combien « tu étais prêt à mettre sur un bon avocat pour te sortir du trouble ». J'ai commencé à comprendre que la Justice avait donc un prix.

### Qui a fabriqué ces éléments de preuve?

Le premier procureur de la Couronne étant absent, les 15 bris de conditions (dont treize ne seront jamais prouvés et que la Couronne décidera de laisser tomber le jour du procès) seraient donc traités par une certaine Me Nancy Potvin qui a depuis demandé à son tour d'être relevée de ses fonctions dans ce dossier. Mais qui donc a fabriqué ces éléments de preuve? Ça ressemble trop à un job de studio dans une agence de publicité… Mais faudrait que je vois les preuves avant de me commettre.

### La commande venait « d'en-haut »

Malgré l'insistance de mon procureur, Me Potvin ne faisait qu'exécuter des ordres et s'opposa à ma remise en liberté, ce qui est tout simplement invraisemblable. Contre tout attente, un citoyen qui a décrié les anomalies dans le scandale des activités publicitaires allait passer tout un week-end en prison pendant qu'au même moment les deux *pushers* étaient libérés sous caution, pour 500 $. La commande venait certainement « d'en haut ».

### À la prison de Rivière-des-Prairies

J'ai été transféré à la prison de Rivière-des-Prairies. Le transfert s'est fait en fourgonnette blindée, avec des abuseurs, pédophiles et agresseurs.

Nous sommes arrivés, mes nouveaux collègues et moi, menottes aux poings, à la prison de Rivière-des-Prairies et nous avons participé, de gré ou de force, aux différentes opérations de vérification comme la très agréable fouille à nu et la non moins agréable attente en groupe dans un local avec une toilette et un téléphone. Nous avançons comme du bétail et je ne peux que constater que je n'ai franchement pas d'affaire avec ces gens quoique j'éprouve de la compassion pour certains d'entre eux.

### Une vengeance politique

Cambrioleurs et *junkies* (n'ayant jamais reçu d'orchidées), tous mes nouveaux collègues avaient assez de « jugeotte » pour se rendre compte que mon histoire était manifestement une vengeance politique sans précédent. Je sentais dans leurs yeux beaucoup de sympathie et de compréhension. Je dois dire que j'avais adopté une attitude très sereine en me disant que les conséquences pour le gouvernement, la Couronne et la police dans mon dossier feraient jurisprudence. Arrive toujours le moment de vérité, la dernière cour de triage… On me fit passer dans un petit bureau où l'on consignait des renseignements personnels. Je me souviendrai toujours de cette rencontre car je crois que le gardien de prison cherche encore la case scolarité dans son programme informatique : Maîtrise en marketing! Il m'indiqua qu'il ne restait plus de cellule dans la population générale, mais il m'offrit le choix entre l'aile des Hell's Angels et des Rock Machines ou celle de la mafia italienne et des Bo- Gars. Je me souviens de lui avoir répondu : « *Si les abuseurs du scandale des commandites et de la publicité ne s'étaient pas remplis les poches avec notre argent, il y aurait sûrement une cellule pour moi* ». Il sourit en coin et acquiesça à mon affirmation sans pour autant en faire le lien. Il m'indiqua alors, que compte tenu de la violence possible dans l'aile des Hells ou des Rock, il se devrait de me mettre en solitude pendant 23 heures sur 24. Alors, il insista pour que je choisisse l'aile italienne. Mais cette idée ne me plaisait pas du tout.

### Savez-vous qui je suis?

C'est alors qu'une gardienne de prison entra dans le bureau et esquissa un petit sourire. Je me suis risqué à faire un autre petit commentaire : « Je ne veux pas avoir de privilèges mais savez-vous qui je suis? Pas que je suis quelqu'un d'important mais je crois sincèrement, de fait, je sais, que l'aile italienne ne sera définitivement pas la meilleure place pour moi ». Le gardien n'allumait toujours pas mais la gardienne m'a reconnu (merci LCN!) et s'empressa d'aviser mon interlocuteur que j'étais celui qui avait dénoncé Gagliano à la télévision. C'est à ce moment que je glissai une phrase qui m'a probablement sauvé la vie, à tout le moins qui m'a empêché de me faire tabasser : « Je vous suggère d'ouvrir la télévision à LCN et vous verrez qui je suis et pourquoi je ne peux pas aller dans cette aile. Personnellement, je n'ai pas de problème avec la mort mais vous pourriez l'avoir sur la conscience ». On me retourna en cellule pendant qu'on procédait à quelques vérifications d'usage.

### Un véritable Club Med

Grâce à ces vérifications, j'ai eu droit au traitement Mom Boucher pour le reste de mon séjour dans ce havre de paix, de justice et de spiritualité! En l'espace de quelques minutes, je suis devenu d'un simple détenu, un prisonnier politique différent des autres. Je remercie encore aujourd'hui mon sens de l'initiative. Après avoir insisté sur mon statut, particulièrement à titre de témoin dans le scandale des commandites et des activités publicitaires, j'ai eu droit à une incarcération dans la partie la plus sûre de la prison de Rivière-des-Prairies, soit la section sécurité-sécurité. Quels beaux samedi et dimanche soirs en perspective. Un véritable Club Med!

### Sauvé par la gardienne

La gentille gardienne s'est empressée de me dire qu'elle avait logé un appel au directeur de la prison et que celui-ci avait approuvé sa recommandation de m'incarcérer dans une section bien spéciale. J'apprendrai plus tard qu'il s'agira de la même cellule que celle que Guy Cloutier [6] aurait utilisée lors de son court séjour dans ce petit coin de paradis. Madame et un autre gardien m'ont accompagné vers l'infirmerie où j'ai fait la connaissance d'une infirmière qui m'expliqua les règles de base pour la survie en prison, beaucoup plus compliquées que celles pour la survie en forêt mais moins vicieuses que celles pour la survie dans ce merveilleux monde de la pub d'avant Gomery donc pendant l'ère Chrétien.

C'est dans le bureau de l'infirmière que j'ai appris que je n'aurais survécu que quelques minutes si j'avais été placé en détention dans l'aile italienne de la prison. On m'informait qu'un contrat aurait été passé pour me tabasser ou pour me faire taire. Qui contrôle cette aile de la prison? Je le sais maintenant et ce n'est pas une commission d'enquête du gouvernement qui me fera changer d'idée. Comme j'avais décidé d'aborder cette aventure avec détachement, je me suis permis un sourire en coin en remerciant l'infirmière et la gardienne de prison pour leurs commentaires fort réconfortants. Par la suite, deux grands costauds m'ont accompagné dans la section sécurité-sécurité de la prison, soit l'aile P4. Ce petit coin de paradis sera, pour mes trois jours en prison, un refuge et un repère sécuritaire. Chemin faisant, on m'expliqua que c'était un privilège de me retrouver dans cette aile puisqu'il n'y avait que trois autres détenus, comparativement à la population générale avec des ailes de trente à quarante détenus. Tout ça parce que quelques-uns n'aimaient pas ce que j'avais à dire sur le scandale des activités publicitaires.

### « Tu n'as pas d'affaire ici »

À chaque fois, les gardiens me disaient toujours la même chose : « Tu n'as pas d'affaire ici. Ce sont eux (les ministres et les fonctionnaires à la base du scandale) qui devraient se retrouver ici avec ce qu'ils ont fait avec notre argent ». Je sentais de la sympathie mais c'était quand même moi qui se trouvais derrière les barreaux. Je dois avouer que je devais puiser dans mes forces intérieures pour garder le moral. Toujours en route vers mon petit Club Med, je demandai à mes deux accompagnateurs si je pouvais passer par la bibliothèque pour prendre quelques bouquins, question de passer le temps. Ils riaient de bon cœur. *« Ça fait un an et demi qu'ils ont fermé la bibliothèque »*, *« Pourquoi? »* *« Manque de fonds »* me disaient-ils. C'était un manque de fonds sarcastique qui m'ouvrit la porte à un commentaire des plus savoureux : *« Messieurs, je vais faire une chose avec vous. Je m'engage à mettre toute la pression sur la machine pour que l'argent sale des libéraux recueilli via les agences de publicité, comme le disait le très non opportuniste Jean Lapierre, soit investi dans le système carcéral afin que les bibliothèques soient remises en fonction et pour augmenter les salaires des gardiens! »*. *« Nous voterons pour vous Monsieur Richard »*. Une réflexion me venait en tête. Comment les gens qui légifèrent, comment ceux qui prennent des décisions pour nous, peuvent-ils avoir un portait complet de la situation s'ils n'ont jamais mis les pieds dans une prison. Je gagerais un billet de cent dollars que le ministre de la Justice ne sait même pas que les prisonniers de certaines prisons n'ont pas accès à des livres.

### *« Joues-tu aux échecs? »*

Je n'avais jamais vu autant de tatouages au pied carré. Me voilà devant une grande vitrine et pour la première fois je voyais le visage de mes futurs partenaires. C'est alors qu'un gardien me demanda : « Joues-tu aux échecs? », « Pas vraiment». « Je te suggère fortement de ne pas poser de questions sur les raisons du pourquoi ils sont ici. Il y a des violeurs en série et un délateur. À toi de trouver. *Good luck »*. Me voilà en plein milieu du P4 avec autour de moi deux prédateurs sexuels et un délateur peu orthodoxe. Moi je suis ici parce que j'aurais supposément menacé des « notables » avec deux courriels et que j'aurais commis des bris de conditions en essayant d'entrer en contact avec leur service des ressources humaines, mais même si la police n'avait pas (et n'a toujours pas trouvé) les preuves, un puissant interlocuteur des policiers les avait manifestement convaincus de ne pas prendre de chance et de me faire incarcérer.

### *Mes nouveaux amis*

Je m'avançai au milieu de mes nouveaux amis qui me sentent les fesses comme une meute de loups. J'avais reçu ordre de ne pas parler de mon cas et des raisons de mon incarcération car « on ne sait jamais » me disait-on. Peut-être qu'un d'eux serait rattaché à la mafia. Très rassurant. J'avais le choix de pisser dans mes culottes ou de me gonfler les pectoraux et avoir l'air d'un gars de la « gang ». Comme je suis un bon communicateur et que je sais que l'annonceur et le message doivent toujours se mouler aux attentes de l'auditoire, j'ai décidé de jouer la carte du « *though* ». De toute façon, me retrouver avec eux dans cette aile à sécurité maximum, mon histoire ne peut qu'être grave!

Contrairement à mes attentes, j'ai eu un excellent premier contact avec mes nouveaux amis. J'ai rapidement indiqué que je ne voulais pas changer leur routine et que je ne voulais pas m'imposer. J'étais curieux de comprendre la raison de leur incarcération. J'arrivais en pleine heure de souper, je me suis assis à table avec eux pour discuter. Vous vous douterez bien que je n'avais pas d'appétit.

### Les vrais bandits ne sont pas tous en prison

On avait quand même droit à un téléviseur Sony de 21 pouces avec la sélection complète des postes de télévision. Je ne devais pas parler de mon dossier mais voilà que mes collègues étaient branchés sur LCN eux aussi! Il faut se souvenir qu'à cette époque, la conjointe de John Parisella, Esther Bégin, était chef d'antenne à LCN. Il me semble que ce réseau « beurrait un peu épais » sur la nouvelle mais c'était peut-être encore une autre coïncidence… Voilà ma face à la télévision, je sens trois paires d'yeux me regarder avec un large sourire. À ce moment, je me suis dit, ou bien je me fais sauter dessus ou bien je deviens leur modèle. Alors j'ai fait une déclaration que je ressens encore profondément aujourd'hui : « Les boys, les vrais bandits sont au Parlement, je peux vous en parler ». J'ai fait l'unanimité avec ces seules paroles.

10

Mes trois nouveaux amis avaient des opinions très arrêtées sur le scandale des commandites et des activités publicitaires et les artisans qu'ils identifiaient plus clairement qu'une meute d'avocats dans une commission d'enquête. Le calendrier pour l'utilisation du téléphone était bien réparti entre mes trois collègues et voilà que je devais faire ma place, puisque j'étais en contact avec mon procureur qui constatait de l'extérieur les nombreuses anomalies dans les procédures en rapport avec mon incarcération. Assurément, les gens désireux de me voir incarcéré avaient procédé ainsi car lors d'une arrestation un vendredi, ils étaient certains que je passerais le *week-end* en prison.

### La cellule de Guy Cloutier[7]

J'ai passé deux nuits dans la cellule que Guy Cloutier utilisera quelques semaines plus tard. Je ne peux m'empêcher aujourd'hui de me questionner sur notre système de justice et son lien avec la machine politique. Me voici sous l'emprise du système judiciaire québécois et j'essaie de faire valoir mes droits. Oubliez ça. Je suis parti de Cuba le vendredi matin avec mes sous-vêtements Tommy Hilfiger, eh bien je resterai avec eux durant toute mon incarcération. Du nouveau linge? On va oublier ça, ça prend quelques jours pour dédouaner le tout. Mes effets personnels pour me raser? Pour me brosser les dents? Mon déodorant? Vous voulez rire. Mes animaux ont droit, eux, à un meilleur traitement.

### Le confident des gars du P4

À défaut de combler mes besoins d'hygiène essentiels, je me suis transformé en espèce de confident pour des détenus qui avaient bien besoin de parler avec quelqu'un de normal et sain. Je me suis particulièrement lié avec un bonhomme fort sympathique qui avait l'âme bien à fleur de peau et qui s'est empressé de vider son sac. Me voilà devenu le « Doc. Mailloux » du P4! Contrairement à mes habitudes, je ne jugeais pas mon interlocuteur. Je l'écoutais, car peut-être que lui aussi se retrouvait ici sous de fausses prémisses. Après quelques minutes d'échange, j'en suis venu à la conclusion que cet homme était définitivement à la bonne place et qu'il ne devait surtout pas sortir, du moins pas maintenant. Michel Cox, ça vous dit quelque chose? Il vient justement de recevoir une sentence de vingt-et-un ans de prison pour agressions sexuelles. J'ai passé trois nuits aux côtés d'un des plus dangereux prédateur sexuel du Québec, gracieuseté de certains notables pour avoir envoyé… un courriel à Yves Gougoux! J'ai eu droit pendant au moins deux heures à une description complète des agressions avec tous les détails croustillants. De la violence, du sexe, un lourd passé, des remords, bref tout ce qu'il faut pour faire un bon thriller.

Comme le Doc. Mailloux, je me souviens d'être intervenu à plusieurs reprises mais je me souviens particulièrement de ma phrase canon : *« Tu sais, je suis du style plutôt direct et j'ai des opinions bien arrêtées sur les violeurs. Si c'était ma femme, mon enfant, ma sœur, mon amie, je te sacrerais une volée. Je comprends qu'aujourd'hui tu pleures tes crimes, mais as-tu réalisé le tort que tu as causé à tes victimes, à leur famille, à leurs amis? Tu dois payer et le prix est élevé ».* Ceci étant dit je voulais aussi lui faire comprendre que la seule façon de s'en sortir était d'avouer ses crimes et de travailler sur soi pour l'aider à comprendre ce qui s'est passé et éviter à tout prix la rechute. Je n'arrivais pas à avoir un rasoir pour ma comparution à la Cour le lundi matin. Il s'est empressé de m'offrir un rasoir que j'ai accepté. Nous étions dimanche soir.

### Les larmes aux yeux

Nous avons continué la conversation jusqu'aux petites heures du matin. Le lundi matin, lorsque le gardien me réveilla pour me préparer à mon transport vers le Palais de justice de Montréal, mon confident s'est levé pour m'annoncer la bonne nouvelle. Comme la nuit porte conseil, il m'indiquait qu'il avait rempli le formulaire nécessaire pour demander d'être suivi en thérapie afin de se comprendre et se guérir. J'en avais les larmes aux yeux. Mon court séjour derrière les barreaux aura donc été utile, certainement plus qu'une commandite du Parti libéral. J'avais aidé un autre être humain à prendre conscience de la gravité de ses actes, moi qui avait péché en questionnant notre gouvernement dans notre supposée démocratie.

J'ai pris ma douche et j'ai commencé mes démarches pour récupérer mon complet et ma cravate. Je savais que les « notables » ne demandaient pas mieux que d'envoyer certains médias prendre des clichés d'un Alain Richard en coton ouaté, pas rasé. Ces images feraient la une avec un titre du genre : « Voilà celui qui a dénoncé le scandale des activités publicitaires et qui accuse BCP et Groupaction. Le croyez-vous maintenant? » J'avais dans la tête que ça ne se passerait pas comme çà. Je suis sorti de la cellule le lundi matin avec mes fidèles Tommy Hilfiger du vendredi, mes bas humides ainsi que mes jeans et mon chandail du vendredi. Des odeurs de parfum commanditées par les « notables » se dégageaient de moi. J'avais quand même une arme dans mes poches : l'article du *Journal de Montréal* qui annonçait ma comparution.

### LA corde sensible des gardiens de prison

À chaque fois qu'une porte s'ouvrait vers la liberté, je me faisais un plaisir de montrer le fameux article aux gardiens. Tous savaient maintenant qui j'étais et tous étaient devenus complices de mon combat. Du moins, c'est l'impression qu'ils me donnaient. Rendu à la fouille, j'ai demandé le complet que mes parents avaient apporté pour moi la veille. J'ai commencé par réussir à avoir des sous-vêtements et des bas propres. Puis, ont suivi mon pantalon, ma chemise ainsi que des souliers convenables. Voilà qui devrait faire me disait-on.

**10**

Mais j'avais la ferme intention de récupérer toutes les pièces de ma tenue vestimentaire et j'ai décidé de parler fort : « *Câlisse les boys. Vous travaillez dans un environnement de merde pour un salaire de peanuts pendant que des Jean Carle, Chuck Guité, Gagliano s'amusent avec votre argent. Je veux dénoncer ces gens, aidez-moi maudit!* ». Les gardiens se sont regardés d'un air franchement surpris. Je me disais que peut-être, dans les prochaines minutes, je retournerais derrière les barreaux ou pire dans le trou pour désobéissance! Mais non, je venais de trouver LA corde sensible des gardiens de prison : ces gens n'aimaient pas qu'on joue avec leur argent. J'ai donc récupéré ma ceinture, ma cravate et mon veston!

### Je craignais d'être confondu avec les véritables bandits de notre société

Je me suis dirigé vers le fourgon cellulaire, menottes aux poings, habillé comme une carte de mode et entouré par trois gardiens. J'avais droit au même traitement que celui accordé à Mom Boucher et à la même protection que les plus grands tueurs. Les autres détenus se demandaient bien qui j'étais et j'avais peur qu'ils m'identifient aux véritables bandits de notre société: les politiciens corrompus et certains « notables ». Comme j'avais droit à la protection ultime, (normal pour l'auteur de deux présumés courriels menaçants!), j'étais le premier à prendre place dans le fourgon cellulaire bien enfermé dans une cage à poules juste pour moi…

### Le juge a exigé que je sois remis immédiatement en liberté

Une fois arrivé au Palais de justice de Montréal, j'ai eu droit à l'isolement. Pendant ce temps, mon avocat donnait des entrevues à une douzaine de journalistes. Des entrevues qui n'ont d'ailleurs jamais été diffusées… Après de longues heures, mon tour est finalement venu. Je me suis présenté devant le juge rasé et bien habillé. Le juge a exigé que je sois remis immédiatement en liberté, « au Palais », un privilège rarement octroyé et j'ai senti que, pour lui, cette farce était terminée. *The Gazette*[8] a très bien couvert la nouvelle, mais pas *La Presse* dont les bureaux sont pourtant situés à côté du Palais de justice. Mais même en prison, je crois avoir fait du bien. Celui que l'on surnomme « La Terreur de Laval[9] » a finalement dit la vérité. Dans un article du *Journal de Montréal* du mardi 11 janvier 2005 en page 4 : « Trahi six fois par sa signature génétique, Michel Cox, un dangereux prédateur sexuel de Laval, a reconnu hier avoir, à la pointe de couteau, enlevé sept jeunes femmes sur la voie publique, les avoir violées et volées entre juin 2002 et mardi dernier. » Cox a été condamné à 21 ans de prison. Je crois avoir fait une petite différence dans ce dossier mais je me demande encore pourquoi j'ai passé trois jours en prison dans la même cellule que ce dernier. Pour avoir envoyé deux courriels? Ou pour avoir tenu tête à certains notables? Je laisse le lecteur tirer ses propres conclusions. Une chose est certaine cependant : les méthodes utilisées par certains dirigeants d'agences de publicité avec la complicité de policiers et d'avocats, sont à mon avis, aussi punissables que les crimes commis par Michel Cox. La notion de viol n'étant pas exclusive aux crimes sexuels.

---

[1] www.DesNotables.com/Media/target76.html
[2] www.DesNotables.com/PublicisBCP/target11.html
[3] www.DesNotables.com/SQ/target27.html
[4] www.DesNotables.com/SQ/target20.html
[5] www.DesNotables.com/PublicisBCP/target11.html
[6] www.DesNotables.com/Media/target77.html
[7] www.DesNotables.com/Media/target76.html
[8] www.DesNotables.com/Media/target70.html
[9] www.DesNotables.com/AlainRichard/target20.html

# CHAPITRE 11

# UNE CAMPAGNE D'INTIMIDATION : FAIRE PEUR POUR CAMOUFLER LA VÉRITÉ

*Des recours abusifs – Comme une lettre à la poste? – Un bien étrange huissier – « Nous sommes au courant de tout! » – « On va se revoir mon Hostie » – Une SAAB noire immatriculée FW93360 – 5 minutes pour se conformer à une mise en demeure déposée... en mon absence! – Deux « notables » sur le gril – La compilation préliminaire des preuves – Me Claude F. Archambault – Puis, ce fut le tour de Monsieur John Parisella – Le nom de mon père devrait être retiré de l'injonction, dixit Gougoux – Outrage au tribunal – Une autre défaite pour le duo Gougoux-Parisella – La pression sur les bonzes de BCP – « If you talk too much ... You will die » – Extraits de ma déclaration à la Sûreté du Québec – Un « appel de courtoisie » de Jean Brault – Il faudra te refaire le visage – Un article non signé – Une lettre à la poste – Suivi – Un homme dans la cinquantaine avancée – « ...les deux gars dans la ruelle étaient des policiers » – Toute ma famille se sent menacée dans son intégrité – Intimidation numérique.*

**11**

Comme Yves Gougoux aime envoyer des procédures légales le vendredi et des orchidées à Noël à Jean Chrétien, vous ne serez pas surpris de constater les tactiques suivantes que j'ai répertoriées afin d'en faciliter la lecture.

### Des personnages bien branchés tirent définitivement sur les ficelles

Avez-vous déjà eu l'impression d'être victime d'un acte d'intimidation? Avez-vous déjà eu ce sentiment que quelqu'un, quelque part, tente de vous déstabiliser en ayant pour objectif de vous faire changer de trajectoire? À cause de ma participation aux enquêtes de la GRC, au comité des Comptes publics, à mes sessions de travail avec les enquêteurs de la Commission Gomery, j'ai été la cible de nombreux gestes d'intimidation : courriels, messages téléphoniques, lettres anonymes, rencontres fortuites dans des ruelles. Reste à voir quelle sera la réaction au fait que j'aie reçu un subpœna[1] pour témoigner au procès Brault-Guité.

### Des recours abusifs

J'ai été personnellement victime, ainsi que mon père, de recours abusifs[2], de manoeuvres dilatoires, d'actions frivoles et de procédures incomplètes de la part du cabinet d'avocats McCarthy Tétrault représentant les intérêts d'Yves Gougoux, John Parisella et Publicis-BCP.

### Comme une lettre à la poste?

Je m'étais adressé à la Commission d'accès à l'information afin d'obtenir par son entremise mon dossier d'employé de BCP, incluant mon dossier médical et ayant été au cœur de ses démêlés judiciaires initiés par les dirigeants de Publicis-BCP et leur entourage. Mes avocats et moi avions absolument besoin du dossier pour faire une expertise approfondie en calligraphie des modifications apportées au rapport médical[3]. C'est ainsi qu'au matin du 25 janvier 2005, Me Annick Reinhardt de la Commission d'accès à l'information m'a contacté par téléphone pour m'aviser que Publicis-BCP lui avait finalement confirmé avoir posté mon dossier d'employé. Il se trouve que le 23 décembre précédent, Me Michel Massicotte, procureur de Publicis-BCP, avait indiqué à Me Reinhardt avoir posté à mon casier postal le fameux document mais, un mois plus tard, ni Me Reinhardt, ni moi, n'avions reçu de copie. On sait que la poste est parfois encombrée durant le temps des fêtes, mais à ce point…

Je me suis alors rendu au comptoir postal où, effectivement, m'attendait une enveloppe que j'ai décachetée quelques instants plus tard en arrivant à la résidence de mes parents. En ouvrant cette enveloppe, en présence de ma mère, j'ai constaté qu'il y manquait le document le plus important, soit le dossier médical dont nous avions obtenu copie quelques mois auparavant.

Dans les minutes qui ont suivi, soit à 10 h 10, j'ai tenté de joindre Me Reinhardt à qui j'ai laissé un message sur sa messagerie vocale à l'effet que les documents envoyés par BCP ou Publicis étaient malheureusement incomplets. Il manquait une lettre de « couverture » ainsi qu'une une page à mon dossier médical (voir plus loin pour un exemplaire), soit le verso du document de demande de prestations d'assurance salaire. Sans compter qu'il m'était impossible d'identifier l'expéditeur de ces documents : Publicis ou BCP? Plus tard, j'apprendrai que Me Reinhardt avait bel et bien pris connaissance de mon message sur son répondeur et qu'elle avait envoyé un courriel à Me Vauclair du cabinet Desrosiers, Turcotte, Massicotte, Vauclair, le collègue de Me Massicotte et avocat de Publicis-BCP, à l'effet qu'il y aurait des documents manquants.

### *Un bien étrange huissier*

Vers 10 h 20, on sonna à la porte et ma mère est venue m'aviser qu'un huissier de justice était dans l'entrée de la maison. Je suis allé l'accueillir et j'ai demandé à voir des pièces d'identification. Il me présenta très rapidement un badge dont le numéro semblait être le « 617 » juxtaposé à une carte d'identification jaunâtre où était inscrit « Huissier de Justice », mais je n'arrivais pas à voir ni sa photo ni son nom parce qu'il gardait son pouce sur ces éléments d'information. Lorsque je lui ai demandé son nom, il se contenta de dire sur un ton de défi: *« Vous venez de voir mon badge »*. J'avais rencontré quelques huissiers dans ma vie et ce comportement a éveillé en moi des soupçons. Cet homme était de toute évidence arrogant et agressif et voulait me faire savoir qu'il connaissait bien mon dossier, ce qui est tout à fait étrange de la part d'un huissier. C'est à ce moment précis que je me suis mis à craindre pour ma sécurité et celle de ma mère.

### *« Nous sommes au courant de tout! »*

Sur un ton agressif, arrogant et autoritaire, il me déclara : *« Vous prétendez qu'il vous manque des documents? »*. Ma mère et moi étions sidérés puisque je venais à peine de laisser un message sur le répondeur de Me Reinhardt de la Commission d'accès à l'information à cet effet. Et puisque nous venions à peine de recevoir les documents quelques minutes auparavant, ma mère lui demanda spontanément comment il pouvait savoir une telle chose. Il fixa ma mère dans les yeux et lui répondit sur un ton encore plus arrogant et plus menaçant: *« On est vite Madame et nous sommes au courant de tout! »*.

Cette dernière phrase accentuait l'impression qu'il ne pouvait pas s'agir d'un huissier. Un huissier est juste un messager de la Cour, il ne s'implique pas dans les causes. Dans notre maison, à deux pouces de mon visage il était là pour livrer beaucoup plus qu'une enveloppe. Il venait nous intimider . Je lui ai demandé de quitter les lieux immédiatement car je ne pouvais croire, à cause de son comportement qu'il était un véritable huissier. Il refusa en me poussant à deux mains pour m'éviter d'ouvrir car je voulais le mettre à la porte. Ce premier contact physique, devant ma mère par surcroît, aura eu comme conséquence de confirmer mes pires craintes. Il répéta : *« Comme ça, vous dites qu'il vous manque des documents »*. À ce moment, il tenait l'enveloppe à la hauteur de ses yeux et me dit : *« Me permettez-vous d'ouvrir l'enveloppe? »*. Je lui ai répondu : *« Non »* sur un ton qui ne laissait place à aucune discussion. Il rétorqua: *« Au nom de la Cour et au nom de mon mandataire, Desrosiers, Turcotte, Massicotte, Vauclair, avocats, je procède à l'ouverture »*.

Le document était identique… à celui que je venais de recevoir par la poste. Pourquoi alors cet énergumène se présentant comme huissier venait-il me remettre le même document sinon pour me faire sentir que j'étais sous surveillance et que des « notables » étaient plus forts que moi?

Nous vivions alors un moment extrêmement intense et, bien que je n'avais nullement besoin de me justifier à lui, je lui ai indiqué qu'il manquait une page très importante à mon dossier médical. C'est alors qu'il tenta à nouveau de m'intimider en me demandant si ce document existait vraiment. Il me prit le bras droit et me défia en me regardant droit dans les yeux tout en m'empêchant d'ouvrir la porte. Devant mon insistance, il recula sur le perron de la résidence. Je lui dis : *« Tu sors de chez nous et tu dis bonjour à tes petits amis et on se reverra en cour »*. Je faisais directement allusion aux gens qui l'avaient envoyé.

### *« On va se revoir mon Hostie »*

Près de son véhicule, il me cria : *« Tu devrais faire ta job au lieu de dire n'importe quoi »*, faisant manifestement référence à mon témoignage aux Comptes publics. *« Fais donc ton travail au lieu de faire chier le peuple »* ajouta-t-il… Avant de monter dans sa voiture, il me cria : *« Tu es jeune toi, tu es bien jeune. Tu es bien chanceux »*. Je ne voyais pas le rapport, outre le fait qu'il m'indiquait que je ne vieillirais pas si je continuais à témoigner. Juste avant de pencher sa tête pour entrer dans son véhicule, il m'affirma : *« On va se revoir mon Hostie »*. Il venait de confirmer mon impression qu'il ne pouvait pas s'agir d'un véritable huissier. Il quitta en m'envoyant la main avec un sourire narquois et le sentiment du devoir accompli.

### *Une SAAB noire immatriculée FW93360*

Le huissier menaçant s'est engouffré dans une SAAB noire avec un support à ski Thule, sur le toit. Avant qu'il n'ait eu le temps de disparaître, j'ai noté son numéro de plaque d'immatriculation, que j'ai plus tard transmis à la police de Brossard : FW93360. L'homme mesurait environ six pieds et pesait 180 livres avec des cheveux longs et lisses. Il portait un jeans. Une conversation subséquente avec René Noël, Syndic de la Chambre des Huissiers de Justice du Québec (maintenant remplacé par Alan Horic), m'a permis de constater qu'il s'agissait d'un véritable huissier. Ce huissier, dont la véritable identité est Yvan Martimbault, est présentement sous enquête par son ordre professionnel dans le dossier portant le numéro SN05-331[4].

### 5 minutes pour se conformer à une mise en demeure déposée... en mon absence!

La majorité des procédures m'ont toujours été signifiées par huissier un vendredi après-midi. Ça commence mal un week-end... C'est la méthode privilégiée par Yves Gougoux et ses avocats. Voici un exemple d'une procédure frivole, abusive et dilatoire[5]. Il s'agit d'une mise en demeure émanant de Me Michel Racicot et Me Catherine Mandeville de la firme McCarthy Tétrault, pour le compte de leurs clients Yves Gougoux et John Parisella. En mon absence le 29 avril 2005, une mise en demeure a été déposée dans ma boîte aux lettres à 13 h 25. J'en ai pris connaissance, à mon retour, soit aux environs de 15 h 45. Dans cette mise en demeure, on exigeait que j'effectue, avant 13 h 30, des modifications à mon site Internet sinon une procédure d'injonction serait soumise au tribunal. Pour régler le litige, on exigeait ma présence au Palais de justice pour 14 h 30! Je comprends maintenant pourquoi les ministres libéraux se déplacent en Challenger. Les délais sont si courts dans le système de justice libéral...

J'avais trouvé sur le site Web du Registre des entreprises du Québec, un site gouvernemental et donc public, les coordonnées de MM. Parisella et Gougoux et que j'avais retranscrites sur mon site Web, en y affichant la photo des intéressés. J'ignore si une mise en demeure identique a aussi été signifiée aux responsables du Registre des entreprises du Québec...

Cette mise en demeure[6], qui mettait d'ailleurs aussi en cause mon père qui n'avait pourtant strictement rien à voir là-dedans, exigeait que je m'exécute dans les cinq minutes. Je n'avais évidemment pas le temps de consulter mes avocats et encore moins de me déplacer au Palais de justice pour contester une demande d'injonction. Dans les circonstances, je me suis immédiatement mis au travail et les changements demandés ont été apportés à mon site Web au plus tard à 16 h 30. Et pourtant, le soir même, à 20 h 10, je recevais une injonction m'ordonnant de ne plus afficher les photos et les coordonnées de MM. Parisella et Gougoux sur mon site Web. Pour une histoire somme toute banale de site Internet, MM. Gougoux et Parisella auront néanmoins réussi à obtenir de la juge Lise Matteau, dans son bureau et après les heures de Cour, tout comme s'il s'agissait d'une urgence nationale, une permission spéciale pour qu'on nous signifie après les heures légales des documents fort volumineux mais incomplets, puisqu'ils avaient « oublié » d'y joindre les annexes.

Mon père ayant été mis en cause avec moi dans cette affaire, nous avons été convoqués à la Cour et, tel que requis, le lundi matin, nous nous y sommes présentés. Mais les avocats de MM. Gougoux et Parisella, Me Catherine Mandeville et Michel Racicot, avaient tout simplement omis d'inscrire le dossier sur le rôle.

Pour le bénéfice du lecteur, plus de six mois plus tard, ce dossier traîne toujours, les avocats de McCarthy Tétrault multiplient les requêtes et les interrogatoires.

### Deux « notables » sur le gril
Jusqu'à tout récemment, j'ignorais tout des procédures judiciaires. Mais je sais maintenant qu'un procureur doit interroger les témoins éventuels en vue d'un procès, sauf lorsque le rapport d'enquête est complet et qu'il y a un plaidoyer de culpabilité. La nature et la portée de l'interrogatoire des témoins sont des éléments essentiels de la préparation d'une cause. Toutefois, de nombreuses variables entrent en jeu, notamment la compétence de l'interrogateur, la nature de l'affaire et le rôle du témoin, voire le comportement et la personnalité du témoin.

Et c'est ainsi que j'ai assisté avec mon père à l'interrogatoire par notre procureur Claude F. Archambault de deux « notables » : Messieurs Yves Gougoux et John Parisella, interrogatoire tenu suite à leur injonction. Nous voilà donc au Palais de justice de Montréal. L'interrogatoire est prévu pour 9 heures. Notre procureur est venu nous rejoindre aux environs de 8 h 45. Son regard vif des grandes occasions, sa démarche impatiente mais déterminée nous confortaient dans le bien-fondé du choix de notre procureur. Nous avons subitement vu arriver Monsieur Gougoux. Avec son arrogance habituelle, Gougoux s'est approché de moi pour me saluer. Il en fit de même avec mes parents. Je ne pense pas que le fait que nous l'ayons complètement ignoré constitue un accroc aux bonnes manières, mais franchement... Ne se disait-il pas menacé par moi…? N'était-il pas supposé avoir peur…?

### La compilation préliminaire des preuves
Yves Gougoux tenait fièrement sous le bras un document de plusieurs pages qu'il décrira comme étant une compilation préliminaire de la preuve en diffamation amassée à ce jour contre moi. C'était une autre forme d'intimidation puisque les feuilles semblaient flambant neuves, blanches et sans écriture! Gougoux déposa donc sa « compilation » à l'emplacement même du siège de notre procureur, Me Claude F. Archambault.

Yves Gougoux a l'habitude de dicter l'agenda, de contrôler le processus et de prendre possession du territoire. Lorsque Maître Claude F. Archambault est entré dans la salle, dans un geste qui a éberlué tout le monde, il a immédiatement fait virevolter au sol la « compilation » de Monsieur Gougoux en s'interrogeant sur l'identité de l'effronté qui avait pris l'initiative de délimiter son terrain. Gougoux a vite compris qu'il n'était absolument pas maître à bord. Pour ma part, j'ai constaté que la « compilation » avait trouvé la place qui lui convenait!

Pour moi, les quarante-cinq minutes suivantes furent aussi exquises que l'heure du concert pour un mélomane très exigeant. Je n'ai jamais vu Gougoux se faire démolir de la sorte sans même oser réagir. Je n'avais jamais vu Gougoux aussi désemparé, docile et soumis. Son image de « *ruthless killer* » en prenait pour son rhume. Et quand on juxtapose sa piètre performance devant Gomery on est en droit de se demander si cette réputation est surfaite. Il est évident que le « one on one » n'est pas sa force. Il est vrai que Me Claude F. Archambault, (mon père y fait maintenant référence en l'appelant « mon Guy Lafleur » – ce qui n'est pas peu dire!) connaît à fond mon dossier et qu'il est fort motivé. Comme toujours, ses questions étaient bien ciblées.

### *Me Claude F. Archambault*

Me Claude F. Archambault est un homme tenace et intimidant. Gougoux et Parisella avaient entamé contre moi et mon père (qui n'avait absolument rien à y voir) une procédure d'injonction s'inscrivant parfaitement dans la logique de leur démarche d'intimidation. Me Claude F. Archambault ne prend jamais rien à la légère et n'était certainement pas intimidé par ces deux champions des retours d'ascenseur du bon gouvernement Chrétien qui faisaient les manchettes plus souvent qu'à leur tour dans le scandale des activités publicitaires. D'une voix éteinte, les réponses de Gougoux étaient évasives et incomplètes. Il lui semblait difficile de se rappeler de la version qu'il avait déjà servie et j'ai eu nettement l'impression qu'il existe une autre version, celle-là étant la vraie. En très peu de temps, notre procureur a fait admettre à Gougoux que mon père n'avait absolument rien à voir à cette procédure d'injonction.

Je me suis même surpris à avoir un tantinet de compassion (uniquement pour une seconde et peut-être moins) pour Gougoux tellement il faisait pitié à voir. En aucun temps, celui que l'on surnomme le « Caribou » ou le *« Ruthless killer »* n'a pu soutenir un regard franc, préférant fixer la table ou le plancher.

À la fin de l'interrogatoire, mon père m'a demandé si Gougoux avait un sosie puisque celui qu'on venait de rencontrer ne correspondait en rien à la description que Nathalie Fagnan et moi lui avions faite du personnage ou qu'il avait lue dans les revues ou journaux.

### Puis, ce fut le tour de Monsieur John Parisella

Tout au long de l'interrogatoire de Gougoux, le grand John a fixé le plancher et semblait songeur… Au début de son interrogatoire, Me Claude F. Archambault lui a servi sa 1ère leçon de « savoir-vivre dans un palais de justice pour les nuls ». La scène pourrait faire l'objet d'une pub pour l'industrie de la gomme à mâcher et être certainement un bon sujet pour un des prochains galas du Festival Juste pour Rire… Toujours est-il que notre procureur, Me Claude F. Archambault, a refusé de débuter l'interrogatoire tant et aussi longtemps que Monsieur Parisella n'aurait pas retiré de sa bouche sa gomme à mâcher. Monsieur Parisella s'en est montré surpris, perplexe et vexé. On ne s'adresse pas ainsi à un notable qui a sauvé le Canada…

Devant l'insistance de notre procureur, Parisella a décidé de présenter un pitch… non, de faire du lobbying. Et c'est ainsi qu'on a appris que John mâchait de la gomme le matin pour l'haleine et le soir pour la digestion. Quant à l'après-midi, on le saura au prochain interrogatoire! Me Claude F. Archambault n'en démordait pas et a expliqué à ce grand libéral que c'était lui et personne d'autre qui contrôlait l'agenda. Il lui a aussi fait remarquer que les règlements du Palais de justice exigent des usagers de ne pas mâcher de la gomme. Et comme Monsieur Parisella affichait un air sceptique, Me Claude F. Archambault lui a sèchement indiqué que, de toute façon, la politesse élémentaire faisait en sorte que l'on ne mâche pas de gomme en public. Résigné, Parisella fouilla dans ses poches à la recherche d'un papier pour y déposer l'objet… il ouvrit à peine la bouche mais non sans gêne… il retira la gomme rapidement... C'était l'humiliation totale et complète. Il ne s'en remettra pas! Par la suite, il a répondu aux questions de notre procureur à la manière d'un gosse entièrement soumis.

### Le nom de mon père devrait être retiré de l'injonction, dixit Gougoux

Il est important de noter que lors de l'interrogatoire, M. Gougoux a rapidement admis que le nom de mon père, Robert Richard, n'aurait pas dû apparaître et donc, devrait être retiré de l'injonction. Me Catherine Mandeville et Me Michel Racicot, avocats du réputé cabinet McCarthy Tétrault, ne se sont même pas donnés la peine de procéder à une vérification ne serait-ce qu'élémentaire du bien-fondé des allégations de leurs clients dans cette campagne d'intimidation.

Ceci est en tout point conforme à l'inertie des policiers dans la campagne de dénigrement. Les avocats Mandeville et Racicot sont sous enquête par le Syndic du Barreau (dossier no 2005-00139018-BE[7]) pour leurs agissements dans cette affaire. Le code de déontologie des avocats est pourtant clair : *il est dérogatoire à la dignité de la profession le fait pour un avocat d'introduire une demande en justice, d'assumer une défense, de retarder un procès ou de prendre quelque autre action au nom du client, alors qu'il sait ou qu'il est évident que pareille action a pour but de nuire à autrui ou d'adopter une attitude allant à l'encontre des exigences de la bonne foi.*

### Outrage au tribunal

Tel que mentionné précédemment, j'ai procédé aux changements sur mon site Web en retirant les photos et les coordonnées de Messieurs Parisella et Gougoux. Je vous répète que leurs photos et leurs coordonnées sont disponibles sur Internet notamment via le site du Registraire des entreprises du Québec[8] et sur le site de BCP.

Et pourtant, la seule inclusion sur mon site d'un lien avec celui du Registre des entreprises du Québec m'aura valu d'être sommé à comparaître pour outrage au tribunal! Qu'en pensez-vous?

### Une autre défaite pour le duo Gougoux-Parisella

Le 17 octobre 2005, la Juge Hélène Langlois rejetait la requête d'outrage au tribunal d'Yves Gougoux et John Parisella contre mon père et moi en prenant soin de mentionner que « le site CIDREQ est public[9] ». Il me semble évident que les avocats de McCarthy Tétrault auraient dû savoir ça avant d'entamer les procédures. De fait, il faut se rappeler que le matin même du procès, l'avocat Catherine Mandeville laissait tomber la procédure contre mon père... faute de preuves.

### Un influenceur de taille : Me Gérald R. Tremblay

La Presse du 27 octobre 2005 titrait : « *Des scandales payants pour les avocats* ». Il faut savoir que le cabinet d'avocats McCarthy Tétrault a «investi» presque 400 000 $ dans le Parti libéral du Canada depuis l'accession au pouvoir de Jean Chrétien en 1993. Mon enquête ne me permet pas présentement d'évaluer le retour sur investissement, à savoir combien de millions de dollars de contrats le cabinet a reçu en retour d'ascenseur, s'il y a lieu. Me Gérald R. Tremblay est un avocat dont la réputation n'est plus à faire, il est même Conseiller de la Reine! Sa crédibilité est sans reproche et tous les juges l'aiment bien.

Son cabinet, McCarthy Tétrault est intervenu à plusieurs reprises pour défendre des juges dans différentes cours québécoises.

Mes déboires juridiques se sont amplifiés quand j'ai eu la bonne idée de faire la liste des plus importants cabinets d'avocats présents à la Commission Gomery, donateurs au Parti libéral du Canada. Une idée, reprise par la suite par le journaliste Pierre Tourangeau à la télévision de Radio-Canada. Curieusement, les avocats de McCarthy Tétrault ont redoublé d'ardeur pour essayer de m'empêcher de témoigner en ajoutant des fausses procédures au nom de leurs clients Gougoux et Parisella. La force du Réseau libéral. Pourtant, John Parisella l'a bien dit : « *Donnez à un parti politique n'est pas un crime, c'est un devoir[11]* ».

| Dix principales contributions au PLC des cabinets d'avocats présents à la Commission Gomery | | | | |
|---|---|---|---|---|
| PARTIES / INTERVENANTS | AVOCATS | CABINET | RANG | TOTAL depuis l'arrivée au pouvoir de Jean Chrétien |
| B.C.P. Ltée | Gérald R. Tremblay | McCarthy Tétrault | 1 | 374,928.99 $ |
| Société Canadienne des Postes | John B. Laskin | Torys | 2 | 193,978.39 $ |
| | John A. Terry | Torys | 2 | |
| Le très honorable Jean Chrétien | David W. Scott | Borden Ladner Gervais | 2 | 171,388.45 $ |
| M. Jean Pelletier | Guy J. Pratte | Borden Ladner Gervais | 3 | |
| M. Ranald Quail | George D. Hunter | Borden Ladner Gervais | 3 | 171,388.45 $ |
| Via Rail Canada | John A. Campion | Fasken Martineau DuMoulin | 4 | 164,400.02 $ |
| Bureau du vérificateur général du Canada | Richard G. Dearden | Gowling Lafleur Henderson | 5 | 149,340.84 $ |
| Parti Conservateur du Canada | Arthur Hamilton | Cassels Brock & Blackwell | 6 | 113,317.95 $ |
| | Laurie Livingstone | Cassels Brock & Blackwell | 6 | |
| Malcom Média inc. et Luc Lemay | Louis P. Bélanger | Stikeman Elliott | 7 | 86,767.43 $ |
| L'honorable André Ouellet | Raymond Doray | Lavery, De Billy | 8 | 85,600.42 $ |
| Banque de développement du Canada | William Brock | Davies Ward Phillips & Vineberg | 9 | 39,019.08 $ |
| Procureur général du Canada | Sylvain Lussier | Desjardins Ducharme Stein Monast | 10 | 36,845.60 $ |
| Source : Élections Canada | | | | |

*Illustration 29 : Tableau des contributions des avocats au PLC.*
*McCarthy Tétrault en tête![24]*

Jacques Bouchard m'a raconté une anecdote croustillante au sujet de l'obtention des lettres c.r. (Conseiller de la Reine) au bout du nom de l'avocat Gérald R. Tremblay. Bouchard me disait que Brian Mulroney avait mandaté Tremblay pour le sortir du scandale des Airbus. Sans décrire les détails, disons simplement que Me Tremblay s'est bien acquitté de ses tâches et que c'est ainsi que Mulroney lui a remis ses « lettres de noblesse ».

Je dois avouer avoir été amèrement déçu de la prestation de Me Tremblay à la Commission Gomery. Ses blagues grivoises et ses références à son article pathétique dans La Presse[12], ont fait de lui le bouffon du jour et n'auront pas réussi à cacher des projecteurs les dirigeants de Publicis-BCP.

Pour vous convaincre de son implication dans le Réseau libéral, posez-vous la question à savoir qui Jean Charest a-t-il mandaté pour envoyer une mise en demeure au maire d'Huntigdon, Stéphane Gendron? McCarthy Tétrault (Il avait affirmé que le Premier ministre Charest était un meurtrier pour refuser d'investir dans les soins de la santé sur les ondes de 98,5 FM ou TQS).

### La pression sur les bonzes de BCP

Il faut consulter le contexte chronologique pour mieux saisir toute la pression médiatique qui s'exerçait sur les bonzes de BCP à ce moment-là, eux, qui voulaient absolument m'empêcher de m'exprimer[13].

D'ailleurs aux audiences de la Commission Gomery, Chuck Guité déclarait : « *Je savais que le système politique voulait en donner une part à BCP et une part à V&B. Il s'agissait du bureau du Premier ministre. Le système politique voulait le diviser, alors ils l'ont divisé. La décision ne m'appartenait pas, je ne pouvais pas décider* » .

### « If you talk too much ... You will die »

Dans la journée du 24 mars 2004, j'ai accepté de participer au comité des comptes publics sur le scandale des commandites et des activités publicitaires. J'ai reçu cette invitation via le greffier Jeremy Leblanc. Le soir même, j'ai couché à ma résidence du 1506, Chemin du Fief à Saint-Lazare et j'étais seul à l'intérieur de la maison.

Vers 4 h 15, le matin du 25 mars, la sonnette de la porte d'entrée a retenti et mes deux chiens ont aboyé, ce qui m'a réveillé, bien évidemment. Comme je recevais Le Journal de Montréal et La Presse, je me suis dit que c'était probablement un camelot. Je me suis donc levé vers 4 h 20 du matin, et je suis descendu. Mes chiens étaient contre la porte. J'ai allumé toutes les lumières à la portée de la main mais je n'ai jamais vu personne ou encore moins un véhicule. J'ai alors ouvert pour trouver mon Journal de Montréal sur le perron, et y voir une note[16] sur la poignée de la porte : « *If you talk too much ... You will die* » [17]. J'ai pris quelques minutes pour réfléchir et j'ai contacté le 411 pour obtenir le numéro de téléphone de la SQ[18]. Contrairement à ce que certains journalistes ont rapporté, j'avais bel et bien indiqué à la police que je quitterais pour la France par la suite. Le site de ma compagnie affichait d'ailleurs déjà cette information. Voici les grandes lignes de ma déposition à la Sûreté du Québec, le 25 mars 2004. Il est important de noter que le sergent-détective Luc Laporte enquête toujours dans cette affaire[19]. Je crois qu'Yves Gougoux n'a jamais digéré le fait que son nom se retrouve dans cette déclaration et encore moins que les policiers lui rendent visite. Mais, de là à aller jusqu'à faire de fausses déclarations aux policiers sur mon compte par la suite ?

### *Extraits de ma déclaration à la Sûreté du Québec* (26 mars 2004)

*J'ai travaillé pendant deux ans chez BCP en 1995 et 1996. Mes supérieurs étaient Yves Gougoux et John Parisella et c'est à ce moment que j'ai vu de près les relations étroites entre la politique et la publicité. Bien que je n'aie jamais travaillé sur aucun compte gouvernemental, j'ai rapidement compris que les comptes n'étaient pas toujours attribués au mérite. Je parle de comptes publicitaires de plusieurs dizaines de millions de dollars. Lorsque j'ai quitté BCP, je me souviens d'un échange vigoureux avec Yves Gougoux sur le sujet des comptes gouvernementaux. Sa réponse de l'époque était sans équivoque : « C'est la façon de faire des affaires et ne t'attaque pas à moi. Tu ne sais pas dans quoi tu t'embarques... ». J'étais alors président du Publicité Club de Montréal. Monsieur Jean Brault, président de Groupaction, me courtisait déjà et j'ai fait le saut à titre de vice-président affaires corporatives de Groupaction. J' y ai débuté en 1996, (en février je crois) et ils ont mis fin à mon entente, par huissier, vers le 26 ou 27 novembre 1997. Je n'ai jamais travaillé sur les comptes gouvernementaux mais j'ai observé des irrégularités majeures au niveau du fonctionnement desdits comptes.*

*Lors de la réunion post-congédiement avec Jean Brault (CEO) et Lucie Dumas (COO) qui a eu lieu un soir de décembre 1997 au restaurant Buena Notte sur le boulevard St-Laurent, il était clair, dans le ton de la conversation, qu'ils ne toléreraient pas que je raconte ce que j'ai vu. Le président m'a alors dit : « Ça sera toujours ta parole contre la nôtre et Alain on connaît du monde bien placé. Nous avons même la GRC comme cliente! ». C'est à la suite de ces deux événements que de fausses rumeurs ont circulé à mon sujet dans l'industrie. Mais seulement Gougoux connaissait l'existence de mon épisode de dépression. Je sentais que je dérangeais l'establishment.*

*Illustration 30:  Article du journal La Presse du 5 mai 2005[14]*

*J'ai débuté mon entreprise, rebelles.com marketing numérique, le 26 mai 1998 et dès l'annonce de la nouvelle, nous avons eu des intrusions (hacking) sur nos serveurs. On nous laissait des messages du style : « Alaintuvasteplanter.txt » et des messages sur ICQ provenant du pseudonyme : Le Sorcier. J'ai fait état de la situation à la GRC mais je savais que ça serait difficile puisque cet individu, Jean-François Dumas, travaillait chez Groupaction et qu'il travaillait aussi (disait-il) avec la GRC pour essayer de « hacker » les sites du gouvernement fédéral. (Note de l'auteur : Je vous invite à consulter le site Internet pour en apprendre plus sur cet étrange personnage[20]).*

*Les intrusions de la sorte ont cessé vers 2001 après que j'aie personnellement adressé des reproches à Jean-François Dumas au restaurant Zenya de mon édifice à bureaux de la rue Sainte-Catherine.*

*De 1999 à 2002, bien que le scandale des commandites et des activités publicitaires captait l'attention d'une poignée d'individus, on continuait de me discréditer en insinuant informellement des choses.*

*À la fin de 2001 ou au début de 2002 et en 2003, j'ai reçu des appels téléphoniques anonymes sur mon répondeur, à la maison ou encore sur mon cellulaire. Jamais au bureau, à ma connaissance. On me disait toujours la même chose et plus souvent qu'autrement en anglais : « Shut up asshole », « keep your mouth shut », etc. À peu près au même moment, je recevais le même type de message par courriel. J'ai fait état, au début de ce récit, d'une entrevue avec Jean Lapierre à TQS et au cours de laquelle j'avais confirmé avoir vu Alfonso Gagliano chez Groupaction, déclaration qui avait miraculeusement permis à l'honorable ministre de retrouver la mémoire. Quoi qu'il en soit, c'est à partir de ce moment que les courriels ont recommencé.*

### Un « appel de courtoisie » de Jean Brault

*Je me souviens aussi d'avoir reçu un « appel de courtoisie » de la part de Jean Brault vers 18 heures, un vendredi soir de mars. Je le sais, car c'était le soir de l'anniversaire d'une bonne amie à moi qui travaillait chez Groupaction. Quand j'ai vu le nom de Groupaction sur l'afficheur, je me suis empressé de répondre pensant qu'il s'agissait de la personne en question mais c'était Jean Brault lui-même « qui m'appelait pour prendre de mes nouvelles ». Après trois ou quatre ans? Tiens, bizarre... Jean Brault me dit : « Alain je fais le tour de mes ex-VPs pour m'assurer qu'ils sont encore mes amis et qu'ils dorment bien la nuit ». Il désirait aussi me rencontrer pour un lunch que j'ai refusé immédiatement. Par la suite, bien que je sentais l'intérêt des médias, il me semble qu'on se soit tenu à distance jusqu'à ce que le fameux rapport de la vérificatrice générale éclate en plein jour. J'ai alors refusé de nombreuses entrevues mais j'ai accepté l'invitation de quelques médias. J'avais quand même bâti une complicité avec eux dans cette saga.*

### Il faudra te refaire le visage

*Un soir de février, après une apparition au Grand Journal avec Jean-Luc Mongrain, je suis retourné à pied vers mon bureau. J'ai quitté mon bureau vers 19 h 15 pour me rendre à mon véhicule stationné dans la ruelle, derrière mon bureau de la rue Sainte-Catherine. Je me suis engagé dans la ruelle et c'est alors que j'ai aperçu deux hommes de race blanche au physique imposant, en veston-cravate, appuyés sur mon véhicule. L'essentiel de la brève conversation se résume comme suit : « Hey! Je t'ai vu à la télévision. Tu devrais être un acteur à Hollywood. Si jamais, tu voulais le faire, il faudra te refaire le visage cependant. On pourrait le faire tout de suite ». Tout ça en anglais.*

### Un article non signé

Le dimanche 10 avril 2005, Le Journal de Montréal, en page 10, a fait paraître un article non signé[21], comprenant de nombreuses fausses allégations à mon sujet, notamment : *« Mais le destinataire de la lettre originale, M. Alain Richard, n'a jamais retourné nos appels pour confirmer ou infirmer l'authenticité de la lettre ».*

Vous devez savoir que je n'ai jamais reçu d'appels, de courriels ou toutes autres formes de communication directes ou indirectes des représentants du Journal de Montréal. Mais comme la Commission Gomery avait dit quelques jours auparavant que je pouvais être appelé à témoigner, il fallait faire quelque chose pour me discréditer. Mais quel était l'intérêt du Journal, dans tout ça? D'après moi, aucun. Une simple commande. Aussi, dans son édition du mardi 4 janvier 2005, en page 14, le journaliste Rodolphe Morissette, a associé mon nom aux fraudes des commandites avec des gens comme Jean Brault et Chuck Guité. Et que dire de l'article complètement faux de Morissette, le 9 avril 2004, deux jours après ma comparution au Parlement. De qui le journaliste a-t-il obtenu ses informations erronées? Et dans quel but?

### Une lettre à la poste

Le 11 mai 2005, j'écrivais aux avocats oeuvrant sur mon dossier au cabinet de Me Claude F. Archambault et associés :

> *Hier en après-midi (mardi 10 mai), j'ai récupéré mon courrier à mon casier postal du boulevard Rome à Brossard. Parmi la demi-douzaine de lettres, j'ai aperçu une lettre de la compagnie d'Yves Gougoux[22]. Comme mon père m'avait avisé que BCP vous avait fait suivre le document manquant exigé par la Commission d'Accès à l'information du Québec, je croyais qu'il s'agissait simplement d'une copie de ce document pour mon bénéfice. À l'ouverture, j'ai constaté qu'il y avait une seule page qui, de toute évidence, s'inscrit dans la campagne d'intimidation contre moi. À ce jour, personne n'est au courant de cette lettre car je préfère ne pas mettre plus de pression sur les gens dans mon entourage qui, à chaque jour, vivent avec la crainte de voir un autre huissier venir sonner à notre porte. Outre les propos intimidants, j'attire votre attention sur les deux dernières lignes qui font référence à la saga du paravent dans l'histoire Coffin-BCP d'il y a quelques jours. Je ne sais pas trop comment interpréter les deux phrases mais je me questionne. Selon le tampon de la poste, je constate que cette lettre a été traitée au bureau de poste de Pike River, le jeudi 5 mai dernier. J'ai fait une recherche sur Internet pour apprendre que Pike River est situé non loin de Venise-en-Québec et de la frontière américaine. Je ne connais personne habitant dans cette région. J'ai pris soin de joindre une carte que j'ai trouvée sur Internet ainsi que les coordonnées via le site de Postes Canada. Finalement, je constate que l'étiquette de la lettre est semblable, voire identique, aux étiquettes sur l'envoi de mon dossier médical par BCP, en janvier dernier. J'ai considéré cette action comme un acte désespéré dans une campagne de dénigrement et d'intimidation à mon endroit.*

### Suivi

Dans ma déclaration à la SQ du 25 mars 2004, j'avais indiqué que j'avais été intimidé par deux hommes dans la ruelle située à proximité de mon bureau. Hors, voilà que le jeudi 21 juillet 2005, je me suis déplacé, à l'heure du lunch, pour rencontrer mon avocat Claude F. Archambault à ses bureaux du Vieux-Montréal pour discuter des poursuites civiles et de la plainte privée que nous déposerons à la suite de mon acquittement. Lorsque je suis sorti de la réunion, je suis retourné à ma voiture qui était garée sur la rue de la Commune en face du Vieux-Port. J'étais garé du côté nord de la rue et derrière moi il y avait une superbe Audi A6 ou A8. Je connaissais les voitures Audi puisque j'avais déjà possédé une A4.

**6 NOUVELLES** LE JOURNAL DE MONTRÉAL / JEUDI 5 MAI 2005

## GUITÉ VIDE SON SAC

### « M. Scully m'a demandé de lui ouvrir les portes des Nations unies »

## Le bureau de Chrétien est intervenu en faveur de BCP

Le cabinet de Jean Chrétien est intervenu pour favoriser l'octroi d'une part de 22,6 millions $ d'un contrat total de 67 millions $ au bénéfice de l'agence de publicité BCP, a affirmé Charles Guité.

**LAURENT SOUMIS**

En 1994, l'agence BCP a terminé deuxième lors d'un concours pour la sélection d'une agence de publicité pour la promotion du tourisme au Canada.

L'octroi de la totalité du contrat à une autre agence libérale, Vickers & Benson (V & B), n'était pas pour être laissé sans lendemain.

**YVES GOUGOUX a démenti les allégations de Guité.**

Et comme la différence entre le pointage des deux agences était moindre que 10 % (529 pour V & B et 509 pour BCP), les autorités politiques pouvaient choisir l'agence de leur choix, conformément aux règles en vigueur.

« Une agence a reçu la lettre de la gagnante; l'autre de la perdante, a dit Guité. Vingt minutes plus tard, les téléphones commençaient à sonner. Yves Gougoux (le président de BCP) n'était pas content. Il a appelé le bureau du premier ministre.

« Je n'ai rien fait, a raconté Guité. J'ai attendu un appel du bureau de M. Pelletier. Finalement, on m'a dit que le contrat n'irait pas comme ça à Vickers & Benson.

« C'était la volonté du bureau du premier ministre que le contrat soit partagé entre Vickers & Benson et BCP », a assuré Guité.

Les fonctionnaires n'avaient pas le choix, a expliqué Guité. « C'était conforme aux règles. Les autorités politiques voulaient fractionner le contrat. Je l'ai fractionné. »

En bout de ligne, tout le marché américain et pacifique a été octroyé à l'agence Vickers & Benson.

BCP, qui signe les campagnes électorales libérales au Québec, a obtenu le mandat publicitaire en sol canadien et dans les pays européens.

### BCP se défend

« Cette accusation est totalement dénuée de fondement », a affirmé BCP dans un communiqué.

« La version de Guité est fausse, non crédible et est même contredite par les documents déposés en preuve devant la Commission Gomery », a ajouté BCP.

Selon l'agence, BCP a agi « avec la plus grande intégrité et dans le respect des règles d'attribution de contrats ».

## Guité a reçu 1 million $ de ses relations d'affaires

Dans les deux années qui ont suivi son départ de la fonction publique, l'ancien directeur des commandites fédérales, Charles Guité, a obtenu des contrats privés de plus de 1 million $. Plus de 88 % de son volume d'affaires provenant des agences ou des événements qu'il avait lui-même commandités.

**LAURENT SOUMIS**

Selon la preuve entendue, Guité n'a pas respecté l'interdiction de brasser des affaires avec le gouvernement durant l'année qui a suivi son départ à la retraite le 31 août 1999.

Dès l'automne 1999, il acceptait un mandat de l'Information Essentielle, la maison de production de Robert-Guy Scully qui a bénéficié de très généreuses commandites, pour du démarchage au bureau du premier ministre Jean Chrétien.

« M. Scully m'a demandé de lui ouvrir les portes des Nations unies », a déclaré Guité. En fait, Scully cherchait à obtenir une rencontre avec l'ambassadeur canadien aux Nations unies pour développer un projet de série télévisée.

### 15 000 $ pour ses démarches

Guité s'est adressé à Dominic Leblanc (aujourd'hui député libéral) qui travaillait au cabinet du premier ministre. Guité a touché 15500$ pour ses démarches, même si elles n'ont jamais eu de suites heureuses.

À la même époque, Guité signalait une entente avec le propriétaire de l'une des plus grosses agences de commandites. L'ordonnance de non-publication nous empêche de l'identifier.

« Durant 11 mois, Guité a touché 10 000 $ par mois pour trouver un acquéreur ou des opportunités d'achat pour cette firme. « Le petit poisson voulait avaler le plus gros », a expliqué Guité.

Au même moment, Guité concluait une entente avec Tony Blom, de Compass Communications, une autre agence de communications de Halifax, convoitée par la première agence.

« La facture est pour des discussions que j'ai eues pour la vente de Compass», a confirmé Guité. Il recevait ainsi des honoraires des deux parties d'une éventuelle transaction.

En octobre 2001, Guité

Yves Gougoux (le président de BCP) n'était pas content. Il a appelé le bureau du premier ministre.

CE CHÈQUE, d'un montant de 14 980 $, constitue l'un des paiements de la société Paccanus, une filiale de l'agence de publicité Vickers & Benson, pour le démarchage effectué par Charles Guité et sa société, Oro Communication.

répété le même manège avec Paccanus, une filiale de l'agence Vickers Benson, qui souhaitait

acquérir l'agence montréalaise Palm. Encore une fois, Guité a émis des factures aux deux parties.

## Aline a choisi les montres

(PC) – Il a fallu le passage de Charles Guité devant la commission Gomery pour apprendre que l'épouse de l'ancien premier ministre Jean Chrétien, Aline, eu son mot à dire dans le choix de montres-bracelets destinées à augmenter la visibilité du gouvernement du Canada au Québec et à l'étranger.

M. Guité l'a appris lors de la première commande d'objets promotionnels, par Jean Carle, du bureau du premier ministre Chrétien.

M. Guité avait été invité par M. Carle à passer à son bureau pour qu'il lui indique les objets à commander, en vitesse, parce que le premier ministre s'apprêtait à diriger une mission économique d'« Équipe Canada ».

### Modèles préférés

Il se trouvait dans la salle d'attente quand il a aperçu Mme Chrétien qui sortait du bureau de M. Carle. Ce dernier les a présentés l'un à l'autre.

Une fois dans le bureau de M. Carle, celui-ci lui a dit en désignant deux montres:

« Ce sont les deux modèles qu'elle préfère».

Après cela, chaque fois qu'il était question d'objets promotionnels, les fonctionnaires de l'équipe de M. Guité qui gérait le programme fédéral des commandites désignaient les divers objets (balles de golf, montres ou sacs) sous l'appellation de « les montres de Mme Chrétien ».

*Voir crédit journalistique et photographique à la page 316*

*Illustration 31: Article du Journal de Montréal du 5 mai 2005*[15]

### *Un homme dans la cinquantaine avancée*

À l'intérieur se trouvait un homme dans la cinquantaine avancée et son moteur était au repos. La fenêtre était baissée. Il me regardait, je lui ai souri comme si je le connaissais et j'ai embarqué dans ma voiture. Voilà que sur le pont Champlain, j'ai aperçu la même voiture avec le même homme dans mon rétroviseur. Je me disais qu'il s'agissait d'une coïncidence mais il était toujours seul. J'avais pourtant l'impression qu'il attendait quelqu'un dans le Vieux-Port. J'ai poursuivi ma route jusqu'au Mail Champlain. Je suis descendu chez Archambault pour fouiner dans les livres et les CD. J'ai pris une bouchée dans l'aire des restaurants, puis je suis retourné à mon véhicule, environ quarante-cinq minutes après.

### *« ...les deux gars dans la ruelle étaient des policiers »*

Comme je m'apprêtais à partir, une voiture foncée (bleue ou noire) et bien propre s'est approchée de la mienne. J'ai baissé ma vitre, la sienne était baissée du côté du passager. Il m'a dit « Dans ta chasse aux sorcières, tu as oublié que les deux gars dans la ruelle étaient des policiers ». Et il a quitté sur les chapeaux de roues. J'ai juste eu le temps de capter les trois dernières lettre de sa plaque d'immatriculation : « NEP ».

J'étais étonné. Mais comme je recevais de nombreux courriels en rapport avec mon enquête, je me disais qu'il pouvait définitivement s'agir d'un élément en rapport avec l'enquête en question. Lors des vacances, j'ai fait le tour de la situation. À mon retour, le lundi 8 août 2005, j'ai feuilleté le rapport complémentaire du dossier de police no 21-040406-025, tout en écoutant le témoignage de la sergente-détective Luce Viens qui est disponible sur le site www.DesNotables.com.

Voilà qu'au nombre des policiers ayant travaillé sur mon dossier j'aperçois les noms du sergent-détective, Francesco Secondi, matricule no 1518 et du sergent Jose DeLosRios, matricule no 4396. Je me suis souvenu que lors de la perquisition et arrestation du 30 juin 2004, il y avait trois visages qui me semblaient familiers parmi les policiers présents. Certainement une simple coïncidence, puisque même le commandant Michel Chaput du SPVM ne veut pas en entendre parler.

Le début de mon enquête m'a déjà permis d'identifier possiblement un ami de John Parisella, le sergent-détective Rodrigue Bérubé, no 3144, mais je me souviens que deux autres visages me disaient quelque chose. Serait-ce possible que Secondi et DeLosRios soient les deux hommes de la ruelle? Ou est-ce que parmi les policiers au dossier, il pourrait y en avoir deux qui auraient des liens avec le Clan Gagliano?

### *Toute ma famille se sent menacée dans son intégrité*

Depuis le mois d'avril 2004, toute ma famille se sent menacée dans son intégrité par cette machination où l'on a inventé de toute pièce une histoire aussi farfelue que diabolique. On s'est même permis de trafiquer mon dossier médical et répandre de fausses rumeurs sur ma santé mentale. On a aussi poussé l'audace jusqu'à inventer des courriels et des colis, prétextant, par la suite, que j'en étais l'auteur.

Le ministre de la Justice est personnellement intervenu à deux ou trois reprises dans le dossier. La Couronne a demandé à la police de recommencer son enquête et a demandé d'interroger à nouveau les « présumées victimes » : Yves Gougoux, Jacques Bouchard, Michel Massicotte et leurs collaborateurs, Agnès Gougoux, Nathalie Fagnan, Marie-Hélène David et John Parisella.

Après la deuxième incarcération, mon procureur de l'époque, Me Alexandre Bergevin, a provoqué une rencontre au sommet entre le Chef adjoint au Procureur général de la Couronne, Me Jean-Marc Brousseau (maintenant retraité) et le procureur de la Couronne au dossier, Me Dominic St-Laurent.

Aux dires de Me Bergevin, cette rencontre a eu lieu mercredi le 24 novembre 2004 et c'est ainsi que nous avons appris que :
1. Le procureur de la Couronne, Dominic St-Laurent, a demandé de se retirer du dossier car son père et lui contribuaient à la caisse électorale du Parti libéral et qu'ils connaissaient John Parisella;
2. La sergente-détective, Luce Viens, a demandé de se retirer du dossier;
3. On a demandé de faire appel à un procureur d'un district judiciaire de l'extérieur car Me Michel Massicotte intervenait constamment dans le bureau des procureurs, lui qui était pourtant une présumée victime ;
4. On étudiait la possibilité que cette enquête criminelle ait été déclenchée sous de fausses prémisses;
5. Il serait plus que probable que la détention de trois jours fût illégale;
6. Il se pourrait que le patron des procureurs de la Couronne ordonne à la police de recommencer son enquête à partir du tout début (ce qui a été fait plus tard).

L'enquête en cours me permet de reconstruire le stratagème utilisé pour la campagne de dénigrement tout comme pour la campagne d'intimidation. Mais en attendant, j'ai une série de questions pour les policiers, qui peuvent être consultées sur le site www.DesNotables.com[23].

Pour la Couronne, la situation est tout aussi nébuleuse. Il faut savoir que Me Jean-Marc Brousseau est depuis à la retraite bien que son épouse Éliane Perreault, continue à travailler pour la Couronne. Quant à Me Dominic St-Laurent, il semble bénéficier de longs congés.

### Intimidation numérique

Dans un geste qui m'a semblé désespéré, Yves Gougoux et John Parisella ont demandé par l'entremise de Me Catherine Mandeville le dépôt de mes bases de données Internet. Or, voilà que le 27 octobre 2005, j'ai reçu une note du service d'hébergement de mes bases de données Internet m'avisant avoir reçu des plaintes sur mes courriels des derniers jours, à la veille de la diffusion du premier rapport de la Commission Gomery (!), et qu'on pourrait suspendre mon service.

Lors d'une conversation subséquente, on m'a indiqué que les plaintes provenenaient des webmestres de l'Université Concordia et... du cabinet d'avocats McCarthy Tétrault! Encore une coïncidence mais qui n'a heureusement eu aucune répercussion sur mes activités.

---

1 www.DesNotables.com/Legal/target54.html
2 www.DesNotables.com/Droit/target16.html
3 www.DesNotables.com/SQ/target15.html
4 www.DesNotables.com/Police/target164.html
5 www.DesNotables.com/Legal/target26.html
6 www.DesNotables.com/Legal/target24.html
7 www.DesNotables.com/Droit/target16.html
8 https://ssl.req.gouv.qc.ca/slc0110.html
9 www.DesNotables.com/Legal/target56.html
10 www.DesNotables.com/Legal/target0.html
11 www.DesNotables.com/Media/target56.html
12 www.DesNotables.com/Media/target163.html
13 www.DesNotables.com/Media/target116.html - www.DesNotables.com/Gomery280405Guite/ - www.DesNotables.com/Media/target117.html - www.DesNotables.com/Media/target115.html - www.DesNotables.com/Media/target124.html
14 www.DesNotables.com/Media/target126.html
15 www.DesNotables.com/Media/target128.html
16 www.DesNotables.com/SQ/target29.html
17 www.DesNotables.com/SQ/target29.html
18 www.DesNotables.com/SQ/target30.html
19 www.DesNotables.com/SQ/target48.html
20 www.DesNotables.com/Dumas.html
21 www.DesNotables.com/Media/target101.html
22 www.DesNotables.com/SQ/target28.html
23 www.DesNotables.com/Policiers.html
24 www.DesNotables.com/Legal/target0.html

# CHAPITRE 12

# ACQUITTÉ!

*« La dénonciation est donc rejetée quant au chef numéro 1 et elle est également rejetée quant à tous les autres chefs d'accusation relativement au fait que la Couronne n'a présenté aucune preuve.*
*Monsieur Alain Richard est donc acquitté. »*
— Extrait du jugement de l'honorable juge Claude Millette

*Publicis-BCP s'organise pour me salir – Mon acquittement prononcé sur le banc – Toute vérité peut avoir plusieurs facettes – Parjure et témoignage contradictoire.*

Au même moment où on intentait contre moi des procédures criminelles, Yves Gougoux, John Parisella et leur armée d'avocats entreprenaient une série de recours civils frivoles, dilatoires et sans fondement contre mon père et moi, lui qui n'a absolument rien à voir avec toute cette saga.

Tel un plan de communication bien ficelé, les pugilistes attaquaient sur les deux fronts : le criminel (la campagne de dénigrement) et le civil (la campagne d'intimidation).

**12**

Mon procès a eu lieu environ onze mois après la première arrestation et quelques jours avant la fin des travaux de la Commission Gomery. Du travail bien fait.

---

### Publicis-BCP s'organise pour me salir
Ma présence au Comité des comptes publics a été immédiatement interprétée par les dirigeants de Publicis-BCP, comme étant le début d'une campagne visant à salir leur réputation, dès lors ils ont décidé de me discréditer. Vous remarquerez comment le sort qui m'était réservé suivait le fil de l'actualité. À chaque fois qu'une tuile tombait sur la tête de BCP ou de leur allié André Ouellet, le lendemain il y avait soit une manchette à mon sujet ou je recevais une procédure juridique. J'invite le lecteur à consulter le courriel[1] qu'Yves Gougoux faisait suivre à ses collaborateurs suite à un article me concernant dans le *Toronto Star*.

# SATURDAY STAR

CHANCE OF FLURRIES; WINDY. HIGH 7 C ★ MARCH 20, 2004 ★ thestar.com ★ ONTARIO EDITION

## SO LONG, RETRO

## Sponsorship scandal: What a former Groupaction executive told police

# $1.5M for $50,000 job

### RCMP investigating company's sponsorship contracts
### At lunches 'you'd sit and not really talk about anything'

**MIRO CERNETIG**
**QUEBEC BUREAU CHIEF**

MONTREAL—Canadian taxpayers were billed more than $1.5 million for reports worth $50,000

or less, says a former executive at a Montreal ad firm who is now co-operating in the RCMP investigation of the Liberal government's sponsorship program.

"I'd say that you might have been able to do the same work for even $25,000," said Alain Richard, a former executive of

Groupaction, a Montreal ad firm under investigation in the $250 million controversy. "Even then, you would have been happy with that piece of business for the amount of work it took — maybe three or four days."

One of the few past executives of Groupaction to speak on the

record, Richard said that he was twice contacted by RCMP investigators, who are probing three federal contracts of $1.6 million to the firm.

Auditor-General Sheila Fraser says it is one of a number of Liberal party connected companies that squandered $100 million in

taxpayers' money.

In an interview, Richard described astronomical profits and a champagne-style life at Groupaction.

▶ Please see Contracts, A8

▶ Gagliano continues denials, A8

## Saturday Special

## Conservative leadership candidates put their best speech forward

*Voir crédit journalistique à la page 316*

*Illustration 32 : Article à la une du journal Toronto Star du 20 mars 2004. Les menaces de mort contre Alain Richard seront faites le 25 mars suivant[2]. Le 26 mars le Toronto Star mentionnait qu'il devait témoigner[3].*

Alain Richard

**Objet:** TR: TR: TR : $1.5M for $50,000 job (T.Ø. Star) Mr 20 2004

**De :** Bouchard, Jacques [mailto:jac.bouchard@jacques-bouchard.tv]
**Envoyé :** 26 mars 2004 14:17
**À :** 'Alain Richard'
**Objet :** TR : TR : $1.5M for $50,000 job (T.O. Star) Mr 20 2004

Alain,
Je te prie d'utiliser ta tête et ton jugement.
Il s'agit de personnes influentes avec de grands moyens...
Que tu n'as pas.
À ta place, j'y penserais sérieusement avant de continuer.
JB

**De :** Gougoux, Yves [mailto:ygougoux@publicis.ca]
**Envoyé :** 26 mars 2004 10:15
**À :** Jacques Bouchard; 'Michel Massicotte'
**Objet :** TR : $1.5M for $50,000 job (T.O. Star) Mr 20 2004

A suivre
-----Message d'origine-----
**De :** Dufresne, Jean Louis [mailto:jldufresne@consultants.bcp.ca]
**Envoyé :** 26 mars, 2004 10:07
**À :** Parisella, John; 'ygougoux@publicis.ca'; 'Michel Massicotte'; 'Gérald R. Tremblay'
**Cc :** Parisella, Tania
**Objet :** $1.5M for $50,000 job (T.O. Star) Mr 20 2004

## TORONTO STAR
www.thestar.com

Mar. 20, 2004. 01:00 AM

# $1.5M for $50,000 job
RCMP investigating company's sponsorship contracts

At lunches 'you'd sit and not really talk about anything'
MIRO CERNETIG
QUEBEC BUREAU CHIEF

Montreal-Canadian taxpayers were billed more than $1.5 million for reports w executive at a Montreal ad firm now co-operating in the RCMP investigation o program.
"I'd say that you might have been able to do the same work for even $25,000," of Groupaction, a Montreal ad firm under investigation in the $250 million con been happy with that piece of business for the amount of work it took - maybe One of the few past executives of Groupaction to speak on the record, Richard RCMP investigators, who are probing three federal contracts of $1.6 million to Auditor-General Sheila Fraser says it is one of a number of Liberal party conne million in taxpayers' money.

*Illustration 33 : Courriel de Jacques Bouchard à Alain Richard en date du 26 mars 2004, le lendemain de l'invitation faite à Alain Richard à venir témoigner au Comité des comptes publics à Ottawa. On remarque aussi les récipiendaires du message précédent : Yves Gougoux, Michel Massicotte, John Parisella, Gérald R. Tremblay et Jean-Louis Dufresne ainsi que Tania Parisella.*

### Mon acquittement prononcé sur le banc

Voici des extraits de mon acquittement prononcé sur le banc par l'Honorable juge Claude Millette dans la salle 3.12 du Palais de justice de Montréal, le 27 mai 2005[5].

*« Je pense qu'étant donné tout ce qui a été dit et tout ce qui entoure cette histoire, qu'il est dans l'intérêt de la Justice que je rende jugement immédiatement. Je commence donc d'abord par le dossier 10769-047 dans lequel Monsieur Richard avait à répondre à des accusations de menaces de mort ou de causer des lésions corporelles à Monsieur Yves Gougoux.*

*À l'origine ce dossier comportait quatre (4) autres chefs d'accusation, mais la Couronne a choisi de ne présenter aucune preuve quant aux autres chefs.*

*Ces menaces auraient été proférées par un courriel que Monsieur Richard aurait envoyé à Monsieur Gougoux le treize (13) février deux mille quatre (2004) et je me permets de citer certains extraits du courriel litigieux si j'ose dire. Alors : « J'ai entre les mains un bat de base-ball qui te ferait repousser la chevelure et te permettra d'avoir toute la visibilité que tu veux pour les nouvelles de ce soir et des prochains jours. Je suis celui qui te permet de rester clean présentement au niveau perceptuel, alors traite-moi avec respect. Je sais que tu n'es pas un fraudeur, mais lâche-moi avec ta fameuse phrase : Nous sommes les meilleurs, alors nous gagnons les comptes du gouvernement.*

*(Inaudible) tu gagnes parce que tu collectes tes « I owe you » et c'est correct. C'est étonnant de constater que tu as complètement détruit le capital de sympathie de Jacques Bouchard. Je comprends pourquoi aujourd'hui tu ne veux pas supporter les projets qui portent son nom comme le Publicité Club ou la Cinémathèque. »*

*Je saute quelques lignes et j'en arrive à la fin du courriel. « Je n'ai pas peur du PM ou de la mafia. Penses-tu vraiment que j'ai peur d'un président d'agence de pub? Alors, la prochaine fois que tu as le goût de faire une bitcherie, tu me contactes sur mon cellulaire. » Et Monsieur Richard donne son numéro de téléphone. « On se donne rendez-vous dans une ruelle et on règle ça, comme le caribou en France. »*

*Le défendeur Monsieur Alain Richard a expliqué qu'il était en colère parce que Monsieur Gougoux parlait de lui depuis longtemps en faisant référence à sa maladie et en alléguant que Monsieur Richard avait été hospitalisé pendant six (6) mois dans un hôpital psychiatrique.*

*Il s'avère que Monsieur Richard a fait une dépression et qu'il a été hospitalisé, selon ses dires, pendant dix (10) jours dans un autre hôpital[6]. **Il semble bien exact que Monsieur Gougoux répandait l'information que Monsieur Richard avait été hospitalisé pendant six (6) mois puisque la sergente-détective Luce Viens avait ce renseignement dans son rapport d'enquête, renseignement qui, selon ses dires, elle l'a obtenu de Monsieur Gougoux[7].***

*Les mots utilisés par Monsieur Richard dans le courriel du treize (13) février deux mille quatre (2004) doivent être pris au sens figuré. Le bâton de base-ball qu'il mentionne serait une façon de désigner **la somme des informations compromettantes qu'il détiendrait relativement à Monsieur Gougoux**. Quant à l'invitation à descendre dans une ruelle et à participer à une bagarre consensuelle, Monsieur Richard a expliqué avoir évoqué tout simplement les propos tenus par Monsieur Gougoux lors d'une entrevue accordée en France il y a quelques années. Monsieur Richard a même utilisé le terme, et je cite « caribou » qui aurait été un surnom donné à Monsieur Gougoux en France à cette occasion[8].*

*En revanche la Poursuite allègue que les propos de Monsieur Richard doivent être pris au pied de la lettre. L'invitation à participer à une bagarre consensuelle accompagnée de la mention, et je cite, « bat de base-ball », constitue une réelle menace de causer des lésions corporelles qui était de nature véritablement à provoquer une crainte réelle dans l'esprit de Monsieur Gougoux.*

*On peut à la rigueur considérer la thèse de la Poursuite comme fondée. Mais je dis immédiatement que l'ensemble de la preuve laisse planer un doute sur la nature réelle des propos tenus par Monsieur Richard. Il m'apparaît d'abord indéniable que le texte du courriel laisse place à interprétation. Il faut véritablement se livrer à un exercice d'interprétation en juxtaposant les deux (2) parties du texte pour conclure que des menaces au sens de l'article 264. Le texte écrit par Monsieur Richard est effectivement menaçant, mais il est fort possible et on le constate à la seule lecture qu'il fasse **référence aux informations que posséderait Monsieur Richard**.*

12

*Quant à la mention du caribou, entre guillemets, dans la dernière partie du courriel, les explications de Monsieur Richard révèlent qu'elles avaient une certaine crédibilité puisque dans un courriel du dix-sept (17) février deux mille quatre (2004), qui a été produit sous la cote D-1, il lancera à Monsieur Gougoux, et je cite, - et je cite l'extrait au complet: « Tu as toujours vomi sur moi et mes entreprises. Là, tu te défiles comme une « looser », tu n'es donc pas le bagarreur qu'on disait que tu étais. L'histoire du caribou était donc une légende. »*

*Enfin, comme l'a plaidé à bon droit le ministère public en accord avec la jurisprudence, la réaction de la victime de menaces même si elle ne, - n'établit pas en soi l'existence de menace, elle est fort pertinente.*

*Or, **la réaction de Monsieur Gougoux au courriel du treize (13) février deux mille quatre (2004) est fort étonnante puisqu'il n'a porté plainte qu'au début du mois d'avril, après avoir consulté ses avocats**.*

***Il est fort possible que d'autres événements**[9] (Note de l'auteur : Enquête de la GRC, Enquête de la vérificatrice générale Sheila Fraser; le Comité des comptes publics et la Commission Gomery) **susceptibles d'accroître les appréhensions de Monsieur Gougoux soient survenus et aient également provoqué un sentiment de peur et fort compréhensible dans son entourage professionnel et personnel.***

*Cependant, rien dans la preuve ne révèle d'autres menaces ou des gestes menaçants. Et je suis fort au courant à la simple lecture complète de la dénonciation que d'autres accusations ont été portées relativement, - et relativement auxquelles la Couronne a décidé de ne pas procéder, mais je ne puis prendre en considération, de quelque façon que ce soit, ces autres événements s'ils existent.*

*La seule preuve offerte est celle d'un courriel du treize (13) février deux mille quatre (2004) que Monsieur Gougoux a interprété comme une menace, mais auquel il n'a pas réagi immédiatement. **Il est difficile de comprendre que l'on n'alerte pas immédiatement les forces policières si l'on craint d'être agressé au moyen d'un bat de baseball.** En conséquence, pour toutes ces raisons, Monsieur Richard a droit au bénéfice du doute.*

*La dénonciation est donc rejetée quant au chef numéro 1 et **elle est** **également rejetée quant à tous les autres chefs d'accusation relativement** **au fait que la Couronne n'a présenté aucune preuve.** Monsieur Alain Richard est donc acquitté.*

*Quant à l'autre dossier, soit celui des bris de conditions qui, lui également, comportait de nombreux chefs d'accusation, mais relativement auxquels la Couronne devait procéder qu'en ce qui concerne les chefs 3 et 4.*

*Ces chefs d'accusation concernent une lettre[10] qui a été envoyée par Monsieur Richard aux entreprises BCP et Publicis. Il lui était interdit, en vertu d'une promesse qu'il a signée en présence du sergent-détective Luce Viens, de communiquer avec ces entreprises suite aux accusations qui avaient été portées dans le dossier précédent et dans lequel je viens de l'acquitter.*

*La preuve a été admise de part et d'autre. Elle est très simple. En fait, ce que Monsieur Richard voulait obtenir de BCP et de Publicis, c'était une copie de son dossier d'employé et plus particulièrement en ce qui concerne les renseignements médicaux contenus dans ce dossier.*

*Il a obtenu des directives de la part d'un agent de recherche de la Commission d'accès à l'information dont l'affidavit a été produit en preuve et il appert que c'est cet agent de recherche qui a donné des directives à Monsieur Richard (inaudible). Alors que la Défense plaide l'excuse légitime comme le permet l'article 145, Me Thibert répond que un (1), Monsieur Richard aurait pu demander un changement de condition, ce qui est exact.*

*Me Thibert allègue également que Monsieur Richard aurait pu tenter d'obtenir ces renseignements par l'intermédiaire de son procureur, ce dont je suis moins certain. Mais je ne me suis pas livré à une étude de la Loi sur la protection des renseignements personnels, mais il est exact que le texte de la loi dit bien que c'est la personne concernée. Je ne suis pas certain que même le procureur puisse obtenir ce genre de renseignements-là. Mais quoi qu'il en soit, quand on regarde les lettres, je retiens l'affirmation fort objective de Me Thibert qui me dit qu'il s'agit d'accusation technique.*

*Quand on regarde les deux (2) lettres on constate qu'il s'agit de lettres fort polies, adressées aux entreprises que je cite « À qui de droit » et manifestement, selon une formule préétablie, avec la mention des articles de la Loi sur la protection des renseignements personnels. Ce que je constate, c'est que Monsieur Richard a exercé un droit qui lui est conféré par la Loi sur la protection des renseignements personnels et qu'il a agi conformément aux directives qui lui avaient été données par une préposée de la Commission d'accès à l'information.*

*Il a transgressé, pour reprendre les termes de Me Thibert, les conditions qui lui avaient été imposées. Mais je ne suis pas convaincu, hors de tout doute raisonnable, qu'il avait la « mens rea », c'est-à-dire l'intention criminelle de commettre l'infraction qui est prévue à l'article du Code criminel.*

*En conséquence, les chefs d'accusation 3 et 4 sont rejetés, de **même que tous les autres chefs d'accusation évidemment relativement auxquels la Couronne n'a pas présenté de preuve** et Monsieur Richard est acquitté ».*
- L'HONORABLE CLAUDE MILLETTE, J.C.Q.

*Illustration 34: Article du journal La Presse du 28 avril 2005*[20]

*Toute vérité peut avoir plusieurs facettes*
Le témoignage qu'Yves Gougoux fera à mon procès aura prouvé hors de tout doute que cet homme semble plein de contradictions. D'ailleurs l'article d'Yves Boisvert publié dans *La Presse* quelques jours après mon acquittement illustre bien ce propos [11]». Lors du procès, Yves Gougoux a démontré à maintes reprises que toute vérité peut avoir plusieurs facettes:

Lorsqu'il disait avoir eu peur pour sa sécurité, le juge indique que M. Gougoux avait peur… pour sa réputation. *Le juge a ajouté que les craintes réelles d'Yves Gougoux pouvaient aussi provenir, non pas de menaces physiques, mais des informations que je pourrais détenir au sujet de son entreprise BCP (qui est au cœur du Scandale des activités publicitaires à la Commission Gomery).*

*Parjure et témoignage contradictoire*
Dans son jugement, l'Honorable juge Claude Millette n'a pas manqué de souligner que les rumeurs au sujet de ma « maladie » émanait bien d'Yves Gougoux puisque ce dernier a été contredit sur le sujet par la sergente-détective Luce Viens qui a affirmé qu'Yves Gougoux avait bel et bien dit dans sa déclaration à la police: « *Il fut très malade et fut hospitalisé pendant 6 mois à l'hôpital Douglas de Verdun* » et ce, dès la première rencontre avec les policiers [12].

Lors du procès, Yves Gougoux [13] ainsi que Nathalie Fagnan [14] (mon ex-conjointe) ont admis avoir discuté avec Me Michel Massicotte de mon dossier médical. De fait Yves Gougoux a admis avoir mandaté Me Massicotte pour discuter de la situation avec mon ex-conjointe. Suite à cette conversation, des informations confidentielles et falsifiées se sont retrouvées au Parlement [15] et dans les salles de presse en pleine effervescence de la Commission Gomery.

Des affirmations assermentées [16] en notre possession sont claires à l'effet que des gens mandatés par Yves Gougoux et Publicis-BCP ont communiqué de fausses informations sur mon bilan de santé à des animateurs comme Paul Arcand (via Me Michel Massicotte) et Pierre Daunais (via John Parisella), animateur à la télévision du Parlement CPAC, pour ne nommer que ceux-là, et aux forces de l'ordre, ce qui a été amplement démontré à la Cour. Évidemment, Monsieur Gougoux a nié.

De plus, Yves Gougoux a affirmé sous serment n'être jamais intervenu auprès de son épouse pour la rédaction des déclarations de celle-ci et n'avoir jamais transmis à la police une déclaration au nom de sa femme.

La police a pourtant une copie d'un courriel[17], envoyé par Yves Gougoux le 17 janvier 2005 à 12 h 15 à la sergente-détective Luce Viens et qui porte le titre : Témoignages d'Agnès Gougoux. Curieusement, la conjointe de John Parisella, Esther Bégin de LCN, se retrouve dans la même situation. Il en va de même pour mon absence du bureau qui n'a pas dépassé trois mois et mon hospitalisation qui aura été de courte durée (à peine 10 jours) dans un hôpital général, le Reddy Memorial et non pendant six mois à l'hôpital psychiatrique Douglas de Verdun comme Yves Gougoux l'a mentionné aux policiers dès leur première rencontre[18]. Yves Gougoux a indiqué ne jamais avoir mentionné le mot maniaco-dépression aux policiers mais pourtant la mention se retrouve dans le rapport de police.

Yves Gougoux a dit ne pas être relié au scandale des commandites alors que les articles de journaux et les propos de la Commission Gomery disent le contraire. Yves Gougoux a témoigné à l'effet qu'il avait lui-même rédigé sa déclaration de 18 pages à la police dans les bureaux de McCarthy Tétrault, le 7 avril 2004, alors qu'il se préparait pour la Commission Gomery. Or, la Commission Gomery n'était même pas en fonction en avril 2004 et Gougoux n'était donc pas appelé à témoigner à ce moment-là. En plus, la Couronne nous avait indiqué que ce document avait été rédigé avec la collaboration de Me Michel Massicotte. Édifiant, n'est-ce pas?

[1] www.DesNotables.com/Gougoux/target9.html
[2] www.DesNotables.com/Media/target27.html
[3] www.DesNotables.com/Media/target31.html
[4] www.DesNotables.com/Gougoux/target11.html
[5] www.DesNotables.com/JUGEMENT.html
[6] www.DesNotables.com/SQ/target22.html
[7] www.DesNotables.com/Police/target7.html
[8] www.DesNotables.com/Gougoux/target27.html
[9] Note de l'auteur : *Enquête de la GRC, Enquête de la vérificatrice générale Sheila Fraser, le Comité des comptes publics et la Commission Gomery*
[10] www.DesNotables.com/PublicisBCP/target11.html
[11] www.DesNotables.com/Gougoux/target0.html
[12] www.DesNotables.com/JUGEMENT.html
[13] www.DesNotables.com/Gougoux/
[14] www.DesNotables.com/Fagnan/
[15] www.DesNotables.com/SQ/target8.html
[16] www.DesNotables.com/SQ/target46.html
[17] www.DesNotables.com/Gougoux/target58.html
[18] www.DesNotables.com/EXPRESS.html
[19] Pour entendre : www.DesNotables.com/JUGEMENT.wav - www.DesNotables.com/H11.html - www.DesNotables.com/H12.html - www.DesNotables.com/H13.html - www.DesNotables.com/H14.html - www.DesNotables.com/H141.html - www.DesNotables.com/H142.html - www.DesNotables.com/H143.html - www.DesNotables.com H145.html - www.DesNotables.com/H146.html - www.DesNotables.com/H147.html - www.DesNotables.com/H148.html - www.DesNotables.com/H15.html
[20] www.DesNotables.com/Media/target114.html

# CONCLUSION

## Mission accomplie

Mon séjour dans des postes de direction de deux agences de publicité proches des libéraux, BCP et Groupaction, m'a clairement démontré le mélange explosif que forment la politique et la publicité. Et c'est ainsi que j'aurai réussi à orienter l'enquête vers les activités publicitaires, le lobbying et les dons aux partis politiques, les contrats obtenus sans aucune demande de soumission, les gratuités offertes aux partis politiques lors des élections ou référendum en échange de lucratifs contrats de publicité fédérale. Plus que jamais, je demeure convaincu de l'urgence de revoir de fond en comble le processus d'appel d'offres relié à l'attribution des comptes gouvernementaux afin d'éviter que des erreurs de gestion et de favoritisme ne se perpétuent.

En prenant connaissance du rapport Gomery, je constate que l'essentiel de mes interventions auprès du Comité des comptes publics et des enquêteurs de la Commission Gomery a été retenu. L'histoire nous dira si ce scandale sera jugé plus sévèrement que celui de John A. Macdonald[1].

## Bénéfices concentrés, coûts diffus

L'humain ne pense uniquement qu'en fonction d'objectifs à court terme qui le rendent confortable. C'est ainsi que la théorie des bénéfices concentrés et des coûts diffus au cœur du scandale des commandites prend tout son sens : faire plaisir à une poignée de notables du Réseau libéral et répartir le coût sur la population qui ne peut se mobiliser contre le gouvernement.

## Rouge foncé

Il faut comprendre que les Gougoux, Parisella, Bouchard et compagnie de ce monde détestent tellement le mouvement souverainiste que, lorsque j'étais à leur emploi chez BCP et président du Publicité Club de Montréal, on m'avait fortement suggéré, et à plus d'une reprise, d'éviter d'être vu avec Jean-Marc Léger, mon vice-président au PCM, qu'on associe, à tort ou à raison, au mouvement souverainiste.

Cette paranoïa parmi les amis du Réseau libéral s'explique par le fait que certains croient véritablement au pays pendant que d'autres joignent la galère uniquement pour le pognon.

Robin Philipot, dans un ouvrage récent, *Le Référendum volé*, affirme que « les commandites n'étaient que la pointe de l'iceberg dont le point de départ avait été mal nommé *« love-in »*, ce grand rassemblement du 27 octobre 1995.

Le référendum de 1995 aura définitivement eu de lourdes conséquences sur l'octroi et la multiplication des contrats de publicité aux agences du Réseau libéral. Cependant, il est important de souligner que le système du retour d'ascenseur existe depuis fort longtemps. Ce système parallèle et informel requiert que les législateurs s'y attaquent, sans quoi seulement les gens les plus fortunés et les plus branchés continueront d'avoir accès au pouvoir et de créer des situations d'urgence qui perpétueront ce retour d'ascenseur pour récompenser des personnes qui auront participé à la cause de l'unité nationale ou tout autre mission tout aussi imaginaire.

Si ces gens, qui ont profité du scandale des commandites et des activités publicitaires, aiment vraiment le Canada, comment expliquer qu'ils investissent leur fortune dans des domaines aux États-Unis? Avez-vous remarqué que ces grands Canadiens rémunérés avec nos deniers publics investissent vos impôts dans des châteaux au Vermont (Yves Gougoux), en Caroline du Nord (Claude Boulay), en Floride (Jean Brault), en Arizona (Chuck Guité) ou en France (Jacques Bouchard). Aiment-ils autant le Canada qu'ils le disent? Stowe au Vermont a pourtant la même température que Sutton dans les Cantons de l'Est![2] .

Je ne me fais pas d'illusions, des bougons en cravate continueront de faire les frais du cynisme d'une population incapable de participer au combat. Les petits bougons écoperont et les grands amis du Réseau libéral seront épargnés. Comme toujours, les notables du Réseau libéral en profiteront. Dans ce sens, le rapport du juge Gomery est décevant. Il ne pouvait que mettre le blâme sur l'entourage de Jean Chrétien en protégeant Paul Martin mais en égratignant Jean Pelletier et Alfonso Gagliano. Démocratie oblige. Mais comment Paul Martin pouvait-il ignorer l'existence de ce programme, lui qui gérait les finances du pays?

Les tricheurs tracent une ligne entre la fraude et le réseau d'influence. Ainsi, ce que Jean Brault de Groupaction a fait est de la fraude. Je place Gougoux, Parisella et leur entourage dans une toute autre catégorie, celle des gens qui utilisent leur réseau d'influence.

## Les prochaines étapes

Il n'en demeure pas moins que la vérificatrice générale du Canada, Sheila Fraser, enquête présentement sur Option Canada. Selon le Rapport du Juge Gomery[3], « *Entre le 15 septembre et le 5 octobre 1995, soit immédiatement avant le référendum, BCP a facturé Option Canada pour un total de 2,6 millions de dollars (taxes incluses) pour du placement média et des services reliés à la publicité* ». Aussi, un débat à la Chambre des Communes le 2 novembre 2005 a permis de confirmer qu'il y aura aussi divulgation des résultats d'une enquête sur la façon dont André Ouellet octroyait des contrats de publicité à ses amis. À ce sujet, le Juge Gomery écrivait dans son rapport : « *Lorsqu'il était à la tête de la Société canadienne des Postes, l'ancien ministre libéral André Ouellet a exercé des pressions afin que les employés de la société d'état retiennent les services d'agences de publicité dirigées par ses amis, qui ont ainsi pu facturer des millions de dollars[4]* ».

## Les libertés fondamentales

Les pires entraves à la liberté d'expression viennent souvent des gouvernements et de leurs amis du Réseau libéral à cause de leurs pouvoirs quasi illimités. « *Et pourtant, ce droit d'expression permet de critiquer la société, les institutions, les doctrines, les valeurs et toute idée reçue sur les règles de vie en société. Il va de soi que les lois ordinaires et les réglementations bureaucratiques ne peuvent, directement ou indirectement, nier aux citoyens ces libertés fondamentales. Dans une société comme la nôtre, les seules limites à la liberté d'exprimer des idées et des opinions sont la diffamation et l'incitation à la violence ou à l'insécurité physique des citoyens[5]* ».

On ne peut pas, par exemple, impunément, déclarer que quelqu'un « est très malade et a passé six mois dans un institut psychiatrique » en sachant qu'une telle déclaration est fausse. Cette atteinte à la réputation est punissable par des mécanismes bien ancrés dans le système judiciaire. À moins d'interventions du Réseau libéral… Un jour, la police et la Couronne devront se résigner à procéder et à enquêter professionnellement au sujet des nombreuses anomalies et témoignages contradictoires dans cette agression que je subis.

Ce que j'ai vécu avec la GRC, le Comité des comptes publics, la Commission Gomery, le système policier et judiciaire du Québec est un exemple frappant des dangers qui nous guettent tous puisque ces instances ont nié mes droits fondamentaux par l'imposition d'une foule d'obstacles et de pressions qui m'empêchaient de faire valoir mes droits. La ligne est donc mince entre le politique et le judiciaire et c'est très dangereux pour la démocratie. À la fin octobre 2004, j'ai également entrepris des démarches auprès d'organismes qui ont comme mission de « protéger les droits des simples citoyens ». Je vous invite à consulter le registre à l'annexe 3 qui vous démontrera tout l'à-propos de l'expression de « commissions de fumeux de pipe » que leur inertie leur confère.

### Les foudres de l'establishment

Et cette chasse à la vérité n'a certainement pas été de tout repos. Aujourd'hui, je livre une bataille acharnée pour retrouver ma dignité et pour que justice soit faite. Je me suis exprimé contre la volonté de notables qui craignent que toute la vérité soit étalée au grand jour. Leur campagne malicieuse et systématique de dénigrement et d'intimidation a sérieusement porté atteinte à ma réputation. Ce qui a eu, a et continuera d'avoir des retombées extrêmement négatives, dévastatrices et irréparables sur moi et toute ma famille puisque les droits en cause sont des droits fondamentaux qui, lorsque violés, ne sont pas susceptibles d'une réparation intégrale ou satisfaisante via l'octroi de dommages et intérêts puisqu'il s'agit d'un préjudice considéré sérieux et irréparable. Évidemment, au quotidien, je suis sans cesse nettement plus anxieux et très préoccupé puisque je me sens menacé, ne sachant pas d'où pourrait venir la prochaine agression d'Yves Gougoux et de son entourage. La kyrielle de mises en demeure reçues à ce jour, les procédures frivoles d'injonction, la pléiade de gestes d'intimidation laissent présager une autre escalade des tactiques d'intimidation de la part de ces notables du Réseau libéral. D'ici là, Yves Gougoux (**www.PARJURE.com**), Jacques Bouchard (**www.6cordes.ca**), John Parisella et plusieurs membres de leur entourage auront à répondre à des recours devant les tribunaux, tant en matière civile[6] qu'en matière criminelle[7].

Aller au bout de ses rêves, c'est aussi aller au bout de ses convictions. Je savais qu'il y avait scandale et je n'ai fait que mon devoir en répondant à l'appel du Premier ministre Paul Martin qui demandait à toute personne qui aurait quelque chose à dire relativement au dossier de la gestion abusive du programme des commandites et des activités publicitaires au fédéral de bien vouloir lever la main et se faire entendre.

Je vous invite à consulter le site www.DesNotables.com. Vous y trouverez plus de 8 000 pages de documents et des mises à jour régulières qui vous permettront de suivre cette saga qui est loin d'en être à son dernier chapitre.

Je vous invite aussi à consulter le procès[8] et les arguments de mes procureurs[9] lors du procès ainsi que mon propre témoignage[10]. Plus je le consulte et plus mon cas me rappelle le sort que le Réseau libéral a fait subir à l'ancien président de la BDC, François Beaudoin[11].

Vous pouvez consulter la chronologie des événements via **www.HonorableRat.com** et vous pouvez suivre l'évolution de cette affaire via **www.DesNotables.com**. En outre, j'ai dressé un registre portant sur les campagnes de dénigrement et d'intimidation ainsi que sur le scandale des commandites, des activités publicitaires et de la Commission Gomery que vous pouvez consulter via **www.Reseauliberal.ca**. Mon profil est disponible via **www.Alain-Richard.com** et vous pouvez m'écrire sur mon blogue via **www.Alain-Richard.net**.

*« Nous sommes plus riches de nos liens que de nos biens ».*
Mon grand ami, Feu Réal Brodeur, avait tellement raison : *« Nous sommes plus riches de nos liens que de nos biens ».* Malgré ce combat, j'ai conservé des liens très étroits avec ma famille, mes proches, ma future épouse (faut croire que je m'étais trompé de Nathalie !) et mon fils qui aura bientôt douze ans avec qui je pourrai finalement passer beaucoup de temps.

Personne ne pourra jamais acheter mon bonheur ou mes opinions. Mais personne n'avait le droit de me traîner dans la boue pour cacher ce que le Juge Gomery a révélé… en partie.

Quand on aime la justice, on en est toujours révolté. Surtout lorsqu'elle est manipulée par le pouvoir politique.

# www.DesNotables.com

---

[1] www.DesNotables.com/Macdonald.html
[2] www.DesNotables.com/Ministre/target78.html et www.DesNotables.com/Ministre/target80.html
[3] www.DesNotables.com/PremierRapport/BCP.pdf
[4] Presse Canadienne : Le Journal de Montréal, 2 novembre 2005, page 10
[5] Rodrigue Tremablay, professeur d'économie à l'Université de Montréal, www.DesNotables.com/AlainRichard/target24.html
[6] www.DesNotables.com/PoursuitesCiviles
[7] www.DesNotables.com/PoursuitesCriminelles
[8] www.DesNotables.com/Proces.html
[9] www.DesNotables.com/Proces.html#Defense
[10] www.DesNotables.com/Proces.html#Richard
[11] www.DesNotables.com/Beaudoin.html

*Annexe 1 : Lettre du médecin d'Alain Richard, datée du 28 septembre 2005*

# Centre hospitalier de St. Mary
## St. Mary's Hospital Center
3830, avenue Lacombe, Montréal (Québec) H3T 1M5

Montréal
Le 28 septembre 2005

A qui de droit,

Je suis le psychiatre traitant de monsieur Alain Richard depuis 1995. A ce titre, je voudrai signaler les faits suivants :

1. J'ai personnellement diagnostiqué Alain Richard pour une dépression majeure (unipolaire) en juillet 1995;

2. A cette occasion, j'ai procédé à son admission à l'Hôpital Reddy Memorial. Son hospitalisation n'a duré que dix jours, soit du 24 juillet au 3 août, 1995;

3. J'ai personnellement complété tous les documents requis pour la demande de prestations d'assurance salaire de L'Assurance vie-Desjardins-Laurentienne qui était, à l'époque, l'assureur de son employeur, l'agence de publicité BCP;

4. Depuis, je suis le seul psychiatre en contact avec Alain Richard;

5. Je rencontre Alain Richard périodiquement et le diagnostic de Dépression Unipolaire est sans équivoque et n'affecte en rien son jugement, sa mémoire ou ses capacités intellectuelles;

6. Alain Richard est un homme compétent, plaisant et en parfaite santé mentale;

7. Monsieur Alain Richard n'a jamais souffert de psychose maniaco-dépressive, et n'a jamais été interné à l'Hôpital psychiatrique Douglas de Lasalle;

8. La police m'a questionné, pour la première fois, sur le bilan de santé d'Alain Richard le 20 janvier 2005. L' interrogatoire s'est fait lors d'une brève conversation téléphonique avec la policière Ann Ménard qui exécutait une commande de l'enquêteur au dossier, la Sergente-détective Luce Viens.

Bien à vous,

E.Lizondo, M.D., FRCPC
Psychiatre

Affilié à l'Université McGill  Affiliated with McGill University

*Annexe 2 : Lettre de l'hôpital Douglas datée du 27 septembre 2004 confirmant qu'Alain Richard n'y a jamais séjourné. Pourtant, la police attendra jusqu'au 20 janvier 2005 pour consulter le médecin d'Alain Richard en vue d'obtenir sa confirmation. Aussi, lors de l'arrestation du 30 juin 2004, la police n'avait pas vérifié les fausses déclarations des présumées victimes. De toute évidence, elle le croyait dangeureux.*

Hôpital **Douglas** Hospital

CONFIDENTIEL

Verdun, le 27 septembre 2004

Monsieur Alain Richard
1155, boulevard Rome #24537
BROSSARD (Québec)
J4W 3J1

Objet :     Demande d'accès à un dossier médical

Monsieur,

Pour faire suite à votre demande, nous désirons vous informer <u>qu'aucun dossier</u> n'a pu être retracé concernant la personne suivante :

> Alain RICHARD
> Né le 24 JANVIER 1966
> RICA ▮▮▮▮▮▮▮

Regrettant de ne pas être en mesure de vous aider davantage, nous vous prions d'agréer l'expression de nos sentiments les meilleurs.

LE SERVICE DES ARCHIVES MÉDICALES

France Lemieux, a.m.a.
Assistante au chef du Service
Poste : 2524

**II**

6875, boulevard LaSalle, Montréal (Québec) H4H 1R3 • Téléphone : (514) 761-6131 • **www.douglas.qc.ca**

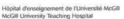
Hôpital d'enseignement de l'Université McGill
McGill University Teaching Hospital

Centre collaborateur OMS/OPS de Montréal pour la recherche et la formation en santé mentale
The Montreal WHO/PAHO Collaborating Centre for Research and Training in Mental Health

## Annexe 3 : Les acteurs

Comme dans un film, le récit que vous venez de lire est issu de l'interaction entre l'auteur et différents acteurs. Certains ont participé à une campagne de dénigrement et d'intimidation de l'auteur tandis que d'autres ont été de simples interlocuteurs et n'ont évidemment pas posé de gestes destinés à nuire à l'auteur. Il ne faut pas oublier quelques personnages du scandale des commandites et des activités publicitaires. Plus spécifiquement, vous noterez que le symbole ➔ indique que ces personnes ont un lien (actif, accessoire ou consultatif) avec la campagne de dénigrement et d'intimidation contre Alain Richard. L'auteur a aussi inclu la plupart des acteurs cités dans les pages précédentes. Les encadrés gris indiquent les acteurs plus importants.

L'enquête, que nous menons, évolue et cette liste est beaucoup plus exhaustive sur **www.DesNotables.com/Registre.html.** La liste sera mise à jour régulièrement. Voici donc cette liste en commençant par l'auteur lui-même.

### Richard, Alain[1]

Ex-cadre de BCP et Groupaction et ex-président du Publicité Club de Montréal. Il mène une lutte acharnée pour que soit revu les processus d'octroi des contrats gouvernementaux aux agences de publicité. Son nom apparaît dans l'étude de l'Institut Fraser sur le financement du PLC[2].

### Une note importante avant de débuter l'énumération

Tout au long de cette annexe, il sera question de l'étude de l'Institut Fraser sur le financement du Parti libéral du Canada (PLC). Nous vous présentons ici les grandes conclusions de ce rapport déposé le 6 juillet 2005[2] et rédigé par Mark Mullins, le directeur des études politiques de l'Ontario de l'Institut Fraser.

Ce rapport nous apprend que sur un total de 565 organismes et individus impliqués dans les programmes de commandites et d'activités publicitaires du gouvernement fédéral, tel que révélé par la Commission Gomery, presque tous ont un lien financier avec le Parti libéral du Canada et que 85 individus et entreprises (sur un total de 565, soit un peu plus de 15%) sont reliés à l'agence de publicité BCP. Dans ce rapport de 37 pages, portant le titre : *L'argent des commandites et des activités publicitaires relié au Parti*[3], l'Institut Fraser cherche à comprendre pourquoi l'argent des contribuables a été détourné et gaspillé et conclut que l'attrait exercé par des paiements de plusieurs millions de dollars provenant du gouvernement a été l'incitation sous-jacente qui a encouragé des comportements incorrects et éventuellement criminels. L'étude démontre aussi que BCP aurait reçu des contrats par favoritisme politique (voir pages 9 et 10).

Finalement, l'étude démontre que des contrats de commandites et de publicité d'une valeur de presque 1,2 milliard de dollars ont été attribués sans appel d'offres à des personnes extérieures au gouvernement, ce qui a généré au moins 190 millions de dollars de bénéfices privés par le biais de salaires, de primes et de profits.

III

## *Première section :*
# *LES COMMUNICATEURS*

**Association des agences de publicité du Québec** : Représentée à la Commission Gomery. Il faut savoir que cette association avait embauché Charles Guité comme lobbyiste à sa retraite de la fonction publique.

**St-Amand, Yves** : Directeur général de l'Association des agences de publicité du Québec, qui a expliqué le système du retour d'ascenseur dont bénéficiaient les agences de publicité.

**Earnscliff** : Agence de communication et de recherche d'Ottawa. Entreprise très proche de Paul Martin.

**Herle, David** : Co-président de la dernière campagne électorale de Paul Martin, David Herle est certes un des plus proches conseillers du Premier ministre tout en conservant ses fonctions chez Earnscliff.

**55555 inc.** : Entreprise incorporée en Ontario dont un des trois administrateurs est le proche conseiller de Paul Martin, David Herle de l'entreprise Earnscliff. 55555 inc. a versé près de 3 millions de dollars lors de la dernière campagne électorale, selon le site d'Élections Canada.

### *Yves Gougoux, John Parisella, Jacques Bouchard et leur entourage*

➔*BCP[4]* : Agence de publicité située à Montréal et propriété à 100% d'Yves Gougoux. Fondée en 1963 par Jacques Bouchard et rachetée en 1984 par Yves Gougoux. En 1989, Bouchard prend sa retraite dans un château en France. Yves Gougoux devient le propriétaire unique de BCP. En 1996 : Le Groupe Publicis acquiert 70 % des clients de BCP et devient Publicis-BCP. Plus tard, BCP demeure une agence canadienne à 100 % et Publicis Canada sera seulement à 30% propriété canadienne d'Yves Gougoux. En 1999, John Parisella devient le troisième président de BCP. Dès le début des procédures, BCP a soumis une demande pour devenir une partie officielle à la Commission Gomery.

➔**Desrosiers, Turcotte, Massicotte, Vauclair** : Cabinet d'avocats représentant Yves Gougoux, John Parisella et Publicis-BCP. Les plaintes concernant les avocats Michel Massicotte et Martin Vauclair, devenu juge, sont sous révision au Syndic du Barreau du Québec.

➔**McCarthy, Tétrault, s.r.l[5]** : Cabinet d'avocats représentant Yves Gougoux, John Parisella et Publicis-BCP. Important donateur du Parti libéral du Canada, plusieurs des avocats de ce cabinet se retrouvaient parmi le conseil d'administration du Conseil de l'unité canadienne présentement sous enquête par la vérificatrice générale du Canada, Sheila Fraser.

➔**Publicis Canada[6]** : Agence de publicité (70% propriété française et 30% propriété d'Yves Gougoux). Elle est membre du groupe international Publicis (Société française).

**Angers, Philippe** : Connaissance de Jacques Bouchard travaillant chez AON. Il a fourni de fausses preuves à la police contre Alain Richard via Me Michel Massicotte sous forme de courriel[7], probablement sans le savoir.

→**Bégin, Esther** : Ex-chef d'antenne à LCN, Esther Bégin est aujourd'hui lectrice de nouvelles à TVA et LCN. Son conjoint, John Parisella de BCP, a inclus son nom dans les fausses déclarations[8] à la police contre Alain Richard. Le Conseil de presse étudie son travail dans cette affaire et devrait être en mesure d'identifier les sources des informations erronées dans les propos rapportés par LCN le 9 avril 2004[9].

→**Boivin, Vallier[10]** : Avocat et comptable, proche conseiller d'Yves Gougoux et administrateur de plusieurs compagnies[11], dont plusieurs à numéros, dans les sphères de Publicis-BCP. Son nom apparaît dans l'étude de l'Institut Fraser sur le financement du PLC[2].

→**Bouchard, Jacques[12]** : Fondateur de BCP en 1963, il a aussi fondé le Publicité Club de Montréal en 1958. Il a vécu dans un château en France de 1989 à 2001. Âgé de 75 ans, plusieurs le considèrent, à tort ou a raison, comme étant le père de la publicité au Québec; Bouchard est décoré de l'Ordre du Québec et de celui du Canada. Il a monté son empire avec les contrats octroyés par le gouvernement fédéral à l'époque de Pierre-Elliot Trudeau. Dans le milieu publicitaire, on lui accorde la paternité de la « Trudeaumanie ». Jacques Bouchard est aujourd'hui en contact avec un bon nombre de personnes oeuvrant de près ou de loin dans le milieu politique libéral comme André Ouellet, Pierre Pettigrew, Jean Pelletier et compagnie. Il siégeait avec Alain Richard au conseil d'administration de La Cinémathèque publicitaire qui porte son nom et il a été membre du conseil consultatif de l'entreprise d'Alain Richard jusqu'à la fin mars 2004.

**Bourget, Micheline** : Québécor. Contact de Jacques Bouchard. Elle a fourni de fausses preuves à la police, via Me Michel Massicotte, sous forme de courriel[13], probablement sans le savoir, contre Alain Richard dans le dossier de police.

→**Cammalleri, Rosario (Ross)** : Directeur-général de Publicis Canada. Il a fourni de fausses déclarations à la police[14] dans le dossier Alain Richard, probablement sans le savoir.

**Chrinian, Angela** : Ex-directrice des ressources humaines de Publicis Canada et de BCP. Elle a été mutée chez Resources Canada (filiale de Publicis) alors qu'Alain Richard essayait de récupérer son dossier d'employé. Elle est un témoin important dans cette affaire mais l'enquête en cours ne permet pas pour l'instant de la localiser. Elle est témoin[15] de certaines déclarations à la police par ses ex-collègues.

→**David, Marie-Hélène** : Secrétaire d'Yves Gougoux et de Nathalie Fagnan. Elle fait partie des gens qui ont fait un faux témoignage[16] à la police dans le dossier Alain Richard. Elle est aussi Commissaire à l'assermentation pour certains affidavits[17] de John Parisella.

→**Denes, Peter (Feu)** : BCP. Son nom apparaît dans l'étude de l'Institut Fraser sur le financement du PLC[2]. Dans une entrevue accordée à la revue Commerce de novembre 1991 il avait affirmé *«que les moyens utilisés par Yves Gougoux en affaires ne sont pas toujours kascher»*. Peter Denes a été le patron d'Alain Richard.

**Desjardins** : En première instance, on indiquait que Publicis-BCP avait fait une demande express de ne pas fournir les documents d'assurance. Il y avait une mention à cet effet dans l'ordinateur de Desjardins. Suite à des discussions de deuxième instance, en procédant par une demande écrite par courrier recommandé, voici la réponse reçue le 17 février 2005 et écrite par Julie Girard de Desjardins Sécurité financière :

*« À la suite de vos lettres du 3 et 7 février 2005 ainsi qu'à notre entretien téléphonique du 16 février 2005, nous souhaitons vous informer que nous ne pouvons vous transmettre une copie de votre dossier d'assurance salaire de courte durée relativement à votre invalidité de 1995, puisque ce dernier a été détruit ».*

➔**Dufresne, Jean-Louis** : Conseiller chez BCP consultant, il joue un rôle important auprès des médias dans la campagne de dénigrement contre Alain Richard. Dufresne s'est permis de diffuser de fausses informations[18] dans le but de protéger les intérêts de son employeur.

**Dumais, Michel** : Journaliste à la pige. Il a fourni des documents qui auront été ajoutés aux fausses déclarations[19] de gens de Publicis-BCP contre Alain Richard.

**Étienne, Jean-Michel** : Vivant à Paris et administrateur de Publicis, Étienne figure sur la liste des donateurs du Parti libéral du Canada associé à BCP. Son nom apparaît dans l'étude de l'Institut Fraser sur le financement du PLC[2].

➔**Fagnan, Nathalie**[20]: Chief Financial Officer (CFO ou première vice-présidente finances) du groupe Publicis-BCP. Elle est aussi responsable des finances personnelles d'Yves Gougoux. Elle a été la conjointe d'Alain Richard du 29 mars 1996 au 21 février 2004 soit onze jours après l'abolition du programme des commandites par le gouvernement Martin. Elle est présentement sous enquête par le Syndic de l'Ordre des Comptables Agréés du Québec (Dossier : 4573). Son nom apparaît dans l'étude de l'Institut Fraser sur le financement du PLC[2]. En 1987, Nathalie Fagnan obtient son baccalauréat en comptabilité publique des HÉC Montréal. Durant les trois années qui suivent, elle fait son apprentissage à travers les différentes missions de vérification externe qui lui sont confiées pour des clients de la firme KPMG. En 1989, elle devient membre de l'Ordre des comptables agréés du Québec. De 1990 à 1996, Nathalie occupe le poste de contrôleure chez BCP, puis de contrôleure générale de Publicis Canada. Elle supervise ainsi tous les contrôleurs financiers des différentes divisions de Montréal et de Toronto de la société. Dès 2000, Nathalie Fagnan s'installe à Toronto pour diriger les opérations administratives et financières des divisions de Publicis Canada à Toronto. C'est en novembre 2003 qu'elle se voit offrir le poste de vice-présidente et chef de la direction financière de Publicis Canada. Elle partage ainsi son temps entre le bureau de Montréal et celui de Toronto.

**Giroux, Jean-Marc** : Employé de Publicis Canada qui aura servi de témoin dans les fausses déclarations[21] des membres de Publicis-BCP aux autorités.

➔**Gougoux, Yves**[22]: Président du conseil et propriétaire de BCP à 100%. Gougoux est aussi le président du conseil de Publicis-Canada et est propriétaire à 30% de cette entreprise. Ami et très proche collaborateur de Jean Chrétien et d'André Ouellet, Gougoux a plusieurs batailles électorales et référendaires derrière la ceinture. On le surnomme affectueusement « l'homme aux mises en demeure du vendredi après-midi ». Son nom apparaît dans l'étude de l'Institut Fraser sur le financement du PLC[2]. Il a comparu devant la Commission Gomery.

**Grégoire, Marie** : Ex- députée de l'Action démocratique et ex-employée de Zoom. Elle a fourni de fausses preuves à la police contre Alain Richard via Me Michel Massicotte et Jean-Louis Dufresne sous forme de courriel[23], probablement sans le savoir.

➡️**Jarnuskiewicz-Gougoux, Agnès** : Épouse du président du conseil de Publicis-BCP, Yves Gougoux et ex sous-ministre d'un gouvernement Libéral provincial. Jarnuskiewicz s'est rendue célèbre par ses déclarations dans le dossier Alain Richard. Des déclarations[24] faites notamment le lendemain des élections fédérales sur des événements datant de plusieurs mois.

**Lafond, Michel** : BCP. Un employé mystérieux qui a disparu des bureaux de BCP mais qui aurait un rôle à jouer avec le Parti libéral.

➡️**Lamarche, Virginie** : Ex-BCP. Elle a rédigé des documents pour BCP dans la procédure d'injonction contre Alain Richard et son père. Curieusement, Virginie Lamarche n'est plus à l'emploi de BCP.

**Larivière, Robert** : Agent de voyage d'Yves Gougoux qui transmettait la plupart des courriels de son client en rapport avec le site www.6cordes.ca.

**Lévy, Maurice** : Président du conseil de Publicis. Son nom est mentionné dans le rapport de Samson Bélair/Deloitte & Touche du 15 juillet 2004. Son nom apparaît dans l'étude de l'Institut Fraser sur le financement du PLC[2].

➡️**Mandeville, Catherine[25]** : Avocate du cabinet McCarthy Tétrault. Elle est sous enquête par le Syndic du Barreau pour les poursuites frivoles, dilatoires et incomplètes qu'elle a intentées contre Alain Richard et son père au nom de ses clients Yves Gougoux et John Parisella. Comme son Syndic cherche à camoufler ses erreurs, le verdict est porté en appel. Elle se devait de faire des vérifications de base avant de procéder.

➡️**Maranda-Bouchard, Caroline** : Épouse de Jacques Bouchard et grande amie à l'époque d'Alain Richard.

**Martimbault, Yvan** : Huissier de justice reconnu par ses pairs pour son style agressif et ne cadrant pas du tout avec le code de déontologie de sa profession. Grand complice de Me Michel Massicotte, il est présentement sous enquête par le Syndic de la Chambre des huissiers dans le dossier SN05-331.

➡️**Massicotte, Michel** : Avocat du cabinet Desrosiers, Turcotte, Massicotte, Vauclair, procureur de Publicis-BCP et ami intime de Jacques Bouchard et Yves Gougoux. Massicotte est présentement sous enquête par le Barreau du Québec (dossiers : 2004-00136305-BE, 4055-1797, 2005-00138927-BE, 2005-00138927-BIL) pour son rôle dans la campagne de dénigrement contre Alain Richard. Des affirmations assermentées[26] en notre possession démontrent qu'il a répandu de fausses informations[27] sur le bilan de santé d'Alain Richard, notamment à l'animateur Paul Arcand, lors d'une conversation téléphonique captée sur le cellulaire de ce dernier.

➡️**Mérineau, Luc[28]**: Président d'Éminence Grise, l'agence impliquée dans l'histoire du paravent avec Coffin Communications et BCP. Luc Mérineau se décrit aussi comme conseiller spécial de Publicis.

➡️**Parisella, John[29]** : Président et chef d'exploitation de BCP depuis 1999. Il est à l'emploi du groupe depuis au moins 1995. Il siégeait avec Alain Richard au conseil d'administration de La Cinémathèque publicitaire Jacques-Bouchard. Les rapports d'Alain Richard avec John Parisella se sont compliqués suite au passage d'Alain Richard au bulletin de nouvelles de Jean Lapierre à TQS en octobre 2002 (interview en rapport avec la présence d'Alfonso Gagliano chez Groupaction). Alain Richard a revu John Parisella à quelques reprises par la suite mais un malaise s'était installé.

Son nom apparaît dans l'étude de l'Institut Fraser sur le financement du PLC[2]. Il a comparu devant la Commission Gomery. Des affirmations assermentées[30] démontrent que Parisella a téléphoné à plusieurs personnes dont William Leclerc de la CPAC (télévision du Parlement) pour attaquer la crédibilité d'Alain Richard notamment au niveau de sa santé mentale. Il a fait d'étranges révélations[31] à la police dont celle de ne pas savoir s'il avait reçu à la maison ou au bureau le fameux colis supposément envoyé par Alain Richard.

→**Parizeau, Jean**[32] : Comptable, proche conseiller d'Yves Gougoux et administrateur de plusieurs compagnies, dont plusieurs à numéros, dans les sphères de Publicis-BCP. Son nom apparaît dans l'étude de l'Institut Fraser sur le financement du PLC[2].

**Pauzé, Louise** : Elle a fourni de fausses preuves à la police sous forme de courriel[33], probablement sans le savoir, contre Alain Richard dans le dossier de police.

→**Racicot, Michel**[34]: Avocat du cabinet McCarthy Tétrault. Il est sous enquête par le Syndic du Barreau pour les poursuites frivoles, dilatoires et incomplètes qu'il a intentées contre Alain Richard et son père au nom de ses clients Yves Gougoux et John Parisella. Comme son Syndic cherche à camoufler ses erreurs, le verdict est porté en appel. Il se devait de faire des vérifications de base avant de procéder.

→**Rancourt, Serge**[35]: Président de Publicis Canada. Son nom est inscrit dans les fausses déclarations[36] déposées à la police par Me Michel Massicotte. Son nom apparaît dans l'étude de l'Institut Fraser sur le financement du PLC[2].

**Sauvé, Jacques** : BCP. Son nom apparaît dans l'étude de l'Institut Fraser sur le financement du PLC[2]. Jacques Sauvé a piloté de nombreuses campagnes électorales dans l'agence BCP.

**Siguier, Bertrand** : Vivant à Paris et administrateur de Publicis, Siguier figure sur la liste des donateurs du Parti libéral du Canada associés à BCP. Son nom apparaît dans l'étude de l'Institut Fraser sur le financement du PLC[2].

**Stréliski, Jean-Jacques** : Vice-président de Publicis. Le nom de sa compagnie, Création La Pralinière Canada Ltée[37] apparaît dans l'étude de l'Institut Fraser sur le financement du PLC[2].

→**Tremblay, Gérald R.**[38] : Avocat représentant BCP à la Commission Gomery. Son cabinet, McCarthy Tétrault est le plus important donateur du Parti libéral du Canada parmi les cabinets présents à la Commission avec des dons de 374 928.99$ depuis l'arrivée de Jean Chrétien au pouvoir en 1993. Ses associés Marc-André Blanchard et Richard Drouin sont Gouverneurs du Conseil de l'unité canadienne aux côtés de John Parisella (BCP), Jean-Bernard Bélisle (Evrerest) Luc Beauregard (National), Jacques Corriveau (Pluri-Design), France Chrétien-Desmarais et plusieurs autres. Son cabinet n'est pas étranger à la campagne d'intimidation contre Alain Richard en multipliant les procédures juridiques. La plainte au Syndic du Barreau contre Me Tremblay est toujours sous révision dans le dossier 4055-1800[39]. Au début des travaux de la Commission Gomery, il représentait à la fois BCP et Via Rail.

**Tremblay, Tommy** : Avocat du cabinet McCarthy Tétrault. Il était parmi les procureurs représentants BCP à la Commission Gomery. Tout indique que cet avocat sera fort occupé avec le dossier Alain Richard pour les prochains mois.

→ **Vauclair, Martin** : Avocat du cabinet Desrosiers, Turcotte, Massicotte, Vauclair. On le dit à l'origine de quelques tactiques de dénigrement dans le dossier d'Alain Richard. Malgré les plaintes contre lui au Syndic du Barreau (2005-00139028-CO et 4055-1829[40]), Martin Vauclair vient d'être nommé Juge. Il était présent lorsque Me Michel Massicotte a faussement affirmé aux journalistes qu'Alain Richard n'avait pas été entendu au Parlement par le Comité des comptes publics[41].

## *Groupaction Marketing*[42]

Groupaction a été fondé en 1982 par Jean Brault. Ce groupe a plusieurs filiales dont, Groupdirect, Splash, GroupaXion, Gosselin relations publiques (acheté en 1998) et Lafleur communication marketing (acheté en janvier 2001). A été au cœur du scandale des commandites et des activités publicitaires. Groupaction a versé, en 1999, 55 658 $ à la caisse électorale du Parti libéral du Canada. Selon les chiffres officiels de 1997 à 2002, c'est 112 162 $ qui ont été versés au PLC mais les enquêtes en cours démontrent que des sommes beaucoup plus importantes auraient été versées.

**Archambault, Joanne** : Épouse du président de Groupaction, Jean Brault. Sans aucune compétence en Marketing, Joanne Archambault aurait facturé des centaines d'heures au Gouvernement et ce sans jamais avoir travaillé sur des mandats. Son nom apparaît dans l'étude de l'Institut Fraser sur le financement du PLC[2].

**Boudreault, Richard** : Ex-vice-président création de Groupaction qui aura réussi à vendre ses actions avant la tempête. Son nom apparaît dans l'étude de l'Institut Fraser sur le financement du PLC[2].

**Brault, Jean S.**[43] : Ex-président de Groupaction. Tout a été dit sur le personnage ou presque…Il fait face, avec Charles Guité, à des accusations criminelles. Il aura été le patron d'Alain Richard pendant presque deux ans. Son nom apparaît dans l'étude de l'Institut Fraser sur le financement du PLC[2]. Alain Richard a été appelé à témoigner[44] à son procès prévu pour le mois de mai 2006.

**Desjeans, Roger** : Vice-président finances de Groupaction et comptable personnel de Jean Brault depuis plusieurs années. Il exerçait des pressions sur des individus pour qu'ils contribuent à la caisse du Parti libéral. Son nom apparaît dans l'étude de l'Institut Fraser sur le financement du PLC[2].

**Deshaies, Nathalie** : Ex-coordonnatrice au service à la clientèle chez Groupaction. Elle épaulait Jean Lambert au niveau des comptes gouvernementaux.

**Donnelly, Diane** : Adjointe administrative et fidèle collaboratrice de Jean Brault de Groupaction. On dit que c'est elle qui aurait répondu aux premières questions concernant les fameux trois rapports de 1.6 millions de dollars. Elle était aussi l'adjointe d'Alain Richard.

**Dumas, Jean-François** : Ex-vice président de Groupaxion, la division de marketing numérique de Groupaction. Dumas est arrivé chez Groupaction en se décrivant comme l'instigateur du site Web de Via Rail et comme un «hacker» de sécurité pour tester les sites du gouvernement avec la collaboration de la GRC.

**Dumas, Lucie** : Ex *Chief operating officer* (COO) de Groupaction et conseillère particulière de Jean Brault. Dumas entretenait des liens avec Jean Lafleur et avait déjà menacé de quitter Groupaction pour rejoindre Lafleur Communication à titre de présidente. Son nom apparaît dans l'étude de l'Institut Fraser sur le financement du PLC[2].

Le nom de son ex-entreprise, Dumas Walker, est aussi dans le rapport. Aujourd'hui vice-présidente de l'agence de publicité Marketel.

**George, Lyse** : Ex-directrice du Publicité Club de Montréal, elle a aussi été à la tête de Splash, la division de promotion, d'événements et de commandites de Groupaction. On retrouve son nom sur plusieurs feuilles de temps et contrats en possession de la GRC. Elle devait témoigner devant la Commission Gomery.

**Lambert, Jean** : Ex vice-président Affaires gouvernementales de Groupaction. Il a témoigné devant la Commission Gomery et il est l'auteur du premier des fameux trois rapports.

**Renaud, Alain** : Groupaction. Son nom, ainsi que celui de son entreprise Investissement Alain Renaud, sont inclus dans l'étude de l'Institut Fraser : L'argent des commandites et des activités publicitaires relié au Parti. Alain Renaud disait connaître les *bonnes personnes* pour obtenir des contrats des gouvernements.

**Thiboutot, Bernard** : Ancien employé de Gosselin et Groupaction et maintenant directeur général de RadioX à Québec. Via son entreprise, Commando Communication, Thiboutot a admis avoir servi de *facilitateur* dans des transactions impliquant Jean Brault de Groupaction et des organisateurs libéraux. Son nom apparaît dans l'étude de l'Institut Fraser sur le financement du PLC[2].

**Welch, John** : Témoin à la Commission Gomery concernant le PLC et/ou le PLCQ. Il a travaillé pour Liza Frulla et Groupaction. Son nom apparaît dans l'étude de l'Institut Fraser sur le financement du PLC[2].

## *Communication Coffin*[45]

Une agence de communication qui est invisible sur le marché montréalais mais très présente dans les contrats gouvernementaux. Son président, Paul Coffin, a fait l'objet de 18 chefs d'accusations de fraude concernant des factures de 2 millions de dollars soumises au gouvernement entre 1997 et 2002. Selon plusieurs observateurs, Communication Coffin aurait servi de paravent à BCP dans le projet Lumière[46].

**Coffin, Paul** : Paul Coffin est président de Coffin communication. Des accusations ont été portées contre lui dans le cadre du programme des commandites, en septembre 2003. Coffin a plaidé coupable à des chefs d'accusation criminels pour des fraudes dépassant deux millions de dollars. Dans son premier rapport, le Juge Gomery a retenu son explication sur l'implication de BCP en rejetant les explications de John Parisella[47]. Son nom apparaît dans l'étude de l'Institut Fraser sur le financement du PLC[2].

## *Communication & Stratégie – Publicité Martin*

**Martin, Yvon** : Ex-président de Publicité Martin et proche collaborateur des Conservateurs. Il a mal digéré la perte du contrat de la Société canadienne des postes qui a été alloué à BCP.

**Publicité Martin** : Agence de publicité, d'allégeance conservatrice pendant le règne d'Yvon Martin, vendue à Jacques Paradis, Mario Totaro et Jean Noel. L'entreprise a depuis été intégrée dans OSL et les trois ex-actionnaires n'y travaillent plus.

**Paradis, Jacques** : Ex-président de Sprint Communication marketing et Publicité Martin et ex-président de l'Association des Agences de Publicité du Québec. Il a plaidé coupable à des accusations criminelles et a accepté de rembourser le gouvernement pour une somme, d'environ 50 000$. Son nom apparaît dans l'étude de l'Institut Fraser sur le financement du PLC[2].

## *Everest (Gestion Opérations Tibet)*[48]

L'agence Everest a été fondée par Claude Boulay, il y a environ 25 ans. Les conseillers en communication d'Everest ont guidé Jean Charest afin de lui faciliter le passage entre le Parti conservateur du Canada et le Parti libéral du Québec. L'agence Everest a aussi été très active dans la campagne de l'ex-maire de Longueuil, Monsieur Jacques Olivier, un ancien ministre libéral. Elle a fourni des services au PLQ lors de la campagne électorale de 1998. Le Groupe Everest a obtenu le contrat de communication des Jeux de la francophonie tenus dans la région Ottawa-Hull à l'été 2001, alors que Monsieur Don Boudria en était responsable. Le Groupe Everest a été vendu à une agence américaine en mars 2003. Pour l'année 2000, Everest et ses actionnaires ou dirigeants ont versé un total de 46 649$ à la caisse électorale du Parti libéral du Canada.

**Draft** : Agence américaine qui a fait l'acquisition de l'agence de publicité Everest.

**Média I.D.A. Vision** : Média I.D.A. Vision est une division de l'agence Everest fondée par Claude Boulay. Elle a été vendue à une agence américaine en mars 2003. Connue auparavant sous le nom de Paul Martel et présidée par Charles Choquette.

**Boulay, Claude** : Président du Groupe Everest, il est un ami de Denis Coderre. Il entretient des relations étroites avec plusieurs élus dont des ministres (Boudria, Coderre) et des fonctionnaires. Il fréquente également la famille de Don Boudria. Il connaît bien Paul Martin, puisqu'il a été le responsable des communications de sa campagne lors de la course à la direction du Parti libéral en 1990. Il est aussi un ami de Jacques Olivier, l'ex-maire de Longueuil. Il a été l'hôte de Charles Guité. Monsieur Boulay est l'époux de Madame Diane Deslauriers. On peut rejoindre Monsieur Boulay dans une superbe propriété en Caroline du Nord car quelques mois avant l'éclatement du scandale, il a vendu son agence à l'américaine Draft. On se souviendra aussi que Denis Coderre a logé dans son condo de l'Île-des-Sœurs ainsi que du message loufoque et arrogant de ce dernier enregistré lors de l'anniversaire de Claude Boulay. Son nom apparaît dans l'étude de l'Institut Fraser sur le financement du PLC[2].

**Choquette, Charles** : Ex-président de l'agence de placement média Paul Martel devenue Médiavision I.D.A. propriété d'Everest. M. Choquette est aujourd'hui à la retraite. Son nom apparaît dans l'étude de l'Institut Fraser sur le financement du PLC[2].

**Deslauriers, Diane** : Vice-présidente et responsable des commandites au Groupe Everest. Elle est une organisatrice d'activités de financement pour le PLC. Jean Lapierre la considère comme « la reine des vendeuses de billets pour les cocktails, pour les soupers-bénéfices ». Elle a travaillé sur la campagne électorale de Liza Frulla, élue à la Chambre des communes en mai 2002. Monsieur Donald Boudria connaît Madame Deslauriers depuis 1997. Elle est la conjointe de Claude Boulay, le président du Groupe Everest. Le couple Boulay-Deslauriers a accueilli Monsieur Boudria dans sa résidence. Son nom apparaît dans l'étude de l'Institut Fraser sur le financement du PLC[2].

**Guitard, Michel** : Michel Guitard, vice-président aux Relations publiques du Groupe Everest, a admis qu'Everest était à la fois une agence gestionnaire de commandites et coordonnatrice de l'ensemble du programme, touchant ainsi une double commission. Une de 12% à titre de gestionnaire et une de 3% à titre de coordonnatrice. Monsieur Guitard a travaillé « bénévolement » à la campagne électorale de Jacques Olivier, lorsqu'il a été élu maire de Longueuil. Il a également travaillé à titre personnel à la campagne électorale de Jean Charest. Depuis le 2 février 2004, il est conseiller spécial en communication au bureau de Jean Charest.

**Renaud, Benoît** : Frère d'Alain Renaud. Il a témoigné devant la Commission Gomery sur les faits concernant Groupe Everest - Media IDA Vision.

**Vaillancourt, Claire** : Sœur du maire de Laval Gilles Vaillancourt et responsable des commandites à l'agence de publicité Everest.

## *Gosselin Communications Stratégiques et Gosselin Relation Publiques[49]*

Cette agence est devenue une filiale de Groupaction en 1998.

**Côté-Gosselin, Andrée** : Épouse de Gilles-André Gosselin et propriétaire d'une division lucrative de Gosselin Communications. Son nom apparaît dans l'étude de l'Institut Fraser sur le financement du PLC[2].

**Gosselin, Gilles-André** : Président de l'agence de publicité Gosselin Communications. Rendu célèbre à la suite de son passage devant la Commission Gomery et au comité des Comptes publics de la Chambre des Communes. Son nom apparaît dans l'étude de l'Institut Fraser sur le financement du PLC[2].

## *Groupe Polygone Éditeurs*

Organisateur de salons de pêches et de chasse. Éditeur de revue dans cette discipline.

**Expour, Malcom Média Inc. (Expour 2000)**

**Carle, Monique** : Témoin à la Commission Gomery concernant Groupe Polygone/Expour. Femme de Jean Carle.

**Lemay, Luc** : Président du Groupe Polygone Éditeurs responsable de la publication de l'Almanach du peuple. Son nom apparaît dans l'étude de l'Institut Fraser sur le financement du PLC[2].

## *Lafleur communication marketing[50]*

Lafleur est une filiale de Groupaction. Lafleur Communication Marketing a versé 58 834 $ à la caisse électorale du Parti libéral du Canada entre 1997 et 2002. Les employés de la compagnie ont versé 46 000 $ à la caisse du Parti libéral entre 1998 et 2000.

**Guertin, Stéphane** : Ex-vice-président de Lafleur Communication Marketing et de Groupaction, il a avoué avoir approuvé des factures imposantes et signé des affidavits sans savoir si leurs contenus étaient véridiques. Son nom apparaît dans l'étude de l'Institut Fraser sur le financement du PLC[2].

**Lafleur, Éric** : Fils de Jean Lafleur, était chargé des opérations chez Lafleur Communication. Il a aussi sa propre agence, Publicité Dézert, qui a fourni de nombreux articles promotionnels au gouvernement. Son nom apparaît dans l'étude de l'Institut Fraser sur le financement du PLC[2].

**Lafleur, Jean** : Ancien président de l'agence de publicité Lafleur Communication Marketing (maintenant en faillite), qui a reçu pour 65 millions de dollars de contrats de commandites de ministères fédéraux et de sociétés d'État, entre 1994 et 2000. En 2000, il a vendu sa compagnie à Jean Brault, de Groupaction. Il a reconnu que lui-même, sa femme, sa fille et son fils Éric avaient reçu plus de 12 millions de dollars en salaires et primes, de 1994 à 2000. Son nom apparaît dans l'étude de l'Institut Fraser sur le financement du PLC[2].

## *PluriDesign Canada inc.*[51]

Entreprise de Jacques Corriveau, au coeur du scandale des commandites.

**Corriveau, Jacques** : Président de Pluri-Design, collaborateur de Jean Lafleur et de son entreprise, et ami personnel de Jean Chrétien. Corriveau a amassé des fonds pour le Parti libéral tout en fabriquant les affiches électorales des candidats. Jacques Corriveau siégeait sur le conseil d'administration des Mosaicultures de Montréal en plus d'être un membre du conseil consultatif de Groupaction présidé par Jean Brault. Son nom apparaît dans l'étude de l'Institut Fraser sur le financement du PLC[2].

## *PNMD/Publitel/BBDO*

Agence de publicité autrefois dirigée par Raymond Boucher, un allié de Jean Charest. L'agence a fait des campagnes pour le Parti conservateur. Cette agence a produit la campagne du Parti libéral lors des dernières élections fédérales.

**Boucher, Raymond** : Ex-président de PNMD/Publitel (maintenant BBDO) agence proche des conservateurs. Boucher était l'organisateur en chef de la dernière campagne de Jean Charest. Il est aujourd'hui président du conseil de la Société des Alcools du Québec.

## *Vickers & Benson*[52]

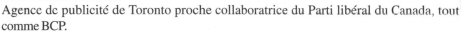

Agence de publicité de Toronto proche collaboratrice du Parti libéral du Canada, tout comme BCP.

**Hayter, John** : Président de Vickers & Benson. Son nom apparaît dans l'étude de l'Institut Fraser sur le financement du PLC[2]. Il a fourni un témoignage à la Commission Gomery à l'image des agences de publicité collées au pouvoir.

## *Deuxième section :*
## *LES PARLEMENTAIRES, LES FONCTIONNAIRES ET LES DIRIGEANTS DES SOCIÉTÉS DE LA COURONNE*

### *Représentants du Parlement d'Ottawa ou du gouvernement fédéral en rapport avec le Comité des Comptes publics*

➡**Chaplin, Steven**[53]: Avocat du Parlement qui a travaillé avec Alain Richard dans le cadre de son témoignage au comité des Comptes publics.

➡**Comité des Comptes publics**[54]

➡**Jennings, Marlene**[55] : Connaissance de John Parisella et députée libérale, co-présidente du comité des comptes publics.

➡**Kingston, Elizabeth** : Greffière du Comité des comptes publics. Elle a contacté[56] Alain Richard à quelques reprises.

➡**Lapierre, Jean**[57] : Ancien député libéral, puis bloquiste et finalement de retour au Parti libéral. Il connaît intimement Madame Diane Deslauriers et Jean Lafleur avec qui il aura eu plusieurs rencontres mémorables dont les fameux brunchs à la campagne. Maintenant ministre des Transports dans le cabinet Martin. Lapierre, à l'époque où il était lecteur de nouvelles à TQS, n'avait pas de bons mots pour les libéraux lorsque les micros étaient fermés. Il a contacté[58] Alain Richard.

➡**Leblanc, Jeremy** : Greffier du Comité des comptes publics. Il a contacté[59] Alain Richard pour sa première comparution au Parlement.

➡**Loiselle, Paul**[60]: Dirigeant de KMPG mandaté par le Comité des Comptes Publics pour établir un lien avec Alain Richard. Il se disait ancien garde du corps de personnalités politiques.

➡**Lussier, Sylvain**[61]: Avocat du cabinet Desjardins Ducharme Stein Monast représentant le Procureur général du Canada à la Commission Gomery.

➡**Tardi, Gregory**[62]: Avocat du Parlement qui a travaillé avec Alain Richard dans le cadre de son témoignage au comité des Comptes publics.

➡**Walsh, Rob**[63]: Avocat du Parlement qui a travaillé avec Alain Richard dans le cadre de son témoignage au comité des Comptes publics.

➡**Williams, John**[64]: Député conservateur et co-président du comité des Comptes publics. Ce dernier a rencontré Alain Richard et son père le 7 avril 2004 à 13h30. Pourtant dans des entrevues subséquentes, il affirmait n'avoir jamais rencontré Alain Richard.

### *Représentants de la Commission Gomery en contact avec Alain Richard*[65]

➡*Kroll Lindquist Avey* : Cabinet d'enquêteurs et de juricomptabilité mandaté par la Commission Gomery. Des représentants de ce cabinet ont travaillé avec Alain Richard.

➡**Cournoyer, Guy**[66] : Conseiller juridique associé (procureur) de la Commission Gomery. Il est un associé du cabinet montréalais Shadley, Battista. Criminaliste, il a déjà agi comme procureur auprès d'autres commissions d'enquête, notamment la Commission Poitras et la Commission Arbour. Compte tenu de son emploi du temps, Me Cournoyer a recommandé le premier procureur d'Alain Richard pour le remplacer comme commentateur-expert lors de la diffusion du procès de Michael Jackson à Musique Plus.

➜ **Gagnon, Jean-Louis**[67] : Enquêteur de la Commission Gomery qui a travaillé avec Alain Richard.

**Roy, Bernard**[68]: Procureur en chef de la Commission Gomery. Il est un associé principal du service du contentieux au bureau de Montréal du cabinet Ogilvy Renault. Il possède une grande expérience au sein de commissions d'enquête et connaît bien le fonctionnement complexe du gouvernement du Canada. En tant que procureur-chef de la Commission, il était responsable de la préparation des travaux de la Commission sur le plan juridique ainsi qu'à la recherche et aux activités d'enquête. Via Jean-Claude Gagnon, Me Roy a demandé à Alain Richard de dresser les grandes lignes de la relation entre les dirigeants de BCP et Postes Canada sous la gouverne d'André Ouellet.

➜ **Witty, Jean-Pierre**[69]: Enquêteur de la Commission Gomery qui a travaillé avec Alain Richard.

## *Des acteurs mentionnés dans cet ouvrage*

**Carle, Jean** : Ancien chef des opérations de Jean Chrétien et vice-président, Marketing, de la Banque de développement du Canada. Jean Carle a joué un rôle important auprès de nombreuses agences de publicité dont Lafleur Communication. On retrouve son nom un peu partout dans les transcriptions de la Commission Gomery. Tout indique qu'il aurait piloté l'opération de *dénigrement* contre l'ex-président de la BDC, François Beaudoin[70]. Il était un des invités au party de Noël privé d'Yves Gougoux en décembre 2003. Son nom apparaît dans l'étude de l'Institut Fraser sur le financement du PLC[2].

**Chrétien, Jean** : Premier ministre du Canada de 1993 à 2003. Reconnu comme un bagarreur, tout laisse croire qu'il s'est servi d'une cause (l'unité nationale) pour favoriser un retour d'ascenseur fort généreux envers des gens qui l'ont aidé à accéder au pouvoir. Serait-il le responsable des commandites allouées à la Classique internationale de canots de la Mauricie, du Festival d'été de Shawinigan-Sud, du Centenaire de la ville de Grand-Mère, des Régates de Shawinigan-Sud, du Grenier du Sport de Grand-Mère, des Rues principales de Shawinigan et du Grand prix de Shawinigan-Sud ? Il a été élu chef du Parti libéral du Canada le 23 juin 1990. Alfonso Gagliano, président du caucus libéral, a été un de ses principaux organisateurs dans la campagne au leadership. Parmi ses citations remarquées, nous notons : « Quelques millions de dollars ont peut-être été volés en chemin, mais combien de millions de dollars avons-nous sauvés parce que nous avons assuré la stabilité du Canada en le gardant uni ». (Mai 2002 après que la vérificatrice générale ait dénoncé le gaspillage) «S'il y a des gens qui ont commis des erreurs criminelles, ils paieront pour !» (Juin 2003). Son nom apparaît dans l'étude de l'Institut Fraser sur le financement du PLC[2].

**Coderre, Denis** : Vice-président des affaires publiques du Groupe Polygone Éditeurs, pendant six mois, avant d'être élu député de la Chambre des Communes en juin 1997. Peu de temps après son élection, Monsieur Denis Coderre a été hébergé dans le condominium de l'Île-des-Sœurs de Monsieur Claude Boulay, un ami et président du Groupe Everest. Tout ça à titre gracieux. On se souviendra aussi de son vidéo loufoque et placé sous le signe de l'arrogance lors de l'anniversaire de Claude Boulay. Il est à noter qu'après l'entrée de Monsieur Coderre au Cabinet de Monsieur Jean Chrétien, à titre de secrétaire d'État au sport amateur le 3 août 1999, le Groupe Everest a vu le nombre de ses contrats de commandites et de publicité plus que doubler par rapport à l'année précédente… Il a occupé la fonction de ministre de Citoyenneté et de l'Immigration du 15 janvier 2002 au 11 décembre 2003. Il est président du Conseil privé dans le gouvernement de Paul Martin, depuis le 12 décembre 2003. Son nom apparaît dans l'étude de l'Institut Fraser sur le financement du PLC[2].

**Copps, Sheila** : Ex-ministre sous Jean Chrétien. Sheila Copps a reçu le soutien de BCP dans la dernière course à la direction du Parti libéral du Canada contre Paul Martin (selon Jacques Bouchard). Elle a été écartée de la scène avec Brian Tobin, lors du « Love in » du 27 octobre 1995. Aujourd'hui chroniqueuse pour le Journal de Montréal, elle semble bénéficier d'un capital de sympathie étonnant pour quelqu'un qui tapissait la province de drapeaux unifoliés. Sa guerre ouverte contre Paul Martin l'a rendue plus sympathique.

**Dingwall, David** : Ministre des Travaux publics et ministre des Approvisionnements et Services Canada du 4 novembre 1993 au 24 janvier 1996. Après son mandat au gouvernement, Dingwall a travaillé avec Jean Lafleur pour du travail de lobbying auprès de Via Rail. David Dingwall, qui était ministre des Travaux publics de 1994 à 1996, pendant le gouvernement Chrétien, a collaboré étroitement à la création du programme des commandites. M. Dingwall était intervenu en haut lieu pour que la gestion du programme soit attribuée au fonctionnaire Charles Guité, l'une des figures de proue du scandale des commandites. Après sa nomination à la Monnaie royale canadienne en 1997, Dingwall a également été impliqué dans une série de controverses à Ottawa. Selon les témoignages et documents de la commission Gomery, M. Dingwall aurait, entre autres, touché 133 000 $ de la firme de publicité de Jean Lafleur pour la représenter auprès de la direction de Via Rail et ce même s'il ne s'était pas inscrit au registre des lobbyistes. Le 26 octobre 2005, un rapport de Price Waterhouse Coopers indiquait qu'il devait rembourser plus de 6 000$ à son ex-employeur. Rappelons qu'à titre de président de la Monnaie royale canadienne, il touchait un salaire annuel de 277 000 $ assorti d'un compte de dépenses personnelles. Il a depuis remis sa démission mais son nom court toujours au Parlement comme étant un instigateur du programme des commandites et surtout comme étant le responsable de l'embauche de Charles Guité. Son nom apparaît dans l'étude de l'Institut Fraser sur le financement du PLC[2].

**Fox, Francis** : Très proche conseiller de Paul Martin, Fox a aussi joué un rôle d'intermédiaire dans la saga Myriam Bédard-Jean Pelletier. Francis Fox était par le passé président de Cantel/Rogers/AT&T et était par le fait même le plus important client de l'agence Groupaction, avant l'obtention des comptes du gouvernement fédéral. Fox était membre du conseil consultatif de Jean Brault, président de Groupaction. Dernièrement, Paul Martin le nomma sénateur. Il est aussi membre du Conseil de l'unité canadienne.

**Fraser, Sheila** : vérificatrice générale du Canada depuis le 31 mai 2001. Auteure de différents rapports relatifs aux commandites, aux activités publicitaires et à l'éthique au sein du gouvernement du Canada. Une célèbre citation : « *Chaque fois que je lis ce rapport, je deviens en colère. Je veux dire, ce qui s'est passé ici est tellement odieux*».

**Gagliano, Alfonso** : Ministre des Travaux publics et Services gouvernementaux du 11 juin 1997 au 14 janvier 2002. Il a été membre du Conseil du trésor et Président du Comité des communications au Cabinet de Jean Chrétien. Ex-ambassadeur du Canada au Danemark, le nom de Gagliano est associé à plusieurs anomalies dans le cadre des travaux du Comité des comptes publics et de la Commission Gomery. Son souhait de devenir ambassadeur du Canada au Vatican n'aura jamais été réalisé. Il a été élu député libéral de Saint-Léonard en 1984. En 1994, La Presse a révélé que le bureau de comptables de M. Gagliano tenait la comptabilité des compagnies d'Agostino Cuntrera, un membre de la mafia impliqué dans un meurtre. Son nom apparaît dans l'étude de l'Institut Fraser sur le financement du PLC[2].

 **Guité, Joseph Charles «Chuck»** : Responsable du Secteur de la publicité et de la recherche sur l'opinion publique (SPROP) de 1993 à 1997, avant de devenir directeur de la Direction générale des services de coordination des communications (DGSCC) au ministère des Travaux publics et Services gouvernementaux et responsable du programme des commandites et de publicité à partir de 1997. Il a pris sa retraite en août 1999. Il a alors été remplacé par Pierre Tremblay. Ce serait à la demande d'Alfonso Gagliano que Monsieur Guité serait passé de l'échelon EX-3 à EX-4 en avril 1998. Cette promotion lui aurait facilité l'accession directe au bureau du ministre. En effet, il ne relevait plus des sous-ministres adjoints. Il a été l'un des invités d'honneur lors des célébrations entourant le 125e anniversaire de la GRC. Il a également été reçu à la résidence de Claude Boulay. Il est accusé en vertu du code criminel. Son nom apparaît dans l'étude de l'Institut Fraser sur le financement du PLC[2]. Alain Richard a été appelé à témoigner[71] à son procès prévu pour mai 2006.

**Kinsella, Warren** : Ancien chef de cabinet, Travaux publics et Services gouvernementaux Canada. Comme David Dingwall, le nom de Warren Kinsella était mentionné fréquemment chez BCP lors du passage d'Alain Richard.

 **Martin, Paul** : Premier ministre du Canada et ministre des Finances et vice-président du Conseil du trésor du 4 novembre 1993 au premier juin 2002. Il est également membre du Conseil privé depuis le 4 novembre 1993 et Premier ministre depuis décembre 2003. Il connaît Claude Boulay à titre de responsable des communications de sa campagne lors de la course à la direction du Parti libéral en 1990. Son nom apparaît dans l'étude de l'Institut Fraser sur le financement du PLC[2].

**III**

 **Olivier, Jacques** : À titre de maire de Longueuil, il a accordé à l'agence Everest un contrat de relations publiques très contesté, de 1,3 millions de dollars. Olivier était membre du conseil consultatif de Jean Brault, président de Groupaction.

 **Ouellet, André** : Ancien président du conseil d'administration et ancien président et chef de la direction, de la Société canadienne des postes. Ancien ministre dans les cabinets de Pierre Elliott Trudeau et de John Turner, il a été nommé président-directeur général de Postes Canada en novembre 1999. Le 23 février 2004, Ouellet a été suspendu indéfiniment, avec salaire, en attendant les résultats d'une vérification sur sa gestion. Il a démissionné de son poste le 12 août 2004. Il est un très bon ami de Jacques Bouchard. Au sujet de la gestion d'André Ouellet, la vérificatrice générale a déclaré : «*Apparemment, ces méthodes ont été conçues pour payer des commissions à des agences de communication tout en cachant la source des fonds* ».

«*Gomery seemed skeptical. He hinted that BCP had most Canada Post contracts over the years after 1994 because of the close ties between the firm's founder, Jacques Bouchard, and the head of Canada Post, André Ouellet* » (www.cbc.ca/story/news/national/2005/05/31/gomery050531.html). Son nom apparaît dans l'étude de l'Institut Fraser sur le financement du PLC[2].

**Pelletier, Jean** : Ancien chef de cabinet du Premier ministre Jean Chrétien, il a accédé à la présidence du conseil d'administration de Via Rail en 2001. Il a été congédié le 1er mars, à la suite de la publication de commentaires à caractère privé au sujet de la championne olympique Myriam Bédard. Il a étudié avec Jean Chrétien au Séminaire de Trois-Rivières. Son nom apparaît dans l'étude de l'Institut Fraser sur le financement du PLC[2].

**Tremblay, Pierre (Feu)** : Ancien chef de cabinet d'Alfonso Gagliano, il a succédé à Charles Guité comme responsable du programme de commandites, avant d'être nommé vice-président de l'Agence canadienne d'inspection des aliments. A été relevé de ses fonctions par le Premier ministre Martin. Décédé en octobre 2004. Son nom apparaît dans l'étude de l'Institut Fraser sur le financement du PLC[2].

## *Troisième section :*
## *LE SYSTÈME DE JUSTICE*

### *Gouvernement du Québec et la Couronne*

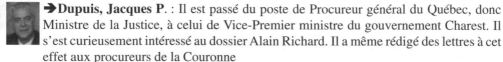

➔**Brousseau, Jean-Marc** : À l'époque patron du Procureur de la Couronne Dominic St-Laurent. Il est celui qui a permis que les accusations criminelles contre Alain Richard soient maintenues. Curieusement, notre enquête en cours démontre qu'il vient de prendre une retraite anticipée.

➔**Chaurette, Jessica** : Conseillère politique au cabinet du Vice-Premier ministre et ministre de la Sécurité publique. Elle doit quelques réponses à Alain Richard.

➔**Dagenais, Jacques**[72]: Procureur de la Couronne au procès de Jean Brault et Charles Guité. Il a communiqué avec Alain Richard.

➔**Dupuis, Jacques P.** : Il est passé du poste de Procureur général du Québec, donc Ministre de la Justice, à celui de Vice-Premier ministre du gouvernement Charest. Il s'est curieusement intéressé au dossier Alain Richard. Il a même rédigé des lettres à cet effet aux procureurs de la Couronne

➔**Monty, Paul** : Avocat anciennement commissaire à la déontologie et maintenant sous-ministre à la justice du gouvernement libéral provincial.

➔**Ouellet, Danielle** : Responsable du traitement des plaintes au Ministère de la Justice Elle doit quelques réponses à Alain Richard au sujet des commissaires à l'assermentation.

➔**Ouellet, Sabin** : Substitut en chef du Procureur général et directeur du Bureau des affaires criminelles par interim. Il doit quelques réponses à Alain Richard.

→**Potvin, Nancy**[73]: Deuxième procureure de la Couronne dans le dossier Alain Richard. Elle a demandé d'être retirée du dossier mais a quand même autorisé la détention d'Alain Richard à la prison de Rivière-des-Prairies pour un weekend. Elle est présentement sous enquête par le Syndic du Barreau dans le dossier 2005-00138854-CO.

→**Simard, Claude** : Avocat au Commissaire à la déontologie policière. Ex sous-ministre de la Justice du Québec.

→**St-Laurent, Dominic**[74]: Procureur de la Couronne qui a autorisé le dépôt des accusations criminelles contre Alain Richard. Presque dix mois plus tard, il demanda d'être retiré du dossier puisque lui et son père entretiennent des liens étroits avec le Parti libéral et avec John Parisella. Il est un maillon important de la campagne de dénigrement contre Alain Richard. Ces derniers mois, il a pris de nombreux congés impromptus et son patron de l'époque, Me Jean-Marc Brousseau s'est retrouvé à la retraite. Dominic St-Laurent est sous enquête par le Syndic du Barreau de Montréal dans le dossier 2005-00138854-CO[75] avec Me Nancy Potvin et Me Nathalie Thibert.

→**Thibert, Nathalie**[76]: Troisième Procureure dans le dossier Alain Richard. C'est elle qui a procédé au procès sous la gouverne habile de Me Michel Massicotte, l'avocat d'Yves Gougoux, qui se disait victime lui-aussi. La Couronne a recruté Me Thibert à St-Jérôme dans le but d'assurer une meilleure objectivité. Elle a laissé tomber 17 des 20 chefs d'accusation portés contre Alain Richard et ce dès l'ouverture du procès. Elle est présentement sous enquête par le Syndic du Barreau dans le dossier 2005-00138854-CO.

→**Trudeau, Marie-Andrée** : Procureure chef des substituts du Procureur général du Québec. Elle doit quelques réponses à Alain Richard.

→**Turmel, Simon** : Directeur de cabinet du ministre de la Justice et Procureur général. Il doit quelques réponses à Alain Richard.

## *Gendarmerie royale du Canada*

→**Blain, Daniel**[77]: Agent de la Gendarmerie royale du Canada (GRC) qui a contacté Alain Richard par téléphone et par subpoena pour assurer sa présence, comme témoin, au procès de Jean Brault et Charles Guité.

→**Huot, Richard** : Caporal de la Gendarmerie royale du Canada (GRC) lors de la collaboration[78] d'Alain Richard. Le Caporal Huot est l'enquêteur principal au dossier.

→**Marchand, René**[79]: Agent de la Gendarmerie royale du Canada (GRC) impliqué dans l'enquête #172-040325-0031 au sujet de la menace de mort reçue par Alain Richard la nuit suivant son acceptation de témoigner au Comité des comptes publics à Ottawa sur le scandale des commandites et des activités publicitaires.

→**Marinilli, Patrick**[80]: Agent de la Gendarmerie royale du Canada (GRC) impliqué dans l'enquête #172-040325-0031 au sujet de la menace de mort reçue par Alain Richard la nuit suivant son acceptation à témoigner au Comité des comptes publics à Ottawa sur le scandale des commandites et des activités publicitaires.

→**Mercier, Jean**[81]: Agent de la Gendarmerie royale du Canada (GRC) lors de la collaboration d'Alain Richard.

## Sûreté du Québec

Enquête #172-040325-0031 au sujet de la menace de mort reçue par Alain Richard la nuit suivant son acceptation à témoigner au Comité des comptes publics à Ottawa sur le scandale des commandites et des activités publicitaires.

**Grondin, David** : Agent (matricule #11469) de la Sûreté du Québec ayant collaboré avec le Service de Police de la Ville de Montréal dans le cadre des procédures contre Alain Richard.

➡**Laporte, Luc**[82]: Sergent-détective de la Sûreté du Québec qui est le responsable du dossier 172-040325-003 et qui enquête sur les menaces de mort reçues par Alain Richard à son domicile, le 25 mars 2004, suite à la réception de la convocation à témoignager au Comité des comptes publics. La dernière conversation entre Alain Richard et le sergent-détective remonte au 13 décembre 2005.

**Woodger, Dave** : Agent (matricule #10317) de la Sûreté du Québec ayant collaboré avec le Service de Police de la Ville de Montréal dans le cadre des procédures contre Alain Richard.

## Service de Police de la Ville de Montréal

Membres du Service de Police de la Ville de Montréal ayant exécuté des mandats dans le cadre des procédures contre Alain Richard.

**April, Jocelyn** : Sergent-enquêteur (matricule #8683).

**Bernier, Michel** : Sergent-détective (matricule #137).

**Bérubé, Robert** : Constable (matricule #672).

**Bérubé, Rodrigue** : Sergent-détective (matricule #3144).

**Bianci, Guy** : Finalement, le 19 septembre 2005, lors d'une rencontre en déontologie policière, son collègue le sergent-détective Tony Paradiso a livré son nom. Le dossier de Guy Bianci est sous enquête à la Déontologie policière (05-0799). Une rencontre a eu lieu le 20 décembre 2005 entre Bianci et Alain Richard au sujet des fausses allégations de Bianci sur la santé mentale d'Alain Richard.

➡**Bonneau, Denis** : Lieutenant-détective du Service de Police de la Ville de Montréal. Il serait parmi les patrons de la sergente-détective Luce Viens, mais il se fait discret sur les nombreuses anomalies dans le dossier Alain Richard.

**Bordeleau, Yannick** : Constable (matricule #3837).

**Bousquet, Suzanne** : Avocate de la division des Affaires juridiques du Service de police de la Ville de Montréal. Elle n'est plus en poste.

**Brassard, Dominic** : Sergent-détective.

**Brisette, Benoît** : Constable (matricule #4316).

**Carvalho, Tony** : Constable (matricule #3079).

➡**Chaput, Michel** : Commandant « inaccessible » du Service de Police de la Ville de Montréal. Il semble être le patron de tous les policiers qui ont débuté des procédures contre Alain Richard sous de fausses prémisses suite à de fausses déclarations d'Yves Gougoux et son entourage. Il refuse de collaborer dans l'enquête en cours même s'il existe des preuves contre certains de ses policiers.

**Colas, Éric** : Constable (matricule #2320).

**DeLosRios, Jose** : Sergent-enquêteur (matricule #4396).

**Dionne, Denis** : Sergent-détective (matricule #1662).

**Doyon, Jean-Sébastien** : Sergent (matricule #2722).

**Duquette, Patrick** : Sergent-enquêteur (matricule #9178).

**Gagnon, François** : Constable (matricule #45).

**Herbuté, Marc** : Constable (matricule #3277).

**Lazure, Jean-Yves** : Sergent-détective (matricule #2345).

**Létourneau, Andrée** : Sergente-détective (matricule #3011).

**Ménard, Ann** : Collègue de travail de la sergente-détective Luce Viens.

**Méthot, Yves** : Sergent-détective (matricule #489).

**Ouellet, Sonia** : Constable (matricule #1525).

**Paradiso, Tony** : Sergent-détective affecté aux agressions sexuelles du Service de Police de la Ville de Montréal. Partenaire de la sergente-détective Luce Viens, il a offert des réponses à Alain Richard lors de la session de conciliation[83] en déontologie policière du 19 septembre 2005. Selon lui, c'est Luce Viens qui a pris toutes les décisions.

**Parker, Sheila** : Constable (matricule #5470).

**Pépin, Dominic** : Technicien du Service de Police de la Ville de Montréal ayant exécuté des mandats dans le cadre des procédures contre Alain Richard.

**Robert, Gilles** : Constable (matricule #2422).

**Roy, Hélène** : Sergente-détective (matricule #1853).

**Sabourin, Michel** : Sergent-détective (matricule #2377).

**Samson, Guy** : Constable (matricule #1357).

**Schmidt, Monsieur** : Agent du poste 20 ayant exécuté des mandats dans le cadre des procédures contre Alain Richard. Nathalie Fagnan en fait état dans son témoignage ainsi que Me Michel Massicotte dans le dépôt de supposées preuves contre Alain Richard.

**Secondi, Francesco** : Sergent-enquêteur (matricule #1518).

**Shane, David** : Sergent-détective (matricule #2882).

➔ **Verret, Dominic** : Lieutenant-détective du Service de la Police de la Ville de Montréal portant le matricule #4970. Il serait le supérieur de Luce Viens et il était présent au procès d'Alain Richard.

➔ **Viens, Luce** : Sergente-détective du Service de la Police de la Ville de Montréal portant le matricule #953. Mme Viens était l'enquêteur responsable du dossier Alain Richard. Ce dernier n'aura jamais réussi à la rencontrer. Elle est présentement sous enquête en déontologie policière.

➔ **Vignola, Venise** : Lieutenante-détective du Service de la Police de la Ville de Montréal. Selon certains, Mme Vignola serait la supérieure de la sergente-détective Luce Viens.

## *Service de police de la Ville de Longueuil*

Agents de la Police de Longueuil impliqués dans l'enquête #BRD-050125-014 au sujet de la tentative d'intimidation du huissier Yvan Martimbault (sous la gouverne de Me Michel Massicotte) lors de la remise d'une page du dossier médical par BCP, suite à l'ordonnance de la Commission d'accès à l'information du Québec.

**Caron, J.** (matricule #57)

**Ferland, Stéphane** matricule #4056)

**Holderberg, A.** (matricule #4062)

**Tremblay, Martin**

## Quatrième section :
# LES ORGANISMES DE DÉFENSE DES DROITS

### Commissaire à la déontologie policière[84]

Enquêtes en rapport avec les erreurs commises dans le dossier Alain Richard :
La sergente-détective Luce Viens (04-1214, 05-0555, 05-0867 et 05-1033)
Le sergent-détective Tony Paradiso (05-0451)
Le lieutenant-détective Dominic Verret (05-0692)
Le policier Guy Bianci : 05-0799
Le sergent-détective Rodrigue Bérubé : 05-0798
Le policier dans le stationnement : 05-0801
Un groupe de sept policiers : 05-1094
La déontologie policière avait accepté une séance de conciliation en date du 24 décembre 2004 mais pour une raison que nous ignorons la rencontre avec la sergente-détective Luce Viens a été annulée pour être remplacée par une session de conciliation avec Tony Paradiso, le 19 septembre 2005. On semble vouloir protéger la policière Luce Viens qui est pourtant la grande responsable de l'enquête bâclée.

### Commission d'accès à l'information du Québec[85]

Enquêtes en rapport avec les erreurs commises dans le dossier Alain Richard: Publicis-BCP : 041855, 041856, 051428, 051429 et en rapport avec la police : 050982, 050683, 05908, 050605, 050684, 050945, 051430, 051487, 051473. Les représentations devant la Commission d'Accès à l'information du Québec s'avèrent compliquées. Dans un premier temps, il y a eu une demande pour forcer Publicis-BCP à remettre le dossier d'employé d'Alain Richard, en y incluant les demandes de prestations pour l'assurance invalidité court terme, bref son dossier médical. La seconde démarche consiste à démontrer que l'employeur a effectivement utilisé les informations confidentielles contenues dans ledit dossier pour miner sa crédibilité, ce qui a été prouvé au procès. Toute entreprise de biens et de services doit se conformer à la *Loi sur la protection des renseignements personnels dans le secteur privé* si elle recueille, détient, utilise ou communique des renseignements personnels. Des exigences particulières sont, par ailleurs, prévues pour l'entreprise de prêt d'argent et celle qui fait le commerce de renseignements à des fins de crédit. Afin de garantir à tout individu le contrôle de son propre dossier, l'entreprise doit, de façon générale, respecter certaines règles. Les règles de la Commission sont très claires à l'effet que lors de la détention, de l'utilisation ou de la communication de renseignements personnels, l'entreprise doit en assurer la confidentialité par des mesures de sécurité et obtenir le consentement de la personne concernée pour utiliser des renseignements personnels. En principe, seule la personne sur qui portent les renseignements peut exiger d'avoir accès à son dossier si elle est une personne âgée de 14 ans ou plus. La Commission d'accès étudie présentement les révélations implicites de diffusion formulées lors du procès où Nathalie Fagnan[86] et Yves Gougoux[87] ont admis avoir communiqué de l'information médicale concernant Alain Richard à Me Michel Massicotte. Mais pourquoi l'information inscrite dans le rapport de police est-elle erronée?

## *Commission des droits de la personne et de la jeunesse du Québec[88]*

Deux enquêtes sont en cours en rapport avec les erreurs commises dans le dossier Alain Richard. On se limitera aux commentaires des préposés de la Commission à l'effet que la dépression n'est pas un handicap au sens de la charte de la Commission !

## *Conseil de presse du Québec*

Enquêtes en rapport avec les erreurs commisses dans le dossier Alain Richard:

    Rodolphe Morisettte : 2005-04-080 et article non-signé
    Christiane Desjardins : 2005-05-095
    Esther Bégin
    (le Conseil refuse la plainte prétextant que le délai est expiré)

## *Syndic de la Chambre des huissiers du Québec*

Enquête sur le huissier de justice Yvan Martimbault dans le dossier #SN05-331. Nous verrons bien jusqu'où la chambre creusera dans cette affaire. Une chose est certaine cependant : le niveau de familiarité entre Me Michel Massicotte et le huissier Yvan Martimbault, pourrait faire croire que les deux hommes sont près l'un de l'autre. L'enquête en cours démontre que, tout comme Me Massicotte, le huissier Martimbault a une réputation qui le précède.

## *Syndic du Barreau du Québec[89]*

Enquêtes sur les avocats suivants :
Me Michel Massicotte : 2004-00136305-BE, 4055-1797, 2005-00138927-BE, 2005-00138927-BIL
Me Gérald R. Tremblay et Me Marc-André Blanchard : 2005-00138560-CO, 4055-1800
Me Catherine Mandeville et Me Michel Racicot : 2005-00139018-BE. Comme le Syndic cherche à camoufler les erreurs des procureurs, le verdict est en appel. Ils se devaient de faire des vérifications de base avant de procéder, particulièrement contre le père d'Alain Richard.
Me Nathalie Thibert, Me Nancy Potvin, Me Dominic St-Laurent : 2005-00138854-CO
Me Martin Vauclair : 2005-00139028-CO, 4055-1829
Me Vallier Boivin : 2005-00138556-CO
Me Pierre Bernard : En cours mais en attente d'un numéro de dossier.
La transcription des extraits des échanges entre les procureurs illustrent bien les nombreuses anomalies, voir interférences, dans ce dossier est disponible sur www.DesNotables.com[90] et la bande sonore est aussi disponible[91].

*À quoi ces organismes servent-ils ? Et qui protègent-ils ?*
*Les agresseurs ou les victimes ?*

## Cinquième section :
## DE PRÉCIEUX COLLABORATEURS

**Fortin, Luc** : Recherchiste de Paul Arcand. Fortin a vu des documents à la veille du témoignage d'Alain Richard, le 6 avril 2004, au Comité des comptes publics au Parlement. C'est d'ailleurs lui qui a informé[92] Alain Richard que Me Michel Massicotte avait contacté Paul Arcand sur son cellulaire pour le discréditer.

**Leclerc, William**[93] [94] : Recherchiste au réseau de télévision du Parlement à Ottawa CPAC. Il est passé maître dans l'art d'accéder à des documents via la loi d'accès à l'information et est à l'origine de l'éclatement de nombreux scandales sous l'ère libérale dont le plus récent, sur les frais d'avocats en rapport avec la Commission Gomery. C'est notamment, sur le répondeur de William Leclerc que John Parisella affirmait qu'Alain Richard avait des problèmes de crédibilité compte-tenu de son supposé passé médical. Il est au courant de beaucoup de choses dans la campagne de dénigrement contre Alain Richard.

**Et les autres...**

---

[1] www.DesNotables.com/AlainRichard/
[2] www.DesNotables.com/BCPInstitutFraser/
[3] *Dont il n'y a pas de version française.*
[4] www.DesNotables.com/PublicisBCP - www.DesNotables.com/PremierRapport/BCP.pdf
[5] www.DesNotables.com/Legal/target0.html
[6] www.DesNotables.com/PublicisBCP/ - www.DesNotables.com/PremierRapport/BCP.pdf
[7] www.DesNotables.com/Police/target122.html
[8] www.DesNotables.com/Parisella/target18.html
[9] www.DesNotables.com/Parisella/target51.html
[10] www.DesNotables.com/Droit/target56.html - www.DesNotables.com/matrice.html
[11] www.DesNotables.com/matrice.html
[12] www.DesNotables.com/Bouchard/
[13] www.DesNotables.com/Police/target131.html
[14] www.DesNotables.comPpolice/target26.html
[15] www.DesNotables.com/Police/target23.html
[16] www.DesNotables.com/Police/target25.html
[17] www.DesNotables.com/Parisella/target55.html
[18] www.DesNotables.com/Police/target34.html
[19] www.DesNotables.com/Policc/target115.html
[20] www.DesNotables.com/Fagnan/
[21] www.DesNotables.com/Police/target23.html
[22] www.DesNotables.com/Gougoux/
[23] www.DesNotables.com/Police/target113.html
[24] www.DesNotables.com/Gougoux/target77.html
[25] www.DesNotables.com/Legal/target56.html
[26] www.DesNotables.com/SQ/target46.html
[27] www.DesNotables.com/SQ/target46.html
[28] www.DesNotables.com/PremierRapport/Coffin.pdf
[29] www.DesNotables.com/Parisella/
[30] www.DesNotables.com/SQ/target47.html
[31] www.DesNotables.com/Police/target33.html
[32] www.DesNotables.com/Droit/target57.html
[33] www.DesNotables.com/Police/target116.html
[34] www.DesNotables.com/Legal/target56.html
[35] www.DesNotables.com/Police/target163.html

[36] www.DesNotables.com/Police/target163.html
[37] www.DesNotables.com/Matrice.html
[38] www.DesNotables.com/Legal/target2.html
[39] www.DesNotables.com/Droit/target13.html
[40] www.DesNotables.com/Droit/target18.html
[41] www.DesNotables.com/Media/target154.html
[42] www.DesNotables.com/Groupaction - www.DesNotables.com/PremierRapport/Groupaction.pdf
[43] www.DesNotables.com/Groupaction/
[44] www.Desnotables.com/Legal/target54.html
[45] www.DesNotables.com/PremierRapport/Coffin.pdf
[46] www.DesNotables.com/Media/target116.html
[47] www.DesNotables.com/PremierRapport/Coffin.pdf
[48] www.DesNotables.com/PremierRapport/Everest.pdf
[49] www.DesNotables.com/PremierRapport/Gosselin.pdf
[50] www.DesNotables.com/PremierRapport/Latleur.pdf
[51] www.DesNotables.com/PremierRapport/Pluridesign.pdf
[52] www.DesNotables.com/PremierRapport/Vickers.pdf
[53] www.DesNotables.com/Ottawa/target4.html
[54] www.DesNotables.com/Ottawa/
[55] www.DesNotables.com/Ministre/target24.html
[56] www.DesNotables.com/Kingston6avril04.html - www.DesNotables.com/Kingston7mai04.html
[57] www.DesNotables.com/Ministre/target15.html
[58] www.DesNotables.com/Ministre/target15.html
[59] www.DesNotables.com/ Leblanc27mars04.html
[60] www.DesNotables.com/Ottawa/target31.html
[61] www.DesNotables.com/Parisella/target3.html
[62] www.DesNotables.com/Ottawa/target3.html
[63] www.DesNotables.com/Ottawa/target2.html
[64] www.DesNotables.com/Ministre/target23.html
[65] www.DesNotables.com/PremierRapport/Synopsis.pdf - www.DesNotables.com/PremierRapport Factuel.pdf
[66] www.DesNotables.com/Gomery/target19.html
[67] www.DesNotables.com/Gomery/target0.html
[68] www.DesNotables.com/Ministre/target2.html
[69] www.DesNotables.com/Gomery/target0.html
[70] www.DesNotables.com/Beaudoin.html
[71] www.Desnotables.com/Legal/target54.html
[72] www.DesNotables.com/Legal/Target55.html
[73] www.DesNotables.com/Droit/target15.html
[74] www.DesNotables.com/Droit/target15.html
[75] www.DesNotables.com/Droit/target15.html
[76] www.DesNotables.com/Droit/target15.html
[77] www.DesNotables.com/Legal/target54.html
[78] www.DesNotables.com/Groupaction/target1.html
[79] www.DesNotables.com/Groupaction/target0.html
[80] www.DesNotables.com/Groupaction/target0.html
[81] www.DesNotables.com/Groupaction/target0.html
[82] www.DesNotables.com/SQ/target0.html
[83] www.DesNotables.com/Droit/target39.html
[84] www.DesNotables.com/Droit/target33.html
[85] www.DesNotables.com/Droit/target20.html
[86] www.DesNotables.com/Droit/target29.html
[87] www.DesNotables.com/Droit/target30.html
[88] www.DesNotables.com/Droit/target50.html
[89] www.DesNotables.com/Droit/target6.html
[90] Pour lire au complet : www.DesNotables.com/Proces.html#Procureurs
[91] www.DesNotables.com/A15.html - www.DesNotables.com/MASSICOTTE-POLICE-BARREAU.wav
[92] www.DesNotables.com/SQ/target46.html
[93] www.DesNotables.com/Media/target4.html
[94] www.DesNotables.com/SQ/target47.html

**III**

## ANNEXE IV: «L'heureuse chronologie des coïncidences dans la vie d'Alain Richard»

Vous trouverez ici une grille temporelle complète qui résume bien mon cheminement et les «multiples coïncidences» lors de ma participation aux enquêtes de la GRC, le Comité des comptes publics, la Commission Gomery, ainsi que la réception de mon subpoena pour témoigner au procès Brault-Guité: les coïncidences entre les manchettes des médias en rapport avec le scandale des commandites et des activités publicitaires et les répercussions sur ma vie.

Suite à des rencontres avec la GRC en octobre 2002, j'ai été entendu le 7 avril 2004 lors des auditions de la Commission des Comptes Publics et j'ai par la suite travaillé avec les avocats du parlement pour préparer mon deuxième témoignage.

Déjà, le 14 avril, des avocats du Parlement, Rob Walsh, Gregory Tardi et plus particulièrement Steve Chaplin, me signifiaient que quelqu'un faisait circuler sur la colline parlementaire mon dossier médical (que l'on sait maintenant avait été trafiqué), question de me discréditer.

Curieusement, je recevais une première mise en demeure des gens de BCP le lendemain de ma première comparution, le 8 avril, pour quelque chose que j'avais dis à huis clos la veille ! Comment savaient-ils ce que j'avais dit devant les députés en toute confidentialité ?

Le même manège de mises en demeure s'est reproduit au lendemain de ma session de travail avec les avocats du Parlement (Session de travail le 15 avril et mise en demeure le lendemain par les avocats de BCP et Yves Gougoux).

### 24 août 1989
Alain Richard obtient une Maîtrise en administration, option marketing, de l'Université de Sherbrooke.

### 1989-1991
Il obtient son premier emploi avec l'agence de publicité Les Partenaires en Communication à titre d'administrateur publicitaire[1].

### 1991-1994
Il devient directeur du développement de l'agence de publicité Allard/SMW (aujourd'hui Allard/Johnson)[2].

### 25 octobre 1993
Jean Chrétien devient Premier ministre du Canada.

### 12 septembre 1994
Alain Richard débute son emploi chez BCP comme superviseur; par la suite sera directeur du service à la clientèle[3].

### 15 juin 1995
Alain Richard est élu président du 37ᵉ conseil d'administration du Publicité-Club de Montréal[4].

### Du 20 juillet 1995 au 30 octobre 1995
Alain Richard est en congé de maladie pour une dépression (*burn out*).

### Du 24 juillet 1995 au 3 août 1995
Alain Richard est hospitalisé à l'Hôpital général Reddy Memorial pour dépression.

### 27 octobre 1995
Grand rassemblement pour les forces du NON au référendum (Love in).

### 30 octobre 1995
Deuxième référendum.

### 29 mars 1996
Alain Richard débute sa relation de couple avec Nathalie Fagnan, vice-présidente et chef des opérations financières de Publicis-BCP[5].

### 16 septembre 1996
Alain Richard devient vice-président affaires corporatives de l'agence de publicité Groupaction[6].

### Vers le 12 mai 1997
Nathalie Fagnan et Alain Richard discutent des rumeurs qu'Yves Gougoux fait circuler au sujet d'Alain Richard.

### 2 juillet 1997
Jacques Bouchard communique avec Alain Richard pour la première fois (via télécopieur)[7].

### 27 novembre 1997
Alain Richard est congédié de Groupaction[8].

### 20 février 1998
Jean Brault envoie une mise en demeure[9] à Alain Richard pour qu'il arrête de faire circuler des informations *fausses*(!) et *erronées*(!) *qui atteignent sa réputation en plus de nuire aux activités régulières de Groupaction.*

### 26 mai 1998
Alain Richard fonde sa propre agence de marketing sur Internet, rebelles.com[10].

### 17 juin 1999
Jean Brault envoie une seconde mise en demeure[11] à Alain Richard. *Est-ce qu'Alain Richard serait au courant de faits et gestes compromettants au sujet de Jean Brault ?*

### 31 décembre 1999
Le journaliste Daniel Leblanc du Globe & Mail publie son premier article sur ce qui deviendra le Scandale des commandites et des activités publicitaires.

### 29 août 2000
La Presse titre : Gagliano nie avoir pistonné son fils.

### 27 novembre 2000
Élection de Jean Chrétien.

### Mars 2002
Article du Globe & Mail sur les rapports manquants de Groupaction.

### 21 mars 2002
Le gouvernement mandate la vérificatrice générale du Canada, Sheila Fraser, pour enquêter sur cette affaire.

**9 mai 2002**
La Presse titre : La GRC saisie de l'affaire
Groupaction.

**4 octobre 2002**
Alain Richard dépose une déclaration à la
Gendarmerie royale du Canada en rapport avec les
malversations de Groupaction[12].

**7 octobre 2002**
Jean Lapierre contacte Alain Richard. Alain Richard
lui répond par courriel[13].

**29 avril 2003**
La Presse titre : Ottawa revoit ses pratiques en
publicité.

**3 mai 2003**
Le Journal Les Affaires titre : Plus besoin d'être
Canadien pour faire de la pub fédérale.

**30 août 2003**
Réception à la campagne (chez Alain Richard et
Nathalie Fagnan) de Jacques Bouchard et sa conjointe
Caroline pour souligner l'anniversaire de ce dernier.

**9 septembre 2003, 14h47**
Courriel d'Yves Gougoux à Jacques Bouchard.
Jacques Bouchard fait suivre ledit courriel à Alain
Richard sans doute par méconnaissance des nouvelles
technologies « Je ne sais pas quelles pilules il prend
celui-là mais même s'il est le conjoint de ma VP
finances, il mérite la camisole de force.
Éventuellement, on s'occupera de son cas[14]».

**10 octobre 2003, 10h28**
Courriel de Yves Gougoux à Alain Richard : «De
toute façon je connais Jacques beaucoup mieux que
toi»[15].

**9 décembre 2003**
Yves Gougoux accompagne le Premier ministre
Chrétien lors de sa dernière visite à l'Élysée en
France comme Premier ministre[16].

**12 décembre 2003**
Paul Martin succède à Jean Chrétien à la tête du pays.

**14 décembre 2003**
Lors d'un souper entre Jacques Bouchard et son
épouse et Alain Richard, Caroline Maranda-Bouchard
confie à nouveau à Alain Richard qu'une entente est
imminente au sujet de la rémunération des travaux
effectués par Alain Richard pour elle et son époux
Jacques Bouchard et que ces derniers en discuteront
ensemble en vacances.

**18 décembre 2003 à 16h12**
De la Barbade, Caroline Bouchard fait parvenir une
télécopie à Alain Richard en ne faisant aucune
allusion sur le sujet de la rémunération.

**18 décembre 2003 à 19h16**
Alain Richard répond à Caroline Bouchard sous une
forme plutôt laconique.

**Du 3 au 7 février 2004**
Lors de ses vacances en Floride avec sa conjointe,
Alain Richard continue de gérer des mandats à
distance pour Jacques Bouchard et sa femme. À ce
sujet, sa conjointe de l'époque, Nathalie Fagnan,
vice-présidente et chef des opérations de Publicis-
BCP, lui souligne à nouveau, mais avec insistance
cette fois, que le lien de proximité entre Alain Richard
et les Bouchard agace au plus haut point son patron
Yves Gougoux. Elle ajoute que l'implication d'Alain
Richard dans l'enquête de la GRC sur les agences de
publicité nuit à sa carrière à elle.

**10 février 2004**
La vérificatrice générale du Canada, Sheila Fraser,
dépose son rapport sur les commandites et les
activités publicitaires au Parlement d'Ottawa[17].

**Du 10 au 14 février 2004**
Une série de courriels échangés entre Alain Richard
et Jacques Bouchard démontrent que le climat
s'envenime surtout à cause de la «croisade d'Alain
Richard» pour la transparence des appel d'offre des
contrats de publicité du gouvernement fédéral à
laquelle Jacques Bouchard ne veut pas être identifié,
à cause de son association avec BCP.

**11 février 2004**
La Presse : Gestion scandaleuse des commandites
Journal de Montréal : Scandale à Ottawa
The Gazette : Words escape me
Globe & Mail : Fraser puts heat on PM

**12 février 2004**
Globe & Mail : Groupaction faked invoices, insider
says[18] (basé sur une entrevue avec Alain Richard)
Alain Richard est invité à TVA aux nouvelles de 18h
avec Pierre Bruneau et Claude Charron pour expliquer
le mécanisme des abuseurs du système.

**13 février 2004**
Envoi d'un courriel d'Alain Richard à Yves
Gougoux pour que ce dernier cesse sa campagne de
dénigrement. C'est sur la base de ce courriel qu'Yves
Gougoux a orchestré sa campagne de dénigrement et
d'intimidation.

**14 février 2004**
La Presse : Paul Martin en chute libre
La Presse : Les étudiants de Concordia veulent la tête
de Parisella

**15 février 2004**
Journal de Montréal : Avec les amis de Jean Chrétien,
pas besoin d'ennemis. Pour salir François Beaudoin
et détruire sa carrière, Michel Vennat et Jean Carle ont
dépensé une fortune en fonds publics[19].

**17 février 2004**
La Presse : Le Parti libéral n'est pas corrompu – Paul
Martin.

**19 février 2004**
La Presse : Comme un cancer qui ronge le PLC.

**IV**

**21 février 2004**
La conjointe de Alain Richard et employée-actionnaire de Publicis-BCP quitte le foyer familial.

**2 mars 2004**
Alain Richard adresse une première lettre au Premier ministre du Canada, Paul Martin au sujet de la transparence des processus de soumissions dans le cadre des appels d'offres en rapport avec les contrats de publicité du gouvernement fédéral[20].

**4 mars 2004**
Journal de Montréal : Il faut rendre l'argent souillé – Jean Lapierre, Mention de BCP[21]
La Presse : Tentative de recours collectif[22] (par Alain Richard)
Le Devoir : Un ex-employé de Groupaction veut intenter un recours collectif[23]
Le Soleil : Recours collectif de 1,5G$ contre Ottawa[24]

**5 mars 2004**
Journal de Montréal : Nous n'avons jamais fait de commandite – Yves Gougoux[25]
Journal de Montréal : Donner à un parti n'est pas un crime, c'est un devoir – John Parisella[26]

**20 mars 2004**
Toronto Star :  Toronto Star : $1.5M for $50,000 job – What a former Groupaction executive told police[27]. (Un article inspiré d'une entrevue de Alain Richard).

**22 mars 2004**
Bernard Roy, Procureur chef de la Commission Gomery adresse une lettre à Alain Richard[28].

**25 mars 2004**
Alain Richard reçoit une invitation à témoigner au Parlement dans le cadre des Comptes publics sur ce qui deviendra le Scandale des commandites et des activités publicitaires[29].

**Dans la nuit du 25 au 26 mars 2004**
Alain Richard est victime de menaces de mort à son domicile de St-Lazare (Dossier SQ 172040325003)[30].

**25 mars 2004**
Alain Richard adresse une deuxième lettre au Premier ministre du Canada, Paul Martin au sujet de la transparence des processus de soumissions dans le cadre des appels d'offres en rapport avec les contrats de publicité du gouvernement fédéral[31].

**26 mars 2004**
Toronto Star : Ex-Groupaction executive to testify[32] (Alain Richard).

**Du 28 mars au 4 avril 2004**
Alain Richard à Paris.

**3 avril 2004 à 23h05**
Jacques Bouchard juge pertinent de préciser à Alain Richard qu'un des complices dans la diffusion des rumeurs sur sa santé mentale, Me Michel Massicotte (avocat de BCP à la Commission Gomery) est aussi l'ami d'Yves Gougoux. Il prend soin de souligner à Alain Richard : «Si tu sens que ça chauffe trop» en faisant référence au scandale qui fait rage au Parlement d'Ottawa en rapport avec l'octroi des contrats publicitaires.

**5 avril 2004**
Mise en demeure de l'ex-conjointe de Alain Richard, Nathalie Fagnan, CFO Publicis-BCP[33].

**7 avril 2004, 13h30**
Passage à huis clos aux Comptes Publics
Alain Richard est invité au Comité des Comptes Publics au Parlement d'Ottawa sur le Scandale dans l'industrie de la publicité. Tout ceci est confirmé dans une lettre signé par Jean-Luc Dorion, chef de la correspondance au Cabinet du Premier ministre du Canada[34].

**7 avril 2004, 19h**
Entrevues CPAC, la télévision du Parlement (avant et après le passage de Alain Richard au Comité des comptes publics).

**8 avril 2004**
Globe & Mail et le Ottawa Citizen[35] et le National Post[36] font état du témoignage d'Alain Richard au Comité des comptes public en rapport avec le programme des commandites et de la publicité.
Ottawa Citizen: Ex-adman alleges Liberal kickback scheme[37]
National Post: Richard is either credible or incredible[38] (en éditorial)
National Post: Ad contracts were payback for election work, MPs told[39](by Alain Richard)

**8 avril 2004**
Le conseiller juridique principal du Parlement d'ottawa, Gregory Tardi, prend contact avec Alain Richard[40].

**8 avril 2004**
Dans la même journée, Jacques Bouchard informe dans un courriel[41] à Alain Richard qu'il rompt les liens avec lui.

**8 avril 2004**
Une mise en demeure signée par Gérald Tremblay du cabinet McCarthy Tétrault (avocat de BCP à la Commission Gomery) suivra pour officialiser le tout[42]. Mise en demeure de Jacques Bouchard (BCP). Il fait référence à ce qui a été dit à huis clos au Parlement d'Ottawa[43].

**8 avril 2004**
Yves Gougoux dépose une plainte aux autorités policières en vertu de laquelle Alain Richard est subséquemment accusé de menace de causer la mort ou des lésions corporelles et de harcèlement. La plainte d'Yves Gougoux est soutenue par un document étoffé comptant dix-huit (18) pages, plus quinze (15) annexes, et qui fait office de déclaration du plaignant[44]. Il essaiera même de faire condamner Alain Richard pour extorsion ! Dans sa déclaration écrite, le défendeur allègue notamment que le demandeur
a) a eu un congé de maladie prolongé,
b) un état de sa santé fragile,
c) souffre de maniaco-dépression
Yves Gougoux exprime ainsi aux autorités policières de manière délibérée l'information fausse selon laquelle Alain Richard fut très malade et hospitalisé à l'hôpital psychiatrique Douglas pendant six (6) mois[45].

**8 avril 2004**
Jacques Bouchard dépose une plainte d'extorsion contre Alain Richard au Service de Police de la Ville de Montréal (#21-040408-012 et #21-040406-025) en prenant soin de mettre en preuve une facture envoyée par Alain Richard[46] (qu'il ne voulait pas payer). Bouchard omet cependant de remettre aux policiers le courriel qui confirme qu'il paiera Alain Richard pour les milliers d'heures de travail.

**9 avril 2004**
Journal de Montréal : BCP se dit victime de menaces de la part de l'ancien v.-p. de Groupaction[47]. Cet article est supporté par la diffusion à outrance de la nouvelle à LCN[48] dont la chef d'antenne Esther Bégin[49] est aussi la conjointe de John Parisella.

**13 avril 2004**
Jacques Bouchard dépose une deuxième déclaration à la police[50].

**15 avril 2004**
2ᵉ rencontre à Ottawa avec les avocats du Parlement pour faire ressortir 6 points et préparer le témoignage d'ouverture de Alain Richard. On pose la question : Si vous aviez un point sur lequel vous pourriez être attaquable ? (Discussion sur le dossier médical qui circulait à Ottawa)[51].

**16 avril 2004**
Le Premier ministre Paul Martin répond à la troisième lettre d'Alain Richard[52].

**16 avril 2004**
Mise en demeure de Yves Gougoux (BCP)[53]
Journal de Montréal : Le clan Ouellet : 6 membres de sa famille travaillent aux postes[54]

**7 mai 2004**
La co-greffière du Comité des Comptes publics, Elizabeth Kingston, contacte à nouveau Alain Richard[55].

**9 mai 2004**
Journal de Montréal : Groupaction : presque toutes les règles ont été contournées.

**11 mai 2004 11h-13h**
2ᵉ convocation au Comité des comptes publics (mais le comité avorte à cause du déclenchement des élections)
Journal de Montréal : Guité et Brault arrêtés et accusés.

**13 mai 2004**
La Presse : Le Procureur général nie avoir voulu aider les libéraux[56].

**14 mai 2004**
Mise en demeure #2 : BCP et Yves Gougoux[57].

**14 mai 2004**
Après le deuxième passage d'Alain Richard au Parlement d'Ottawa, Jacques Bouchard, via McCarthy Tétrault, expédie une nouvelle mise en demeure à Alain Richard. Jacques Bouchard avait aussi déposé un deuxième témoignage aux policiers, le 13 avril 2004[58].

**5 juin 2004**
Les Affaires : Fini le copinage dans les campagnes électorales ?
Dans un reportage télévisé, le fondateur de BCP, Jacques Bouchard, a affirmé que l'agence aidait les libéraux fédéraux gratuitement durant leurs campagnes et que cela était une pratique courante dans l'industrie.

**14 juin 2004**
Journal de Montréal : BCP demande le retrait d'un livre sur le scandale des commandites[59]
La Presse : BCP exige le retrait d'un livre sur les commandites[60]

**28 juin 2004**
Élections fédérales : Dernier mandat de Jean Chrétien

**29 juin 2004**
Déposition d'Agnès Jarnuskiewicz, épouse d'Yves Gougoux en rapport avec des souvenirs du mois d'avril 2004[61]!

**30 juin 2004**
Le substitut du Procureur général, Dominique St-Laurent, ayant accepté de porter des accusations contre Alain Richard, 24 policiers procèdent à la première arrestation d'Alain Richard[62].

**31 juillet 2004**
La Presse : BCP a reçu des contrats variant entre 12 millions et 25 millions par année. L'octroi initial du contrat n'a pas fait l'objet d'un appel d'offres. «Cela avait été imposé par l'actionnaire (l'État)», répondra M. Ouellet[63].

**10 septembre 2004**
Journal de Montréal : Le gouvernement libéral a forcé Postes Canada à faire affaire avec BCP[64].

**18 septembre 2004**
Journal de Montréal : Accusations contre Alain Richard[65]
La Presse : Alain Richard accusé[66]

**22 septembre 2004**
La Presse : La sélection des agences de communication n'a pas suivi les règles établies[67].

**16 novembre 2004**
Dans sa déclaration du 21 janvier 2005, Me Michel Massicotte affirme s'être rendu au poste 20 et avoir remis au policier Schmidt, onze documents. Massicotte affirme aussi avoir transmis à Viens par courriel le numéro d'événement 21041116-006.

**19 novembre 2004**
Deuxième arrestation d'Alain Richard pour bris de conditions. La police n'avait même pas fait d'enquête! Arrestation sur la base de la crédibilité des témoins Parisella, Gougoux et compagnie!!!

**Du 19 novembre au 21 novembre 2004**
Conséquemment à cette action, Alain Richard est arrêté à nouveau le 19 novembre 2004 (alors qu'aucune enquête n'avait été effectuée) et gardé en détention durant trois jours pour avoir brisé ses conditions de libérations, soit celles lui enjoignant de ne pas communiquer avec BCP ou Publicis.

**IV**

**21 novembre 2004**
La Presse : L'ex-VP de Groupaction arrêté[68]
Journal de Montréal : Ancien v.-p. de Groupaction,
Alain Richard aurait brisé ses conditions de sa remise
en liberté[69].

**23 novembre 2004**
The Gazette : Whistleblower alleges he's being
framed[70].

**7 décembre 2004**
Lancement du nouveau site www.6cordes.ca (via
Journal de Montréal)[71].

**16 décembre 2004**
Yves Gougoux informe la Commission d'Accès à
l'information qu'il n'a pas l'intention de remettre la
copie originale du dossier médical d'Alain Richard[72].

**21 décembre 2004**
Session de travail avec les enquêteurs de la
Commission Gomery/Kroll[73].

**6 janvier 2005, 14h**
Session de travail avec les enquêteurs de la
Commission Gomery/Kroll.

**12 janvier 2005 , 13h**
Session de travail avec les enquêteurs de la
Commission Gomery/Kroll.

**14 janvier 2005**
À la demande des enquêteurs de la Commission
Gomery, Alain Richard dépose une déclaration
volontaire[74].

**17 janvier 2005, 12:15**
Yves Gougoux dépose une nouvelle déclaration pour
sa conjointe. Cette déclaration est faite par courriel
sans la signature de Madame ! Cette déclaration
implique Caroline Maranda-Bouchard.

**17 et 18 janvier 2005**
Nathalie Fagnan, Marie-Hélène David, Ross
Cammalleri, Gérald R. Tremblay, Yves Gougoux,
Michel Massicotte, John Parisella, Jean-Louis
Dufresne, déposent de nouvelles déclarations contre
Alain Richard. Il est important de spécifier que la
Couronne n'a pas poursuivi Alain Richard, la
crédibilité des témoins étant remise en question.

**18 janvier 2005**
La Presse : Ouellet a aboli de sa propre autorité le
comité de sélection aux Postes.

**18 janvier 2005**
La police ayant oublié de faire enquête pour les
supposés bris de condition du mois de novembre
2004, elle procède à la rencontre des témoins (près de
deux mois après le supposé crime !)
- Déclaration de Me Gérald R. Tremblay, de McCarthy
Tétrault, ami de Jacques Bouchard et Yves Gougoux et
avocat de BCP à la Commission Gomery
- Déclaration de Jean-Louis Dufresne de BCP
consultants
- Déclaration de Ross Cammalleri, directeur général de
Publicis Canada
- Deux employés de Publicis-BCP ont servi de
témoins

**18 janvier 2005 à 15:10**
John Parisella se rend au Centre opérationnel Sud du
SPVM pour déposer sa déclaration dans laquelle il
affirme :
- Qu'il a reçu le colis à son domicile ou à sa
résidence. Il ne s'en souvient pas !
- Que sa conjointe Esther Bégin de LCN a reçu un
colis identique en novembre 2004 !

**19 janvier 2005**
Le Devoir : Un appel d'offres arrangé avec le gars des
Postes
La Presse : Le processus d'appels d'offres aurait été
trafiqué à Postes Canada[75]

**19 janvier 2005**
Commission Gomery : Témoignage d'André Ouellet.

**20 janvier 2005**
Commission Gomery : Témoignage d'André Ouellet.

**20 janvier 2005 vers 13:20**
La police contacte finalement le médecin d'Alain
Richard qui leur indique que le diagnostic dans le
rapport de police est faux.

**21 janvier 2005 à 9:12**
Déclaration de Me Michel Massicotte (par télécopieur
à son ami la Sergente-détective Luce Viens), ami de
Jacques Bouchard et Yves Gougoux et avocat de BCP
à la Commission Gomery. Cette déclaration inclut les
témoins déjà nommés en plus de Serge Rancourt de
président de Publicis Canada à Toronto.

**25 janvier 2005**
Le Devoir : «Son adjoint Warren Kinsella m'a
téléphoné pour me dire qu'il fallait changer
d'agences de publicité, il fallait donner les contrats à
BCP ; qu'il fallait leur fournir une liste de firmes
d'avocats…pour être sûr que ce soit les bons»
- ex-PDG de Postes Canada, Georges Clermont.

**25 janvier 2005**
Agression d'un huissier venu porter mon dossier
d'employé à la maison
Journal de Montréal : Les libéraux étaient pressés de
faire embaucher leurs amis (BCP et Postes Canada)[76]
Le Devoir : L'ingérence des libéraux aurait commencé
dès 1993 (BCP et Postes)[77]

**Du 28 janvier au 2 février 2005**
Alain Richard à Paris.

**1er février 2005, 14h22**
La Commission Gomery avise que l'audition d'Alain
Richard aura lieu le 28 février[78].

**11 mars 2005**
La Presse : Ottawa poursuit six agences de
publicité[79].

**11 mars 2005, 18h44**
La Commission Gomery confirme à Alain Richard que
son audition est reportée au 16 mars à 14h[80].

**16 mars 2005**
Déposition de la demande d'Alain Richard devant la
Commission Gomery.

**1er avril 2005**
Journal de Montréal : Jean Brault fond en larmes.

**5 avril 2005**
Journal de Montréal : Éclaboussé, le Parti libéral appelle la police.
La Presse : Panique au parti libéral.

**5 avril 2005**
La Presse : Un système pourri jusqu'à la moelle : *«J'ai tout vu : les deals croches, les discussions au plus haut niveau entre les agences et les responsables du programme des commandites, les réunions de stratégie avec le Parti libéral, les retours d'ascenseur, ...»* (Vincent Marissal)[81].

**6 avril 2005**
Le Commissaire Michel Laporte de la Commission d'Accès à l'information ordonne à BCP et à son procureur Mc Michel Massicotte de lui soumettre un affidavit d'une personne en autorité chez BCP confirmant les recherches effectuées pour trouver l'endos du formulaire daté du 27 juillet 1995, intitulé «Demande de prestations d'assurance salaire», et, le cas échéant, de le communiquer au demandeur[82].

**8 avril 2005**
Journal de Montréal : Révélations chocs de Jean Brault. Mafia politique[83].

**10 avril 2005**
Journal de Montréal : Qui a voulu discréditer Jean Brault ? ...Le publication de cette lettre aurait eu des effets dommageables sur la réputation d'une importante agence de publicité qui témoignera bientôt devant la commission[84]. Il s'agit d'un article non-signé et qui affirme des faussetés sur Alain Richard.

**22 avril 2005**
La Presse : Martin demande une autre chance. Il promet de tenir des élections 30 jours après le rapport Gomery[85]
Commission Gomery : Témoignage de Joseph Charles Guité.

**Le 28 avril 2005**
La Presse: L'ex-patron de Communication Coffin admet ses fautes et compromet BCP, géant de la pub[86].

**28 avril 2005**
La Presse : Paul Martin défend le processus de nomination des juges.

**29 avril 2005**
La Presse : BCP a pesé lourd dans le projet Lumière[87].

**29 avril 2005**
The Gazette : We have nothing to hide : Parisella[88].

**29 avril 2005**
Yves Gougoux et John Parisella réussissent, par des moyens douteux, à obtenir une injonction interlocutoire provisoire pour empêcher Alain Richard et Robert Richard de diffuser les photos et coordonnées personnelles de John Parisella et d'Yves Gougoux sur le site www.6cordes.ca. Il faut savoir que Robert Richard n'est nullement impliqué.

**29 avril 2005, 13h25**
Mise en demeure d'Yves Gougoux et John Parisella. Une autre !

**29 avril 2005, 20h10**
Réception de l'injonction.

**30 avril 2005**
La Presse : Plusieurs militants libéraux ont siégé au comité de nomination des juges[89].

**3 mai 2005**
Journal de Montréal : Esther Bégin devra peut-être renoncer à son poste de chef d'antenne (son conjoint, John Parisella, témoignerait devant la Commission Gomery)[90].

**5 mai 2005**
La Presse : Renvoi d'ascenseur, le programme des commandites selon Charles Guité[91].
La Presse : Les 65,7 millions de BCP : de l'interférence politique[92].
Journal de Montréal : Le bureau de Chrétien est intervenu en faveur de BCP[93].

**5 mai 2005**
La Presse : «Je savais que le système politique voulait en donner une part à BCP et une part à V&B. Il s'agissait du bureau du Premier ministre. Le système politique voulait le diviser, alors ils l'ont divisé. La décision ne m'appartenait pas, je ne pouvais pas décider» - Chuck Guité.

**5 mai 2005**
La Presse : «Quand le contrat a été donné seulement à Vickers & Benson, Yves Gougoux est devenu fou de rage et a appelé le bureau du Premier ministre. Ils ont changé ça(...). Est-ce que c'était de l'interférence politique, je le crois » - Chuck Guité.

**5 mai 2005, 19h00**
Yves Gougoux et John Parisella obtiennent une ordonnance spéciale de comparaître pour une accusation d'outrage au tribunal contre Alain Richard et Robert Richard (!?!)

**6 mai 2005**
La Presse : *« On est rémunéré pour faire une campagne électorale. De penser qu'on fait ça pour les retours d'ascenseur de contrats, c'est peu réaliste, c'est un peu naïf, c'est réducteur »* -Yves Gougoux[94].

**10 mai 2005**
La Presse : Le gouvernement ne tient plus qu'à un fil.

**12 mai 2005**
Journal de Montréal : *« Yves Gougoux venait approuver les campagnes. C'était Dieu. C'est lui qui décidait. Mais c'était avec John Parisella qu'on travaillait dans le quotidien. C'est un expert »* - Richard Boudreault, ex-vice-président de Groupaction[95].

**16 mai 2005**
Communiqué de presse BCP : BCP dépose une poursuite de plus de 1 M$ contre Laurent Soumis et le Journal de Montréal

**16 mai 2005**
John Parisella intente une procédure pour ne pas témoigner au procès d'Alain Richard.

**17 mai 2005**
La Presse : « Nous avons démontré qu'il y avait des problèmes importants en matière de publicité gouvernementale » et « L'attribtution des contrats de publicité défiait le gros bon sens» et faisant référence à BCP et Tourisme Canada : « Ce n'est pas parce qu'on est deuxième sur un concours qu'on a le droit d'être premier sur le prochain » - Sheila Fraser.

**17 mai 2005**
Journal de Montréal : Sans processus de sélection, BCP a obtenu un contrat de 65 millions $[96]
Journal de Montréal : Le cabinet de Jean Chrétien est intervenu... pour que BCP obtienne le contrat.
The Globe and Mail : While not questionning BCP competence, she said (Sheila Fraser) :« these contracts were awarded in a single-supplier fashion. There was no competitive process. »

**19  mai 2005**
Commission Gomery : Témoignages de Luc Mérineau et Yves Gougoux.

**20 mai 2005**
La Presse : BCP a reçu pour 6,3 millions de commandites...sans le savoir[97].

**20 mai 2005**
La Presse : Parisella n'ira pas en cour... au procès d'Alain Richard.

**20 mai 2005**
Commission Gomery : Témoignage d'Yves Gougoux.

**20 mai 2005**
Le Devoir : BCP aimerait bien se dissocier du scandale des commandites.
Le Devoir : Yves Gougoux dit que c'est le hasard qui fait que son nom et celui de sa compagnie ont été associés au scandale des commandites.
Journal de Montréal : Comment BCP a été mêlée à la clarté référendaire[98].
Journal de Montréal : De retour à la commission aujourd'hui, on peut s'attendre à ce que M. Gougoux soit encore fortement entouré, de trois avocats et de deux relationnistes.
Journal de Montréal : Pour BCP, les comptes du gouvernement fédéral et des sociétés de la Couronne totalisent 309 millions $, soit 41% du volume d'affaires de 1994 à 2003.

**21 mai 2005**
Journal de Montréal : Gougoux ne cache pas son admiration pour Chrétien[99].
La Presse : Croissance prodigieuse sous l'ère Chrétien : BCP a vu ses contrats passer de 347 000$ à 50 millions par an[100].
La Presse : Yves Gougoux a nié avoir exercé quelque pression que ce soit pour obtenir de juteux contrats de publicité.
The Gazette : Success had nothing to do with ties to Liberal Party, BCP's Yves Gougoux tells the Gomery commission[101].

National Post : Mr. Gougoux denied he was a close friend of former Primer Minister Jean Chrétien. He once sent Mr. Chrétien an orchid on his birthday.

**22 mai 2005**
Le Devoir : Gougoux-Chrétien: une relation payante. Les contrats de publicité BCP ont bondi de 15 000% sous le règne libéral.
Le Devoir : Yves Gougoux jure cependant que sa bonne fortune est étrangère aux liens tissés avec l'ex-Premier ministre[102].

**25 mai 2005**
Journal de Montréal : Jean Brault aurait versé 1,8M$ indirectement au Parti libéral du Canada.
La Presse : Les propriétaires d'agence (de publicité) ont empoché un jackpot de 73 millions.
La Presse : Commandites et publicité ont coûté 126$ par ménage en 10 ans.
Le Devoir : Yves Gougoux : 1,6 million en salaires et boni à titre de grand patron de BCP. Les actionnaires de l'agence se sont également partagés des dividendes de 20,3 millions. Total : 21,9 millions.

**26 et 27 mai 2005**
Fautes de preuve, la Couronne retire, dès le début des procédures, 17 des 20 chefs d'accusation contre Alain Richard dans les dossiers Jacques Bouchard et Michel Massicotte et l'Honorable Juge Claude Millette acquitte inconditionnellement Alain Richard au sujet des 3 autres chefs d'accusation retenus. Le Juge prend soin de mentionner qu'Yves Gougoux, le président du conseil de BCP, a tout simplement paniqué compte tenu des informations qu'Alain Richard pouvait détenir au sujet de son entreprise dans le cadre de la Commission Gomery. Alain Richard est donc acquitté de toutes les charges qui pesaient contre lui.

Les paroles exactes du Juge sont les suivantes : « Or, la réaction de Monsieur Gougoux au courriel du treize (13) février deux mille quatre (2004) est fort étonnante puisqu'il n'a porté plainte qu'au début du mois d'avril, après avoir consulté ses avocats. Il est fort possible que d'autres événements susceptibles d'accroître les appréhensions de Monsieur Gougoux soient survenus et aient également provoqué un sentiment de peur et fort compréhensible dans son entourage professionnel et personnel ». Des événements comme les Enquête de la GRC, l'Enquête de la vérificatrice générale Sheila Fraser, le Comité des Comptes Publics et la Commission Gomery.

**28 mai 2005**
The Gazette : Whiste-blower's menacing e-mail was metaphor, not threat : Judge[103].
La Presse : Alain Richard est acquitté[104].
Journal de Montréal : Richard acquitté d'avoir menacé Gougoux[105].

**30 mai 2005**
La Presse : Ou ça, un rat ? – Le grand bonze de la publicité Yves Gougoux refuse catégoriquement d'admettre que ses contacts politiques ont aidé sa firme à obtenir des contrats. Aucun rapport, dit-il[106].

**31 mai 2005**
Commission Gomery : Témoignage de John Parisella.

**31 mai 2005**
La Presse : Le président de BCP s'estime victime d'une attaque grossière et gratuite.

**31 mai 2005, 18h20**
Yves Gougoux et John Parisella envoient à Alain Richard et son père un avis de comparaître pour une injonction et un outrage au tribunal en rapport avec le respect de l'injonction du 29 avril dernier.

**1er juin 2005**
The Gazette : Parisella's BCP received untendered contracts but would have preferred bidding, he says[107]
Journal de Montréal : BCP s'explique sur le juteux contrat des Postes[108].
Journal de Montréal : Parisella doit s'excuser pour des communiqués erronés.

**2 juin 2005, 10h**
Comparution de Alain Richard et Robert Richard.

**5 juin 2005**
La Presse : Ingérence politique en faveur de BCP. « Quand la campagne est terminée et que les politiciens ont gagné, alors ils veulent l'ascenseur » -Chuck Guité[109].

**15 juin 2005**
Journal de Montréal : C'est la faute aux médias, soutient BCP[110].

**6 juillet 2005**
L'Institut Fraser publie un rapport sur le scandale. D'après le rapport, « Il ne s'agissait pas seulement d'une opération malhonnête mais plutôt d'un système consistant à faire passer l'argent des contribuables dans des mains privées en restant proche du gouvernement actuel ». « L'étude montre également l'existence de certains conflits d'intérêts dans les relations financières entre le Parti libéral et un certain nombre d'organismes, comprenant la GRC, le Bureau du Conseil privé et les deux plus grandes agences de publicité du gouvernement fédéral, dont il n'a pas encore été correctement fait état dans les médias ».

**7 juillet 2005**
La Presse : Programme des commandites - 565 bénéficiaires proches du PLC, selon l'Institut Fraser (dont 85 de BCP)[111].

**13 juillet 2005**
La cause pour outrage au tribunal est entendue.

**19 septembre 2005**
La Presse : Paul Coffin ne fera pas de prison. Alain Richard rencontre le sergent-détective Tony Paradiso dans le cadre d'une session de conciliation de la déontologie policière.

**22 septembre 2005**
Assignation d'Alain Richard comme témoin au procès Brault-Guité[112].

**24 septembre 2005**
La Presse : La rapport Gomery pourra sortir en novembre
Journal de Montréal (Laurent Soumis) : La Famillia
«Mais dans la série de consultations privées menées par le juge, il se passe des choses qui laissent perplexe. Car loin des caméras, le gratin libéral conseille le juge sur les recommandations du deuxième rapport, qui seront rendues publiques juste avant les élections. Étonnant ».

**29 septembre 2005**
Le Soleil : Dingwall démissionne
Le Soleil : La Couronne va en appel contre Coffin
Le Soleil : Le procès Brault-Guité reporté en mai 2006 à moins d'un compromis
National Post : Testimony may be compared for contempt

**1er octobre 2005**
La Presse : Commandites : les poursuites grimpent de 7,3 millions.

**4 octobre 2005**
Le Devoir : Super taxis pour ministres pressés
Le Devoir : Le procès de Brault et Guité se tiendra en mai
Journal de Montréal : Michel Cox devra purger 18 ans de pénitencier

**13 octobre 2005**
La Presse : L'ordonnance de non-publication est levée

**15 octobre 2005**
La Presse : Jean Brault traitait Chuck Guité aux petits oignons

**17 octobre 2005**
La Juge Hélène Langlois de la Cour Supérieure rejette[113] la requête en outrage au tribunal intenté par Yves Gougoux et John Parisella contre Alain Richard et son père.

**18 octobre 2005**
Toronto Star : Le journal bien connu pour sa proximité avec le pouvoir indique que le rapport Gomery impliquera l'entourage de Jean Chrétien et aura tendance à blanchir Paul Martin qui était pourtant Ministre des finances (et Québécois!) au moment du scandale.

**25 octobre 2005**
Nième interrogatoire d'Alain Richard par l'avocate Catherine Mandeville[114] de McCarthy Tétrault[115] dans le cadre des procédures en injonction[116] intentées par Yves Gougoux et John Parisella pour empêcher la diffusion de leurs photos et coordonnées sur les sites d'Alain Richard. On remarque que la partie adverse fait tout en son possible pour reporter l'échéancier du procès...

**IV**

**27 octobre 2005**
Dans une tentative ultime pour empêcher Alain Richard
de diffuser des informations par Internet,
particulièrement à la veille de la publication du premier
rapport Gomery, les webmestres de l'Université
Concordia et McCarthy Tétrault logent une plainte au
fournisseur Internet qui héberge les bases de données
d'Alain Richard. Ce dernier avait prévu un plan B
évidemment.

**1er novembre 2005 10h**
Dépôt du premier rapport du Juge Gomery au
Parlement.

**1er novembre 2005 10h45**
Le Juge Gomery fait une déclaration sur son rapport.
Jean Chrétien, Jean Pelletier et Alfonso Gagliano sont
tenus responsables du scandale. Il blâme aussi l'ami
proche de Jean Chrétien, Jacques Corriveau.

**28 novembre 2005**
Alain Richard dépose une poursuite de 1 580 000$
contre Yves Gougoux et son épouse Agnès
Jarnuskiewicz-Gougoux.

**29 novembre 2005**
Le Premier ministre Paul Martin déclenche des
élections.

**30 novembre 2005**
L'ex-premier ministre Jean Chrétien dépose sa
contestation du rapport Gomery en Cour fédérale, à
Ottawa.

**6 décembre 2005**
Alain Richard, via Gestion du Fief, dépose une
poursuite de 87 297,92$ contre Jacques Bouchard.

**12 décembre 2005**
Comparution d'Yves Gougoux et de son épouse au
Palais de Justice en rapport avec la poursuite d'Alain
Richard.

**20 décembre 2005**
Alain Richard rencontre le policier Guy Bianci dans le
cadre d'une session de conciliation de la déontologie
policière.

**22 décembre 2005**
Alain Richard rencontre le sergent-détective Luc
Laporte de la Sûreté du Québec pour faire le point sur
l'évolution de l'enquête #172-040325-0031 sur les
menaces de mort reçues en mars 2004, soit quelques
jours avant son témoignage à Ottawa.

**10 janvier 2006**
Comparution de Jacques Bouchard au Palais de Justice
en rapport avec la poursuite d'Alain Richard.

**12 janvier 2006**
Normand Lester et Robin Philpot publient
« Les secrets d'Option-Canada » sur le financement
du Conseil de l'unité canadienne dans le cadre du
référendum de 1995 en faveur de la campagne du
«Non».

**23 janvier 2006**
Élections fédérales

**24 janvier 2006**
Alain Richard fête son 40e anniversaire de naissance et
débute sa nouvelle vie.

----------------------
1 www.DesNotables.com/AlainRichard/target2.html
2 www.DesNotables.com/AlainRichard/target3.html
3 www.DesNotables.com/AlainRichard/target4.html
4 www.DesNotables.com/PCM/
5 www.DesNotables.com/Fagnan/
6 www.DesNotables.com/AlainRichard/target5.html
7 www.DesNotables.com/Bouchard/target5.html
8 www.DesNotables.com/Groupaction/target11.html
9 www.DesNotables.com/Groupaction/target15.html
10 www.DesNotables.com/Web/target6.html
11 www.DesNotables.com/Groupaction/target14.html
12 www.DesNotables.com/Groupaction/target1.html
13 www.DesNotables.com/Ministre/target15.html
14 www.DesNotables.com/Gougoux/target11.html
15 www.DesNotables.com/Gougoux/target15.html
16 www.DesNotables.com/Gougoux/target60.html
17 www.DesNotables.com/Ottawa/target15.html
18 www.DesNotables.com/Media/target12.html
19 www.DesNotables.com/Media/target14.html
20 www.DesNotables.com/Ministre/target78.html
21 www.DesNotables.com/Media/target17.html
22 www.DesNotables.com/Media/target21.html
23 www.DesNotables.com/Media/target22.html
24 www.DesNotables.com/Media/target23.html
25 www.DesNotables.com/Media/target24.html
26 www.DesNotables.com/Media/target25.html
27 www.DesNotables.com/Media/target27.html
28 www.DesNotables.com/Ministre/target2.html
29 www.DesNotables.com/Ministre/target0.html
30 www.DesNotables.com/SQ/target29.html
31 www.DesNotables.com/Ministre/target80.html
32 www.DesNotables.com/Media/target31.html
33 www.DesNotables.com/Fagnan/target12.html
34 www.DesNotables.com/Ministre/target0.html
35 www.DesNotables.com/Media/target38.html
36 www.DesNotables.com/Media/target41.html
37 www.DesNotables.com/Media/target38.html
38 www.DesNotables.com/Media/target41.html
39 www.DesNotables.com/media/target40.html
40 www.DesNotables.com/Tardi8avril04.html
41 www.DesNotables.com/Bouchard/target203.html
42 www.DesNotables.com/Legal/target6.html
43 www.DesNotables.com/Legal/target6.html
44 www.DesNotables.com/Gougoux/target37.html
45 www.DesNotables.com/Police/target5.html
46 www.DesNotables.com/Bouchard/target74.html
47 www.DesNotables.com/Media/target43.html
48 www.DesNotables.com/Parisella/target51.html
49 www.DesNotables.com/Parisella/target50.html
50 www.DesNotables.com/Bouchard/target76.html
51 www.DesNotables.com/Ottawa/target5.html
52 www.DesNotables.com/Ministre/target0.html
53 www.DesNotables.com/Legal/target8.html
54 www.DesNotables.com/Media/target45.html
55 www.DesNotables.com/Kingston7mai04.html
56 www.DesNotables.com/Media/target47.html
57 www.DesNotables.com/Legal/target12.html
58 www.DesNotables.com/Legal/target11.html
59 www.DesNotables.com/Media/target48.html
60 www.DesNotables.com/Media/target49.html
61 www.DesNotables.com/Gougoux/target66.html
62 www.DesNotables.com/Police/target3.html
63 www.DesNotables.com/Media/target55.html
64 www.DesNotables.com/Media/target56.html
65 www.DesNotables.com/Media/target58.html
66 www.DesNotables.com/Media/target59.html
67 www.DesNotables.com/Media/target60.html
68 www.DesNotables.com/Media/target67.html
69 www.DesNotables.com/Media/target68.html
70 www.DesNotables.com/Media/target70.html
71 www.DesNotables.com/Media/target75.html
72 www.DesNotables.com/droit/target27.html
73 www.DesNotables.com/Gomery/target0.html
74 www.DesNotables.com/Gomery/target17.html
75 www.DesNotables.com/Media/target80.html
76 www.DesNotables.com/Police/target169.html
77 www.DesNotables.com/Media/target81.html
78 www.DesNotables.com/Gomery/target19.html
79 www.DesNotables.com/Media/target90.html
80 www.DesNotables.com/Gomery/target23.html
81 www.DesNotables.com/Media/target97.html
82 www.DesNotables.com/Droit/target23.html
83 www.DesNotables.com/Media/target99.html
84 www.DesNotables.com/Media/target101.html
85 www.DesNotables.com/Media/target112.html
86 www.DesNotables.com/Media/target114.html
87 www.DesNotables.com/Media/target116.html
88 www.DesNotables.com/Media/target117.html
89 www.DesNotables.com/Media/target118.html
90 www.DesNotables.com/Media/target119.html
91 www.DesNotables.com/Media/target125.html
92 www.DesNotables.com/Media/target126.html
93 www.DesNotables.com/Media/target128.html
94 www.DesNotables.com/Media/target129.html
95 www.DesNotables.com/Media/target131.html
96 www.DesNotables.com/Media/target134.html
97 www.DesNotables.com/Media/target135.html
98 www.DesNotables.com/Media/target137.html
99 www.DesNotables.com/Media/target138.html
100 www.DesNotables.com/Media/target139.html
101 www.DesNotables.com/Media/target141.html
102 www.DesNotables.com/Media/target143.html
103 www.DesNotables.com/Media/target154.html
104 www.DesNotables.com/Media/target156.html
105 www.DesNotables.com/Media/target155.html
106 www.DesNotables.com/Media/target157.html
107 www.DesNotables.com/Media/target161.html
108 www.DesNotables.com/Media/target160.html
109 www.DesNotables.com/Media/target165.html
110 www.DesNotables.com/Media/target168.html
111 www.DesNotables.com/Media/target171.html
112 www.DesNotables.com/Legal/target55.html
113 www.DesNotables.com/Media/target128.html
114 www.DesNotables.com/Droit/target16.html
115 www.DesNotables.com/Legal/target0.html
116 www.DesNotables.com/Legal/target26.html

ANNEXE V: DES NOTABLES, DES
HONORABLES ET LES AUTRES

Voici une liste exhaustive de noms supplémentaires
mentionnés soit dans le rapport de l'Institut Fraser[1],
le rapport de la vérificatrice générale ou à la
Commission Gomery.

Il y a aussi des noms d'individus en rapport avec
l'enquête menée par Alain Richard. Avec l'annexe I et
les noms qui suivent, le lecteur aura une bonne idée
de tous les joueurs impliqués.

Finalement, l'étude de l'Institut Fraser démontre que
des contrats de commandites et de publicité d'une
valeur de presque 1,2 milliard de dollars ont été
attribués à des personnes extérieures au
gouvernement, sans appel d'offres, ce qui a généré au
moins 190 millions de dollars de bénéfices privés par
le biais de salaires, de primes et de profits.

Voici quelques noms mentionnés dans l'étude de
l'Institut Fraser[2] en rapport avec d'autres entreprises
de communication qui ne sont pas mentionnées dans
l'annexe III :

## Première section :
## LES COMMUNICATEURS

**Allard-Johnson** : Bouchard, Gaétan - Brott, Richard -
Buck, Erwin W. - Campbell, Barry - Johnson, Terry M.
- Vasquez, Michael
**GGA**: Gagnon, Jean-René - Gervais, Richard
**BCE Media** : Caty, Linda - Pickford, Barry W. -
Ricciuto, Ildo
**Global Television** : Asper, Leonard - Noble, Gerald -
Strike, Thomas
**Information Essentielle** : De Lorimier, Sylvie -
Lemoine, Pierre C. - Théorêt, Claudette
**Multivet** : Fortin, Sylvain - Gravel, Stéphen
**Palmer Jarvis** : Miller, Donald - Palmer, Frank
William - Rigg, Normand
**Tremblay-Guittet** : Guittet, Manuel - Tremblay,
Michèle
**Tribar** : Chiappetta, John - Maschmeyer, Bruce
**TVA/JPL** : Bertrand, Mario - Brière, Raynald -
Charron, Claude - Greenburg, Stephen - Guilbault,
Pierre - Joli-Cœur, Claude - Labelle, Philippe -
Lampron, Pierre - Leroux, Monique - Lyon, Daniel -
Neveu, Jean - Picard, André - Poulin, Gilles - Simard,
Marc - St-Arnaud, Louis - Verrault, Laurent
**Impact de Montréal** : Musacchio, Vincent - Saputo,
Joey - Saputo, Lino Jr.
**D'autres noms dans l'étude de l'Institut Fraser[1]**:
Bradstock, John - Brisebois, Jean - Buron, Paul -
Clark, Peter (Gingko) -Cumming, Winnifred -
Desbiens, Luc - Farrah, Georges - Gravel, Normand -
Joncas, Michel - Kruk, Yuri (Yuri Kruk
Communications Design) - Lévesque, Daniel (DLC
Communications) - Lortie, Bruno - Marchi, Sergio -
Octeau, Michel - Proux, Geneviève - Zrihen, Phillippe
– etc...

**Scully, Robert-Guy** : Journaliste, producteur TV,
représentant de l'Information Essentielle Inc. Son
nom apparaît dans l'étude de l'Institut Fraser sur le
financement du PLC[2].

**Bédard, Myriam**
On se souviendra du témoignage de Myriam Bédard
au Comité des comptes publics et ses démélés avec
Jean Pelletier.
**Ladouceur, Pierre**
Président de Turbo Marketing et responsable de la
campagne électorale 2005-06 du PLC pour le Québec.
**Rivard, Marc-André**
Ancien vice-président création de Groupaction et
concepteur de la campagne 2005-06 du PLC pour le
Québec.

### *Yves Gougoux, John Parisella, Jacques Bouchard et leur entourage*
**Arthur, Pierre**
Maintenant au Journal La Presse, Pierre Arthur, un
ami de Lyse George (ex-Groupaction), était vice-
président média de BCP.
**Beauduin, Patrick**
Ex-directeur de création de BCP. Belge d'origine, il
œuvre aujourd'hui chez Cossette.
**Blain, Marielle T.** : Ex-BCP. Elle a été la supérieure
d'Alain Richard pour quelques mois. Elle a joué un
rôle important lors du passage d'Alain Richard de
l'agence de publicité Allard à BCP.
**Blanchard, Marc-André** : Associé au cabinet
d'avocats McCarthy Tétrault et membre du Conseil de
l'unité canadienne.
**Grondin, François** : Avocat de McCarthy Tétrault qui
faisait partie de la force spéciale mise sur pied avec
des relationnistes pour entourer Yves Gougoux lors
de sa comparution à la Commission Gomery.
**Morrow, André** : Publicitaire et conjoint de la
ministre libérale Liza Frulla. Son nom mentionné lors
des entrevues d'Alain Richard dans des émissions de
TQS animées par Jean Lapierre et Gilles Proulx.
**Autres noms dans l'étude de l'Institut Fraser[1]** :
Beauchemin, Elise - Charest, Gilles - Cloutier, Alain -
Desjardins, Claude - Goodhue, Luc - Jodoin, Yves -
Julien, Annie - Labbé, Réjean - Lalonde, Jacques -
Lawrie, Robert - Monk, Robert - Robillard, Michel -
Tassé, André - Tremblay, Gaétan - Vanasse, Jean-
Robert.

### *Groupaction Marketing*[3]
**Desjardins, François** : Homme à tout faire de Jean
Brault, il a aussi piloté une écurie de course de
voiture commanditée par Jean Brault et Groupaction.
**Michaud, Bernard** : Témoin à la Commission Gomery.
Ex directeur des finances de Groupaction.
**Pearson, Richard** : Groupaction/Gosselin. Son nom
apparaît dans l'étude de l'Institut Fraser sur le
financement du PLC[2].
**Pépin, Michel** : Ancien vice-président et associé de
Jean Brault chez Groupaction.

V

*Coffin*
**Coffin, Charles** : Son nom apparaît dans l'étude de l'Institut Fraser sur le financement du PLC[2].
**Guérin, Jacques** : Témoin à la Commission Gomery concernant Coffin Communications.
**St-Onge, Robert** : Témoin à la Commission Gomery concernant Coffin Communications.

*Communication & Stratégie – Publicité Martin*
**Autres noms dans l'étude de l'Institut Fraser[1] :**
**Publicité Martin** : Jacques Paradis
**Communication & Stratégie** : Léger, Claude - Metcalfe, Herbert - Otis, Robert - Paquette, Serge - Taft, Robert - Sauter, John

*Everest[4]*
**Cloutier, Vincent** : Témoin à la Commission Gomery concernant Groupe Everest - Media IDA Vision.
**Lacroix, Claude** : Claude Lacroix, un dirigeant de Groupe Everest, est un ami et un conseiller du député (fédéral comme provincial) de Sherbrooke, Monsieur Jean Charest. Madame Suzanne Poulin est sa conjointe. Son nom apparaît dans l'étude de l'Institut Fraser sur le financement du PLC[2].
**Polevoy, Alex** : Témoin à la Commission Gomery concernant Groupe Everest - Media IDA Vision
**Poulin, Suzanne** : Suzanne Poulin a été longtemps la plus proche collaboratrice de Jean Charest. Elle est la conjointe de Claude Lacroix.
**Toupin, Jean-Pierre** : IDA/Everest. Son nom ainsi que celui de sa fiducie, Fiducie Toupin, sont inclus dans l'étude de l'Institut Fraser (2005).
**Autres noms dans l'étude de l'Institut Fraser[1] :**
Davis, Peter - Fisher, David Henry - Fisher, Richard H. - Florence, David - Rahill, Linda - Robichaud, Marc - Slemko, Morris

*Gosselin Communications Stratégiques[5] et Gosselin Relations Publiques*
**Carrier-Thibeau, Josée** : Employée de Gosselin Communications.
**Cumming, Wendy** : Employée de Gosselin Communications.
**Gosselin, Nicolas** : Employé de Gosselin Communications. Son nom apparaît dans l'étude de l'Institut Fraser sur le financement du PLC[2].
**Rochefort, Jean-François** : Employé de Gosselin Communications.
**Valente, Enrico** : Employé de Gosselin Communications.

*Polygone*
**Mondoux, Gaëtan** : Témoin à la Commission Gomery concernant Groupe Polygone/Expour. Exposition CP. Son nom apparaît dans l'étude de l'Institut Fraser sur le financement du PLC[2].

*Lafleur communication marketing[6]*
**Davidson, Pierre** : Témoin à la Commission Gomery. Employé de Lafleur communication marketing. Son nom apparaît dans l'étude de l'Institut Fraser sur le financement du PLC[2].
**Lafleur, Dyane** : Son nom apparaît dans l'étude de l'Institut Fraser sur le financement du PLC[2].
**Lafleur, Julie** : Son nom apparaît dans l'étude de l'Institut Fraser sur le financement du PLC[2].
**Lafleur, Simon** : Son nom apparaît dans l'étude de l'Institut Fraser sur le financement du PLC[2].
**Martel, André** : Employé de Lafleur communication marketing.
**Michaud, Pierre** : Témoin à la Commission Gomery. Ex-employé de Lafleur communication marketing. Son nom apparaît dans l'étude de l'Institut Fraser sur le financement du PLC[2].
**Roberge, Marc** : Son nom apparaît dans l'étude de l'Institut Fraser sur le financement du PLC[2].

*Pluridesign*
**Sauriol, Gaëtan** : Témoin à la Commission Gomery concernant PluriDesign Canada.

*Vickers & Benson[7]*
**Autres noms dans l'étude de l'Institut Fraser[1] :**
Anderson, S.C. - Arscott, A. Glenn - Bertram, Ronald - Bowen, Walter M. - Bremmer, William B. - Carder, Paul C. - Crawford, Thomas R. - Curtis, Donald J. - Fyshe, Michael A. - Gervais, Pierre - Itakura, Alain - Koskie, Michael H. - Léveillé, Jean - Morris, Graham - Murphy, D W - O'Malley, Terrence J. - Torella, John A. - Warwick, E. Joseph

# Deuxième section :
# LES PARLEMENTAIRES, LES FONCTIONNAIRES ET LES DIRIGEANTS DES SOCIÉTÉS DE LA COURONNE

*Réprésentants du Parlement d'Ottawa ou du gouvernement fédéral en rapport avec le Comité des Comptes publics*
**Gauthier, André** : Avocat de Sept-Îles qui a reçu mandat de retrouver et de récupérer les fonds publics versés illégalement en vertu du programme de commandites. Sa nomination a été annoncée le 10 février 2004. En mars 2005, le gouvernement poursuivait onze agences, sept publicitaires et un fonctionnaire pour un montant supérieur à 40 millions de dollars.
**Masse, Chantal** : Avocate de la chambre des communes.

*Représentants de la Commission Gomery*[8]

**Bordan, Gregory** : Avocat assistant les procureurs principaux de la Commission Gomery.

**Cook, Sheila-Marie** : Directrice exécutive et secrétaire de la Commission Gomery. Elle a été adjointe législative de Premier ministre Trudeau.

**Cossette, Marie** : Procureure de la Commission Gomery.

**Finkelstein, Neil** : Conseiller-adjoint (procureur) de la Commission Gomery. Il est un associé principal au bureau de Toronto de Blake, Cassels & Graydon.

**Gomery, John H.** : Né à Montréal, le juge Gomery a étudié à Montréal (Université McGill) et a été admis au Barreau du Québec en 1957. Il a pratiqué le droit chez Fasken, Martineau, Dumoulin, dans les domaines de la famille, du droit commercial et de la faillite. Il a été nommé à la Cour supérieure en 1982. Depuis 1999, il occupe également la présidence de la Commission du droit d'auteur du Canada. Le Premier ministre Paul Martin a annoncé la nomination du juge Gomery à la tête de la commission d'enquête sur les commandites le 10 février 2004, immédiatement après la publication du rapport de la vérificatrice générale Sheila Fraser.

**Kanya-Fostner, Charlotte** : Avocate assistant les procureurs principaux de la Commission Gomery.

**Nunnelley, Sophie** : Avocate assistant les procureurs principaux de la Commission Gomery.

**Perreault, François** : Il travaille chez BDDS/Weber Shandwick et agit à titre de conseiller en communications de la Commission Gomery. Il est chargé des relations avec les médias et est le seul autorisé à parler au nom de la Commission.

➔**Richard, Simon** : Avocat assistant les procureurs principaux de la Commission Gomery.

**Robert-Blanchard, Véronique** : Avocate assistant les procureurs principaux de la Commission Gomery.

**Roy, Serge** : Registraire et greffier aux audiences de la Commission Gomery.

**Savoie, Donald** : Conseiller spécial auprès du commissaire et directeur de la recherche de la Commission Gomery. Il est opportun de souligner que Donald Savoie a déjà conseillé Paul Martin.

**Snowball, Laura** : Avocate de la Commission Gomery.

## Tables rondes pour la formulation de recommandations

**Andre, Harvie**
Successivement ministre d'Approvisionnement et Services de la Consommation et des Corporations, ancien Chef du gouvernement en chambre et actuellement Président de la corporation Cresvard et Président du conseil de Bow Energy Resources. Membre de la table ronde d'Edmonton dans le cadre du programme de travail, axé sur la formulation de recommandations de la Commission Gomery.

**Blais, Jean-Jacques**
Avocat pour le compte du cabinet Marusyk Miller & Swain, il a été Solliciteur général du Canada, ministre des Approvisionnements et Services, receveur général du Canada, et ministre de la Défense nationale.

Il est membre fondateur de l'Institut des relations gouvernementales du Canada. Membre de la table ronde de Toronto dans le cadre du programme de travail, axé sur la formulation de recommandations de la Commission Gomery.

**Bolduc, Roch**
M. Bolduc a été Commissaire de la fonction publique, puis sous-ministre au ministère de la Fonction publique du Québec pendant une période de dix ans durant laquelle il a aussi enseigné l'administration publique. Il a été nommé président de la Commission de la fonction publique en 1978, poste qu'il a occupé pendant cinq ans. Il est devenu vice-président du Groupe CGI en 1983 puis à nouveau en 1987. Le sénateur Bolduc a récemment pris sa retraite après avoir été sénateur pendant 15 ans. Membre du Conseil consultatif dans le cadre du programme de travail, axé sur la formulation de recommandations, de la Commission Gomery.

**Boyer, Patrick**
Journaliste, avocat et enseignant, il est l'auteur de Just Trust Us : The Erosion of Accountability in Canada. Il a été secrétaire parlementaire du ministre des Affaires extérieures et du ministre de la Défense nationale. Membre de la table ronde de Toronto dans le cadre du programme de travail, axé sur la formulation de recommandations de la Commission Gomery.

**Burney, Derek**
Président du conseil de la Société d'énergie du Nouveau-Brunswick, professeur adjoint et Senior Distinguished Fellow à l'université Carleton, ex-chef de cabinet du Premier ministre Brian Mulroney, ex-ambassadeur du Canada aux États-Unis d'Amérique. Membre de la table ronde de Moncton dans le cadre du programme de travail, axé sur la formulation de recommandations, de la Commission Gomery.

**Campbell, Spencer**
Associé de la firme Stewart McKelvey Stirling Scales et ex-chef de cabinet du Premier ministre de l'Île-du-Prince-Édouard. Membre de la table ronde de Moncton dans le cadre du programme de travail, axé sur la formulation de recommandations, de la Commission Gomery.

**Carney, Pat**
Sénatrice et femme politique importante au Canada, elle a occupé successivement le poste de ministre de l'Énergie des Mines et des Ressources et du Commerce international (responsable des négociations sur l'Accord du Libre échange). Elle a également été présidente du Conseil du Trésor. Membre de la table ronde de Vancouver dans le cadre du programme de travail, axé sur la formulation de recommandations de la Commission Gomery.

**Carty, Kenneth**
Ancien directeur de la Faculté de Sciences politique de l'Université de la Colombie-Britannique, ancien président de l'Association canadienne de sciences politique, il est actuellement membre senior, associé au Green College de UBC. Membre de la table ronde de Vancouver dans le cadre du programme de travail, axé sur la formulation de recommandations de la Commission Gomery.

**V**

**Cooper, Barry**
Professeur et expert en Sciences politiques de
l'Université de Calgary, il s'est fait remarquer comme
auteur de la théorie politique, Canadian Politics and
Policy. Membre de la table ronde d'Edmonton dans le
cadre du programme de travail, axé sur la formulation
de recommandations de la Commission Gomery.

**Crosbie, John C.**
Chancelier de l'Université Memorial, ex-ministre
Conservateur des Finances , ex-ministre de la Justice,
ex-ministre des Transports, ex-ministre du Commerce
international, ex-ministre des Pêches et océans, ex-
ministre responsable de l'Agence de promotion
économique du Canada Atlantique (APECA). Membre
de la table ronde de Moncton dans le cadre du
programme de travail, axé sur la formulation de
recommandations, de la Commission Gomery.

**Desautels, Denis**
Comptable agréé de profession, est cadre résident à
l'École de gestion de l'Université d'Ottawa; il a été
Vérificateur général du Canada et associé principal au
cabinet *Ernst and Young*. Membre de la table ronde de
Québec dans le cadre du programme de travail, axé sur
la formulation de recommandations, de la Commission
Gomery. Il était Vérificateur général avant la
nomination de Sheila Fraser.

**Dewar, Daniel Bevis**
Il a acquis son expérience gouvernementale au
Conseil du trésor, au Cabinet et à la Défense
nationale. En 1954, il est entré au Bureau du conseil
privé et a été secrétaire de comités du Cabinet, chargé
de liaison interministérielle et d'élaboration de
politiques, essentiellement dans les secteurs de la
défense, de la sécurité et des affaires étrangères. Après
une décennie au Bureau du Conseil Privé, il est entré
au Conseil du trésor comme analyste de programmes
chargés de faire enquête sur les dépenses et les
budgets de la production de défense et du
développement industriel, en se concentrant à
nouveau sur la défense et les affaires étrangères. Son
succès dans ce poste l'a amené à être nommé secrétaire
adjoint puis sous-secrétaire à la Direction des
programmes du Conseil du trésor, où il a été
responsable de l'analyse des dépenses et des budgets
de l'ensemble du gouvernement. Membre du Conseil
consultatif dans le cadre du programme de travail, axé
sur la formulation de recommandations, de la
Commission Gomery.

**Dhaliwal, Herb**
Ancien membre du Parlement il a été successivement
ministre du Revenu, des Pêches et Océans et des
Ressources naturelles. Membre de la table ronde de
Vancouver dans le cadre du programme de travail, axé
sur la formulation de recommandations de la
Commission Gomery.

**Dickson, Gary**
L'un des prominents experts de l'Ouest sur la vie
privée, ancien député de l'Assemblée législative de
l'Alberta, il a collaboré, dans cette province, à la
rédaction de la loi sur la Liberté d'information et la

Protection de la vie privée. Il occupe actuellement le
poste de Commissaire à l'Information et à la Vie privée
de Saskatchewan. Membre de la table ronde
d'Edmonton dans le cadre du programme de travail,
axé sur la formulation de recommandations de la
Commission Gomery.

**Dubuc, Alain**
Éditorialiste à La *Presse* et Le *Soleil*; il a été
chercheur en économétrie à l'Université de Montréal,
a coanimé l'émission de télévision hebdomadaire de
Radio-Canada intitulée *Questions d'argent*, a été
rédacteur en chef de *La Presse* ainsi que président et
éditeur du *Soleil*. Membre de la table ronde de Québec
dans le cadre du programme de travail, axé sur la
formulation de recommandations, de la Commission
Gomery.

**Foucher, Pierre**
Professeur à l'Université de Moncton, faculté de
droit. Membre de la table ronde de Moncton dans le
cadre du programme de travail, axé sur la formulation
de recommandations, de la Commission Gomery.

**Fraser, John A.**
M. Fraser est le premier député à avoir été élu
président de la Chambre des communes par ses pairs,
suite à une pratique instaurée en 1986. Durant ses 21
années au parlement, John Fraser a occupé plusieurs
postes clés, notamment ceux de ministre de
l'Environnement et de ministre des Pêches. Membre
du Conseil consultatif dans le cadre du programme de
travail, axé sur la formulation de recommandations, de
la Commission Gomery. Tout au long de sa carrière,
John A. Fraser a été nommé par le gouvernement
Chrétien à différents postes.

**Garneau, Raymond**
ex-président du conseil d'administration de la
compagnie d'assurance-vie Industrielle Alliance.
Président du Conseil consultatif dans le cadre du
programme de travail, axé sur la formulation de
recommandations, de la Commission Gomery.
Raymond Garneau est un ancien ministre et supporter
de Paul Martin.

**Gibson, Gordon**
Ancien chef du Parti libéral de la Colombie-
Britannique, ancien député à la Législature dc la
Colombie-Britannique et ancien adjoint spécial
auprès de l'ancien Premier ministre Pierre Elliot
Trudeau. Il est actuellement membre senior, associé à
l'Institut Fraser de Vancouver. Membre de la table
ronde de Vancouver dans le cadre du programme de
travail, axé sur la formulation de recommandations de
la Commission Gomery.

**Giroux, Robert**
Président du Conseil canadien sur l'apprentissage et
attaché supérieur de recherches auprès de l'École de
politique publique de l'Université d'Ottawa, il a été
secrétaire du Conseil du trésor du Canada, contrôleur
général, président de la Commission de la fonction
publique, sous-ministre de Travaux publics Canada et
de Revenu national (Douanes et Accise), président de
l'Association des universités et collèges du Canada.
Membre de la table ronde de Toronto dans le cadre du
programme de travail, axé sur la formulation de
recommandations de la Commission Gomery.

### Glube, Constance R.

Mme Glube a accédé au Barreau en 1977. Par la suite elle est devenue membre de la Cour suprême de la Nouvelle-Écosse. Cinq ans plus tard, elle était nommée juge en chef de la Cour suprême de la Nouvelle-Écosse par les libéraux fédéraux et était la première femme à occuper un tel poste au Canada. En 1998, elle a été nommée juge en chef de la Nouvelle-Écosse et administratrice du gouvernement de la Nouvelle-Écosse. Maintenant à la retraite, elle est actuellement membre de l'Association du Barreau canadien et membre n'exerçant pas de la société du Barreau de la Nouvelle-Écosse. Membre du Conseil consultatif dans le cadre du programme de travail, axé sur la formulation de recommandations, de la Commission Gomery.

### Good, David

Professeur et ancien sous-ministre adjoint au bureau du Conseil privé, ancien sous-ministre adjoint au Conseil du Trésor, aux Pêches et Océans et au Développement des Ressources humaines. Il enseigne actuellement l'Administration publique à l'Université de Victoria. Membre de la table ronde de Vancouver dans le cadre du programme de travail, axé sur la formulation de recommandations de la Commission Gomery.

### Hodgetts, John E.

Il est actuellement professeur émérite en sciences politiques à l'université de Toronto, où il a commencé à enseigner en 1943. Il a également enseigné à la faculté de sciences politiques de l'Université Queen's ainsi qu'aux Universités Dalhousie, Memorial, North Western et Oxford. M. Hodgetts a été membre de la Commission royale sur la gestion financière et l'imputabilité à la fin des années 1970 et directeur de la rédaction de la Commission royale d'enquête sur l'organisation du gouvernement au début des années 1960. Membre du Conseil consultatif dans le cadre du programme de travail, axé sur la formulation de recommandations, de la Commission Gomery.

### Howe, Paul

Université du Nouveau-Brunswick, ex-directeur de la recherche à l'Institut de recherche en politiques publiques à Montréal. Membre de la table ronde de Moncton dans le cadre du programme de travail, axé sur la formulation de recommandations, de la Commission Gomery.

### Jobb, Dean

De l'école de journalisme de University of King's College et ex-journaliste, rédacteur en chef et chroniqueur au Halifax Herald. Membre de la table ronde de Moncton dans le cadre du programme de travail, axé sur la formulation de recommandations, de la Commission Gomery.

### Kroeger, Arthur

Président des Réseaux canadiens de recherche en politiques publiques et du Conseil national de la statistique, il a été sous-ministre de six ministères fédéraux, professeur invité de l'Université de Toronto

et de l'Université Queen's, chancelier de l'Université Carleton, et président du Forum des politiques publiques. Membre de la table ronde de Toronto dans le cadre du programme de travail, axé sur la formulation de recommandations de la Commission Gomery.

### Lalonde, Marc :

Il a été conseillé du Premier ministre Lester Pearson et Secrétaire principal auprès du Premier ministre Pierre Trudeau, avant de devenir tour à tour ministre de la Santé et du Bien-être national, de la Justice, de l'Énergie et des Finances, est actuellement associé au cabinet d'avocats Stikeman Elliott de Montréal. Membre de la table ronde de Québec dans le cadre du programme de travail, axé sur la formulation de recommandations, de la Commission Gomery. Marc Lalonde est aussi un bon ami de Jacques Bouchard. Marc Lalonde serait coprésident de la campagne électorale des libéraux et il a eu un accès privilégié et direct au juge Gomery au moment où celui-ci rédigeait son rapport.

### Landry, Aldéa

Présidente de LANDAL Inc., avocate et femme d'affaires, ex-fonctionnaire au ministère de la Justice du Nouveau-Brunswick, ministre et vice-première ministre du Nouveau-Brunswick. Membre de la table ronde de Moncton dans le cadre du programme de travail, axé sur la formulation de recommandations, de la Commission Gomery. Aldéa Landry a été nommé par Paul Martin au Comité de surveillance des activités de renseignement et de sécurité.

### Lemieux, Vincent

Il a étudié les systèmes et les partis politiques, de même que les sondages au Canada et le népotisme politique au Québec; il est professeur émérite à l'Université Laval et a été président de l'Association canadienne de science politique. Membre de la table ronde de Québec dans le cadre du programme de travail, axé sur la formulation de recommandations, de la Commission Gomery.

### Love, Rod

Conseiller pendant dix-huit ans auprès du Premier ministre Ralph Klein, il a été un des architectes de la réorganisation du gouvernement de l'Alberta, membre du conseil de la Fondation Canada-West. Il est actuellement président de Rod Love Consulting à Calgary. Membre de la table ronde d'Edmonton dans le cadre du programme de travail, axé sur la formulation de recommandations de la Commission Gomery.

### Mair, Raffe

Commentateur et écrivain bien connu de la Colombie-Britannique sur les questions politiques, il est avocat et ancien ministre au sein du cabinet de Bill Bennett. Membre de la table ronde de Vancouver dans le cadre du programme de travail, axé sur la formulation de recommandations de la Commission Gomery.

### Marleau, Robert

Expert reconnu dans le domaine de la procédure et des pratiques parlementaires, il a pendant trente-et-un ans été le conseiller auprès de sept Présidents de la

**V**

Chambre des communes et des membres des deux Chambres. Membre de la table ronde d'Edmonton dans le cadre du programme de travail, axé sur la formulation de recommandations de la Commission Gomery.

**McDougall, Barbara**
Directrice de plusieurs corporations canadiennes, elle est aussi conseillère auprès du cabinet d'avocats Aird & Berlis et administratrice honoraire de l'Université York. Elle a occupé les fonctions de ministre des Affaires extérieures, de ministre de l'Emploi et de l'Immigration, de ministre de la Privatisation et des Affaires réglementaires, de ministre d'État des Finances et de présidente de l'Institut canadien des affaires internationales.

**Mc Clelland, Ian**
Ancien membre du Parlement, ancien adjoint au Vice-président de la Chambre et, au Vice-président des comités mixtes du Parlement, ancien membre de l'Assemblée législative de l'Alberta où il a notamment présidé le comité responsable de la définition d'un rôle renforcé de cette province au sein de la Confédération. Membre de la table ronde d'Edmonton dans le cadre du programme de travail, axé sur la formulation de recommandations de la Commission Gomery.

**Morris, Claire**
Présidente directrice générale de l'Association des universités et collèges du Canada, elle a été greffière du Conseil exécutif et secrétaire auprès du Cabinet du gouvernement du Nouveau-Brunswick. Elle a aussi occupé les fonctions de sous-ministre des Affaires intergouvernementales, de Développement des ressources humaines Canada, et de Travail Canada, ainsi que la présidence de la Commission de l'assurance emploi du Canada. Membre de la table ronde de Toronto dans le cadre du programme de travail, axé sur la formulation de recommandations de la Commission Gomery.

**Oliver, Donald H.**
Nommé au sénat en 1990, conseiller juridique de Power, Dempsey, Cooper & Leefe. Membre de la table ronde de Moncton dans le cadre du programme de travail, axé sur la formulation de recommandations, de la Commission Gomery.

**Osbaldeston, Gordon**
M. Osbaldeston a servi la fonction publique pendant plus de trente années. Ancien greffier du Conseil privé et Secrétaire du Cabinet, il a siégé au conseil d'administration de plusieurs compagnies canadiennes après avoir pris sa retraite de la fonction publique. Il a aussi été attaché supérieur de recherches et professeur honoraire de l'Université de Western Ontario. Membre de la table ronde de Toronto dans le cadre du programme de travail, axé sur la formulation de recommandations de la Commission Gomery.

**Potter, Wynne**
Administrateur de Genome Atlantic, auparavant avec l'Agence de promotion économique du Canada Atlantique et conseiller de divers membres du gouvernement, ministres, premiers ministres et comités du Cabinet. Membre de la table ronde de Moncton dans le cadre du programme de travail, axé sur la formulation de recommandations, de la Commission Gomery.

**Proulx, Marcel**
Directeur général de l'École nationale d'administration publique; il est spécialisé dans l'étude des organisations et de l'administration publique. Il conseille de nombreux ministères et organismes au Québec sur les thèmes de la dynamique organisationnelle et de l'appareil étatique. Membre de la table ronde de Québec dans le cadre du programme de travail, axé sur la formulation de recommandations, de la Commission Gomery.

**Seidle, F. Leslie**
Associé de recherche principal à l'Institut de recherche en politiques publiques et il est chargé de recherche au Centre de recherche et d'information sur le Canada; il a été directeur principal, Recherche nationale et internationale, à Élections Canada, et directeur général, Politique stratégique et recherches, Affaires intergouvernementales, au Bureau du conseil privé. Membre de la table ronde de Québec dans le cadre du programme de travail, axé sur la formulation de recommandations, de la Commission Gomery.

**Simard, Carolle**
Mme Simard est professeur de science politique et d'administration publique à l'Université du Québec à Montréal depuis 1978. Elle a aussi été professeur invitée à l'Institut d'études politiques de Bordeaux et de Toulouse ainsi qu'à l'université des langues étrangères de Beijing. Ses principaux domaines de recherche sont l'analyse des politiques publiques, notamment dans le champ de l'immigration et de l'intégration des nouveaux arrivants. Membre du Conseil consultatif dans le cadre du programme de travail, axé sur la formulation de recommandations, de la Commission Gomery.

**Slade, Gordon**
Directeur exécutif de ONE OCEAN, ex-sous-ministre des Pêcheries de Terre-Neuve-et-Labrador, ex-sous-ministre au ministère d'État du Développement économique et régional et au Fonds de développement des régions extra-côtières, ex-vice-président de l'Agence de promotion économique du Canada Atlantique et directeur exécutif du International Centre de l'Université Memorial. Membre de la table ronde de Moncton dans le cadre du programme de travail, axé sur la formulation de recommandations, de la Commission Gomery.

**Smith, David**
Professeur émérite de Science politique à l'Université de Saskatchewan, expert en matière de structures gouvernementales ainsi que sur les questions relatives à la Couronne et au fédéralisme. Membre de la table ronde d'Edmonton dans le cadre du programme de travail, axé sur la formulation de recommandations de la Commission Gomery.

**Smith, Jennifer**
Professeure et présidente, faculté des Sciences politiques, Université Dalhousie. Membre de la table ronde de Moncton dans le cadre du programme de travail, axé sur la formulation de recommandations, de la Commission Gomery.

**Sossin, Lorne**
Doyen associé et professeur agrégé de droit à
l'Université de Toronto, il a été membre de la Faculté de
la Osgoode Hall Law School et de l'Université York et
Associate-in-Law de la Columbia Law School et
associé au cabinet Borden & Elliott. Il a aussi été
greffier du juge en chef de la Cour suprême du Canada.
Membre de la table ronde de Toronto dans le cadre du
programme de travail, axé sur la formulation de
recommandations de la Commission Gomery.

**Tellier, Paul**
Siège au conseil d'administration de plusieurs sociétés
canadiennes, a été président, PDG et administrateur de
Bombardier et du Canadien National. Il a été greffier du
Conseil privé et Secrétaire du Cabinet au gouvernement
du Canada après avoir occupé les fonctions de sous-
ministre aux Affaires indiennes et du Nord Canada et à
Énergie, Mines et Ressources. Membre de la table ronde
de Québec dans le cadre du programme de travail, axé
sur la formulation de recommandations, de la
Commission Gomery. À la tête du CN, Paul Tellier avait
BCP pour agence de publicité. Il a été conseiller de
Pierre Trudeau et Brian Mulroney.

**Wilhelmy, Diane**
Consultante en administration publique et directrice
d'un centre de recherche à l'ENAP, a été sous-ministre
des relations internationales, déléguée générale du
Québec à New York et sous-ministre aux affaires
intergouvernementales lors des négociations
constitutionnelles du Lac Meech et de Charlottetown.
Membre de la table ronde de Québec dans le cadre du
programme de travail, axé sur la formulation de
recommandations, de la Commission Gomery.

**Williams, Cynthia**
Professeure et ancienne sous-ministre au sein de
plusieurs ministères fédéraux, notamment au
Développement Social du Canada, au Développement
des Ressources humaines du Canada, au sein de
l'Agence de promotion économique du Canada
atlantique et aux Affaires du Nord. Elle est
présentement membre senior auprès des Réseaux
canadiens de recherche en politiques publiques ainsi
qu'auprès de l'Université Simon Fraser dans le cadre
du programme de Politique publique. Membre de la
table ronde de Vancouver dans le cadre du programme
de travail, axé sur la formulation de recommandations de
la Commission Gomery.

**Winsor, Hugh**
Chercheur invité auprès du Institute of Policy Studies
de l'Université Queen's, il est membre émérite du
bureau d'Ottawa du Globe and Mail où il s'est
spécialisé dans les affaires politiques, notamment la
structure du cabinet et du gouvernement, et les réformes
parlementaires et électorales. Membre de la table ronde
de Toronto dans le cadre du programme de travail, axé
sur la formulation de recommandations de la
Commission Gomery.

**Avocats présents à la Commission Gomery**
**Auger, Richard**
Avocat principal de Charles Guité qui se retira du
dossier car il ne parle pas français.

**Barot, Danielle**
Avocat du cabinet Yarosky, Daviault & Isaacs
représentant Jean S. Brault aux audiences de la
Commission Gomery.

**Bélanger, Louis P.**
Avocat du cabinet Stikeman Elliott représentant
Malcom Média Inc. et Luc Lemay aux audiences de la
Commission Gomery.

**Boretski, Bonnie**
Avocat représentant la Société canadienne des postes
aux audiences de la Commission Gomery.

**Campion, John A.**
Avocat du cabinet Fasken Martineau DuMoulin
représentant VIA Rail Canada aux audiences de la
Commission Gomery.

**Cornett, Katherine**
Avocate du cabinet Lenczner, Slaght, Royce, Smith,
Griffin, représentant Ernst & Young aux audiences de la
Commission Gomery.

**Côté, Charles B.**
Avocat du cabinet Côté Prihoda représentant du Parti
libéral du Canada et du Parti libéral du Canada
(Québec) aux audience de la Commission Gomery.

**Couture, François**
Procureur adjoint représentant le Procureur général du
Canada à la Commission Gomery.

**Dearden, Richard G.**
Avocat du cabinet Gowling Lafleur Henderson
représentant le Bureau du vérificateur général du
Canada aux audiences de la Commission Gomery.

**Dempsey, Philip**
Avocat représentant la Société canadienne des postes
aux audiences de la Commission Gomery.

**Doody, Peter K.**
Avocat de Jean Chrétien.

**Doray, Raymond**
Avocat du cabinet Lavery, De Billy représentant André
Ouellet aux audiences de la Commission Gomery.

**Downs, Éric**
Avocat du cabinet Hébert, Bourque & Downs
représentant Malcom Média Inc. et Luc Lemay aux
audiences de la Commission Gomery.
Avocat du cabinet Trudel, Nadeau représentant Paul
Coffin et Coffin Communications Inc. aux audiences de
la Commission Gomery.

**Duranleau, Katty**
Avocate du cabinet Clément Groleau représentant le
Bloc Québécois aux audiences de la Commission
Gomery.

**Edelson, Michael D.**
Avocat du cabinet Edelson & Associates représentant
Joseph Charles Guité aux audiences de la Commission
Gomery.

**Fournier, Pierre**
Avocat du cabinet Fournier Associés représentant
Alfonso Gagliano aux audiences de la Commission
Gomery.

**V**

**Griffin, Peter H.**
Avocat du cabinet Lenczner, Slaght, Royce, Smith, Griffin, représentant Ernst & Young aux audiences de la Commission Gomery.

**Groleau, Clément**
Avocat du cabinet Clément Groleau représentant le Bloc Québécois aux audiences de la Commission Gomery.

**Hamilton, Arthur**
Avocat du cabinet Cassels Brock & Blackwell représentant le Parti conservateur du Canada aux audiences de la Commission Gomery.

**Hébert, Jean-C.**
Avocat du cabinet Hébert, Bourque & Downs représentant Jean Lafleur aux audiences de la Commission Gomery.

**Hunter, George D.**
Avocat du cabinet Borden Ladner Gervais représentant Ranald Quail aux audiences de la Commission Gomery.

**Huot, Katherine**
Représentante de Charles Guité aux audiences de la Commission Gomery.

**Joly, Mélanie**
Avocate représentant Malcom Média et Luc Lemay à la Commission Gomery.

**Kane, Paul**
Avocat représentant Mario Parent à la Commission Gomery.

**Katy, James**
Avocat représentant Via Rail Canada à la Commission Gomery

**Lafleur, Jean H.**
Avocat du cabinet Fasken Martineau DuMoulin représentant VIA Rail Canada aux audiences de la Commission Gomery.

**Laskin, John B.**
Avocat du cabinet Torys représentant la Société canadienne des postes aux audiences de la Commission Gomery.

**LaTraverse, Pierre V.**
Avocat du cabinet LaTraverse Avocats/ Attorneys représentant Jean Carle aux audiences de la Commission Gomery.

**Livingstone, Laurie**
Avocate du cabinet Cassels Brock & Blackwell représentant le Parti conservateur du Canada aux audiences de la Commission Gomery.

**Mackaay, Carole**
Avocate représentant Via Rail aux audiences de la Commission Gomery.

**Marmet, Marie**
Avocate représentant le Procureur général du Canada à la Commission Gomery.

**Massicotte, Michel**
Avocat représentant BCP à la Commission Gomery.

**Mitchell, Doug**
Avocat du cabinet Irving, Mitchell & Associates représentant le Parti libéral du Canada et le Parti libéral du Canada (Québec) aux audience de la Commission Gomery.

**Montigny, Jean A.**
Avocat du cabinet Sternthal Katznelson Montigny représentant Jean Lafleur aux audiences de la Commission Gomery.

**Morphy, Lorne**
Avocat du juge Gomery.

**Pariseau, Gilles**
Avocat du cabinet Pariseau, Olivier représentant Jacques Corriveau et Pluridesign Inc. aux audiences de la Commission Gomery.

**Peris, Julio**
Avocat de Charles Guité qui a été remercié en octobre 2005.

**Phaneuf, Richard**
Avocat du cabinet Malouin, Phaneuf représentant Jacques Corriveau et Pluridesign Inc. aux audiences de la Commission Gomery.

**Pratte, Guy J.**
Avocat du cabinet Borden Ladner Gervais représentant Jean Pelletier aux audiences de la Commission Gomery.

**Rochefort, Daniel**
Avocat du cabinet Rochefort et Associés représentant l'Association des agences de publicité du Québec aux audiences de la Commission Gomery.

**Ruel, Simon**
Avocat représentant le Procureur général du Canada à la Commission Gomery.

**Saunders, Brian**
Représentant le Procureur général du Canada et le Ministère de la Justice du Canada à la Commission Gomery.

**Schachter, Raphaël H.**
Avocat du cabinet Lavery, De Billy représentant Paul Coffin et Coffin Communications Inc. aux audiences de la Commission Gomery.

**Scott, David W.**
Avocat du cabinet Borden Ladner Gervais représentant Jean Chrétien aux audiences de la Commission Gomery.

**Sheppard, Claude-Armand**
Avocat du cabinet Robinson Sheppard Shapiro représentant Marc LeFrançois aux audiences de la Commission Gomery.

**Terry, John A.**
Avocat du cabinet Torys représentant la Société canadienne des postes aux audiences de la Commission Gomery.

**Tremblay, Gérald R.**
Avocat représentant BCP et Via Rail à la Commission Gomery.

**Wild, Joe**
Avocat représentant le Procureur général du Canada à la Commission Gomery.

**Yarosky, Harvey**
Avocat du cabinet Yarosky, Daviault & Isaacs représentant Jean S. Brault aux audiences de la Commission Gomery.

*D'autres acteurs importants à la Commission Gomery et au Parti libéral*
**Agent de l'intégrité de la fonction publique**
Représenté à la Commission Gomery.
**Alcock, Reginald B.**
Reginald B. Alcock est l'actuel Président du Conseil du trésor.
**Aloïsi, Yvette**
Sous-ministre adjointe, Direction générale des services ministériels, des ressources humaines et des communications (Travaux publics et Services gouvernementaux Canada).
**Auger, André**
Directeur, Services de certification, de comptabilité et de vérification, Conseils et vérification Canada (Équipe d'intervention rapide).
**Bacon, Stewart**
Premier vice-président, Gestion des relations avec la clientèle Société canadienne des postes.
**Banque de développement du Canada**
Représentée à la Commission Gomery.
**Bard, Jean-Marc**
Ancien adjoint spécial principal et chef de cabinet de Alfonso Gagliano (Ancien ministre, Travaux publics et Services gouvernementaux Canada). Il a succédé à Pierre Tremblay. Son nom apparaît dans l'étude de l'Institut Fraser sur le financement du PLC[2].
**Beahan, William**
Directeur, Partenariat, Gendarmerie royale du Canada.
**Beaudoin, François**
Ancien président et chef de la direction, Banque de développement du Canada. Son nom apparaît dans l'étude de l'Institut Fraser sur le financement du PLC[2]. Il aura été victime d'une campagne de dénigrement sans précédent[9].
**Beaudry, Guy G.**
Premier vice-président, Affaires corporatives et chef de la planification Banque de développement du Canada.
**Beaulieu, Christiane**
Ancienne vice-présidente, Affaires publiques, Banque de développement du Canada.
**Bédard, Guy**
Communications Canada.
**Bélanger, Jean-Daniel**
Représentant de l'Agent de l'intégrité de la fonction publique aux audiences de la Commission Gomery.
**Béliveau, Michel**
Président du Parti libéral du Canada, section Québec de 1996 à 1998 et organisateur de Jean Chrétien dans la circonscription de Saint-Maurice. Son nom apparaît dans l'étude de l'Institut Fraser sur le financement du PLC[2].
**Bertrand, Louise**
Responsable des vérifications, Bureau du vérificateur général du Canada.
**Bibeau, Michel**
**Bilodeau, Ron**
Ancien sous-greffier, Bureau du Conseil privé.

**Bisson, Guy**
Un organisateur libéral dans l'outaouais qui a reçu 6 400$ en contributions de Groupaction. Il est aussi président de la Commission des aînés du PLC. Son nom apparaît dans l'étude de l'Institut Fraser sur le financement du PLC[2].
**Blanchard, James**
Ancien ambassadeur américain au Canada.
**Bloc Québécois**
Représenté à la Commission Gomery.
**Boudria, Daniel**
Fils de Don Boudria, il a travaillé comme adjoint politique principal au ministère du Patrimoine.
**Boudria, Donald (Don)**

Nommé ministre des Travaux publics et Services gouvernementaux du 15 janvier 2002 au 25 mai 2002, en remplacement d'Alfonso Gagliano. La famille du ministre a passé le week-end du 16 mars 2002, au coût de 400$ la nuit, dans la résidence de Claude Boulay, située à Magog. Son nom apparaît dans l'étude de l'Institut Fraser sur le financement du PLC[2].
**Bourgon, Jocelyne**
Ancienne greffière et secrétaire du Cabinet (1994-1999), Bureau du Conseil privé.
**Boyer, Charles**
Conseiller de Sheila Copps lorsqu'elle était ministre du patrimoine. Des dépenses obscures ont fait l'objet d'une enquête mais Charles Boyer a démissionné pour devenir vice-président des Relations extérieures et gouvernementales de l'Association canadienne des radiodiffuseurs. Les dépenses en question auraient été mises à profit dans le cadre de la campagne à la direction du parti de Sheila Copps.
**Brillant, Madeleine**
Comptable agréé, Ernst & Young.
**Brison, Scott**
Ministre des Travaux publics et des Services gouvernementaux depuis le 20 juillet 2004.
**Brouillet, Claire**
Témoin à la Commission Gomery concernant le PLC et/ou le PLCQ.
**Burchill, Allen**
Ancien commissaire adjoint, Gendarmerie royale du Canada.
**Bureau du Conseil privé**
Le Bureau du Conseil privé apporte au Premier ministre l'appui de la fonction publique et soutient directement ce dernier dans l'exercice de toutes ses fonctions et responsabilités en tant que chef du gouvernement. Il est également le secrétariat du Cabinet. C'est le Bureau du Conseil privé qui, grâce à une consultation constante des ministères et organismes, veille à fournir au Premier ministre les données et les analyses les plus complètes au sujet des politiques et des priorités qui sont envisagées. Voici la liste des Ministres membre du Conseil privé et la date à laquelle il y ont été admis : Reginald B. Alcock 12 décembre 2003; Don Boudria, 4 octobre 1996; Martin Cauchon, 25 janvier 1996; Denis Coderre, 3 août 1999; Stéphane Dion, 25 janvier 1996; Arthur C. Eggleton 4 novembre 1993; Ralph Goodale, 4 novembre 1993; Diane Marleau, 4 novembre 1993; Paul Martin, 4 novembre 1993; Lucienne Robillard, 22 février 1995.

**V**

**Bureau d'Information du Canada**

**Bureau du vérificateur général du Canada**
Représenté à la Commission Gomery.

**Buston, Anne**
Directrice aux Relations publiques,
Société canadienne des postes.

**Butts, George A.**
Directeur général intérimaire, Politique, risque,
intégrité et gestion stratégique (Travaux publics et
Services gouvernementaux Canada).

**Campbell, Ronald**
Vérificateur général adjoint, Bureau du vérificateur
général du Canada.

**Cartwright, Susan**
Secrétaire adjointe, Secteur des opérations
gouvernementales.

**Cauchon, Martin**
Martin Cauchon, ministre de la Justice du
15 janvier 2002 au 11 décembre 2003, est un ami
personnel de Jean Lafleur, ami avec lequel il
participe à des excursions de pêche. Son nom
apparaît dans l'étude de l'Institut Fraser sur le
financement du PLC[2].

**Chrétien, Gabriel**
Frère de Jean Chrétien. Son nom apparaît dans l'étude
de l'Institut Fraser sur le financement du PLC[2].

**Chrétien, Michel**
Son nom apparaît dans l'étude de l'Institut Fraser sur
le financement du PLC[2].

**Clermont, Georges**
Ancien président et chef de la direction, Société
canadienne des postes.

**Cochran, Jane**
Directrice exécutive, Direction de la politique sur les
acquisitions et la gestion des projets.

**Cochrane, Janice**
Janice Cochrane a été nommée sous-ministre au
ministère des Travaux publics et Services
gouvernementaux et a occupé cette fonction du premier
avril 2001 au 16 juin 2003.

**Colenette, David**

**Collet, Roger**
Ancien directeur exécutif,
Bureau d'information du Canada.

➔ **Commission Gomery**[10]

**Comité Demers : Revue administrative**

➔ **Comité des Comptes publics**[11]

**Communications Canada**

**Conseil du Trésor**
Le Conseil du trésor est dirigé par un président
et non pas un ministre parce qu'il s'agit du seul
Comité du Cabinet prévu par la Loi. Les décisions
du Conseil du Trésor sont des décisions collectives.
Le vice-président du Conseil est d'office le Ministre
des Finances. À titre d'organisme administratif du
Conseil du Trésor, le Secrétariat du Conseil du Trésor
doit appuyer le Conseil du Trésor, qui est un comité du
Conseil privé, et assumer ses responsabilités légales,
notamment en vertu de la Loi sur l'administration des
finances publiques.

**Conway, Myra**
Directrice générale, Opérations financières (Travaux
publics et Services gouvernementaux Canada).

**Corbeil, Benoit**
Ex-directeur général du Parti libéral du Canada, section
Québec. Il aura été le premier à affirmer publiquement
l'existence du Réseau libéral. Son nom apparaît dans
l'étude de l'Institut Fraser sur le financement du PLC[2].

**Corbeil, Pierre**
Militant libéral ayant plaidé coupable à des infractions
à la loi électorale.

**Cormier, Nadine**
Bureau du vérificateur général du Canada.

**Côté, Marc-Yvan**
Témoin à la Commission Gomery concernant le PLC et/
ou le PLCQ. Son nom apparaît dans l'étude de
l'Institut Fraser sur le financement du PLC[2].

**Cutler, Allan**
Ancien Gestionnaire, Secteur des relations publiques
et services d'impression, Travaux publics et Services
gouvernementaux Canada. Il était directeur de
l'Approvisionnement au ministère des Travaux publics
lorsqu'il porta plainte, en 1996, pour malversation
dans la gestion à la Direction générale des services de
coordination des communications. Sa plainte donna
lieu à une vérification interne qui confirma ses
allégations. Par la suite, il a subi des représailles.

**D'Auray, Michelle**
Ancienne directrice générale, Communications, Affaires
intergouvernementales, Bureau du Conseil privé.

**Dawson, Dennis**
Ami de Paul Martin, récemment nommé Sénateur libéral
en compagnie Francis Fox.

**Demers, Jean-Claude**
C.R., Avocat ayant présidé le Comité Demers : Revue
Administrative.

**DesRochers, Yvon (Feu)**
Ancien directeur de la FINA et actionnaire de
Productions Nadis et 60171571 Canada inc. M.
Desrochers, qui s'est enlevé la vie, se serait versé une
commission de 15% sur les commandites en plus de son
salaire de directeur.

**Dezainde, Daniel**
Directeur général du Parti libéral du Canada, section
Québec, de 2001 à 2003. Son nom apparaît dans l'étude
de l'Institut Fraser sur le financement du PLC[2].

**Dion, Stéphane**
Stéphane Dion a été Président du Conseil Privé du 25
janvier 1996 au 11 décembre 2003.

**Direction générale des services de coordination des
communications (DGSCC)**
Le Direction générale des services de coordination des
communications (DGSCC) a été constituée en 1997 et a
incorporé les responsabilités du Secteur de la publicité
et de la recherche sur l'opinion publique (SPROP). En
2001, le DGSCC a été fusionné avec le Bureau
d'information Canada pour donner lieu à la création de
Communication Canada. Communication Canada est
dirigée par un directeur exécutif qui relève du Comité
sur les communications gouvernementales du Cabinet.

**Dupras, Pierre Emile**

**Eggelton, Arthur C.**
Il a été Président du Conseil du Trésor du 4 novembre 1993 au 24 janvier 1996 et ministre de la Défense du 11 juin 1997 au 26 mai 2002, date à laquelle il a perdu son poste pour avoir octroyé un contrat de 36 000 $ à une ancienne amie de cœur. Pour le récompenser, le 24 mars 2005, Paul Martin le nommait sénateur.

**Emerson, David**
Ministre de l'industrie du cabinet Martin.

**Emond, Odilon**
Commissaire adjoint, Commandant de la Division "C", Gendarmerie royale du Canada. Son nom apparaît dans l'étude de l'Institut Fraser sur le financement du PLC[2].

**Équipe d'intervention rapide**

**Ernst & Young**
Ernst & Young est une compagnie qui a rédigé un rapport en 1996 qui démontrait que les gestionnaires du programme des commandites n'avaient pas l'expertise nécessaire pour mener à bien leurs obligations et qu'il y avait apparence de favoritisme. Ernst & Young a effectué une autre vérification en 1997 en vue de compléter la première.

**Feeney, Gordon**
Président du conseil d'administration, Société canadienne des postes.

**Finances Canada**

**Fontana, Joe**
Ministre du travail et du logement du cabinet Martin.

**Forand, Liseanne**
Communications Canada.

**Francoeur, Dominique**
Secrétaire générale (Travaux publics et Services gouvernementaux Canada).

**Frulla, Liza**
Ministre libéral et conjointe du publicitaire André Morrow. Elle était présente au «love in » du 27 octobre 1995. Un nom mentionné lors des entrevues d'Alain Richard dans des émissions de TQS animées par Jean Lapierre et Gilles Proulx.

**Gallo-Laflèche, Carolina**
Témoin à la Commission Gomery concernant le PLC et/ ou le PLCQ.

**Gauthier, Marc**
Bureau du vérificateur général du Canada.

**Gendarmerie royale du Canada (GRC)**
Nommée dans le rapport de la vérificatrice générale du Canada. Serait sous enquête par la Sûreté du Québec mais personne ne peut confirmer l'avancement des travaux dans cette affaire.

**Goldenberg, Eddie**
Proche conseiller de Jean Chrétien.

**Goodale, Ralph**
Ralph Goodale a été ministre des Travaux publics et Services gouvernementaux du 26 mai 2002 au 11 décembre 2003. Il est depuis ministre des Finaces dans le gouvernement Martin.

**Gosselin, Serge**
Témoin à la Commission Gomery concernant le PLC et/ ou le PLCQ. Son nom apparaît dans l'étude de l'Institut Fraser sur le financement du PLC[2].

**Graham, Bill**

**Grand Prix Formule 1**
Témoin à la Commission Gomery.

**Guilbert, Alain**
Vice-président, Communications, Société canadienne des postes.

**Hamer, Jim**
Administrateur principal de la vérification et de l'examen (Travaux publics et Services gouvernementaux Canada).

**Harder, Peter**
Peter Harder a été sous ministre du ministère des Travaux publics et Services gouvernementaux de novembre 1995 à mars 2000.

**Hébert, Julie**
Bureau du vérificateur général du Canada.

**Himelfarb, Alex**
Greffier du Conseil privé et Secrétaire du Cabinet, Bureau du Conseil privé.

**Hovey, Dawson**
Superintendant principal, Gendarmerie royale du Canada.

**Iacono, Franco**
Un organisateur du Parti libéral qui a reçu 9 202$ en contributions de Groupaction. Lobbyiste et ancien membre du bureau d'Alfonso Gagliano. Son nom apparaît dans l'étude de l'Institut Fraser sur le financement du PLC[2].

**Joyal, Serge**
Sénateur libéral et disciple de l'ère Pierre Elliot Trudeau. Il a signé la préface de livres qui se sont retrouvés à la poubelle selon les allégations de la Commission Gomery.

**Joyce, Mike**
Secrétaire adjoint, Secteur des opérations et des rapports de dépenses.

**Judd, Jim**
Secrétaire du Conseil du Trésor du Canada.

**Keon Sirsly, Christena**
Ancienne vice-présidente, Marketing et vice-présidente, services informatiques; présentement chef de la stratégie de l'entreprise, VIA Rail Canada Inc.

**KPMG**
Cabinet conseil en comptabilité et auteur de quelques rapports dans le cadre du Scandale des commandites et des activités publicitaires. Parmi les plus importants donateurs du Parti libéral du Canada.

**Ku, Joyce**
Bureau du vérificateur général du Canada.

**Labelle, Janet**
Gestionnaire des enquêtes, Direction des enquêtes et des divulgations internes (Travaux publics et Services gouvernementaux Canada).

**Laflamme, Jean**
Grand Prix Formule 1. Présent comme témoin à la Commission Gomery.

**Lafrenière, Marc**
Ancien directeur exécutif, Bureau d'information du Canada.

**Larose, Andrée**
Directrice générale par intérim, Programmes d'accès au public, DGSCC, TPSGC. Elle a témoigné à la

**V**

Commission Gomery et entretenait des liens avec John Parisella et Jean Brault.

**Lauzon, Paul**
Directeur, Services de publicité et de gestion des projets, DGSCC, TPSGC.

**Lefrançois, Marc**
Ancien président et chef de la direction, VIA Rail Canada Inc., congédié le 5 mars. Il avait été suspendu sans traitement le 23 février par le gouvernement Martin, qui lui avait demandé de fournir des explications sur le rôle de Via Rail dans l'affaire des commandites. Son nom apparaît dans l'étude de l'Institut Fraser sur le financement du PLC[2].

**Legault, Normand**
Grand responsable du Grand Prix F1 du Canada. Il s'est fait remplacer par des collègues pour sa comparution à la comparution Gomery.

**Libbey, Jim**
Directeur exécutif, Direction de l'infrastructure des systèmes stratégiques, Bureau du contrôleur général.

**Lloyd, Anita**
Accès à l'information et protection des renseignements personnels (Travaux publics et Services gouvernementaux Canada).

**Lucarelli, Stefano**
Ancien contrôleur général, Banque de développement du Canada.

**Lynch, Kevin G.**
Sous-ministre, Finances Canada.

**Macdonald, Robert**
Enquêteur Kroll Lindquist Avey.

**MacKinnon, Steven**
Témoin à la Commission Gomery concernant le PLC et/ou le PLCQ.

**Maltais, Marie**
Directrice générale, Coordination des communications stratégiques, DGSCC, TPSGC.

**Manganiello, Gaetano**
Témoin à la Commission Gomery concernant le PLC et/ou le PLCQ. Son nom apparaît dans l'étude de l'Institut Fraser sur le financement du PLC[2].

**Marcheterre, Irène**
Son nom apparaît dans l'étude de l'Institut Fraser sur le financement du PLC[2].

**Marcoux, Evelyn**
Directrice générale, Service à la clientèle et relations avec l'industrie, DGSCC, TPSGC.

**Marcoux, Laurent**
Directeur général, Recherche en opinion publique et coordination de la publicité, Travaux publics et Services gouvernementaux Canada.

**Marenger, Rosemary**
Bureau du vérificateur général du Canada.

**Marleau, Diane**
Ministre des Travaux publics et ministre des Approvisionnements et Service Canada du 25 janvier 1996 au 11 juillet 1996. Suite au remaniement des ministères, elle devient ministre des Travaux publics et Services gouvernementaux du 12 juillet 1996 au 10

juin 1997. Son nom apparaît dans l'étude de l'Institut Fraser sur le financement du PLC[2].

**Marquis, Alan**
Premier vice-président, Finance et chef des finances, Banque de développement du Canada.

**Marshall, David**
Sous-ministre, Travaux publics et Services gouvernementaux Canada.

**Massé, Marcel**
Marcel Massé a été Président du Conseil privé du 4 novembre 1993 au 24 janvier 1996. Ensuite, il a été Président du Conseil du Trésor du 25 janvier 1996 au 2 août 1999.

**Masse, Normand**
Directeur Principal (Expert en matière contractuelle) de la Direction du transport et des produits logistiques, électriques et pétroliers, Travaux publics et Services gouvernementaux Canada.

**McAuley, Lawrence**
Ministre fédéral du Travail qui a procédé au congédiement de Ted Weatherill, le président du Conseil canadien des relations de travail.

**McCallum, John**
Ministre libéral du Revenu qui a défendu contre vents et marées les agissements d'André Ouellet et David Dingwall.

**McDuff, Johanne**
Bureau du vérificateur général du Canada.

**McLaughlin, Steven**
Directeur, Direction des produits et des services de paiement, Travaux publics et Services gouvernementaux Canada (Équipe d'intervention rapide).

**McLellan, Anne**

**McKenzie, Guy**
Communications Canada.

**Mignacca, Antonio** : Témoin à la Commission Gomery concernant le PLC et/ou le PLCQ. Son nom apparaît dans l'étude de l'Institut Fraser sur le financement du PLC[2].

**Miller, Sophie**
Bureau du vérificateur général du Canada.

**Ministère des Finances** : Le ministère des Finances est responsable de la politiquc macroéconomique du gouvernement, y compris des politiques et des dépenses fiscales, ainsi que du cadre financier général. Il est également chargé d'analyser l'incidence économique et fiscale de toutes les propositions émanant des ministres.

**Ministère des Travaux publics et Services gouvernementaux (TPSGC)** :
Le Ministère des Travaux publics et Services gouvernementaux résulte de la fusion du Ministère des Travaux publics et du Ministère des Approvisionnements et Service Canada en 1996.

**Minto, Shahid**
Vérificateur général adjoint, Bureau du vérificateur général du Canada.

**Mitchell, Andy**
Ministre de l'agriculture dans le cabinet de Paul Martin qui s'est fait conduire à six reprises, en

Challenger, à sa résidence de Muskoka, une région touristique au nord de Toronto.

**Monaghan, Deanna**
Comptable agréée, Ernst & Young.

**Monette, Michel** : Un organisateur du Parti libéral pour la région de Laval qui a reçu 9 202$ en contributions de Groupaction. Son nom apparaît dans l'étude de l'Institut Fraser sur le financement du PLC[2].

**Monette, Rod**
Sous-ministre adjoint, Finances et services du ministère, Département de la Défense nationale (Équipe d'intervention rapide).

**Montreuil, Micheline**
Directrice, produits philatéliques, Société canadienne des postes.

**Morgan, Sue**
Bureau du vérificateur général du Canada.

**Morin, Julie**
Comptable agréée, Ernst & Young.

**Morris, Richard**
Vice-président, Vérification et inspection, Banque de développement du Canada.

**Morselli, Giuseppe**
Officier des finances agissant tant pour le Parti libéral du Canada que pour le Parti libéral du Québec. Son nom apparaît dans l'étude de l'Institut Fraser sur le financement du PLC[2].

**Myer, David**
Directeur général, Achats de produits et services de communication, DGSCC, TPSGC. Son nom apparaît dans l'étude de l'Institut Fraser sur le financement du PLC[2].

**Neville, Richard**
Ancien sous-ministre adjoint (Travaux publics et Services gouvernementaux Canada).

**O'Connell, Brian**
Bureau du vérificateur général du Canada.

**O'Hara, Kathy**
Sous-secrétaire du Cabinet, Appareil gouvernemental (Conseil privé).

**Owen, Stephen**
Ministre des Travaux publics et Services gouvernementaux du 12 décembre 2003 au 19 juillet 2004.

**Paquette, Denyse**
Coordonatrice de projets, Direction générale des Services de coordination des Communications (Travaux publics et Services gouvernementaux Canada).

**Parent, Mario** : Coordonnateur du programme de publicité, SPROP, TPSGC Coordonnateur du programme de publicité, DGSCC, TPSGC. Son nom apparaît dans l'étude de l'Institut Fraser sur le financement du PLC[2].

**Parti conservateur du Canada**
Représenté à la Commission Gomery.

**Parti libéral du Canada**
Représenté à la Commission Gomery.

**Parti libéral du Canada (Québec)**
Représenté à la Commission Gomery.

**Patry (Haxaire), Françoise**
Présidente du Parti libéral du Canada, section Québec. Son nom apparaît dans l'étude de l'Institut Fraser sur le financement du PLC[2].

**Pelletier, Gilles**
Communications Canada.

**Pettigrew, Pierre** : Ministre des Affaires étrangères Canada.

**Pichette, Louis**
Un organisateur du Parti libéral du Canada qui a reçu 8 000$ de contributions de Groupaction. Employé à titre d'adjoint aux opérations du cabinet de Jean Charest, Pichette a donné sa démission le 18 mars 2005. Son nom apparaît dans l'étude de l'Institut Fraser sur le financement du PLC[2].

**Poupart, Raynald**
Organisateur libéral. On se souvient de la présumée intervention de Monsieur Poupart avec Pierre Bibeau auprès de Jean Brault pour l'enquête de surveillance commandée pour suivre le président de Loto-Québec, Gaétan Frigon, auprès de l'agence de détective Sirco.

**Price Watherhouse Coopers**
Auteur de nombreux rapports pour le gouvernement fédéral et généreux donateur du PLC.

**Quail, Ranald**
Sous-ministre des Travaux publics et Services gouvernementaux de juillet 1993 au premier avril 2001, actuellement à la retraite depuis l'été 2004. Son nom apparaît dans l'étude de l'Institut Fraser sur le financement du PLC[2].

**Quevillon, Jean**
Gestionnaire de programmes en relations de travail, Relations de travail, Travaux publics et Services gouvernementaux Canada.

**Rabinovitch, Robert**
Président-directeur général de CBC/Radio-Canada. Robert Rabinovitch est un personnage très controversé au sein de son entreprise. Ses liens avec Paul Martin sont connus.

**Radwanski, George**
Ancien commissaire à la vie privée du Canada, il a remis sa démission alors qu'un comité parlementaire déposait un rapport qui exigeait que Georges Radwanski soit relevé de ses fonctions. Un comité multipartite avait dénoncé les dépenses somptuaires du commissaire à la vie privée, notamment lors de voyages à l'étranger. Le compte de dépenses de M. Radwanski, combiné à celui de son ancienne directrice des communications, atteindrait 500 000 $. Le commissaire à la vie privée fait aussi l'objet d'interrogations quant à ses impôts. En 2000, il a obtenu de Revenu Canada qu'il passe l'éponge sur une somme de plus d'un demi-million de dollars qu'il devait au fisc. Il est aussi soupçonné d'avoir fabriqué une fausse lettre et d'avoir soumis un rapport incomplet de son compte de dépenses, dont un séjour à Hawaï et une indemnité de résidence de 1200 dollars par mois qui ne devrait pas être assujettie à la Loi d'accès à l'information. C'est le 1er septembre 2000 que M. Radwanski est devenu commissaire par intérim à la protection de la vie privée. Enfin, le 19 octobre, sur approbation du Parlement, il avait été confirmé à ce poste pour un mandat de sept ans.

V

**Rae, John**
Responsable des affaires politiques de Power Corporation et homme à tout faire de Jean Chrétien
**Redmond, Jodi**
Directrice, Planification stratégique des communications, Bureau du Conseil Privé.
**Robesco, Richard**
Directeur par intérim, Direction de l'approvisionnement en communications, Travaux publics et Services gouvernementaux Canada.
**Robillard, Lucienne**
Lucienne Robillard a été Présidente du Conseil du Trésor du 3 août 1999 au 11 décembre 2003.
**Rodriguez, Pablo**
Président de l'aile québécoise du PLC. Il travaille au cabinet de relations publiques GGA. Son nom apparaît dans l'étude de l'Institut Fraser sur le financement du PLC².
**Roy, Jacques**
Un organisateur du Parti libéral dans la région de Montréal qui a reçu 11 556$ en contributions de Groupaction. En mars 2005, le président de l'aile québécoise du PLC, Pablo Rodriguez, résiliait le contrat de Monsieur Roy dans une séance de ménage du printemps. Son nom apparaît dans l'étude de l'Institut Fraser sur le financement du PLC².
**Rudin, Jeremy**
Directeur général, PEF - Bureau du sous-ministre adjoint, Direction de la politique économique et fiscale.
**Rumjahn, Anthony**
Contrôleur général, VIA Rail Canada Inc.
**Saada, Jacques**
Ministre libéral. Son nom apparaît dans l'étude de l'Institut Fraser sur le financement du PLC².
**Samson Bélair/Deloitte & Touche s.e.n.c.r.l.**
Cabinet conseil en comptabilité et auteur de plusieurs rapports dans le cadre du scandale des commandites et des activités publicitaires. Parmi les plus importants donateurs du Parti libéral du Canada. Pierre Pettigrew y a été vice-président de 1985 à 1995.
**Sawaya, Daniel**
Ancien vice-président et Gestion des produits, Société canadienne des postes.
**Secteur de la Publicité et de la Recherche sur l'Opinion Publique** (SPROP)
**Sioris, Lily**
Gestionnaire aux Relations publiques, Société canadienne des postes.
**Solon, Raoul**
Consultant, Secteur de la Publicité et de la Recherche sur l'Opinion Publique (SPROP)/Direction générale des services de coordination des communications (Direction générale des services de coordination des communications).
**Spalding, Martin**
Représentant du Grand Prix Formule 1, présent à titre de témoin à la Commission Gomery.

**Steinberg, Norman**
Directeur général, Direction générale de la vérification et de l'éthique (Travaux publics et Services gouvernementaux Canada).
**Stobbe, James**
Ancien sous-ministre adjoint (Travaux publics et Services gouvernementaux Canada).
**Stewart, Elizabeth**
Bureau du vérificateur général du Canada.
**Stewart, Jane**
**St-Laurent, Pierre**
Enquêteur Kroll Lindquist Avey.
**Thibault, Robert**
**Thom, Gerry**
Directeur, Classification, relations de travail, rénunération et systèmes d'affaires Direction générale de la vérification et de l'éthique (Travaux publics et Services gouvernementaux Canada).
**Thomas, Casey**
Bureau du vérificateur général du Canada.
**Thomas, Monique**
Témoin à la Commission Gomery concernant le PLC et/ou le PLCQ.
**Thouin, André**
Directeur des Affaires publiques, Gendarmerie royale du Canada.
**Tobin, Brian**
Concepteur et organisateur du mal nommé «love in» du 27 octobre 1995. Comme Sheila Copps, il a été exclu de la scène lors de l'événement.
**Tremblay, Huguette**
Responsable des projets spéciaux (Direction générale des services de coordination des communications) (Travaux publics et Services gouvernementaux Canada).
**Tremblay, Nathalie**
Témoin à la Commission Gomery concernant le PLC et/ou le PLCQ.
**Turner, Steven**
Fonctionnaire retraité (Travaux publics et Services gouvernementaux Canada).
**TVA/JPL**
Entreprise incluse dans l'étude de l'Institut Fraser : L'argent des commandites et des activités publicitaires relié au Parti.
**Vadeboncoeur, Guillaume**
Enquêteur Kroll Lindquist Avey.
**Viau, Diane**
Communications Canada.
**Vennat, Michel**
Il a remplacé François Beaudoin à la tête de la BDC. Son nom apparaît dans l'étude de l'Institut Fraser sur le financement du PLC².
**VIA Rail Canada**
Représentée à la Commission Gomery.
**Wajsman, Beryl**
Témoin à la Commission Gomery concernant le PLC et/ou le PLCQ.
**Wallace, Stephen**
Secrétaire adjoint, Secrétariat du Conseil du Trésor.
**Weatherill, Ted**
Critiqué pour ses dépenses somptueuses par le Vérificateur général, n'est plus président du Conseil canadien des relations de travail. Le ministre fédéral du

Travail, Lawrence McAulay l'a démis de ses fonctions, pour des dépenses incompatibles avec la charge du poste qu'il occupait.

**Wernick, Michael**
Sous-secrétaire du Cabinet, Planification et consultations (Conseil privé).
**Wheeler, Susan**
Bureau du vérificateur général du Canada.
**Whitla, Steven**
Enquêteur Kroll Lindquist Avey.
**Zaccardelli, Giuliano** : Commissaire, Gendarmerie royale du Canada.

### *Quelques collaborateurs d'Alfonso Gagliano*
**Bouvier, Joanne**
Ancienne adjointe spéciale, Cabinet du Ministre Gagliano (Travaux publics et Services gouvernementaux Canada).
**Brodeur, Pierre**
Ex-membre du cabinet d'Alfonso Gagliano.
**Ippersiel, Ghislaine**
Ancienne adjointe spéciale, Cabinet du Ministre Gagliano, Analyste (Travaux publics et Services gouvernementaux Canada).
**Lebrun, Patrick**
Ancien adjoint spécial, Cabinet du Ministre Gagliano, TPSGC.
**Lemieux, Claude**
Ex-membre du cabinet d'Alfonso Gagliano. Actuellement membre du cabinet du Premier ministre Jean Charest à Québec. Son nom apparaît dans l'étude de l'Institut Fraser sur le financement du PLC[2].
**Lesieur, Pierre**
Ex-membre du cabinet d'Alfonso Gagliano. Son nom apparaît dans l'étude de l'Institut Fraser sur le financement du PLC[2].
**Roy, Isabelle**
Ancienne adjointe spéciale, Cabinet du Ministre Gagliano, Agente de communications et de planification stratégique, (Direction générale des services de coordination des communications) (Travaux publics et Services gouvernementaux Canada). Son nom apparaît dans l'étude de l'Institut Fraser sur le financement du PLC[2].
**Tétreault, Érik**
Ex-directeur des communications d'Alfonso Gagliano, Érik Tétreault devait participer à une conférence sur le Scandale le 10 juin 2004 dans le cadre des conférences des Grands Communicateurs de La Toile des Communicateurs avec Jean Claude Bernheim et Alain Richard. La conférence n'a pas eu lieu.

### Conseil de l'Unité canadienne
**Amyot, Bernard**
Avocat au cabinet Heenen Blaikie, membre du Conseil de l'unité canadienne.
**Beauregard, Luc**
Président du conseil du Cabinet de relations publiques National et membre du Conseil de l'unité canadienne.
**Bélisle, Jean-Bernard**
Conseiller externe du Groupe Everest Communication, membre du Conseil de l'unité canadienne. Son nom

apparaît dans l'étude de l'Institut Fraser sur le financement du PLC[2].

**Drouin, Richard**
Avocat au cabinet McCarthy Tétrault, membre du Conseil de l'unité canadienne.
**Fortier, Yves**
Avocat et président du cabinet Ogilvy Renault, membre du Conseil de l'unité canadienne
**Fox, Marie-Hélène**
Vice-présidente Optimum Relations publiques, membre du Conseil de l'unité canadienne.
**Poissant, Charles-Albert**
Québécor inc., membre du Conseil de l'unité canadienne.

## Troisième section :
## *LE SYSTÈME DE JUSTICE*

### *Gouvernement du Québec et la Couronne*
**Bibeau, Pierre**
Grand organisateur libéral, il est le conjoint de la Ministre Line Beauchamp et est premier vice-président corporatif, communications et affaires publiques de Loto-Québec. On se souvient de la présumée intervention de Monsieur Bibeau auprès de Raynald Poupart auprès de Jean Brault pour l'enquête de surveillance commandée pour suivre le président de Loto-Québec, Gaétan Frigon, auprès de l'agence de détective Sirco. Jean Brault, président de Groupaction, s'était payé une pleine page dans tous les quotidiens et le journal Les Affaires pour affirmer qu'il n'avait pas commandé une telle étude.
**Boilard, Jean-Guy**
Juge au procès de Paul Coffin.
**Charest, Jean**
Premier ministre du Québec. Quelques proches collaborateurs de Jean Charest ont démissionné suite à des révélations à la Commission Gomery.

### Direction des poursuites publiques
Drolet, François
Procureur de la Couronne au procès de Paul Coffin.
**Hébert, Gilles**
Juge à la Cour supérieure du Québec qui a reçu la requête des avocats du Procureur général du Canada pour augmenter de 7,3 millions de dollars les poursuites contre les agences de publicité le vendredi 30 septembre 2005.
**Langlois, Hélène**
Juge de la Cour Supérieure, le 17 octobre 2005, elle a tranché en faveur d'Alain Richard et de son père dans la cause d'outrage au tribunal (No.500-17-025506-059[12]) déposé par Yves Gougoux et John Parisella[13].
**Marcoux, Yvon**
Ministre de la justice du gouvernement libéral provincial. Nous avons communiqué à plusieurs reprises avec le Ministre pour lui signaler les anomalies dans cette affaire. Nous attendons toujours un premier accusé de réception.
**Martin, Fraser** : Juge au procès de Jean Brault et Charles Guité. Il est également celui qui a cassé l'assignation à comparaître de John Parisella au procès d'Alain Richard dans des manœuvres sous enquête par

**V**

le Syndic du Barreau de l'avocat devenu juge, Martin Vauclair.

## Matteau, Lise

Juge de la Cour Supérieure qui a accordé l'injonction[14] contre Alain et Robert Richard. Lise Matteau a été administratrice et conseillère auprès du Barreau de la Mauricie. Elle a également été chargée de cours à l'Université du Québec à Trois-Rivières dans le domaine du droit des affaires et de la législation, en matière de santé et de sécurité au travail, et dans d'autres domaines liés à son expertise.
**Ministère de la Justice du Québec**
**Ministère de la Sécurité publique**
**Perreault, Éliane**
Conjointe de Me Jean-Marc Brousseau, ex-patron de Me Dominic St-Laurent. Pendant que son conjoint vient de prendre une retraite anticipée de la Couronne, Éliane Perreault continue à travailler au bureau des Substituts du Procureur général à Montréal.
**Substitut du Procureur général du Québec**

### *Sûreté du Québec*
**Bergeron, Gilles[15]** : Agent impliqué dans l'enquête.
**Guindon, Daniel[16]** : Agent (matricule #10452) impliqué dans l'enquête.
**Santori, Vincent** : Sergent-détective à la direction de la lutte aux crimes contre la personne de la Sûreté du Québec, il doit quelques réponses à Alain Richard.
**Théberge, Philippe[17]** : Agent impliqué dans l'enquête.
**Vigneault, Daniel[18]** : Agent impliqué dans l'enquête.

### *Service de Police de la Ville de Montréal*
**Beaulieu, Marc** : Représentant de la compagnie d'alarme ayant exécuté un mandat dans le cadre des procédures.
**Benedicte, Junius** : Le nom de ce policier est sur les papiers officiels déposés à la Cour contre Alain Richard.
**Bolduc, Patrick** : Serrurier qui a exécuté un mandat dans le cadre des procédures contre Alain Richard.

## Quatrième section :
## LES ORGANISMES DE DÉFENSE DES DROITS

### *Commissaire à la déontologie policière[19]*
**Canuel, Marcel - Deshaye, Robert** (Avocat) -
**Gauthier, Réjean** (Avocat) -
**Morissette, Anne** (Conciliatrice).

### *Commission d'accès à l'information du Québec[20]*
**Bilodeau, Laurent - Des Roches, Suzanne - Doucet, Caroline - Filion, Guylaine - Fréchette, Gaston - St-Laurent, Jacques**

### *Commission des droits de la personne et de la jeunesse du Québec[21]*
**Lussier, Yves - Marquis, Serge**

### *Conseil de presse du Québec*
**Maltais, Robert - Verge, Nathalie**

### *Conseil de surveillance des activités de la Sûreté du Québec*
La Sûreté du Québec est intervenue dans la perquisition au domicile d'Alain Richard à la demande du Service de Police de la Ville de Montréal. C'est dans ce contexte qu'Alain Richard a demandé au responsable du conseil de surveillance, Claude Corbo, d'intervenir.

### *Protecteur du Citoyen du Québec*
Plainte d'Alain Richard #04-15428.
**Alain, Aline - Auger, Jacques L.** (Avocat.)

### *Office des professions du Québec*
Alain Richard a demandé à l'Office de se pencher sur le comportement du Syndic du Barreau dans cette affaire.
**Sparer, Michel**

### *Syndic de la Chambre des huissiers du Québec*
**Horic, Alan - Noel, René**

### *Syndic de l'Ordre des Comptables Agréés du Québec*
**Lussier-Price, Ginette[22] - Maurer, Claude[23].**

### *Syndic du Barreau du Québec[24]*
**Bernard, Pierre - Bilodeau, Guy - Comeau, Louise - Houle, Jacques - Ménard, Murielle - Tremblay, Claudia**

## Cinquième section :
## DES JOURNALISTES

**→Arcand, Paul**
Animateur qui voulait recevoir Alain Richard à son émission du temps à CKAC. Devant le refus de ce dernier d'y participer, parce que l'entrevue était surtout axé sur des potins et suite à l'intervention de Me Michel Massicotte[25], Paul Arcand s'est permis de qualifier Alain Richard de «Coucou» en ondes.
**Aubry, Jack[26]** : Journaliste du Ottawa Citizen qui a mené quelques entrevues[27] en profondeur avec Alain Richard.
**Cernetig, Miro[28]** : Journaliste au Toronto Star. Il a fait la une[29] avec un article sur les déclarations d'Alain Richard en rapport avec Groupaction. Yves Gougoux n'avait pas aimé[30], Jacques Bouchard non plus.
**Daunais, Pierre**
Animateur au Réseau CPAC à Ottawa. Son recherchiste William Leclerc le dit ami avec John Parisella[31].
**Lapierre, Luc** : Journaliste à Radio-Canada qui a couvert les menaces de mort contre Alain Richard.
**Leblanc, Daniel** : Journaliste chevronné du Globe & Mail. On le désigne comme celui qui a fait éclaté le scandale. Il a rédigé au moins un article[32] en utilisant les propos d'Alain Richard.

➡**Morrissette, Rodolphe** : Journaliste du Journal de Montréal qui s'est permis des écarts de conduite dans ses propos dans le traitement de la nouvelle en rapport avec Alain Richard. Bien que son employeur refuse de commenter, le Conseil de presse[33] étudie le travail de ce journaliste dans cette affaire et devrait être en mesure d'identifier les sources des informations erronées dans son article du 9 avril 2004[34].

**Nicol, John**[35]
Réalisateur de l'émission The National à la télévision anglaise de Radio-Canada. John Nicol était un des bons informateurs d'Alain Richard.

**Poirier, Claude**
Claude Poirier s'est permis de mettre en doute la santé mentale d'Alain Richard en ondes.

**Proulx, Gilles**
Suite à une opération de lobbying, Gilles Proulx n'a plus invité Alain Richard à commenter en ondes.

**Roy, Patrice**[36]
Chef de pupitre à Ottawa de la Société Radio-Canada. Il est l'instigateur de l'histoire des chiens. Mais qui lui a refilé le courriel adressé à Paul Loiselle de KPMG ?

**Soumis, Laurent**
Journaliste au Journal de Montréal. Yves Gougoux et John Parisella ont intenté une poursuite[37] de plus de 1 million de dollars contre lui et son employeur pour sa couverture des événements entourant la Commission Gomery.

----------------
1 www.DesNotables.com/BCPInstitutFraser/
2 *Dont il n'y a pas de version française.*
3 www.DesNotables.com/Groupaction - www.DesNotables.com/PremierRapport/Groupaction.pdf
4 www.DesNotables.com/PremierRapport/Everest.pdf
5 www.DesNotables.com/PremierRapport/Gosselin.pdf
6 www.DesNotables.com/PremierRapport/Lafleur.pdf
7 www.DesNotables.com/PremierRapport/Vickers.pdf
8 www.DesNotables.com/PremierRapport/Synopsis.pdf - www.DesNotables.com/PremierRapport/Factuel.pdf
9 www.DesNotables.com/Beaudoin.html
10 www.DesNotables.com/PremierRapport/Synopsis.pdf - www.DesNotables.com/PremierRapport/Factuel.pdf
11 www.DesNotables.com/Ottawa/
12 *www.DesNotables.com/Legal/target56.html*
13 *www.DesNotables.com/Legal/target56.html*
14 www.DesNotables.com/Legal/target26.html
15 www.DesNotables.com/SQ/target0.html
16 www.DesNotables.com/SQ/target1.html
17 www.DesNotables.com/SQ/target0.html
18 www.DesNotables.com/SQ/target1.html
19 www.DesNotables.com/Droit/target33.html
20 www.DesNotables.com/Droit/target20.html
21 www.DesNotables.com/Droit/target50.html
22 www.DesNotables.com/Droit/target52.html
23 www.DesNotables.com/Droit/target52.html
24 www.DesNotables.com/Droit/target6.html
25 www.DesNotables.com/SQ/target46.html
26 www.DesNotables.com/Media/target5.html
27 www.DesNotables.com/Media/target38.html
28 www.DesNotables.com/Media/target6.html
29 www.DesNotables.com/Media/target27.html
30 www.desnotables.com/Media/target29.html
31 www.DesNotables.com/SQ/target47.html
32 www.DesNotables.com/Media/target12.html
33 www.DesNotables.com/Droit/target45.html
34 www.DesNotables.com/Parisella/target53.html
35 www.DesNotables.com/Media/target7.html
36 www.DesNotables.com/Media/target186.html
37 www.DesNotables.com/ BCPpoursuite/

V

**CANADA**

**PROVINCE DE QUÉBEC**
DISTRICT DE MONTRÉAL

NO :500-17-028123-050

**COUR SUPÉRIEURE**
————————————————

**ALAIN RICHARD**, résidant et domicilié au

Demandeur

c.

**YVES GOUGOUX**, résidant et domicilié au

Et

**AGNÈS JARNUSKIEWICZ-GOUGOUX**,

Défendeurs

————————————————

**REQUÊTE INTRODUCTIVE D'INSTANCE EN DOMMAGE ET INTÉRÊTS AMENDÉE**
**(art.110 C.p.c.)**

**AU SOUTIEN DE SA REQUÊTE INTRODUCTIVE D'INSTANCE, LE DEMANDEUR EXPOSE RESPECTUEUSEMENT CE QUI SUIT :**

1. En date du 12 septembre 1994, le demandeur est embauché par la compagnie Le Groupe BCP Ltée, à titre de superviseur;

2. Le défendeur, Yves Gougoux, est propriétaire de ladite compagnie et occupe au sein de cette dernière le poste de président du conseil d'administration;

3. En date du 20 juillet 1995, et pour une période de trois (3) mois, soit jusqu'au 30 octobre 1995, le demandeur fut en arrêt de travail pour cause de dépression;

4. Durant une période de dix (10) jours, soit du 24 juillet au 3 août 1995, le demandeur fut hospitalisé à l'hôpital Reddy Memorial pour cause de dépression majeure;

5. Le ou vers le mois de septembre 1995, le demandeur devient directeur du service à la clientèle pour la compagnie Le Groupe BCP Ltée;

6.   En date du 2 juillet 1996, le demandeur décide de quitter volontairement son emploi au sein de la compagnie Le Groupe BCP Ltée, ayant accepté une offre d'emploi de la compagnie Groupaction Marketing inc;

7.   Du 16 septembre 1996 et jusqu'au 27 novembre 1997, le demandeur fut à l'emploi de l'agence de publicité Groupaction Marketing inc à titre de vice-président aux affaires corporatives;

8.   Le ou vers le 12 mai 1997, le demandeur prend connaissance du fait que des rumeurs sont propagées par le défendeur, à l'effet que le demandeur aurait déjà été interné et serait toujours sous médication;

9.   En date du 26 mai 1998, le demandeur fonde sa propre firme de consultants en marketing numérique, soit rebelles.com inc;

10.  Le ou vers le 27 février 2002, le demandeur reçoit une lettre du défendeur, qui le félicite pour ses efforts dans la fondation de l'organisme La toile des communicateurs, qui décerne une fois par année des prix dans le domaine de la publicité, tel qu'il appert de ladite lettre communiquée au soutien des présentes comme **PIÈCE P-1**;

11.  Le 9 septembre 2003, le demandeur reçoit un courriel que le défendeur avait envoyé à Jacques Bouchard, ancien propriétaire et ancien président du conseil d'administration de la compagnie Le Groupe BCP Ltée. Dans ledit courriel, le défendeur remet clairement en doute la santé mentale du demandeur et mentionne son intention d'intervenir éventuellement quant à cette situation, tel qu'il appert dudit courriel communiqué au soutien des présentes comme **PIÈCE P-2**;

12.  Le ou vers le mois de décembre 2003, le demandeur amorce des pourparlers avec la compagnie ▓▓▓▓▓▓▓ sur la possibilité d'une fusion entre cette dernière et la compagnie du demandeur, rebelles.com inc.;

13.  Le ou vers le 3 février 2004, le demandeur apprend que les relations d'affaires qu'il entretient avec Jacques Bouchard dérangent particulièrement le défendeur;

14.  Le 10 février 2004, la vérificatrice générale du Canada, Sheila Fraser, dépose son rapport sur les commandites et les activités publicitaires au Parlement d'Ottawa;

15.  Le 12 février 2004, le *Globe & Mail* publie un article, à la suite d'une entrevue donnée par le demandeur, et portant le titre suivant : « Groupaction Faked invoices, insider says », tel qu'il appert d'une copie dudit article communiquée au soutien des présentes comme **PIÈCE P-3**;

16.  Le 14 février 2004, Jacques Bouchard envoie un courriel au demandeur l'invitant à rencontrer le défendeur pour tenter de mettre un terme au litige existant entre les parties, notamment au sujet de la diffusion par le défendeur de fausses rumeurs sur la santé mentale du demandeur, tel qu'il appert dudit courriel communiqué au soutien des présentes comme **PIÈCE P-4**;

17.  Le ou vers le mois de mars 2004, le défendeur a mandaté Me Michel Massicotte, avocat de la compagnie Le Groupe BCP Ltée, d'enquêter, notamment auprès de la conjointe du demandeur, au sujet de ce qu'il considère être la « maladie mentale » du demandeur, tel qu'il appert des pages 128 et 129 des notes sténographiques du procès en date du 26 mai 2005 communiquées au soutien des présentes comme **PIÈCE P-5**;

**VI**

18. Le 2 mars 2004, le demandeur envoie une lettre au Premier ministre du Canada, Paul Martin, pour lui faire état des informations qu'il détient au sujet de l'influence de la compagnie Le Groupe BCP Ltée dans l'absence de transparence du processus de soumission des appels d'offres pour les contrats de publicité du gouvernement fédéral, tel qu'il appert d'une copie de ladite lettre communiquée au soutien des présentes comme **PIÈCE P-6**;

19. Le ou vers le 4 mars 2004, le demandeur reçoit une lettre de Jean-Luc Marion, chef de la correspondance du cabinet du Premier ministre, pour lui signaler que sa lettre du 2 mars 2004 a été acheminée au Juge Gomery, responsable de la commission d'enquête publique sur les programmes de commandites et de publicité, tel qu'il appert de ladite lettre communiquée au soutien des présentes comme **PIÈCE P-7**;

20. Le 5 mars 2004, suite à une entrevue avec le défendeur, le *Journal de Montréal* publie un article titré : « Nous n'avons jamais fait de commandite», tel qu'il appert d'une copie dudit article communiqué au soutien des présentes comme **PIÈCE P-8**;

21. En date du 8 mars 2004, suite à une entrevue du demandeur, le journal *Le Soleil* publie un article titré : « Les dés étaient pipés pour les autres boites », tel qu'il appert d'une copie dudit article communiqué au soutien des présentes comme **PIÈCE P-9**;

22. À cette même date, le demandeur signe avec ▓▓▓▓▓▓▓▓▓▓▓▓▓▓▓▓▓▓▓▓ ▓▓▓▓▓▓▓, une entente de confidentialité et de non-sollicitation, dans le cadre du projet de fusion avec la compagnie rebelles.com inc. appartenant au demandeur, tel qu'il appert d'une copie de ladite entente communiquée au soutien des présentes comme **PIÈCE P-10**;

23. Peu de temps après, dans le cadre des négociations pour une éventuelle fusion entre lesdites compagnies, un projet de regroupement de la compagnie ▓▓▓▓▓▓▓▓ et de rebelles.com inc. a été fait, tel qu'il appert d'une copie dudit projet de regroupement communiqué au soutien des présentes comme **PIÈCE P-11**;

24. En date du 20 mars 2004, suite à une entrevue donnée par le demandeur, le *Toronto Star* publie un article titré : « Sponsorship scandal : What a former Groupaction executive told police : $1.5M for $50, 000 job », tel qu'il appert d'une copie dudit article communiqué au soutien des présentes comme **PIÈCE P-12**;

25. En date du 25 mars 2004, Jeremy Leblanc, co-greffier du Comité permanent sur les comptes publics, laisse un message sur le répondeur du demandeur, demandant à celui-ci de venir témoigner au Parlement d'Ottawa pour ce qui deviendra le scandale des commandites et des activités publicitaires;

26. Le 26 mars 2004, le demandeur reçoit à son domicile une lettre de menace de mort pour laquelle il effectue une plainte, tel qu'il appert d'une copie de ladite lettre et desdites déclarations du demandeur faite à la police et communiquées en liasse au soutien des présentes comme **PIÈCE P-13**;

27. Le même jour, le *Toronto Star* publie un article titré : « Ex-Groupaction executive to testify» , tel qu'il appert d'une copie dudit article communiqué au soutien des présentes comme **PIÈCE P-14**;

28. De plus, le demandeur reçoit un courriel de mise en garde de la part de Jacques Bouchard, qui venait de recevoir un courriel du défendeur concernant l'article du *Toronto Star* mentionné au paragraphe 24 des présentes, tel qu'il appert dudit courriel communiqué au soutien des présentes comme **PIÈCE P-15**;

29. Aussi, ▮▮▮▮▮▮▮▮ de la compagnie ▮▮▮▮▮▮▮, fait parvenir au demandeur un courriel faisant état de l'échéancier à suivre dans le cadre de leur projet de fusion d'entreprises, tel qu'il appert dudit courriel communiqué au soutien des présentes comme **PIÈCE P-16**;

30. En date du 28 mars 2004, *La Presse* publie un article titré « Scandale des commandites : Menaces de mort » dans lequel on relate la menace de mort reçue par le demandeur le 26 mars 2004, tel qu'il appert d'une copie dudit article communiqué au soutien des présentes comme **PIÈCE P-17**;

31. En date du 29-30 mars et du 2 avril 2004, le demandeur donne des entrevues radiophoniques pour la station CKAC, à l'émission de Paul Arcand, dans le cadre du « scandale des commandites »;

32. En date du 3 avril 2004, le demandeur apprend que Me Michel Massicotte a appelé l'animateur de télévision Paul Arcand afin de lui dire que le demandeur souffrait de problèmes psychiatriques sérieux. Le même jour, le demandeur en informe Jacques Bouchard qui lui répond alors par courriel que Me Michel Massicotte est également un ami de longue date du défendeur, tel qu'il appert dudit courriel communiqué au soutien des présentes comme **PIÈCE P-18**;

33. Le 7 avril 2004, le demandeur est entendu à huis clos par le Comité permanent de comptes publics au Parlement d'Ottawa, où il témoigne sur l'implication des compagnies Groupaction Marketing Inc. et Le Groupe BCP Ltée dans le scandale des commandites et des activités publicitaires;

34. Le même jour, le demandeur accorde une entrevue en direct de la chaîne de télévision CPAC;

35. Le 8 avril 2004, le *Ottawa Citizen* et le *National Post* font état du témoignage du demandeur au Comité permanent des comptes publics, tel qu'il appert d'une copie desdits articles communiqués en liasse au soutien des présentes comme **PIÈCE P-19**;

36. Le même jour, le défendeur dépose une plainte aux autorités policières en vertu de laquelle le demandeur sera subséquemment accusé de menace de causer la mort ou des lésions corporelles et de harcèlement envers le défendeur. Au soutien de sa plainte, le défendeur joint une déclaration détaillée comportant dix-huit (18) pages et quinze (15) annexes, tel qu'il appert d'une copie de ladite déclaration de ce dernier communiquées en liasse au soutien des présentes comme **PIÈCES P-20**;

37. Lors de sa déclaration, le défendeur a, de manière délibérée, divulgué de fausses informations aux autorités policières, affirmant que le demandeur souffrait d'une maladie mentale et qu'il avait été interné pendant une période de six (6) mois à l'hôpital psychiatrique Douglas de Verdun. Par conséquent, ces fausses informations furent inscrites au rapport complémentaire de la police, tel qu'il appert des pages 188 et 189 des notes sténographiques du procès en date du 26 mai 2005, et d'une copie dudit rapport complémentaire effectué en date du 2 juillet 2004 communiqués au soutien des présentes comme **PIÈCE P-21** et **PIÈCE P-22**;

**VI**

38. Le 9 avril 2004, le *Journal de Montréal* publie un article intitulé: « BCP se dit victime de menaces de la part de l'ancien v.-p. de Groupaction ». Également, *LCN* publie un article titré : « Alain Richard pourrait être poursuivi au criminel » et ce, alors même que le ministère public n'a pas encore décidé si des accusations seraient portées contre le demandeur, tel qu'il appert d'une copie desdits articles communiqués au soutien des présentes comme **PIÈCE P-23**;

39. Les démarches judiciaires entreprises par les défendeurs, ainsi que leur médiatisation, ont eu des répercussions économiques importantes pour le demandeur. En effet, cela lui a occasionné la perte de plusieurs clients, ainsi que la perte d'une occasion d'affaire, soit le projet de fusion avec la compagnie ▓▓▓▓▓▓ dont mention a été fait précédemment. Ledit projet de fusion impliquait pour le demandeur un gain de neuf cent mille dollars (900 000,00$), en plus d'un revenu annuel subséquent de cent cinquante mille dollars (150 000,00$);

40. En date du 15 avril 2004, le demandeur se rend au bureau des légistes et conseillers parlementaires à Ottawa, où il rencontre Rob R. Walsh, Gregory Tardi et Steven Chaplin, pour fournir de plus amples informations sur certains aspects de son premier témoignage au Comité permanent de comptes publics, en lien notamment avec la compagnie Le Groupe BCP Ltée;

41. Lors de cette rencontre au bureau des légistes et conseillers parlementaires à Ottawa, on mentionne au demandeur l'inquiétude du Parlement d'Ottawa face à la crédibilité de son témoignage, vu les rumeurs circulant au sujet de ses problèmes de santé mentale;

42. Le ou vers le 16 avril 2004, le demandeur reçoit une lettre de Jean-Luc Marion, chef de la correspondance au cabinet du Premier ministre du Canada, confirmant que le demandeur fut appelé à comparaître devant le Comité permanent des comptes publics le 7 avril dernier, tel qu'il appert de ladite lettre communiquée au soutien des présentes comme **PIÈCE P-24**;

43. À cette même date, le demandeur reçoit une lettre de mise en demeure de la part du défendeur et de la compagnie Le groupe BCP Ltée, lui indiquant de cesser tout geste de nature à porter atteinte à la réputation de ces derniers, faisant ici référence aux différentes entrevues données par le demandeur dans le cadre de la commission d'enquête publique sur les programmes de commandites et de publicité, du tel qu'il appert de ladite mise en demeure communiquée au soutien des présentes comme **PIÈCE P-25**;

44. Le 11 mai 2004, Élizabeth Kingston, co-greffière du Comité permanent sur les comptes publics, laisse un message sur le répondeur du demandeur, lui demandant de comparaître à nouveau au Parlement d'Ottawa dans le cadre du scandale des commandites;

45. Le ou vers le 14 mai 2004, le demandeur reçoit une deuxième mise en demeure de la part du défendeur et de la compagnie Le groupe BCP Ltée, lui enjoignant à nouveau de cesser tout geste de nature à porter atteinte à leur réputation, tel qu'il appert de ladite mise en demeure communiquée au soutien des présentes comme **PIÈCE P-26**;

46. En date du 15 juin 2004, suite au tort causé par la plainte criminelle non fondée du défendeur à l'encontre du demandeur et à sa médiatisation, ▓▓▓▓▓▓▓▓▓▓▓▓▓▓▓▓▓▓▓ ▓▓▓▓▓▓ tel qu'il appert d'une copie dudit avis communiqué au soutien des présentes comme **PIÈCE P-27**;

47. Le 29 juin 2004, la défenderesse, épouse du défendeur, fait une déclaration aux autorités policières comprenant de fausses informations quant à l'état de santé mentale du demandeur, notamment qu'il serait atteint du syndrome de maniaco-dépression, tel qu'il appert d'une copie de ladite déclaration communiquée au soutien des présentes comme **PIÈCE P-28**;

48. En date du 30 juin 2004, le demandeur est mis en état d'arrestation suivant cinq (5) chefs d'accusations non fondés, soit menace de mort ou de causer des lésions corporelles et harcèlement envers le défendeur, Michel Massicotte et Jacques Bouchard, tel qu'il appert d'une copie de l'acte d'accusation communiqué au soutien des présentes comme **PIÈCE P-29**;

49. Simultanément à cette arrestation, le demandeur fut perquisitionné à son domicile et à son lieu d'entreprise, le tout avec l'assistance démesurée de vingt-quatre (24) policiers, tel qu'il appert des pages 182 à 185 des notes sténographiques du procès en date du 26 mai 2005, communiquées au soutien des présentes comme **PIÈCE P-30**;

50. Lors de ces perquisitions, les policiers ont saisi une partie importante du matériel informatique du demandeur, notamment tout le matériel lui permettant d'offrir un service aux clients de sa compagnie rebelles.com inc, tel qu'il appert d'une copie de la liste des policiers sur les objets saisis communiquée au soutien des présentes comme **PIÈCE P-31**;

51. Ces perquisitions ont occasionné de nombreux inconvénients au demandeur, puisqu'elles ont eu pour effet de paralyser complètement les opérations de la compagnie du demandeur, rebelles.com inc., l'empêchant ainsi de fournir le service promis à ses clients. En effet, la totalité des services fournis par le demandeur à ses clients nécessitaient l'utilisation d'ordinateurs, puisque ce dernier fournissait notamment à plus de cent vingt-cinq (125) clients l'hébergement de leur site internet et l'accès à une boîte de messagerie;

52. Jusqu'au 2 juillet 2004, la compagnie du demandeur fut totalement inopérante. Pour être en mesure de reprendre ses activités professionnelles, le demandeur a dû faire appel aux services d'un avocat afin de récupérer lesdits ordinateurs saisis à son lieu d'entreprise, ce qui lui a occasionné de nombreux frais;

53. Le demandeur s'est également vu imposer des conditions restreignant grandement sa liberté de déplacement, puisque qu'il devait rester à moins de deux cents (200) mètres du lieu de résidence et de travail des défendeurs, de Jacques Bouchard, Michel Massicotte, Caroline Maranda-Bouchard, Nathalie Fagnan, Marie-Hélène David ainsi que le cabinet d'avocat « Desrosiers, Turcotte, Massicotte, Vauclair » et des compagnies Publicis et Le Groupe BCP Ltée. Par conséquent, considérant également le stress et l'angoisse que le demandeur a subi du fait d'être accusé à tort, il en résulte pour ce dernier une perte considérable de jouissance de la vie, tel qu'il appert d'une copie de la promesse du demandeur communiqué au soutien des présentes comme **PIÈCE P-31A**;

54. Le 18 septembre 2004, l'accusation criminelle du demandeur est rendue publie dans le *Journal de Montréal* et dans *La Presse*, tel qu'il appert d'une copie desdits articles communiqués en liasse au soutien des présentes comme **PIÈCE P-32**;

55. Les plaintes déposées par les défendeurs qui ont mené à l'arrestation du demandeur, ainsi que la médiatisation de celle-ci, ont eu pour effet d'entraîner la compagnie du demandeur, rebelles.com inc., dans un déclin économique, aggravant ainsi la situation financière fragile du demandeur;

56. Le même jour, le demandeur reçoit une enveloppe adressée à son nom, dans laquelle il y a une copie de sa demande de prestations d'assurance-salaire contenue au dossier de la compagnie Le Groupe BCP Ltée et ayant été falsifiée, le tout accompagné d'une page de présentation de transmission de documents par télécopieur du cabinet d'avocat « Desrosiers, Turcotte, Massicotte, Vauclair ». Il appert à la face même dudit document falsifié que celui-ci a circulé notamment entre le défendeur, Jacques Bouchard et le bureau d'avocat « Derosiers, Turcotte, Massicotte, Vauclair », tel qu'il appert d'une copie desdits documents communiqués au soutien des présentes comme **PIÈCE P-33**;

**VI**

57. Le ou vers le 12 octobre 2004, le demandeur reçoit un bilan de santé émis par son psychiatre, le docteur Enrique Lizondo, précisant son état psychiatrique et infirmant les rumeurs qui circulent à son sujet quant au fait que le demandeur souffre de troubles bipolaires, soit de manico-dépression. Le tout fut confirmé à nouveau par lettre datée du 28 septembre 2005, tel qu'il appert dudit bilan médical et de la lettre du docteur Enrique Lizondo communiqués en liasse au soutien des présentes comme **PIÈCE P-34 (Alain Richard n'a jamais souffert de maniaco-dépression)**;

58. Le 15 octobre 2004, suite au tort irréparable causé par les fausses accusations criminelles du défendeur à l'encontre du demandeur,

        communiqué au soutien des présentes comme **PIÈCE P-35**;

59. En date du 4 novembre 2004, le demandeur soumet, tel que prescrit par la loi, une demande écrite au département des ressources humaines de la compagnie Le Groupe BCP Ltée afin d'exercer son droit d'accès aux renseignements personnels contenus dans son dossier d'employé, notamment sa demande de prestations d'assurance-salaire;

60. En date du 19 novembre 2004, le demandeur est à nouveau arrêté et fait l'objet de quinze (15) chefs d'accusations additionnels, tous des bris de conditions, tel qu'il appert de l'acte d'accusation communiqué au soutien des présentes comme **PIÈCE P-36**;

61. Le demandeur est gardé en détention pendant plus de trois (3) jours pour avoir omis de respecter ses conditions de libération notamment, celle lui enjoignant de ne pas communiquer avec la compagnie Le Groupe BCP Ltée qu'il aurait violé suite à sa demande d'accès à son dossier d'employé de ladite compagnie;

62. En date du 22 novembre 2004, le demandeur se voit imposer un nombre impressionnant de conditions de remise en liberté. En effet, celui-ci ne peut dorénavant approcher, dans un rayon de trois cent (300) mètres, le lieu de travail et de résidence des personnes mentionnées lors de l'émission des premières conditions de remise en liberté et énumérées au paragraphe 53 de la présente. De plus, les noms suivants sont ajoutés à la condition mentionnée ci-haut : toutes les personnes oeuvrant de près ou de loin pour la compagnie BCP, la compagnie Publicis et la firme d'avocat « Desrosiers, Turcotte, Massicotte et Vauclair », Serge Rancourt, Ross Cammalleri, John Parisella, Jean-Louis Dufresne, Me Gérald Tremblay et Esther Bégin, tel qu'il appert d'une copie de l'engagement du demandeur communiqué au soutien des présentes comme **PIÈCE P-36A**;

63. En date du 21 novembre 2004, de nombreux articles concernant l'arrestation du demandeur sont publiés, tel qu'il appert d'une copie desdits articles communiqués en liasse au soutien des présentes comme **PIÈCE P-37**;

64. En date du 30 novembre 2004, l'hôpital psychiatrique Douglas informe le sergent-détective Tony Paradiso qu'il n'existe aucun dossier au nom du demandeur dans leurs archives médicales, tel qu'il appert d'une copie de ladite lettre communiquée au soutien des présentes comme **PIÈCE P-38**;

65. En date du 4 décembre 2004, vu l'absence de collaboration de la part de la compagnie Le Groupe BCP Ltée face à la demande du 4 novembre 2004 du demandeur, ce dernier n'a d'autre choix que de solliciter l'intervention de la Commission d'accès à l'information afin d'obtenir une copie de son dossier d'employé au sein de la compagnie Le Groupe BCP Ltée et plus spécifiquement, tout son dossier de nature médicale;

66. Le ou vers le 16 décembre 2004, Le Groupe BCP Ltée fait parvenir à la Commission d'accès à l'information une copie du dossier d'employé du demandeur. Cependant, il manque toujours la copie de l'endos du formulaire daté du 27 juillet 1995, intitulé « Demande de prestations d'assurance-salaire »;

67. En date du 17 janvier 2005, les défendeurs envoient, par courriel au sergent-détective Luce Viens, de nouvelles déclarations contre le demandeur, tel qu'il appert desdits courriels communiqué en liasse au soutien des présentes comme **PIÈCE P-39**;

68. Le 6 avril 2005, la Commission d'accès à l'information ordonne à la compagnie Le Groupe BCP Ltée et à son procureur, Me Michel Massicotte, de lui soumettre un affidavit d'une personne en autorité chez cette dernière afin de constater les recherches effectuées pour trouver l'endos du formulaire daté du 27 juillet 1995, intitulé « Demande de prestations d'assurance-salaire » et le cas échéant, de le communiquer au demandeur, tel qu'il appert d'une copie dudit jugement communiqué au soutien des présentes comme **PIÈCE P-40**;

69. Par la suite, le demandeur reçoit finalement une copie de l'endos du formulaire daté du 27 juillet 1995, intitulé « Demande de prestations d'assurance-salaire ». Sur ce document, il apparaît clairement que le demandeur n'est pas atteint de dépression bipolaire, mais bien unipolaire, tel qu'il appert d'une copie dudit formulaire communiqué au soutien des présentes comme **PIÈCE P-41**;

70. En date du 29 avril 2005, le défendeur et John Parisella, déposent une requête en injonction provisoire, interlocutoire et permanente portant le numéro 500-17-025506-059, et ce envers le demandeur et son père, Robert Richard. Des affidavits qui relatent les accusations criminelles portées contre le demandeur sont joints à cette requête, tel qu'il appert d'une copie de ladite requête et des affidavits communiqués en liasse au soutien des présentes comme **PIÈCE P-42**;

71. Ainsi, le défendeur et John Parisella obtiennent une injonction provisoire à l'encontre du demandeur, en vigueur du 29 avril 2005 au 9 mai 2005, afin d'empêcher ce dernier de diffuser certaines informations à leur sujet, tel qu'il appert d'une copie du procès-verbal communiqué au soutien des présentes comme **PIÈCE P-43;**

72. En date du 5 mai 2005, le demandeur reçoit du défendeur et de John Parisella une requête pour outrage au tribunal portant le numéro 500-17-025506-059, basée tout d'abord sur le fait que le demandeur avait qualifié de « bidon » leur demande d'injonction, puis également parce qu'un hyperlien entre le site internet du demandeur et celui du CIDERQ, où l'on retrouve les coordonnées du défendeur, avaient été créé;

73. En date du procès, soit le 27 mai 2005, le ministère public retire dix-sept (17) des vingt (20) chefs d'accusations qui pèsent contre le demandeur, laissant les chefs d'accusations suivants :

   1) Le ou vers le 13 février 2004, à Montréal, district de Montréal, a sciemment proféré, transmis ou fait recevoir, par une personne, une menace de causer la mort ou des lésions corporelles à YVES GOUGOUX, commettant ainsi l'infraction punissable sur déclaration sommaire de culpabilité prévu à l'article 264.1(1)a)(2)b) du Code criminel.

   2) Le ou vers le 4 novembre 2004, à Montréal, district de Montréal, a omis de se conformer à une condition d'une promesse remise à un agent de la paix ou à un fonctionnaire responsable, soit : Ne pas communiquer directement ou indirectement avec BCP, commettant ainsi l'infraction punissable sur déclaration sommaire de culpabilité prévue à l'article 145(5.1)b) du Code criminel.

**VI**

3) Le ou vers le 4 novembre 2004, à Montréal, district de Montréal, a omis de se conformer à une condition d'une promesse remise à un agent de la paix ou à un fonctionnaire responsable, soit : Ne pas communiquer directement ou indirectement avec PUBLICIS CANADA, commettant ainsi l'infraction punissable sur déclaration sommaire de culpabilité prévue à l'article 145(5.1)b) du Code criminel.

74. Lors dudit procès, le défendeur a affirmé sous serment, et ce à plusieurs reprises, qu'il n'avait jamais fait circulé l'information que le demandeur était atteint d'une maladie mentale et avait été hospitalisé pendant six (6) mois à l'hôpital Douglas. Or, cela a été clairement contredit par le témoignage de Luce Viens, Sergente-détective au Service de Police de la Ville de Montréal, qui confirme qu'effectivement cette information provenait bel et bien du défendeur, tel qu'il appert des pages 97-98 et 188-189 d'une copie des notes sténographiques communiquées en liasse au soutien des présentes comme **PIÈCE P-44**;

75. Le même jour, le demandeur est acquitté de toutes les charges qui pèsent contre lui, tel qu'il appert des pages 110 à 119 des notes sténographiques du procès faisant état du jugement rendu par l'Honorable juge Claude Millette communiquées au soutien des présentes comme **PIÈCE P-45**;

76. Il ressort clairement de ce jugement que le défendeur ne s'est jamais senti menacé par les propos du demandeur et qu'il existe un doute considérable quant au fait que le défendeur aurait craint pour sa sécurité. L'honorable juge Claude Millette a dit : « Or, la réaction de Monsieur Gougoux au courriel du treize (13) février deux mille quatre (2004) est fort étonnante puisqu'il n'a porté plainte qu'au début du mois d'avril, après avoir consulté ses avocats. Il est fort possible que d'autres évènements susceptible d'accroître les appréhensions de Monsieur Gougoux soient survenus et aient également provoqué un sentiment de peur et fort compréhensible dans son entourage professionnel et personnel. » Le juge fait ici référence à des éléments autres que ceux pour lesquels le demandeur a été accusé, dont les informations que ce dernier détenait au sujet du défendeur et de la compagnie Le Groupe BCP Ltée et pour lesquels il a été appelé à témoigner au Comité permanent des comptes publics et qu'il désirait divulguer à la Commission Gomery, tel qu'il appert des pages 115 et 116 d'une copie des notes sténographiques communiquées en liasse au soutien des présentes comme **PIÈCE P-46**;

77. En date du 17 octobre 2005, un jugement est rendu rejetant la requête pour outrage au tribunal, faite dans le cadre de la procédure d'injonction provisoire accordée en date du 29 avril dernier, tel qu'il appert d'une copie dudit jugement communiqué au soutien des présentes comme **PIÈCE P-47**;

78. Depuis le 8 avril 2004, la vie du demandeur a été grandement affectée, lui occasionnant de nombreux dommages et ce à tous les niveaux, tant sur le plan personnel, professionnel, psychologique que financier;

79. En effet, le demandeur a dû supporter le fardeau émotif de voir peser contre lui vingt (20) chefs d'accusations non fondés, d'être arrêté à deux (2) reprises, d'être détenu durant quatre (4) jours et d'être faussement étiqueté par les gens de l'industrie publicitaire et par le grand public comme étant une personne atteinte d'une maladie mentale. Or, le demandeur a subi de nombreux inconvénients d'ordre moral suite aux diverses déclarations des défendeurs, en plus du stress et de l'angoisse vécus dans l'attente du procès pour les accusations criminelles portées contre lui. Évidemment, cet état d'esprit a eu comme conséquence d'entraîner une perte de jouissance de la vie pour le défendeur;

80. De plus, il appert clairement de ce qui précède que les défendeurs ont usé de subterfuges afin de rendre le demandeur inhabile à témoigner dans le cadre de la Commission Gomery. Il y a eu abus de droit de la part de ces derniers, multipliant les procédures civiles et les plaintes criminelles sans fondement juridique, occasionnant notamment pour le demandeur : le paiement de nombreux frais d'avocat, la mise en accusation criminelle selon vingt (20) différents chefs d'accusations, deux (2) arrestations, quatre (4) jours de détention, deux (2) perquisitions, l'imposition de nombreuses conditions de remise en liberté très contraignantes et ce, durant environ une (1) année, un procès en vertu des accusations criminelles, une requête pour outrage au tribunal en vertu de la requête en injonction provisoire, interlocutoire et permanente;

81. Relativement au paragraphe précédant, il appert évident que c'est de manière intentionnelle, notamment en effectuant de fausses déclarations, que les défendeurs de par leur mauvaise foi ont fait de l'abus de droit causant ainsi au demandeur des dommages évalués à la somme de cent mille dollars (100 000,00$) quant au défendeur et trente mille dollars (30 000$) quant à la défenderesse;

82. Ces plaintes ont également provoqué des pertes considérables sur le plan professionnel, le demandeur ayant subi la perte d'une occasion d'affaire importante, soit la fusion de sa compagnie rebelles.com inc. et impliquant par le fait même la perte d'un emploi au sein de la compagnie fusionnée.

83. Ainsi le demandeur est en droit de réclamer et réclame les sommes suivantes au défendeur, Yves Gougoux :

**DOMMAGES MORAUX**
- Perte de jouissance de la vie (stress, anxiété, angoisse) .........200 000,00$

**DOMMAGES ÉCONOMIQUES**
- Perte d'occasion d'affaire ...............................................900 000,00$
- Perte de salaire ...........................................................150 000,00$

**TROUBLES ET INCONVÉNIENTS**.................................................100 000,00$

**DOMMAGES EXEMPLAIRES**
- Atteinte illicite et intentionnelle......................................150 000,00$

84. Ainsi le demandeur est en droit de réclamer et réclame les sommes suivantes à la défenderesse, Agnès Jarnuskiewicz Gougoux:

**TROUBLES ET INCONVÉNIENTS**..................................................30 000,00$

**DOMMAGES EXEMPLAIRES**
- Atteinte illicite et intentionnelle......................................50 000,00$

85. Le demandeur demande au tribunal de condamner les défendeurs à lui rembourser les honoraires judiciaires et extra-judiciaires payés et à venir aux procureurs soussignés et précédant;

86. La présente requête est bien fondée en fait et en droit;

**POUR CES MOTIFS, PLAISE À LA COUR :**

**ACCUEILLIR** la présente requête ;

**CONDAMNER** le défendeur à payer au demandeur la somme de **1 500 000,00$** à titre de dommages, avec intérêts au taux légal plus indemnité additionnelle prévue par la Loi;

**CONDAMNER** la défenderesse à payer au demandeur la somme **80 000,00$**, à titre de dommages, avec intérêts au taux légal plus indemnité additionnelle prévue par la Loi;

**CONDAMNER** le défendeur et la défenderesse à payer au demandeur les honoraires judiciaires et extra-judiciaires payés et à venir, aux procureurs soussignés et précédant ;

**LE TOUT AVEC DÉPENS.**

Montréal, le 28 novembre 2005

_____
**CLAUDE F. ARCHAMBAULT & ASSOCIÉS**
PROCUREURS DU DEMANDEUR

AVIS À LA PARTIE DEFENDERESSE
(article 119 C.p.c.)

Prenez avis que la partie demanderesse a déposé au greffe de la cour du Québec du district de Montréal la présente demande.

Pour répondre à cette demande, vous devez comparaître par écrit, personnellement ou par avocat, au Palais de justice de Montréal, situé au 1, rue Notre-Dame Est, à Montréal, province de Québec, dans les 10 jours de la signification de la présente requête.

À défaut de comparaître dans ce délai, un jugement par défaut pourra être rendu contre vous sans autre avis dès l'expiration de ce délai de 10 jours.

Si vous comparaissez, la demande sera présentée devant le tribunal **le 12 décembre 2005, à 9:00 heures, en salle 2.16** du Palais de justice et le tribunal pourra, à cette date, exercer les pouvoirs nécessaires en vue d'assurer le bon déroulement de l'instance ou de procéder à l'audition de la cause, à moins de convenir par écrit avec la partie demanderesse ou son avocat d'un calendrier des échéances à respecter en vue d'assurer le bon déroulement de l'instance, lequel devra être déposé au greffe du tribunal.

Montréal, le 28 novembre 2005

_____
**CLAUDE F. ARCHAMBAULT & ASSOCIÉS**
PROCUREURS DU DEMANDEUR

ANNEXE VII : Poursuite contre Jacques Bouchard

CANADA

**PROVINCE DE QUÉBEC**
DISTRICT DE MONTRÉAL

NO : 500-17-028564-05

**COUR SUPÉRIEURE**
------------------------------

**GESTION DU FIEF**, anciennement rebelles.com marketing numérique Inc., personne morale légalement constituée (charte fédérale) ayant sa principale place d'affaire situé au 1155, du boulevard Rome, app. 24537 à Brossard, province de Québec, J4W 3K9

Demanderessse

c.

**JACQUES BOUCHARD** , résidant et domicilié au 1, rue McGill, PH-1102, à Montréal, district de Montréal, province de Québec, H2Y 4A3

Défendeur
------------------------------

REQUÊTE INTRODUCTIVE D'INSTANCE
(art. 110 et suivants du C.p.c.)

**AU SOUTIEN DE SA REQUÊTE INTRODUCTIVE D'INSTANCE, LE DEMANDEUR EXPOSE RESPECTUEUSEMENT CE QUI SUIT :**

1.  Le défendeur doit à la demanderesse la somme de 87 297,92$ pour les services publicitaires rendus à sa demande par la compagnie rebelles.com marketing numérique Inc., maintenant devenu la compagnie Gestion du Fief, tel qu'il appert d'une copie de l'état de compte daté du 25 novembre 2005 et des factures communiquées en liasse au soutien des présentes comme **PIÈCE P-1** et d'une copie du registraire des entreprises système CIDREQ communiqué au soutien des présentes comme **PIÈCE P-2**;

2.  Le défendeur refuse et/ou néglige toujours de payer ladite somme à la demanderesse bien que formellement mise en demeure de le faire par lettre de la compagnie demanderesse et par la suite, des procureurs soussignés en date du 30 novembre 2005, tel qu'il appert d'une copie desdites lettres de mise en demeure de la demanderesse communiquées en liasse au soutien des présentes comme **PIÈCE P-3**, et tel qu'il appert d'une copie de ladite lettre de mise en demeure datée du 29 novembre 2005 et du rapport de signification l'accompagnant, dont copies sont communiquées en liasse au soutien des présentes comme **PIÈCE P-4**;

3.  La demanderesse est donc bien fondée à réclamer du défendeur ladite somme de 87 297,92$ portant intérêt au taux légal plus l'indemnité additionnelle prévue par la loi à compter du 30 novembre 2005, date de la signification de la mise en demeure;

4.  La présente requête est bien fondée en faits et en droit.

307

**POUR CES MOTIFS, PLAISE À LA COUR :**

**ACCUEILLIR** la présente requête ;

**CONDAMNER** le défendeur à payer à la demanderesse la somme de **87 297,92$** avec intérêts au taux légal plus indemnité additionnelle prévue par la loi à compter du 30 novembre 2005, date de la signification de la mise en demeure;

**LE TOUT AVEC DÉPENS.**

Montréal, le 6 décembre 2005

_____
**CLAUDE F. ARCHAMBAULT & ASSOCIÉS**
PROCUREURS DE LA  DEMANDERESSE

AVIS À LA PARTIE DFENDERESSE
(article 119 C.p.c.)

Prenez avis que la partie demanderesse a déposé au greffe de la cour du Québec du district de Montréal la présente demande.

Pour répondre à cette demande, vous devez comparaître par écrit, personnellement ou par avocat, au Palais de justice de Montréal, situé au 1, rue Notre-Dame Est, à Montréal, province de Québec, dans les 10 jours de la signification de la présente requête.

À défaut de comparaître dans ce délai, un jugement par défaut pourra être rendu contre vous sans autre avis dès l'expiration de ce délai de 10 jours.

Si vous comparaissez, la demande sera présentée devant le tribunal **le 10 janvier 2006, à 9:00 heures, en salle 2.16** du Palais de justice et le tribunal pourra, à cette date, exercer les pouvoirs nécessaires en vue d'assurer le bon déroulement de l'instance ou de procéder à l'audition de la cause, à moins de convenir par écrit avec la partie demanderesse ou son avocat d'un calendrier des échéances à respecter en vue d'assurer le bon déroulement de l'instance, lequel devra être déposé au greffe du tribunal.

**ANNEXE**
Code criminel

## PARTIE IV INFRACTIONS CONTRE L'APPLICATION DE LA LOI ET L'ADMINISTRATION DE LA JUSTICE

# Personnes qui trompent la justice

Peine

132. Quiconque commet un parjure est coupable d'un acte criminel et passible d'un emprisonnement maximal de quatorze ans.

*L.R. (1985), ch. C-46, art. 132; L.R. (1985), ch. 27 (1er suppl.), art. 17; 1998, ch. 35, art. 119.*

**Corroboration**

**133.** Nul ne doit être déclaré coupable d'une infraction prévue à l'article 132 sur la déposition d'un seul témoin à moins qu'elle ne soit corroborée sous quelque rapport essentiel par une preuve qui implique l'accusé.

*L.R. (1985), ch. C-46, art. 133; L.R. (1985), ch. 27 (1er suppl.), art. 17.*

**Idem**

**134.** (1) Sous réserve du paragraphe (2), est coupable d'une infraction punissable sur déclaration de culpabilité par procédure sommaire, quiconque n'ayant pas la permission, l'autorisation ou l'obligation d'après la loi de faire une déclaration sous serment ou une affirmation solennelle, fait une telle déclaration dans un affidavit, une déclaration solennelle, un témoignage écrit ou verbal devant une personne autorisée par la loi à permettre que cette déclaration soit faite devant elle, sachant que cette déclaration est fausse.

**Application**

(2) Le paragraphe (1) ne s'applique pas à une déclaration visée dans ce paragraphe faite dans le cours d'une enquête en matière criminelle.

*L.R. (1985), ch. C-46, art. 134; L.R. (1985), ch. 27 (1er suppl.), art. 17.**135.** [Abrogé, L.R. (1985), ch. 27 (1er suppl.), art. 17]*

# Témoignages contradictoires

136. (1) Quiconque, étant témoin dans une procédure judiciaire, témoigne à l'égard d'une question de fait ou de connaissance et, subséquemment, dans une procédure judiciaire, rend un témoignage contraire à sa déposition antérieure est coupable d'un acte criminel et passible d'un emprisonnement maximal de quatorze ans, que la déposition antérieure ou le témoignage postérieur, ou les deux, soient véridiques ou non, mais aucune personne ne peut être déclarée coupable en vertu du présent article à moins que le tribunal, le juge ou le juge de la cour provinciale, selon le cas, ne soit convaincu, hors de tout doute raisonnable, que l'accusé, en témoignant dans l'une ou l'autre des procédures judiciaires, avait l'intention de tromper.

Dépositions à distance (1.1) Les dépositions faites dans le cadre des articles 714.1 à 714.4, du paragraphe 46(2) de la *Loi sur la preuve au Canada* ou de l'article 22.2 de la *Loi sur l'entraide juridique en matière criminelle* sont, pour l'application du présent article, réputées être faites dans une procédure judiciaire.

Définition de «témoignage» ou «déposition»

(2) Nonobstant la définition de «témoignage» ou «déposition» à l'article 118, les témoignages non substantiels ne sont pas, pour l'application du présent article, des témoignages ou dépositions.

Preuve de procès antérieur
(2.1) Lorsqu'une personne est inculpée d'une infraction que prévoit le présent article, un certificat, précisant de façon raisonnable la procédure où cette personne aurait rendu le témoignage qui fait l'objet de l'infraction, fait preuve qu'il a été rendu dans une procédure judiciaire, sans qu'il soit nécessaire de prouver l'authenticité de la signature ni la qualité officielle du signataire, si le certificat est apparemment signé par le greffier du tribunal ou autre fonctionnaire ayant la garde du procès-verbal de cette procédure ou par son substitut légitime.

Consentement requis
(3) Aucune procédure ne peut être intentée en vertu du présent article sans le consentement du Procureur général.
*L.R. (1985), ch. C-46, art. 136; L.R. (1985), ch. 27 (1er suppl.), art. 18 et 203; 1999, ch. 18, art. 93.*

# Fabrication de preuve

137. Est coupable d'un acte criminel et passible d'un emprisonnement maximal de quatorze ans quiconque, avec l'intention de tromper, fabrique quoi que ce soit dans le dessein de faire servir cette chose comme preuve dans une procédure judiciaire, existante ou projetée, par tout moyen autre que le parjure ou l'incitation au parjure.
*S.R., ch. C-34, art. 125.*

# Infractions relatives aux affidavits

**138.** Est coupable d'un acte criminel et passible d'un emprisonnement maximal de deux ans quiconque, selon le cas :
*a*) signe un écrit donné comme étant un affidavit ou une déclaration solennelle et comme ayant été fait sous serment ou déclaré devant lui, alors que cet écrit n'a pas été ainsi fait sous serment ou déclaré ou lorsqu'il sait qu'il n'est pas autorisé à faire prêter le serment ou à recevoir la déclaration;
*b*) emploie ou offre en usage tout écrit donné comme étant un affidavit ou une déclaration solennelle qu'il sait n'avoir pas été fait sous serment ou formulé, selon le cas, par son auteur ou devant une personne autorisée à cet égard;
*c*) signe comme auteur un écrit donné comme étant un affidavit ou une déclaration solennelle et comme ayant été fait sous serment ou formulé par lui, selon le cas, alors que l'écrit n'a pas été ainsi fait sous serment ou formulé.
*S.R., ch. C-34, art. 126.*

# Entrave à la justice

**139.** (1) Quiconque volontairement tente de quelque manière d'entraver, de détourner ou de contrecarrer le cours de la justice dans une procédure judiciaire :
*a*) soit en indemnisant ou en convenant d'indemniser une caution de quelque façon que ce soit, en totalité ou en partie;
*b*) soit étant une caution, en acceptant ou convenant d'accepter des honoraires ou toute forme d'indemnité, que ce soit en totalité ou en partie, de la part d'une personne qui est ou doit être mise en liberté ou à l'égard d'une telle personne,est coupable :
*c*) soit d'un acte criminel et passible d'un emprisonnement maximal de deux ans;
*d*) soit d'une infraction punissable sur déclaration de culpabilité par procédure sommaire.

Idem
(2) Est coupable d'un acte criminel et passible d'un emprisonnement maximal de dix ans quiconque volontairement tente de quelque manière, autre qu'une manière visée au paragraphe (1), d'entraver, de détourner ou de contrecarrer le cours de la justice.

Idem
(3) Sans que soit limitée la portée générale du paragraphe (2), est censé tenter volontairement d'entraver, de détourner ou de contrecarrer le cours de la justice quiconque, dans une procédure judiciaire existante ou projetée, selon le cas :
*a*) dissuade ou tente de dissuader une personne, par des menaces, des pots-de-vin ou d'autres moyens de corruption, de témoigner;
*b*) influence ou tente d'influencer une personne dans sa conduite comme juré, par des menaces, des pots-de-vin ou d'autres moyens de corruption;
*c*) accepte ou obtient, convient d'accepter ou tente d'obtenir un pot-de-vin ou une autre compensation vénale pour s'abstenir de témoigner ou pour faire ou s'abstenir de faire quelque chose à titre de juré.
*S.R., ch. C-34, art. 127; S.R., ch. 2(2ᵉ suppl.), art. 3; 1972, ch. 13, art. 8.*

## Méfait public

140. (1) Commet un méfait public quiconque, avec l'intention de tromper, amène un agent de la paix à commencer ou à continuer une enquête :
*a*) soit en faisant une fausse déclaration qui accuse une autre personne d'avoir commis une infraction;
*b*) soit en accomplissant un acte destiné à rendre une autre personne suspecte d'une infraction qu'elle n'a pas commise, ou pour éloigner de lui les soupçons;
*c*) soit en rapportant qu'une infraction a été commise quand elle ne l'a pas été;
*d*) soit en rapportant, annonçant ou faisant annoncer de quelque autre façon qu'il est décédé ou qu'une autre personne est décédée alors que cela est faux.

Peine
(2) Quiconque commet un méfait public est coupable :
*a*) soit d'un acte criminel et passible d'un emprisonnement maximal de cinq ans;
*b*) soit d'une infraction punissable sur déclaration de culpabilité par procédure sommaire.
*L.R. (1985), ch. C-46, art. 140; L.R. (1985), ch. 27 (1ᵉʳ suppl.), art. 19.*

## Composition avec un acte criminel

141. (1) Est coupable d'un acte criminel et passible d'un emprisonnement maximal de deux ans quiconque demande ou obtient, ou convient de recevoir ou d'obtenir, une contrepartie valable, pour lui-même ou quelque autre personne, en s'engageant à composer avec un acte criminel ou à le cacher.

Exception relative aux ententes impliquant une autre solution
(2) Le paragraphe (1) ne s'applique pas dans les cas où une contrepartie valable est reçue ou obtenue ou doit être reçue ou obtenue aux termes d'une entente prévoyant un dédommagement ou une restitution si cette entente est conclue, selon le cas :
*a*) avec le consentement du Procureur général;
*b*) dans le cadre d'un programme approuvé par le Procureur général et visant à soustraire des personnes accusées d'actes criminels à des procédures pénales.
*L.R. (1985), ch. C-46, art. 141; L.R. (1985), ch. 27 (1ᵉʳ suppl.), art. 19.*

# BIBLIOGRAPHIE

Alepin, Brigitte. Ces riches qui ne paient pas d'impôts. Éditions du Méridien, 2004, 232 pages.

Barak, Gregg (1990). Crime, Criminology and Human Rights: Toward an Understanding of State Criminality. The Journal of the Human Justice 2(1), 1990. Aussi dans Kenneth D. Tunnell, *Political Crime in Contemporary America : A Critical Approach,* New York, Garland, 1993, p. 207-230.

Barak, Gregg (1991). Toward a Criminology of State Criminality, dans Gregg Barak, (ed), *Crimes by the Capitalist State : An Introduction to State Criminality.* Albany, State University of New York Press, 1991, p. 3-16.

Barak, Gregg (ed) (1991). *Crimes by the Capitalist State : An Introduction to State Criminality.* Albany, State University of New York Press, 1991, x + 291p.

Bohm, Robert M. (1993). Social Relationships That Arguably Should Be Criminal Although They Are Not: On the Political Economy of Crime, dans Kenneth D. Tunnell, *Political Crime in Contemporary America : A Critical Approach,* New York, Garland, 1993, p. 3-29.

Bernheim, Jean Claude. Le scandale des commandites : un crime d'état. Éditions du Méridien, 2004, 151 pages.

Bouchard, Jacques. Les 36 cordes sensibles des Québécois, Les Éditions Héritage, 1978, 308 pages.

Bouchard, Caroline et Jacques. La Vie de château. Québec Amérique, 2003, 311 pages.

Buzzetti, Hélène et Robert Dutrisac (2004). Le Parti libéral n'est pas corrompu, affirme Martin. *Le Devoir*, mardi 17 février 2004.

Canada (1994). *Code régissant la conduite des titulaires de charge publique en ce qui concerne les conflits d'intérêts et l'après-mandat.* Ottawa, Bureau du conseiller en éthique, juin 1994, 29p.

Canada (2002a). *Le guide du ministre et du secrétaire d'État*, Ottawa, Sa Majesté la Reine du Chef du Canada, Bureau du Conseil privé, 2002, vi + 45p. http://dsp-psd.communication.gc.ca/Collection/CP22-65-2002F.pdf

Canada (2002a). *Rapport relatif à l'examen des dossiers du Programme des commandites.* Ottawa, Conseil et Vérification Canada, 23 août 2002. référence CVC 344 4330 5. www.communication.gc.ca/reports_rapports/cac_cvc/rapport_34443305.html

Canada (2002c). *Le gouvernement du Canada annonce des changements à ses activités de commandites, de publicité et de recherche sur l'opinion publique.* Communiqué de presse Ottawa, Gouvernement du Canada, 17 décembre 2002. www.tbs-sct.gc.ca/media/nr-cp/2002/1217_f.asp

Canada (2003). *Fin du programme de commandites et dissolutions de Communication Canada.* Communiqué de presse. Ottawa, Gouvernement du Canada, 13 décembre 2003. http://pm.gc.ca/fra/news.asp?id=10

Canada (2004). *Le gouvernement du Canada annonce une enquête indépendante et d'autres mesures correctrices en réponse au Rapport de la vérificatrice générale sur les commandites et la publicité.* Communiqué de presse. Ottawa, Gouvernement du Canada, 10 février 2004. www.tbs-sct.gc.ca/gr-rg/oag-bvg/media/iicm-eimc_f.asp

Cardinal, Mario. Il ne faut pas toujours croire les journalistes. Bayard, 2005, 284 pages.

Chrétien, Jean (1994). Propos à la Chambre des Communes. www.parl.gc.ca/37/1/parlbus/chambus/house/debates/190_2002-05-23/han190_1315-f.htm

Chrétien, Jean (2002). Message à l'intention des ministres et des secrétaire d'État, dans Canada, *Le guide du ministre et du secrétaire d'État*, Ottawa, Sa Majesté la Reine du Chef du Canada, Bureau du Conseil privé, 2002, vi + 45p.http://dsp-psd.communication.gc.ca/Collection/CP22-65-2002F.pdf

Commission d'enquête sur le programme des commandites et les activités publicitaires
www.Gomery.ca

Commission d'enquête sur le programme des commandites et les activités publicitaires
Témoignage d'André Ouellet du 19 janvier 2005 http://gomery.irri.net/Jan%2019,%2005/gomery58jan1905.pdf
Commission d'enquête sur le programme des commandites et les activités publicitaires
Témoignage d'André Ouellet du 20 janvier 2005 http://gomery.irri.net/Jan%2020,%2005/gomery59jan2005.pdf

Commission d'enquête sur le programme des commandites et les activités publicitaires
Témoignage de David Dingwall et Warren Kinsella du 21 janvier 2005 http://gomery.irri.net/Jan%2021,%2005/gomery60jan2105.pdf

Commission d'enquête sur le programme des commandites et les activités publicitaires
Témoignage de Joseph Charles Guité du 28 avril 2005 http://gomery.irri.net/Apr%2028,%2005/gomery108apr2805PBredacted.pdf

Commission d'enquête sur le programme des commandites et les activités publicitaires
Témoignage de Joseph Charles Guité du 29 avril 2005 http://gomery.irri.net/Apr%2029,%2005/gomery109apr2905PB.pdf

Commission d'enquête sur le programme des commandites et les activités publicitaires
Témoignage de Joseph Charles Guité du 2 mai 2005 http://gomery.irri.net/May%202,%2005/gomery110may0205PBredacted.pdf

Commission d'enquête sur le programme des commandites et les activités publicitaires
Témoignage de Joseph Charles Guité du 3 mai 2005 http://gomery.irri.net/May%203,%2005/gomery111may0305PB.pdf

Commission d'enquête sur le programme des commandites et les activités publicitaires
Témoignage de Joseph Charcs Guité du 4 mai 2005 http://gomery.irri.net/May%204,%2005/gomery112may0405PB(1of2)REDACTED.pdf

Commission d'enquête sur le programme des commandites et les activités publicitaires
Témoignage de Richard Boudreault du 11 mai 2005
http://gomery.irri.net/May%2011,%2005/gomery117may1105.pdf

Commission d'enquête sur le programme des commandites et les activités publicitaires
Témoignages de Luc Mérineau et Yves Gougoux du 19 mai 2005 http://gomery.irri.net/May%2019,%2005/gomery123may1905.pdf

Commission d'enquête sur le programme des commandites et les activités publicitaires
Témoignage d'Yves Gougoux du 20 mai 2005 http://gomery.irri.net/May%2020,%2005/gomery124may2005.pdf

Commission d'enquête sur le programme des commandites et les activités publicitaires
Témoignage de John Parisella du 31 mai 2005 http://gomery.irri.net/May%2031,%2005/gomery130may3105.pdf

Comité permanent des comptes publics (2004). *Témoignages du Comité numéro 5*, 37e législature, 3e session. Ottawa, Gouvernement du Canada. 24 février 2004.
www.parl.gc.ca/InfoCom/CommitteeMinute.asp?Language=E&Parliament=139&Joint=0&CommitteeID=8800

Comité permanent des comptes publics (2004). *Témoignages du Comité numéro 7*, 37e législature, 3e session. Ottawa, Gouvernement du Canada. 1er mars 2004.
www.parl.gc.ca/InfoCom/CommitteeMinute.asp?Language=E&Parliament=139&Joint=0&CommitteeID=8800

Comité permanent des comptes publics (2004). *Témoignages du Comité numéro 8*, 37e législature, 3e session. Ottawa, Gouvernement du Canada. 2 mars 2004. www.parl.gc.ca/InfoCom/CommitteeMinute.asp?Language=E&Parliament=139&Joint=0&CommitteeID=8800 Comité permanent des comptes publics (2004). *Témoignages du Comité numéro*, 37e législature, 3e session. Ottawa, Gouvernement du Canada. 11 mars 2004. www.parl.gc.ca/InfoCom/CommitteeMinute.asp?Language=E&Parliament=139&Joint=0&CommitteeID=8800

Corrado, Raymond R. et Garth Davies (2000). Controlling State Crime in Canada, dans Jeffrey Ian Ross, (ed), *Varieties of State Crime and its Control.* Foreword by Gregg Barak. Monsey (NY), Criminal Justice Press, 2000, p. 59-87.

Delacourt, Susan. Juggernaut. Paul Martin's campaign for Chrétien's crown. McClelland & Stewart, 2003, 354 pages.

Ernst & Young (1997). Secteur de la publicité et de la recherche sur l'opinion publique – Vérification de la conformité des processus contractuels. Ottawa, Secrétariat du Conseil du Trésor, No du SCT 7527, 4 juin 1997. www.tbs-sct.gc.ca/rma/database/1det_f.asp?id=7527

Gendarmerie royale du Canada (2002). *Vérification du 125e anniversaire de la GRC (Commandites de Travaux publics et Services gouvernementaux Canada (TPSGC)).* Ottawa, Gendarmerie royale du Canada, Rapport GHA 232-105, octobre 2002. www.rcmp.ca/corpman/sponsorships_f.htm

Keable, Jacques. Le dossier noir des commandites. L'industrie nationale contre la démocratie québécoise. Lanctôt éditeur, 2004, 178 pages.

Newman, Peter C. (2005), The secret Mulroney tapes, Random House Canada.

Parti conservateur (2002). *Even as the investigation was ongoing, liberals kept shovelling money to their friends.* Communiqué de presse. Ottawa, Parti conservateur, 18 mai 2002. www.pcparty.ca/site/doc/298/

Philpot, Robin (2005), Le référendum volé, Les intouchables. 205 pages.

Starr, Michael et Mitchell Sharp, coprésident (1984). *L'éthique dans le secteur public : rapport du Groupe de travail sur les conflits d'intérêts.* Ottawa, Ministre des Approvisionnements et Services Canada, 1984.

Toscani, Oliviero. La Pub est une charogne qui nous nourrit. Éditions Hoebeke, 1995, 198 pages.

Travaux publics et Services gouvernementaux Canada (2000a). *Vérification dirigée de la gestion des commandites à la Direction générale des services de coordination des communications* (DGSCC). Ottawa, Travaux publics et Services gouvernementaux Canada, Vérification et Examen, Rapport final 2000-723, 31 août 2000, 22p. www.pwgsc.gc.ca/aeb/text/archive/pfd/2000-723-f.pdf

Travaux publics et Services gouvernementaux Canada (2000b). *Vérification dirigée de la gestion des commandites à la Direction générale des services de coordination des communications* (DGSCC) Sommaire et plan d'action. Ottawa, Travaux publics et Services gouvernementaux Canada, Vérification et Examen. www.tpsgc.gc.ca/aeb/text/archive/00-723-f.html

Travaux publics et services gouvernementaux Canada (2002a). *Mesures adoptées et en cours.* Ottawa, Travaux publics et services gouvernementaux Canada, 10 octobre 2002. www.pwgsc.gc.ca/sponsorship/2002-10-10-02-f.html

Travaux publics et services gouvernementaux Canada (2002b). *Examen des dossiers de commandite - Rapport final de projet de l'Équipe d'intervention rapide.* Ottawa, Travaux publics et services gouvernementaux Canada, rendu public le 10 octobre 2002, 6p. www.tpsgc.gc.ca/sponsorship/2002-10-10-01-f.html

Travaux publics et services gouvernementaux Canada (2002c).*File sort* Annexe au Rapport final de projet de l'Équipe d'intervention rapide. Ottawa, Travaux publics et services gouvernementaux Canada, rendu public le 10 octobre 2002, 15p. www.tpsgc.gc.ca/sponsorship/sponsorship_files-f.pdf

Travaux publics et services gouvernementaux Canada (2003a). *Un premier rapport de l'examen administratif des dossiers de commandite est envoyé à la GRC.* Communiqué de presse. Ottawa, Travaux publics et services gouvernementaux Canada, 7 février 2003. www2.cdn-newa.com/scripts/ccn-release.pl?/2003/02/07/0207034n.html?cp=public21

Travaux publics et services gouvernementaux Canada (2003b).*TPSGC entreprend une nouvelle phase de l'examen administratif des dossiers de commandite.* Communiqué de presse. Ottawa, Travaux publics et services gouvernementaux Canada, 23 juillet 2003.

Tuckwell, Keith J. *Canadian advertising in action.* Prentice-Hall, 1995, 672 pages.

Vastel, Michel. Les Zorros de nos impôts. L'Actualité, janvier 2005, pages 18-23

Vérificateur général du Canada (1995). *La sensibilisation à l'éthique et à la fraude au gouvernement.* Ottawa, Ministre des Approvisionnements et des Services Canada, 1995. www.oag.bvg.gc.ca/domino/rapports.nsf/html/9501mf.html

Vérificatrice générale du Canada (2002a). *Rapport au ministre des Travaux publics et des Services gouvernementaux sur trois contrats attribués à Groupaction.* Ottawa, Ministre des Travaux publics et des Services gouvernementaux Canada, mai 2002, 18p. www.oag-bvg.gc.ca/domino/rapports.nsf/html/02sprepf.html

Vérificatrice générale du Canada (2002b). *Rapport au ministre des Travaux publics et des Services gouvernementaux sur trois contrats attribués à Groupaction, La vérificatrice générale saisit la GRC de l'affaire des contrats.* Communiqué de presse. Ottawa, Ministre des Travaux publics et des Services gouvernementaux Canada, 8 mai 2002. www.oag-bvg.gc.ca/domino/media.nsf/html/02prsp_f.html

Vérificatrice générale du Canada (2003a). *Rapport de la vérificatrice générale du Canada à la Chambre des communes. Chapitre 2. La reddition de comptes et l'éthique au gouvernement.* Ottawa, Ministre des Travaux publics et des Services gouvernementaux Canada, 2002, iii + 24p. www.oag-bvg.gc.ca/domino/rapports.nsf/html/20031102cf.html

Vérificatrice générale du Canada (2003b). *Rapport de la vérificatrice générale du Canada à la Chambre des communes. Vérification à l'échelle gouvernementale des activités de commandite, de publicité et de recherche sur l'opinion publique. Chapitre 3. Le programme de commandites.* Ottawa, Ministre des Travaux publics et des Services gouvernementaux Canada, 2002, iv + 39p. www.oag-bvg.gc.ca/domino/rapports.nsf/html/20031103cf.html

Vérificatrice générale du Canada (2003c). *Rapport de la vérificatrice générale du Canada à la Chambre des communes. Vérification à l'échelle gouvernementale des activités de commandite, de publicité et de recherche sur l'opinion publique. Chapitre 4. Les activités de publicité.* Ottawa, Ministre des Travaux publics et des Services gouvernementaux Canada, 2002, iii + 26p. www.oag-bvg.gc.ca/domino/rapports.nsf/html/20031104cf.html

Vérificatrice générale du Canada (2003d). *Rapport de la vérificatrice générale du Canada à la Chambre des communes. Vérification à l'échelle gouvernementale des activités de commandite, de publicité et de recherche sur l'opinion publique. Chapitre 5. La gestion de la recherche sur l'opinion publique.* Ottawa, Ministre des Travaux publics et des Services gouvernementaux Canada, 2002, iii + 12p. www.oag-bvg.gc.ca/domino/rapports.nsf/html/20031105cf.html

## CRÉDITS JOURNALISTIQUES ET PHOTOGRAPHIQUES

Illustration 1, page 3
Article du Journal de Montréal du 17 mai 2005, page 15
Journaliste: Laurent Soumis
Photographe: Presse Canadienne

Illustration 6, page 52
Article du Globe & Mail du 12 février 2004, page A1
Journaliste: Daniel Leblanc
Photographe: John McConnico, Associated Press

Illustration 7, page 57
Article du Journal de Montréal du 10 septembre 2004, page 5
Journaliste: Laurent Soumis
Photographe: Photos d'archives

Illustration 8, page 64
Article du Journal de Montréal du 1er juin 2005, page 13
Journaliste: Laurent Soumis
Photographe: Presse Canadienne

Illustration 10, page 67
Article du journal La Presse du 20 mai 2005, page A11
Journaliste: Karim Benessaieh
Photographe: Martin Tremblay, La Presse

Illustration 14, page 86
Article du journal La Presse du 30 mai 2005, page A5
Journaliste: Yves Boisvert

Illustration 15, page 88
Article du journal Le Devoir du 21 mai 2005, page A3
Journaliste: Brian Myles
Photographe: Jacques Nadeau, Le Devoir

Illustration 17, page 92
Article du journal La Presse du 21 mai 2005, page A1
Journaliste: Karim Benessaieh

Illustration 17.1, page 102
Photographe: Sylvain Lalande, Labsolu

Illustration 20, page 133
Article du journal Ottawa Citizen du 8 avril 2004, page A1
Journaliste: Jack Aubry
Photographe: Jonathan Hayward, Presse Canadienne

Illustration 21, page 134
Article du journal National Post du 8 avril 2004, page A2
Journaliste: Jack Aubry
Photographe: Jonathan Hayward, Presse Canadienne

Illustration 26, page 174
Article du journal National Post du 8 avril 2004, page A14
Journaliste: Don Martin

Illustration 28.1, page 192
Article du journal The Gazette du 28 mai 2005
Journaliste: Irwin Block

Illustration 30, page 219
Article du journal La Presse du 5 mai 2005, page A2
Journaliste: Karim Benessaieh
Photographe: Presse Canadienne

Illustration 31, page 223
Article du Journal de Montréal du 5 mai 2005, page 6
Journaliste: Laurent Soumis
Photographe: Photos d'archives

Illustration 32, page 228
Article du journal Toronto Star du 20 mars 2004, page A1
Journaliste: Miro Cernetig

Illustration 34, page 234
Article du journal La Presse du 28 avril 2005, page A1
Journaliste: Karim Benessaieh
Photographe: Paul Chiasson, Presse Canadienne

*Alain Richard et Jacques Bouchard avant l'éclatement du scandale des commandites et des activités publicitaires qui mettra en cause l'agence de publicité BCP et des amis de ce dernier.*
*Photographe: Michel Kieffer*

*Plus de 8 000 pages de documents
dont plusieurs exclusifs sur*

# www.DesNotables.com
## (Maquette du site)

**www.PARJURE.com**
Poursuite de <u>1 580 000$</u> contre Yves Gougoux et Agnès Jarnuskiewicz-Gougoux

**www.6cordes.ca**
Poursuite de <u>87 297.92$</u> contre Jacques Bouchard

**www.HonorableRat.com**
Chronologie des « coïncidences » dans la vie d'Alain Richard

**www.ReseauLiberal.ca**
Des notables, des honorables et les autres

**www.Alain-Richard.com**
Profil d'Alain Richard

**www.Alain-Richard.net**
*Blogue* d'Alain Richard

> Malheureusement, une injonction de la Cour Supérieure empêche <u>temporairement</u> la consultation de certains documents et de toute information de nature personnelle concernant **Yves Gougoux** et **John Parisella** de **Publicis-BCP** sur tous les sites contrôlés directement ou indirectement par Alain Richard.

# CURRICULUM_VITAE

Alain Richard
1155, Boul. Rome #24537
Brossard (Québec) J4W 3K9
alain@gestiondufief.com

## CHEMINEMENT ACADÉMIQUE

**1989**    **Maîtrise en administration, option marketing**
M.Sc., Université de Sherbrooke
Titre du mémoire: Modélisation du marché du yogourt: Élaboration d'un système prévisionnel et création d'un outil de simulation dynamique pour le suivi de la concurrence (Système P.V.P.M.+) et analyse, diagnostic et critique d'un système d'information marketing.

**1988**    **Baccalauréat en administration des affaires, option marketing et production**
B.A.A., École des H.E.C.

## CHEMINEMENT PROFESSIONNEL

**1998-04**    **rebelles.com, agence de marketing/publicité sur Internet, Président et actionnaire principal**
- Stratégie marketing et publicitaire sur Internet
- Campagnes de marketing viral, référencement/indexation dans les moteurs de recherche
- Clients d'envergure comme la Télé-université, BellZinc, DuoVac, etc.

**rebelles.com**
marketing numérique

**1996-97**    **Groupaction/J.Walter Thompson (agence de publicité), Vice-président, affaires corporatives**
- Responsable de l'image de l'agence (relations avec les journalistes, etc)
- Responsable du développement des affaires dans le secteur privé
- Lien avec le réseau international J.Walter Thompson

**1994-96**    **BCP (agence de publicité), Directeur service à la clientèle, Superviseur service à la clientèle**
- Développement des affaires
- Gestion de comptes: St-Hubert, Sico, Vidéotron, TVA, etc.

**1991-94**    **Allard Communication-Marketing (agence de publicité), Directeur du développement**
- Recherche de nouveaux clients et préparation de présentations spéculatives
- Gestion de l'image de l'agence auprès de la communauté des affaires et des communications (communiqués de presse, relations avec les journalistes)
- Lien avec les partenaires de Toronto: SMW Advertising Ltd.
- Gestion de comptes publicitaires: Harvey's, Les Fruits de la Californie, La Coopérative Fédérée de Québec, Noma, etc.

**1989-91**    **Les Partenaires en communication (agence de publicité), Directeur du développement, administrateur publicitaire**

**1988-89**    **Consultation Novercom, Consultant (entrepreneur)**
Entreprise spécialisée dans la consultation marketing et informatique. L'entreprise créait des outils prévisionnels informatisés en plus de constituer des bases de données et se spécialiser dans l'élaboration d'outils marketing reliés à la prise de décision et au suivi. Principale réalisation : Création du Système P.V.P.M.+ : Un outil de prévision du marché du yogourt sur ordinateur

**1987-88**    **Aliments Delisle, Analyste au département ventes/marketing**
Sous la responsabilité du directeur du marketing, la tâche consistait principalement en l'élaboration et l'analyse d'outils de planification marketing (prévisions, rapports, graphiques sur ordinateur) et dans l'élaboration d'activités à caractère promotionnelle. Utilisation intensive des données de la firme de recherche A.C. Nielsen.
Principale réalisation:
- Opération 888: Parade de camions Delisle dans les rues de Montréal.
- Opération de relations publiques et de motivation de la force de vente.

## IMPLICATION DANS LE MILIEU

| | |
|---|---|
| 2003 | Co-fondateur du site Les 36 cordes sensibles des Québécois en version numérique |
| 1999 | Co-fondateur de La Cinémathèque publicitaire Jacques-Bouchard |
| 1998 | Fondateur de La Toile des Communicateurs (www.toile.coop) |
| 1996-97 | Président du 38e conseil d'administration du Publicité-Club de Montréal |
| 1995-96 | Président du 37e conseil d'administration du Publicité-Club de Montréal |
| 1994-95 | Président et membre-fondateur du Conseil d'Administration des Amis de Jean de la Mennais |
| 1994-95 | 1er Vice-président du 36e conseil d'administration du Publicité-Club de Montréal |
| 1993-94 | Membre du 35e conseil d'administration du Publicité-Club de Montréal |
| 1993-94 | Président 4e concours de la Relève publicitaire: Visa Desjardins/BCP |
| 1993-94 | Bâtisseur du nouveau programme de perfectionnement PCM/HEC. Cours de communication commerciale de masse offert en collaboration avec l'École de HEC, le Publicité-Club de Montréal, l'Association Marketing de Montréal et la Société des Relationnistes du Québec |
| 1992-93 | Président du 3e concours de la Relève publicitaire: Weston/MacLaren:Lintas |
| 1992-94 | Co-fondateur et Vice-président du conseil d'administration des Amis de Jean de la Mennais: Un organisme à but non-lucratif qui amasse des fonds pour des gens dans le besoin |

Les 36 cordes sensibles des Québécois

LA CINÉMATHÈQUE PUBLICITAIRE JACQUES-BOUCHARD

La Toile des Communicateurs
coopérative de solidarité
www.toile.coop

## ENSEIGNEMENT-CONFÉRENCES

| | |
|---|---|
| 1996-98 | Professeur du cours: La Publicité: Une perspective pratique (ACA/AAPQ/ICA/PCM) |
| 1997 | Conférencier à la Chambre de Commerce de l'Ouest de l'Ile de Montréal |
| 1995 | Enseignement d'un cours de publicité au personnel du département des communications d'Hydro-Québec |
| 1995 | Professeur du cours de publicité au Centre de Perfectionnement des HEC dans le cadre du programme de communication commerciale de masse |
| 1994 | Conférencier au colloque du Consortium Maîtrise en Marketing |

# Les Éditions
## du Fief

C'est un concours de circonstances qui a obligé la mise sur pied de *Les Éditions du Fief*.

Le monde de l'édition compte beaucoup d'éditeurs dont la situation financière est précaire. Ce constat ne fait qu'accentuer la pression sur les auteurs.

Convaincus d'être bien traités par les éditeurs, les auteurs confient de bonne foi leurs oeuvres sans toutefois recevoir en retour quelque garantie que ce soit de la part des maisons d'édition. Des questions pourtant simples sont posées : *Y aura-t-il une campagne de publicité pour supporter le lancement du livre ? Un point de presse ? Un communiqué ? Est-il possible d'améliorer l'image graphique du livre? Qui paie les fournisseurs ? Connaissez-vous les « e-books » ? Qui a le dernier mot sur le contenu du livre ?* Des questions qui demeurent souvent sans réponse puisque certains éditeurs sont plus préoccupés à sauver les meubles qu'à améliorer le contenu de l'ouvrage. Ils lésinent donc sur la qualité des services dont la révision du français et la mise en page.

Il faut donc vérifier le *modus vivendi* de l'éditeur pour savoir s'il s'agit d'une entreprise d'envergure ou tout simplement d'un intellectuel transformé en homme orchestre qui écrit, révise et imprime.

Donc trop souvent, les auteurs, en plus d'écrire, doivent également assumer la responsabilité financière de leurs oeuvres sans pour autant avoir droit à un partage équitable. Un fait tout à fait incompatible avec les règles économiques qui nous enseignent que celui qui prend les risques doit récolter les fruits de ses labeurs.

Il ne faut pas oublier que de nombreux éditeurs reçoivent d'importantes subventions ou crédits d'impôts gouvernementaux qui créent des dépendances face aux pourvoyeurs de ces fonds, allant même jusqu'à influencer les auteurs dans leurs propos.

Les Éditions du Fief ne sont pas assujetties à ce rapport de force afin de permettre une liberté d'expression sans compromis.

Plusieurs éditeurs se disent indépendants, intouchables ou apolitiques mais, dans les faits, c'est toujours l'argent qui guide leurs actions.

Pour sa part, Les Éditions du Fief appliquent avec rigueur l'article 2b) de la Charte canadienne des droits et libertés, à savoir qu'un citoyen a : *liberté de pensée, de croyance, d'opinion et d'expression, y compris la liberté de la presse et des autres moyens de communication.*

Cet ouvrage a été achevé d'imprimer le 5 janvier 2006
par les travailleurs et travailleuses des presses de

**Quebecor World**

Usine Lebonfon à Val d'Or
pour le compte de

Imprimé au Québec (Canada)